AF642211

Konstantinos Nikolakopoulos

# Das Neue Testament in der Orthodoxen Kirche

# Lehr- und Studienbücher Orthodoxe Theologie

herausgegeben von

Prof. Dr. Konstantinos Nikolakopoulos
(Universität München)

Band 1

LIT

Konstantinos Nikolakopoulos

# Das Neue Testament in der Orthodoxen Kirche

## Grundlegende Fragen einer Einführung in das Neue Testament

*2., überarbeitete Auflage*

LIT

**Bibliografische Information der Deutschen Nationalbibliothek**
Die Deutsche Nationalbibliothek verzeichnet diese Publikation in der Deutschen Nationalbibliografie; detaillierte bibliografische Daten sind im Internet über http://dnb.d-nb.de abrufbar.

2., überarbeitete Auflage 2014

ISBN 978-3-643-10869-2

© LIT VERLAG Dr. W. Hopf Berlin 2014

Verlagskontakt:
Fresnostr. 2 D-48159 Münster
Tel. +49 (0) 2 51-62 03 20 Fax +49 (0) 2 51-23 19 72
E-Mail: lit@lit-verlag.de http://www.lit-verlag.de

**Auslieferung:**
Deutschland: LIT Verlag Fresnostr. 2, D-48159 Münster
Tel. +49 (0) 2 51-620 32 22, Fax +49 (0) 2 51-922 60 99, E-Mail: vertrieb@lit-verlag.de

Österreich: Medienlogistik Pichler-ÖBZ, E-Mail: mlo@medien-logistik.at
E-Books sind erhältlich unter www.litwebshop.de

Den Studierenden
der Ausbildungseinrichtung für Orthodoxe Theologie
an der Universität München
gewidmet.

Deckblatt: Wandmalerei im Rila-Kloster (Bulgarien):
Der Evangelist/Maler Lukas bringt drei Ikonen zur Gottesmutter, 18. Jh.
(aus: Der christliche Osten 2011, S. 265)

# Inhaltsverzeichnis

# Vorwort zur 2. Auflage

Als Ende des Jahres 2011 bzw. Anfang 2012 mein Buch „Das Neue Testament in der Orthodoxen Kirche" der breiten Öffentlichkeit übergeben worden war, konnte keiner von uns ahnen, dass diese erste deutschsprachige orthodoxe Einführung in das Neue Testament in gerade mal eineinhalb Jahren vergriffen sei. Selbstverständlich komme ich nun dem Vorschlag des LIT-Verlags zur Publikation einer zweiten Auflage dieser Arbeit mit großer Freude nach.

Hierbei handelt es sich um eine überarbeitete und in manchen Punkten bereicherte Version des 2011 erschienenen Buches. Die Bearbeitung bzw. Bereicherung der ersten Auflage besteht sowohl in der Behebung einiger Tippfehler, als auch in der Hinzufügung neuerer Literatur sowie weiterer Ausführungen, welche die orthodoxe Position (hauptsächlich in exegetisch-methodologischen Fragen) deutlicher machen konnten. Dabei habe ich selbstverständlich Bemerkungen, Korrekturvorschläge und Kritikpunkte, welche mir persönlich oder durch die publizierten Rezensionen dankenswerterweise bekannt geworden sind, nach Kräften und Möglichkeit berücksichtigt.

Bezüglich der wiederholten Forderungen nach einer umfangreicheren Sekundärliteratur möchte ich hier mein von Anfang an bestehendes Prinzip unterstreichen: Ziel dieses einführenden Buches war nicht, dem deutschsprachigen und westlichen Leser die in diesem Bereich tatsächlich sehr breite „westliche" Literatur darzubieten. Diese Literatur ist in allen nicht-orthodoxen Theologischen Studien immer präsent und dem westlichen Publikum wohl bekannt. Meine orthodoxe Einführung versucht genau jene Lücke zu schließen, nämlich die genuin orthodoxe Literatur, die den westlichen theologischen Forschern zum größten Teil leider noch unbekannt und unverwertbar bleibt, gezielter vorzustellen. Auf der anderen Seite kann ich der Bitte mancher Kollegen, bei der „Spezifischen Einleitung" in die einzelnen Bücher des Neuen Testaments alle orthodoxen Stellungnahmen zu einführenden Themen (z. B. Echtheit einer Schrift) durch ausführliche orthodoxe Literatur zu untermauern, auch nicht nachkommen. Mein ursprüngliches Ziel ist es gewesen, eine orthodoxe Einführung ins Neue Testament als einleitendes Lehrbuch für Studierende und keinen detaillierten Kommentar zu den neutestamentlichen Schriften zu liefern.

Darüber hinaus habe ich auf Hinweis einiger Kollegen hin manchen längeren und im griechischen Original zitierten altkirchlichen Texten eine deutsche Übersetzung beigegeben, damit sie einem weiteren Publikum zugänglich werden. Da es sich allerdings um ein wissenschaftliches Kompendium handelt, sollten m. E. konkrete griechische Texte, sogar moderne Literatur, unübersetzt bleiben. Weiteren, in einigen Rezensionen geäußerten Änderungsvorschlägen, wie z. B. dem Verzicht auf im Aufbau des Buches enthaltene Gliederungen mit nur einem Unterpunkt (wie etwa 1.2.1.), kann ich nicht entsprechen, da solche Punkte in meinem Konzept doch wohl Unterteile einer breiteren Einheit sind. Schließlich möchte ich noch zu einem weiteren Kritikpunkt, der mit heute umstrittenen Meinungen oder Forschungsergebnissen bezüglich der Echtheit oder der Abfassungszeit einer ntl. Schrift zu tun hat, Stellung nehmen. In einem solchen Werk sollen alle (auch die altkirchlichen oder nicht mehr modernen) Meinungen dokumentiert werden, damit man einen Einblick in die vorhandene Pluralität der durch die Jahrhunderte gehörten Stimmen erhält, was nicht heißt, dass man alle diese vertretenen Meinungen unkritisch übernehmen sollte.

Nach alldem bin ich allen Rezensenten und wohlwollenden Kritikern für Ihre Beiträge, die meine eigene Forschung wohl vorangebracht haben, aufrichtig dankbar. Zum Schluss möchte ich an den LIT Verlag und konkreter an Herrn Dr. Michael J. Rainer für die spontane Bereitschaft zur Publikation einer zweiten Auflage dieses Buches, sowie für die konstruktive Betreuung bei der Herausgabe der Reihe „Lehr- und Studienbücher Orthodoxe Theologie" meinen persönlichen Dank richten. Ich bin mir sicher, dass diese Reihe dem an der Ostkirche interessierten Lesepublikum Vieles zu bieten hat.

Prof. Dr. Konstantinos Nikolakopoulos
16. Februar 2014
(Sonntag des verlorenen Sohnes, Lk 15, 11-32)

# Vorwort

Die Orthodoxe Kirche gilt in Deutschland und im gesamteuropäischen Raum nicht mehr als exotische Kirche. Entsprechend stellt das Studium der Orthodoxen Theologie kein „kurioses Orchideenfach“ mehr in der universitären Landschaft der Bundesrepublik Deutschland dar. Die „Orthodoxe Einführung in das Neue Testament“, die als erster Band die neugegründete Reihe „Lehr- und Studienbücher Orthodoxe Theologie“ eröffnet, geht auf die in den letzten 20 Jahren beim Studiengang für Orthodoxe Theologie der Ludwig-Maximilians-Universität München gewonnene Lehrerfahrung zurück. Unsere orthodoxe Einrichtung hat seit ihrer Gründung (WS 1994/1995) bis in die Zeit 2005/2006 hinein große Turbulenzen von Immatrikulationssperren wegen angeblich unsicheren Zukunftsperspektiven bis hin zu ernsthaften Drohungen mit der Lehrbetriebseinstellung wegen angeordneten Sparmaßnahmen erlebt. Nachdem alle diese Leidensjahre vergangen sind und das Studium der Orthodoxen Theologie in München nun offiziell als gesichert gilt, dürfen wir uns u.a. auch auf die Verbesserung der Lehre konzentrieren.

Mit den in dieser Reihe geplanten einführenden Kompendien aus verschiedenen Disziplinen der orthodoxen Theologie ist die Absicht verbunden, den beim Studium bisher festgestellten Mangel an deutschsprachiger Studienliteratur über die Orthodoxe Kirche und Theologie zu beheben. Das vorliegende Buch aus dem Bereich der Biblischen Theologie betrachte ich als die Erfüllung eines schon lange gegebenen Versprechens an die Studierenden der Orthodoxen Theologie in München, denen dieser Band zugleich gewidmet ist. Darüber hinaus sollte diese Arbeit nicht nur den immatrikulierten Studentinnen und Studenten, sondern allen an diesem Fach Interessierten neue Zugangsmöglichkeiten zur orthodoxen theologischen Wissenschaft anbieten.

Die Struktur dieser Arbeit, die „Das Neue Testament in der Orthodoxen Kirche“ zum Gegenstand hat, erhebt keinen Anspruch auf irgendeine angeblich radikale Besonderheit gegenüber westlichen neutestamentlichen Arbeiten. Indem sie „Grundlegende Fragen einer Einführung in das Neue Testament“ behandelt, folgt sie allen internationalen Standards und gliedert sich in eine „Allgemeine Einleitung“ in die neutestamentliche Textgeschichte und -kritik (Teile I–V) und eine „Spezielle Einleitung“ in die einzelnen Schriften des Neuen Testaments (Teile VI–XIV). Aufgrund der Tatsache, dass diese Publikation aus der alltäglichen Lehrpraxis unseres Studiengangs in München entstanden ist, kommt es in den einzelnen Kapiteln manchmal zu Wiederholungen, die angesichts der beabsichtigten Verständlichkeit und Vollständigkeit der jeweiligen

Themenbereiche nicht zu vermeiden waren. Diesbezüglich bitte ich die Leser um Verständnis.

Die spezifisch orthodoxen Komponenten kommen in allen Teilen dieser Einführung vor und wollen zur allgemeinen interkonfessionellen Diskussion über neutestamentliche Fragen beitragen. Da im Rahmen der „allgemeinen" Einleitung in die Textüberlieferung, die Geschichte des neutestamentlichen Kanons, die Sprache des Neuen Testaments oder die neutestamentlichen Apokryphen im Großen und Ganzen objektive gemeinsame Ansichten im Osten und Westen festzustellen sind, kommen die orthodoxen Komponenten eher in der „Spezifischen Einleitung" in die einzelnen Bücher des Neuen Testaments vor. Beispielsweise werden bei der Behandlung jeder Schrift die entsprechende altkirchliche und orthodoxe Tradition, ihre Stellung in der patristischen Literatur oder gegebenenfalls ihre liturgische Funktion im Rahmen des orthodoxen Kirchenjahres hervorgehoben. Darüber hinaus werden sehr deutlich die orthodoxen Kriterien zur Frage nach der Echtheit der einzelnen neutestamentlichen Schriften dargelegt, wobei die Ausführungen über die Authentizität der paulinischen Briefe von besonderer Bedeutung sind und den Hauptunterschied zwischen östlicher und westlicher Exegese am deutlichsten zum Ausdruck bringen.

Zum großen Dank bin ich nicht nur unseren studentischen Hilfskräften verpflichtet, die sich periodisch mit dem Lektorat des Textes beschäftigt haben, sondern insbesondere unserer damaligen Sekretärin, Frau Ursula Reinhardt, für ihr unermüdliches Engagement bei der eingehenden sprachlichen Überprüfung des Manuskripts. Einen aufrichtigen Dank richte ich außerdem an den LIT Verlag und speziell an Herrn Dr. Michael J. Rainer für das positive Entgegenkommen bei der Gründung der Reihe „Lehr- und Studienbücher Orthodoxe Theologie" und die Aufnahme meiner neutestamentlichen Einführung in die Reihe. Darüber hinaus möchte ich Herrn Dipl.-Ing. Emmanuil Pajatakis, der meine Initiative zur Gründung dieser Reihe mit Begeisterung begrüßt und als Sponsor zur Herausgabe ihres ersten Ban- des beigetragen hat, aus dem ganzen Herzen danken. Schließlich danke ich meiner Familie, meiner Frau, Maria Lianou, und meinen beiden Töchtern, Nemi und Xenia, für ihre verständnisvolle Geduld und Ausdauer während der Abfassung dieser Arbeit in den letzten Jahren.

Prof. Dr. Konstantinos Nikolakopoulos
Germering bei München, 16. November 2011
(Gedächtnistag des hl. Apostels
und EvangelistenMatthäus)

# TEIL I.
# Einführendes

## 1. Über die Begrifflichkeiten

Ohne Zweifel ist im Bereich der universitären Theologie der Ausdruck „Einleitung“ oder „Einführung in das Neue Testament“ weit verbreitet und bekannt. Nichtsdestoweniger handelt es sich um eine autonome Wissenschaft, deren Inhalte im Rahmen der meisten theologischen Studienordnungen selbst den Studien- und Prüfungsstoff des ganzen Grundstudiums ausmachen. In den gut ausgebauten Christlich-Theologischen Fakultäten – und unabhängig von der Exegese und Theologie des Neuen Testaments – wird die Wissenschaft der Einleitung in das Neue Testament sogar von eigenen Professoren mit diesem ausschließlichen Schwerpunkt vertreten.

Der Terminus „Einleitung“ erklärt sich als Fachausdruck sicherlich nicht ohne weiteres selbst, denn dieser Name „Einleitung“ bezeichnet Wesen und Aufgabe unserer Disziplin nicht eindeutig. An sich könnte man darunter die Gesamtheit der Kenntnisse verstehen, die zum vollen wissenschaftlichen Verständnis der betroffenen Texte notwendig oder nützlich sind (Hermeneutik, Geographie, Archäologie, Philologie usw.). Um jedoch die Wirkungsbereiche einer Einleitung zu konkretisieren, wird dieser Terminus manchmal im Titel von einführenden Werken durch einen erklärenden Untertitel ergänzt. Von einer mit einer Einleitung versehenen Ausgabe einer Dichtung, eines Gesetz- oder Geschichtsbuches würden wir wohl erwarten, dass der Herausgeber uns in einer solchen Einleitung, die auch als Einführung, als Proömium oder manchmal auch Prolegomena bezeichnet werden kann, alles mitteilt, was uns den einschlägigen Text als Ganzes besser verstehen lässt. In einer solchen Einleitung erwarten die Leser wichtige Angaben über Ort und Zeit sowie über nähere Umstände der Entstehung, Zweck und Verfahren, Sprachstil, Eigenart oder Bedeutung und weitere sog. Einführungsaspekte.

Das Wort „Einleitung“ selbst distanziert sich also von der Erläuterung von Einzelheiten des Wortlauts der edierten Texte, erst recht von einer fortlaufenden Erklärung, Übersetzung oder inhaltlichen Auslegung der Texte, die vielmehr einer gesonderten Ausgabe mit Kommentar vorbehalten bleiben müsste. Auch solche kommentierten Ausgaben oder Kommentare können freilich eine „Einleitung" enthalten.

In diesem Sinne ist auch eine „Einleitung in das Neue Testament" zu verstehen. Zweifelsohne will sie auf ihre Weise dazu beitragen, dass die neutestamentlichen Texte besser verstanden werden. Mit anderen Worten: Die Einleitung ins Neue Testament, auch wenn aus didaktischen Gründen autonom, steht im Dienste der inhaltlichen Exegese. Auch die neutestamentlichen Kommentare, die sich in der Regel nur auf je eine Schrift bzw. Schriftengruppe des Neuen Testaments beziehen, enthalten zumeist alles Wissenswerte über deren Entstehungsverhältnisse.

Bei unserer Behandlung der aus zwei Grundtermini zusammengesetzten Begrifflichkeit „Einleitung" + „Neues Testament" wollen wir den umgekehrten Weg gehen. Zuerst werden wir uns dem Hauptgegenstand der Einleitung, dem Neuen Testament selbst, zuwenden, bevor wir dann manche Ausführungen über den Begriff und die Aufgaben der Einleitungswissenschaft vortragen.

## 1.1. Der Ausdruck „Neues Testament"

Der Ausdruck Καινὴ Διαθήκη (Novum Testamentum) geht auf Jesus Christus selbst zurück. Nach den Evangelienerzählungen und der in den paulinischen Briefen enthaltenen Überlieferung über die Stiftung des Sakraments der Hl. Eucharistie hat Jesus beim letzten Abendmahl sein Blut (d. h. seinen Tod am Kreuze) als Begründung eines neuen Bundes mit der Menschheit bezeichnet (Mt 26,28; Mk 14,24: „mein Bundesblut"; Lk 22,20; 1 Kor 11,25: „Dieser Kelch ist der Neue Bund in meinem Blute"). Damit wurde die neue Zeit des erlösenden Heilsplanes Gottes proklamiert; eine Zeit, die durch das Blut Jesu am Kreuz anbrechen sollte.

Durch den Ausdruck „Neues Testament" oder „Neuer Bund" wird jene neue Epoche für die Menschheit bezeichnet, die Jesus durch seine Inkarnation eröffnet und durch den Kreuzestod und die Auferstehung besiegelt hat. Sie stellt die Zeit der Erfüllung der alttestamentlichen Verheißungen dar, als damals die Propheten des Alten Testaments die kommende Beschließung eines neuen, ewigen Bundes zwischen Gott und seinem Volk angekündigt hatten. Jeremias prophezeit z.B. folgendermaßen: „Siehe, Tage kommen, sagt der Herr, da werde ich mit dem Haus Israel und mit dem Haus Juda einen ***neuen***

***Bund*** schließen …“[1], oder woanders: „Ich schließe mit ihnen einen ***Bund***, dass ich mich nicht von ihnen abwenden will, sondern ihnen Gutes erweise“ (Jer 32,40; siehe noch Ez 16,60; 36,26).

Mit dem Ausdruck „Neuer Bund“ oder „Neues Testament“ wird also die neue, von Jesus Christus begründete Heilsordnung bezeichnet, die den Alten Bund abgelöst hat (vgl. 2 Kor 3,6; Gal 4,24; Hebr 8,6; 9,15; 12,24). Zugleich aber tragen denselben Namen jene Schriften von gottinspirierten Verfassern der Urkirche, welche die Erfüllung der göttlichen Verheißungen beinhalten, nämlich den Beginn einer neuen Welt wie auch die Erwartung ihrer zukünftigen Vollendung; und dies alles in Gegenüberstellung zu den Schriften der vorangegangenen Periode der Heilsökonomie Gottes, genannt „Altes Testament“. Interessanterweise spricht Meliton von Sardes in den 60-er Jahren des 2. Jh.s über „τὰ παλαιὰ βιβλία“ (= die alten Bücher) oder über „τὰ τῆς παλαιᾶς ***διαθήκης*** βιβλία“ (=die Bücher des Alten Testaments/Bundes) in der Absicht, sie von denen des Neuen Testaments zu unterscheiden, obwohl er diese zweite Bezeichnung nicht gebraucht (Eusebios, Hist. Eccl. IV 26,14).

Seit dem Ende des 2. Jh.s gab die christliche Kirche der Sammlung ihrer eigenen urchristlichen heiligen Schriften die Bezeichnung „Neues Testament“, wobei sich diese Benennung erst am Anfang des 3. Jh.s endgültig durchgesetzt hat. Interessanterweise könnten wir wahrscheinlich im Ausdruck „ὁ τῆς τοῦ εὐαγγελίου καινῆς διαθήκης λόγος“ den ältesten Gebrauch des Begriffes zur Kennzeichnung der neutestamentlichen Schriften wiederentdecken: es handelt sich um einen Ausdruck, den uns der Kirchenhistoriker Eusebios (Hist. Eccl. V 16,3) überliefert und einem Antimontanisten, höchstwahrscheinlich dem Polykrates von Ephessos (192 n. Chr.), zuschreibt.[2]

Die neutestamentlichen Schriften stammen zwar alle aus der gleichen Zeit (sie sind bereits im Laufe der 2. Hälfte des 1. Jh.s entstanden), wurden aber erst im Verlauf des 2. Jh.s den aus dem Judentum übernommenen Schriften des ATs als eine zweite Sammlung heiliger Schriften von gleicher Autorität zur Seite gestellt. Ihre Zahl stand nicht von Anfang an fest. Erst seit dem späten 4. Jh. sind in der lateinischen und griechischen Kirche alle 27 Schriften allgemein anerkannt, die den heutigen Kanon des Neuen Testaments bilden, nämlich die Evangelien nach Mt, Mk, Lk, Joh, die Apg des Lukas, 13 paulinische Briefe (Röm, 1 & 2 Kor, Gal, Eph, Phil, Kol, 1 & 2 Thess, 1 & 2 Tim, Tit, Phlm), der Hebräerbrief, 7 katholische Briefe (Jak, 1 & 2 Petr, 1 & 2 & 3 Joh, Jud) und die Apk des Johannes. Ihr Zusammenschluss zu einer Sammlung,

1. Jer 38,31: „᾿Ιδοὺ ἡμέραι ἔρχονται, φησὶν κύριος, καὶ διαθήσομαι τῷ οἴκῳ Ισραὴλ καὶ τῷ οἴκῳ᾿Ιούδᾳ διαθήκην ***καινήν*** …“.
2. Siehe *Joh. Karavidopoulos*, Εἰσαγωγή στήν Καινή Διαθήκη, Thessaloniki [2]1998, S. 104.

zum sogenannten Kanon des Neuen Testaments, ist das Ergebnis einer allmählichen und wechselreichen, erst im 4. Jahrhundert endgültig abgeschlossenen Entwicklung gewesen.

Wie bereits erwähnt, sind die 27 Bücher des Neuen Testaments zum urchristlichen Christentum hinzuzuzählen. Als Urchristentum bezeichnet man die apostolische und nachapostolische Zeit, d.h. die Zeit der Apostel und der nachfolgenden zwei bis drei Generationen bis etwa zum Jahre 140. Außer den neutestamentlichen Schriften gehören vom sonstigen urchristlichen Schrifttum nur noch 1 Klem (96/97 n. Chr.) und vielleicht Didache in das 1. Jh. (die übrigen Apostolischen Väter und die neutestamentlichen Apokryphen sind alle erst im 2. Jh. entstanden). Somit heben sich die 27 ntl. Schriften deutlich als älteste uns erhaltene Gruppe urchristlicher Schriften heraus.

## 1.2. Die Einleitungswissenschaft

Wie bei vielen anderen Texten so hat sich auch bei den Schriften des Neuen Testaments die menschliche Wissenschaft intensiv dafür eingesetzt, diese besonderen, die göttliche Offenbarung wiedergebenden Bücher so gut wie möglich zu studieren und verstandesmäßig zu beherzigen. Und genau von der eigentlichen Auslegung und dem direkten Verständnis des Neuen Testaments her hat sich die Einleitungswissenschaft entwickelt. Sie beabsichtigt die Unterstützung einer möglichst treffenden Exegese, obwohl dies nicht immer unmittelbar zu erkennen ist, denn einzelne Teilgebiete der Einleitung können scheinbar ihre eigenen, in sich sinnvollen Zielsetzungen haben, wie z.B. die Erforschung der Textgeschichte oder die Entfaltung der verschiedenen Übersetzungen des neutestamentlichen Textes.

Genau wie der Sohn und Logos Gottes „Fleisch geworden ist und unter uns gewohnt hat“ (Joh 1,14), indem er in der menschlichen Geschichte Gott den Vater geoffenbart hat, haben die von ihm in der Welt geoffenbarten Wahrheiten auf dieselbe Weise das Kleid der menschlichen Formulierungs- und Ausdrucksweise angenommen. Die Einleitungswissenschaft befasst sich konsequenterweise mit den äußeren Entstehungsfaktoren aller neutestamentlichen Schriften, welche die oben erwähnten Wahrheiten schriftlich beinhalten.

Die zielorientierte Entwicklung der Disziplin genannt „Einleitungswis-senschaft“ hat bereits dazu geführt, dass man ihr heute folgende konkrete Fragen zuweist:

1. die Überlieferung des neutestamentlichen Wortlautes, und zwar sowohl die Geschichte des Urtextes durch die Handschriften und die

gedruckten Texte, als auch der alten und neueren Übersetzungen, wie auch der sprachlichen Struktur der ntl. Schriften; es geht mit anderen Worten um die **Textgeschichte**;
2. die Entstehung und Festlegung der Sammlung dieser 27 Bücher, d.h. die **Geschichte des ntl. Kanons** (für manche Forscher[3] gehört dieser Zweig streng genommen in die Dogmengeschichte);
3. die Entstehungsverhältnisse der einzelnen Schriften (Verfasser, Leserkreis bzw. Adressaten, Zeit und Ort der Abfassung, Veranlassung und Zweck, Darstellungsweise, Quellen, Integrität), also die Fragen, die herkömmlicherweise in der Literaturgeschichte behandelt werden.

Aufgrund der oben erwähnten Forschungsgebiete der Einleitungswissenschaft ergibt sich die bis heute in der universitären Bibelwissenschaft sich durchsetzende Unterscheidung zwischen der „allgemeinen" Einleitung und der „besonderen" (speziellen) Einleitung. Die allgemeine Einleitung, zu der die Punkte 1 und 2 hinzuzuzählen sind, bezieht sich auf das Ganze des Neuen Testaments und nicht auf die einzelnen Schriften und könnte sozusagen als „Vorläufer" der nachfolgenden speziellen Einleitung betrachtet werden. Im Unterschied zu jener hat die spezielle Einleitung in das Neue Testament, der der Punkt 3 angehört, die Entstehung der einzelnen Schriften zum Gegenstand und bildet freilich den eigentlichen Schwerpunkt der Einleitung schlechthin.

Die Einleitung ins Neue Testament kann man generell somit als jenen Zweig der Bibelwissenschaft definieren, der sich durch die wissenschaftliche Erforschung der äußeren geschichtlichen und missionsbedingten Umstände bei der Entstehung der neutestamentlichen Schriften, streng wissenschaftlich gesehen, eher in den sogenannten historischen (historisch-kritischen) Fächern der Theologie wie die Kirchengeschichte, Patrologie, Dogmengeschichte, Liturgiegeschichte, christliche Archäologie oder Kunstgeschichte einordnen lässt.

### 1.2.1. Die Allgemeine Einleitung in das NT

Die einzigartige Bedeutung, die das Neue Testament (nicht nur für die christliche Theologie) besitzt, hat auch die wissenschaftliche Beschäftigung mit diesem, im Vergleich mit dem AT nur kleinen Buch ungeheuer angeregt. Selbst im Rahmen der Einleitung in das Neue Testament gab es hauptsächlich in den

3. Vgl. *A. Wikenhauser*, Einleitung in das Neue Testament, $^{4}$1961, S. 1.

letzten zwei Jahrhunderten einen so enormen wissenschaftlichen Fortschritt, dass sich die Einleitungswissenschaft von der Theologie und der Exegese des Neuen Testaments völlig verselbstständigt hat.

Sogar jener Teil der Einleitung, der als allgemeine Einleitung bezeichnet wird, ist von den Bibelwissenschaftlern der modernen Zeit enorm vorangetrieben worden. Niemand kann nämlich die Wichtigkeit der ntl. Textgeschichte oder Textüberlieferung, der Grundsätze der Textkritik, des sprachlichen Hintergrundes oder der ntl. Kanonbildung und -geschichte leugnen. Daher gibt es für die nähere Beschäftigung mit dem NT, vornehmlich in seiner griechischen Ursprache, beispielsweise nicht nur besondere Hilfsmittel wie Konkordanzen, Fachwörterbücher, Spezialgrammatiken für Sprache und Idiom in großer Zahl, sondern auch tausende Übersetzungen des NTs, deren hohe Zahl (über 2.200 Sprachen[4]) von keinem anderen Werk der Antike oder der Neuzeit auch nur annähernd erreicht wird. Bemerkenswerterweise hat sich im Rahmen der Einleitungswissenschaft des Neuen Testaments eine eigene reiche Literatur herausgebildet.

Wie bei der speziellen so spielt auch bei der allgemeinen Einleitung in das Neue Testament die historisch-kritische Methode eine zentrale Rolle. Sie wird angewandt bei der Untersuchung der Entstehungsverhältnisse des NTs, der Festlegung des Kanons und der Entfaltung des Wortlautes der Bücher auf Grund ihrer eigenen Aussagen und der Zeugnisse der urchristlichen und altkirchlichen Überlieferung. Diese Methode nimmt diese Zeugnisse nach Prüfung ihrer Zuverlässigkeit nach den Grundsätzen der historischen und philologischen Kritik an, wie die Geschichtswissenschaft und die Philologie sie ausgebildet haben.

Die orthodoxe Bibelwissenschaft begnügt sich bei der Erforschung der einleitenden Themen des NTs aber nicht mit der reinen historischen und philologischen Methode, denn der doppelte Charakter dieser Schriften darf nicht übersehen oder geleugnet werden. Die Orthodoxe Kirche ist sich hierbei stets bewusst, dass es sich um die „Schrift" (Γραφή) der Kirche handelt, die einerseits von inspirierten Verfassern, die „vom Heiligen Geist getrieben" waren (2 Petr 1,21), niedergeschrieben wurde. Andererseits stellt diese Schrift aber

4. Vgl. *K. Nikolakopoulos*, Die Originalsprache des Neuen Testaments und ihre Rezeption durch das moderne Griechentum, in: *OFo* 14 (2000) 159: „Zum breiteren Verstehen dieser Texte tragen allerdings die seit den ersten christlichen Jahrhunderten erstellten Übersetzungen des Neuen Testaments bei, das letzten Angaben zufolge in 1294 Sprachen vollständig und in weiteren 918 Sprachen auszugsweise übersetzt vorliegt."

auch ein menschliches philologisches Produkt dar. Dieser doppelte Charakter wird von der orthodoxen Beschäftigung mit dem NT immer berücksichtigt.

Die Anwendung der historisch-kritischen Methode bedeutet also nicht die Leugnung oder Ignorierung der übernatürlichen Faktoren bei der Entstehung der neutestamentlichen Bücher. Nur eine Weltanschauung, die die Möglichkeit einer übernatürlichen Offenbarung, von Wundern und Weissagungen leugnet, führt dazu, die Glaubwürdigkeit des NTs in vielen Punkten zu bestreiten. Die Methode als solche sollte diesen Standpunkt nicht verlangen. Darüber hinaus muss auch unterstrichen werden, dass die Abfassung der neutestamentlichen Bücher nicht die Ruhe einer Bibliothek oder eines privaten Büros voraussetzt, sondern das lebendige Wirken und den Kampf der Kirche in der damaligen Welt mit ihren besonderen Problemen und Situationen.

Das Ziel der Auseinandersetzung mit allgemein einführenden Themen aus dem Bereich des Neuen Testaments erschöpft sich nicht in der wissenschaftlichen Kenntnis der Geschichte oder der Philologie, sondern es bezweckt darüber hinaus das tiefere theologische Verständnis des göttlichen Wortes, das, obwohl an konkrete historische Umstände gebunden, für den gläubigen Menschen immer aktuell bleibt. Die Einleitungswissenschaft stellt, wie bereits angeführt, eine unentbehrliche Voraussetzung für die Auslegung des Neuen Testaments dar. Außerdem sollten wir nicht vergessen: Um zu dem „Schatz" des Glaubens Zugang zu finden, müsste man zuerst die menschlichen, „muschelartigen" also „zerbrechlichen Gefäße" durchdringen, die diesen Schatz einkleiden (2 Kor 4,7).

## 1.3. Geschichtlicher Rückblick auf die Einleitungswissenschaft

Von einer im heutigen Sinne verstandenen Einleitungswissenschaft kann man erst seit dem 17. Jh. reden. Weder das christliche Altertum noch das Mittelalter kannte eine Wissenschaft als „Einleitung in das Neue Testament". Die große Wende in der Zeit der Aufklärung brachte der auch um die alttestamentliche Wissenschaft sich sehr verdient gemacht habende Priester vom Oratorium in Paris *Richard Simon* (1638–1712) mit seiner dreibändigen „Histoire critique du Nouveau Testament", Rotterdam 1689–1693. Dieses Werk, Textgeschichte und Spezielle Einleitung behandelnd, stellt den Beginn der modernen Einleitungswissenschaft dar. Es stand innerhalb der römisch-katholischen Wissenschaft lange in größtem Ansehen und regte auch die protestantische Forschung am stärksten an. Auch von der orthodoxen Bibelwissenschaft wird Richard Simon als der Vater des modernen Wissenschaftszweiges der Einleitung in das Neue Testament anerkannt.

Trotz dieser erwähnten offiziellen zeitlichen Einteilung der Einleitungswissenschaft könnte man doch manche alte Dokumente in dieses Gebiet einordnen. Es handelt sich z.B. um die sich in den ältesten erhaltenen Pergament-Handschriften findenden, aber aus noch älterer Zeit stammenden Überschriften (Titel, Inscriptionen) sowie Unterschriften (Subscriptionen), in denen beispielsweise bei den Paulus-Briefen Auskunft über Abfassungsort, Überbringer u.ä. gegeben wird. Als weitere Dokumente mit einem gewissen einleitenden Charakter können die aus der 2. Hälfte des 2. Jh.s stammenden sog. antimarkionitischen Prologe sowohl zu den drei Evangelien (Mk, Lk, Joh), als auch zu den zehn von Markion anerkannten paulinischen Briefen, wie auch die wahrscheinlich in derselben Zeit verfassten alten Prologe zu den Pastoralbriefen gelten. Als eine der ältesten „Einleitungen" in das Neue Testament kann man in gewissem Sinne das von Muratori entdeckte, um 200 entstandene Kanonverzeichnis bezeichnen, das die kanonischen und manche vom Kanon abweichenden Bücher nicht nur aufzählt, sondern auch kurze Angaben über Verfasser, Inhalt, Echtheit, Anlass und Zweck der Schriften macht.

Selbstverständlich sind den großen Kirchenvätern der frühen Jahrhunderte zahlreiche einleitungswissenschaftliche Beobachtungen und Mitteilungen zu verdanken, die aber nur gelegentlich in ihren hermeneutischen Kommentaren oder apologetisch-antihäretischen Werken zu finden sind. Solche Einleitungsinformationen überliefern uns z.B. der Bischof von Hierapolis in Phrygien, Papias (um 130 n. Chr.), Irenäus von Lyon, Tertullian von Karthago, Klemens von Alexandrien, Origenes, Eusebios von Cäsarea, Hieronymus, Augustinus, Rufin u.a.

Als eigentliche introductores scripturae divinae, als „Einführer in die Heilige Schrift" hat Cassiodor in seinem etwa 544 geschriebenen Kompendium namens „Institutio divinarum lectionum" den Donatisten Tyconius (um 380), den hl. Augustinus († 430), den Griechen Adrianos (um 450), Eucherius von Lyon (um 450) und Junilius Africanus (um 550) genannt, die sich jedoch mehr mit den Grundsätzen der Auslegung und mit der Erklärung schwieriger Stellen befasst haben. Adrianos von Antiochien, dessen Schrift „Einführung (griech.: Εἰσαγωγή) in die göttlichen Schriften" hieß, scheint als erster den Ausdruck „Einführung", „Einleitung" als Titel seines Werkes gebraucht zu haben (nach dem griechischen Wort „eisagoge", latinisiert „isagoge", hat man die Einleitungswissenschaft früher auch gern „Isagogik" genannt).

In der protestantischen Bibelwissenschaft ist als Bahnbrecher Johann David Michaelis († 1791) zu nennen, der 1750 eine „Einleitung in die göttlichen Schriften des Neuen Bundes“ veröffentlichte. Hieß es anfangs noch, sein Buch sei nur ein Auszug aus dem Werke Simons, so wurde dann von Auflage zu Auflage (41788) seine Selbstständigkeit immer deutlicher.

Die Werke der Folgezeit z.B. von J. G. Eichhorn († 1827), W.M.L. de Wette († 1849) oder F.D.E. Schleiermacher († 1834) waren alle mehr oder weniger kritisch gehalten. Innerhalb des 19. Jh.s wurde die sog. Tübinger Schule einflußreich, Ferdinand Christian Baur mit seinen Nachfolgern, welche die neutestamentlichen Schriften als Zeugnisse der äußeren und inneren Entwicklung des Urchristentums auffassten, diese Entwicklung aber in das Hegelsche Schema pressten: der anfängliche Gegensatz zwischen engem Judenchristentum (Apk) und gesetzesfreiem Heidenchristentum (paulinische Hauptbriefe) sei zunächst durch eine Vermittlungsbewegung (Synoptische Evv. & Apg) gemildert worden und habe später im Joh-Ev seine endgültige Synthesis gefunden.

### 1.3.1. Orthodoxe Bibliographie

Im Bereich der Orthodoxen Theologie sind manche wichtige „Einleitungen“ in das Neue Testament geschrieben worden. Als klassische Standardwerke in der universitären (griechischsprachigen) Theologie gelten folgende zwei „Einleitungen“:

**Vassilios Ch. Ioannidis**, Εἰσαγωγή εἰς τὴν Καινὴν Διαθήκην, Athen 1960 ($^{2}$1992)
**Savvas Agouridis**, Εἰσαγωγή εἰς τὴν Καινὴν Διαθήκην, Athen 1971 ($^{2}$1990, $^{3}$1991)

Weitere orthodoxe Einleitungswerke werden chronologisch (nach ihrem Erscheinungsjahr) angegeben:

**Nikolaos Damalas**, Ἑρμηνεία εἰς τὴν Καινὴν Διαθήκην, Bd. 1: Εἰσαγωγή, Athen 1876 ($^{2}$1940).

**Evangelos Antoniadis**, Εἰσαγωγή εἰς τὴν Καινὴν Διαθήκην, Heft 1, Athen 1923.

**Vassilios Antoniadis**, ’Εγχειρίδιον Εἰσαγωγῆς εἰς τὰς Ἁγίας Γραφάς, Bd. 2: Εἰσαγωγὴ εἰς τὴν Καινὴν Διαθήκην, Athen 1937.

**Cassian Bésobrasoff**, Introduction spéciale au Nouveau Testament (Remarques de Méthodologie), in: H. Alivisatos (Hg.), Procès-Verbaux du Premier Congrès de Théologie Orthodoxe, Athen 1939, S. 185–193.

**Georgios A. Chatziantoniou**, Ἡ Καινὴ Διαθήκη: Γενικὴ Εἰσαγωγή, Athen 1952.

**Stergios Sakkos**, Μαθήματα Εἰσαγωγῆς εἰς τήν Καινήν Διαθήκην, Thessaloniki 1970.

**Georgios P. Sotiriou**, Διὰ νὰ γνωρίσῃς τὴν Ἁγίαν Γραφήν. Σύντομος εἰσαγωγὴ εἰς τὴν Π. καὶ Κ. Διαθήκην, Mytilene 1970 ([2]1971)

**Markos Siotis**, Παραδόσεις Εἰσαγωγῆς εἰς τὴν Καινὴν Διαθήκην, Teil 1, Athen 1971.

**Vassilios Stefanidis**, Εἰσαγωγή εἰς τὴν Καινὴν Διαθήκην (Παραδόσεις), Thessaloniki 1973.

**Ioannis Karavidopoulos**, Εἰσαγωγή στήν Καινή Διαθήκη, Thessaloniki 1983 ([2]1998, [3]2007).

**Ioannis Karavidopoulos**, Uvod u Novi Zavet (Biblijska biblioteka), Beograd 2005 (serbische Übersetzung des obigen Titels).

**Nicolae I. Nicolaescu, Grigorie Marcu, Sofran Vlad, Liviu G. Munteanu**, Studiul Noului Testament. Pentu Institutele Teologice, Bukarest [3]1983.

**Stergios Sakkos**, Εἰσαγωγή εἰς τήν Καινήν Διαθήκην, Thessaloniki 1990 (ND) ([2]1984).

**Ioannis Panagopoulos**, Εἰσαγωγή στήν Καινή Διαθήκη, Athen 1995.

**Theodoros Stylianopoulos**, The New Testament. An Orthodox Perspective, Bd. 1: Scripture, Tradition, Hermeneutics, Brookline MA 1997.

**Stelian Tofană**, Introducere în studiul Noului Testament,
Bd. 1: Text und Kanon. Zeitgeschichte des Neuen Testaments, Cluj 2000.
Bd. 2: Die Evangelien nach Matthäus und Markus, Cluj 2002.
Bd. 3: Die Evangelien nach Lukas und Johannes. Das synoptische Problem, Cluj 2002.

**Christos Voulgaris**, Εἰσαγωγή εἰς τήν Καινήν Διαθήκην,
Bd. 1: Προλεγόμενα, Εὐαγγέλια, Πράξεις,᾿Επιστολαί Παύλου, Athen 2003.
Bd. 2: Καθολικαί ᾿Επιστολαί, Ἀποκάλυψις, Ἀπόκρυφα, Κανών, Κριτική τοῦ κειμένου, Athen 2003.

**Germanos Strinopoulos**, Bischof von Seleukeia, Εἰσαγωγὴ εἰς τὴν Καινὴν Διαθήκην: ᾿Ελιθογραφήθη πρὸς ἰδίαν χρῆσιν ὑπὸ τῶν μαθητῶν τῆς Ε΄ τάξεως τοῦ σχολικοῦ ἔτους 1911–1912 ἐν τῇ κατὰ Χάλκην Ἱ. Σχολῇ, Κωνσταντινούπολις χ.ἔ. [1912].

**Panagiotis I. Bratsiotis**, ᾿Επίτομος εἰσαγωγὴ εἰς τὴν Καινὴν Διαθήκην: μετὰ δύο παραρτημάτων περὶ ἀποκρύφων καὶ νεωτέρων μεταφράσεων τῆς Π.Δ., Athen 1955.

**Georgios P. Sotiriou**, Ὁ λόγος τῆς χάριτος: εἰσαγωγή στήν Καινή Διαθήκη, Athen 1993.

**Paul Nadim Tarazi**, The New Testament: an Introduction, *Volume 1: Paul and Mark* (1999, Arabic translation 2001); *Volume 2: Luke and Acts* (2001); *Volume 3: Johannine Writings* (2004); *Volume 4: Matthew and the Canon* (2009), Crestwood N.Y. 1999 [2009].

**Александр В. Иванов**, Руководство к изучению Священного Писания Нового Завета, Санкт-Петербург 1915, репринт 2002 и др.

(= **Alexandr V. Iwanov**, Handbuch für das Studium der Heiligen Schrift des Neuen Testamentes, Sankt-Petersburg 1914, Nachdrucke ebd. 2002 u.a.).

**Архиепископ Аверкий (Таушев)**, Руководство к изучению Священного Писания Нового Завета, том. 1: Четвероевангелие, Джорданвил Н.Ю. 1974 (репринт Санкт-Петербург 1999), том. 2: Апостол, Джорданвил Н.Ю. 1956 (вт. изд. 1987).

[= **Erzbischof Averkij (Tauschev)**, Handbuch für das Studium der Heiligen Schrift des Neuen Testamentes, Band 1: Die vier Evangelien, Jordanville N.Y. 1974 (Neuauflage, Nachdrucke Sankt-Petersburg 1999 u.a.), Band 2: Der Apostel, Jordanville N.Y. 1956 (2. Auflage 1987)].

**Отец А. Емельянов**, Новый Завет. Вводная часть. Лекции, Москва 1997.

[= **(Priester) A. Emeljanov**, Das Neue Testament. Einführender Teil. Vorlesungen, Moskau 1997. Text im Internet: www.wco.ru/biblio/books/emel1/Main.htm].

**Проф. А. А. Олесницкий**, Руководство к изучению Священного Писания по творениям святых Отцов, Киев 2007.

(= **Prof. A. A. Olesnickij**, Handbuch für das Studium der Heiligen Schrift nach den Werken der Heiligen Väter, Kiev 2007).

**Епископ Александр**, Исследуйте Писания … К познанию Библии, Москва 2004.

[= **Bischof Alexandr (Mileant)**, Erforschet die Schrift … Zum Verständnis der Bibel, Moskau 2004].

**Прот. Михаил Богословский**, Св. История Нового Завета, Минск 2001.

(= **Erzpriester Michail Bogoslovskij**, Die hl. Geschichte des Neuen Testamentes, Minsk 2001).

**Прот. Николай Попов**, Св. История Нового Завета, Вятка 1910.

(= **Erzpriester Nikolaj Popov**, Die hl. Geschichte des Neuen Testamentes, Vjatka 1910 u.a.).

**Emiljan Čarnić**, Uvod u Sveto Pismo Novoga zaveta, 1970.

(= **Emilian Tsarnitsch**, Einführung in die Heilige Schrift des Neuen Testaments, 1970).

# TEIL II.
# Textgeschichte – Textkritik

Die Textgeschichte befasst sich mit den verschiedenen Varianten, die der neutestamentliche Text von der Zeit seiner Abfassung bis in unsere Tage durch die zahlreichen Abschreiber gekannt hat. Letzteren verdanken wir den Erhalt und die Überlieferung eines solch wertvollen Textes für den christlichen Glauben, zumal die Urschriften (αὐτόγραφα) der neutestamentlichen Bücher bereits früh verloren gegangen sind. Tertullian († nach 220) überliefert zwar in seinem Werk „De praescr. haer. 36" die Information, dass die authentischen Schriften der Apostel (ipsae authenticae litterae) noch in Korinth, Philippi, Thessaloniki, Ephesos und Rom vorgelesen würden, bringt aber damit nur zum Ausdruck, dass diese Gemeinden im Besitz der an sie gerichteten apostolischen Briefe waren.

Dass die originalen Schriften sehr früh verloren gegangen sind, zeigt auch die Tatsache, dass sich im 2. Jh. niemand im Kampf gegen den Häretiker und Textverfälscher Markion auf die Urschriften berufen hat. Dadurch wäre der Streit um den ursprünglich echten Wortlaut der Texte sofort für die Kirche entschieden gewesen. Der Hauptschuldige an dem frühen Verlust der Originalschriften war das wenig dauerhafte Material, auf das nach dem damaligen Brauch die verschiedenen Bücher, Briefe oder andere Schreiben geschrieben wurden, nämlich *der Papyrus*.

Will man die Geschichte des geschriebenen Textes des Neuen Testaments betrachten, sollte man zwei große zeitliche Perioden vor Augen haben: die Periode ***des handschriftlichen Textes*** und die Periode ***des gedruckten Textes***. Die wichtige trennende Station zwischen den beiden geschichtlichen Perioden stellen die Erfindung der Druckkunst durch Gutenberg und der Druck der ersten lateinischen Bibel (1456) dar.

## 2.1. Schreibmaterial

Um der Geschichte des handschriftlichen Textes gerecht zu werden, ist es notwendig, einige Grundbegriffe der handschriftlichen Überlieferung zu kennen, angefangen mit dem benutzten Schreibmaterial der damaligen Zeit. Wie bereits angedeutet, war Papyrus eines der ältesten Schreibmaterialien in der hellenistisch-römischen Zeit. Das weiche, poröse Mark des Stängels des Papyrusstaude, die hauptsächlich im Nildelta massenhaft wuchs, wurde in möglichst dünne und breite Streifen geschnitten; diese Streifen wurden dann in zwei Schichten kreuzweise übereinander gelegt, geleimt, gepresst, getrocknet und auf der einen Seite geglättet. So entstand ein Schreibblatt, genannt χάρτης (vgl. 2 Joh 12). Durch das Aneinanderkleben von mehreren solchen Blättern entstanden durchschnittlich 6–10 m lange und 22–27 cm hohe Streifen, die sorgfältig zusammen- oder aufgerollt wurden (εἰλιτάριον oder εἰλητόν, Volumen). Aus diesem Zusammenhang stammt auch ein überlieferter Ausdruck von Kallimachos, der im 3. Jh. v. Chr. unter Ptolemaios II. die berühmte alexandrinische Bibliothek organisierte: „Μέγα βιβλίον μέγα κακόν“[5] (=Langes Buch, großes Übel).

Längebedingt bräuchte das Buch der Apostelgeschichte, eine der längsten neutestamentlichen Schriften mit 28 Kapiteln und 1006 Versen, einen ungefähr neun Meter langen Papyrus, um darauf vollständig geschrieben werden zu können. Allerdings ist kein neutestamentliches Buch vollständig auf Papyrus erhalten. Der älteste Papyrusauszug ($\mathcal{P}^{52}$) stammt aus den Anfängen des 2. Jh.s (120–125 n. Chr.) und enthält die Perikope Joh 18,31–33.37–38. Er befindet sich in der John Ryland-Bibliotheke in Manchester/GB.

Handschriften, die auf Papyrus geschrieben sind, haben meist ein hohes Alter (wie angeführt, bis zum Beginn des 2. Jahrhunderts), doch gibt es auch jüngere Papyri. Entgegen einer weit verbreiteten Vorstellung hatten aber manche jüngere neutestamentliche Papyrushandschriften nicht die in der Antike sonst übliche Rollenform, sondern waren in Buchform gefaltet und geheftet (τεῦχος, Kodex). Wegen der leichten Zerstörbarkeit des Materials haben sich von den meisten Papyruskodizes nur Bruchstücke erhalten. Auf dem Papyrus schrieb man üblicherweise mit einer Art Tinte (τὸ μέλαν: 2 Kor 3,3; 2 Joh 12; 3 Joh 13), die aus Ruß und Gummi bereitet war, mit Hilfe eines Schreibrohrs (κάλαμος: 3 Joh 13), das aus einem vornehmlich in Ägypten heimischen Rohr zurechtgeschnitten wurde.

Seit dem 4. Jahrhundert setzte sich ein anderes Schreibmaterial durch, das Pergament. Als dem Papyrus konkurrierendes Schreibmaterial wurde das Pergament bereits im 2. Jh. v. Chr. im kleinasiatischen Pergamon unter dem König Eumenes (197–159 v. Chr.) erfunden. Es handelt sich also um das aus der Haut von Schafen, Ziegen, Kälbern und anderen Tieren gewonnene und bearbeitete schreibgeeignete Leder (δέρμα, διφθέρα oder μεμβράνη: vgl. 2 Tim 4,13). Die frühesten Pergamentblätter gehören (wenn nicht dem 1. Jh.

---

5. So bei *Joh. Karavidopoulos*, Εἰσαγωγή στήν Καινή Διαθήκη, Thessaloniki [2]1998, S. 34.

n. Chr.) eher dem 2. Jh. n. Chr. an. Weil das Pergament viel teurer als der Papyrus war, wird es von den Verfassern der neutestamentlichen Bücher kaum verwendet worden sein.

Manche wertvolle Zeugnisse aus dem 4. Jh. n. Chr. belegen diese Durchsetzungszeit des Pergaments dem Papyrus gegenüber deutlich. Nach einer Information des Hieronymus (epist. 34) haben die Bischöfe Acacius von Kaisareia und sein Nachfolger Euzoios zwischen 340 und 380 n. Chr. die dortige von Origenes und Pamphilos stammende Bibliothek mit großen Kosten verbunden auf Pergament umschreiben lassen und somit vor dem Untergang gerettet. Um das Jahr 331 beauftragte Kaiser Konstantin der Große den Bischof Eusebios von Kaisareia, ihm für die Kirchen seiner neuerbauten Hauptstadt Konstantinopel 50 Pergamentkodizes mit dem Text der ganzen griechischen Bibel herstellen zu lassen (Eusebios, Vita Const. IV 36 f.). Manche Forscher nehmen sogar an, dass die zwei bekanntesten, sehr alten Pergamentkodizes, der Codex Sinaiticus und der Codex Vaticanus, zu diesen 50 Kodizes des Eusebios gehört haben.

Unter den Pergamentkodizes finden sich zahlreiche sog. „Palimpseste" (πάλιν + ψάω = wieder schaben): das sind Handschriften, bei denen ein älterer entbehrlicher Text mit Schwamm oder Messer ausradiert bzw. getilgt wurde, um das kostbare Schreibmaterial für einen neuen Text gebrauchen zu können. Da der getilgte Text für die Wissenschaft meist der wertvollere ist, bemüht man sich, ihn wieder lesbar zu machen – und es ist heutzutage tatsächlich möglich geworden, dies durch photographische Methoden mit ultravioletten Strahlen zu tun, wo das menschliche Auge ohne Hilfsmittel versagt. Seit dem 12./13. Jh. hat übrigens das aus pflanzlichen Fasern hergestellte Papier das Pergament abgelöst. Das schon lange in China und Mittelasien in Gebrauch seiende, aus Leinwand (Lumpen) hergestellte Papier war seit dem 8. Jh. n. Chr. in Syrien und Ägypten bekannt. Im 15. Jh. verschwinden die Pergament-Handschriften endgültig.

## 2.2. Gestaltung und Anzahl der Handschriften

Was die Schriftart der neutestamentlichen Handschriften anbelangt, muss man deutlich betonen, dass sie sich voneinander unterscheiden. In der Antike werden sowieso zwei Arten von Buchstaben verwendet: einerseits wurde bei den nicht philologischen Texten (z.B. Episteln, Verträgen, Rechnungen etc.) die sog. „Volksschrift" oder „literae cursivae" angewandt, nämlich kleine Buchstaben, die kontinuierlich mit reichlichen Abkürzungen und ohne Absetzen der Feder „hingeworfen" wurden. Andererseits wurde in den philologischen Werken die gepflegte Buchschrift oder „literae unciales“ (uncia = Zoll, die ursprüngliche Größe der Buchstaben) verwendet. Diese, auch Kapitale oder Majuskel genannte Schrift, besteht aus lauter großen Buchstaben, die unverbunden, ohne Zwischenräume zwischen den Wörtern und ohne Satzzeichen (scriptio continua), nebeneinandergesetzt werden. Die dabei verwendeten Abkürzungen beschränken sich auf einen festen Kreis von Wörtern, die sog. nomina sacra, wie z.B. ΘC (Θεός), ΠΤΡ (Πατήρ), ΥC (Υἱός), ΠΝΑ (Παναγία), IC (᾽Ιησοῦς), XC (Χριστός), KC (Κύριος) und manche andere.

Der Schriftart nach sind die erhaltenen neutestamentlichen Papyri Majuskel- oder anders Unzialhandschriften, bei denen die großen Buchstaben ohne Wort- und Satztrennung eng aneinandergereiht sind. Man spricht deshalb auch von „Papyrus-Majuskeln“. Im Bereich der neutestamentlichen Handschriften benutzt man den Begriff „Majuskeln“, indem man sich also auf die Pergamentkodizes, auf die Mehrheit der Handschriften bezieht, die ebenfalls mit Großbuchstaben geschrieben wurden. Zu dieser Gruppe gehören viele vollständig erhaltene Textzeugen des Neuen Testaments.

Bis zum 8. Jahrhundert sind die Handschriften ausschließlich in Majuskelschrift geschrieben. Ab dem 9. Jahrhundert wurde allmählich eine andere Schriftart gebräuchlich, die „Minuskel“ (kursiv geschriebene Kleinbuchstaben). Diese Schrift schreibt sich rascher – mit einem oder höchstens zwei Federzügen konnte man eine ganze Linie schreiben –, man brauchte weniger Raum auf dem Schreibmaterial, aber die Minuskelschrift war schwerer lesbar. Sie hat jedoch seit dem 11. Jahrhundert die Majuskel vollständig verdrängt, so dass Minuskelhandschriften gewöhnlich nur noch für die spätere Textgeschichte von Bedeutung sind. In der Übergangszeit zwischen dem 8. und 11. Jh. sind bei den Handschriften beide Schriftarten vertreten. Von den Majuskeln und Minuskeln haben die ersten Handschriften als die älteren und wertvolleren zu gelten.

Gemäß ihrem Inhalt werden die verschiedenen Handschriften in zwei Gruppen unterteilt: Erstens gibt es diejenigen, die den laufenden Text der neutestamentlichen Bücher, insbesondere der vier Evangelien, in der Regel in der Form einer Textspalte beinhalten. Wenn sie den kontinuierlichen Text der Evangelien enthalten, heißen sie „Tetraevangela“ oder „Praxapostoloi“, im Falle, dass sie den Text der Apostelgeschichte und der übrigen Briefe zum Inhalt haben. Zweitens gibt es jene Handschriften, welche die für den gottesdienstlichen Gebrauch bestimmten Perikopen aus den Evangelien oder den apostolischen Briefen des Neuen Testaments gewöhnlich in zwei Spalten enthalten. Sie werden entsprechend als „Heilige Evangelien“ oder „Apostoloi“

und im Falle einer Verbindung beider Teile als „Apostoloevangelien“ bezeichnet.

Die Handschriften mit den liturgischen evangelischen Perikopen, die „Evangelien“, werden auch „Eklogadia“ (ἐκλογή = Auswahl), „Evangelistarien“[6] oder „Lektionare“ genannt. Der Text der Lektionare ist keine in sich homogene Größe, weil die verschiedenen Perikopen unterschiedlichen Textformen angehören. Während die Lektionare selber offenbar eine jahrhundertlange Entwicklungsgeschichte aufweisen, behielt man den einmal gewählten Text einer Lektion unverändert durch die Jahrhunderte hindurch bei. Es gibt schon relativ alte Lektionare (Bruchstücke aus dem 5. Jahrhundert), die meisten stammen aus dem Mittelalter. Aber auch junge Lektionar-Handschriften können einen alten Text aufweisen. Die Erforschung der Lektionare ist noch nicht weit fortgeschritten und bietet jungen Wissenschaftlern ein ziemlich interessantes Forschungsfeld.

War bis zu einer gewissen Zeit die Zahl der bekannten und verwerteten Handschriften noch gering, so konnte man sie nach ihrer Herkunft (Codex Alexandrinus), ihrem einstmaligen Besitzer (Codex Bezae), ihrem Aufbewahrungsort (Codex Vaticanus) oder einer auffallenden Eigentümlichkeit (Codex Ephraemi rescriptus) benennen. Als aber die Zahl dieser Handschriften dauernd anwuchs, wurde die Notwendigkeit einer kurzen und klaren Bezeichnung noch größer. Somit bezeichnete der Baseler reformierte Theologe Joh. Jak. Wettstein († 1754) in seiner 1751/52 in Amsterdam gedruckten kritischen Ausgabe des Neuen Testaments die Majuskel-Hss mit den großen Buchstaben des lateinischen Alphabets – wobei man später mit den griechischen und hebräischen Alphabeten fortfuhr – und die Minuskel-Hss mit den arabischen Ziffern.

Heutzutage gebrauchen die meisten Forscher das von C. R. Gregory († 1917) vorgeschlagene System, das sich eng an Wettstein anschließt. Laut diesem System werden die Majuskelhandschriften mit arabischen Ziffern mit vorgesetzter Null (z.B. 022) nummeriert, wobei aber der Gebrauch der eingebürgerten Benennung mit großen Buchstaben freigestellt bleibt (z.B. A oder 02). Die Minuskelhandschriften werden mit arabischen Ziffern, von 1 beginnend, ohne Rücksicht auf ihren Inhalt durchgezählt. Verwandte Handschriften bilden „Familien“ oder „Gruppen“: so die „Ferrar-Gruppe“ (13, 69, 124, 346) und die „Lake-Familie“ (1, 118, 131, 209 u. a.), benannt nach ihren

6. Vgl. dazu *Joh. Karavidopoulos*, „Εὐαγγελιστάριον“ – „Εὐαγγελιάριον“ – „Εὐαγγέλιον“. Διευκρινίσεις στὴν ἐπικρατοῦσα Ὁρολογία, in: *Archevêché de Suisse (Hg.)*, Ἀναφορὰ εἰς μνήμην Μητροπολίτου Σάρδεων Μαξίμου 1914–1986, Bd. 3, Genf 1989, S. 108–117; 444–445.

gelehrten Entdeckern. Die Papyri werden gesondert gezählt, wobei die Ziffer als Exponent hinter ein P (in Frakturschrift) gesetzt wird (z.B. P 50). Darüber hinaus werden Lektionare mit l, Ostraka (Tonscherben) und Talismane (φυλακτά) mit Fraktur-O bzw. T mit hochgestellter arabischer Ziffer bezeichnet.[7]

Die handschriftliche Überlieferung ist für das Neue Testament unverhältnismäßig reichhaltiger und besser als für jede andere antike Schrift, AT und Septuaginta nicht ausgenommen. Nur die Überlieferung des Korans weist noch mehr Handschriften auf. Beim NT beträgt die Spanne zwischen der Entstehung der Urschriften (2. Hälfte des 1. Jh.s) und den ältesten erhaltenen Pergamentschriften (Mitte des 4. Jh.s) nur etwas mehr als 250 Jahre. Bei den einzelnen Papyri schrumpft diese Zeitspanne sogar auf Jahrzehnte zusammen (z.B. P 52). Bis zum 12. Jh. nimmt die Zahl der erhaltenen Handschriften, auf die Jahrhunderte verteilt, ziemlich stetig zu. Aus dem 12. und 14. Jh. stammen annähernd 500 Handschriften. Von da ab nimmt die Zahl zusehends ab infolge des Aufkommens der Druckausgaben.

Nach den Berichten der „Stiftung zur Förderung der Neutestamentlichen Textforschung“ (Münster/Westfalen) umfasst die Zahl aller bekannten griechischen Handschriften nun weit mehr als 5600. In der Ausgabe des Kataloges von K. Aland „Kurzgefasste Liste der griechischen Handschriften des Neuen Testaments“ vom Jahre 1994 werden folgende Hss aufgezählt: 99 Papyri, 306 Majuskeln, 2856 Minuskeln und 2403 Lektionare. Etwa 2000 Handschriften enthalten nur die vier Evangelien. Am häufigsten kommt die Gruppe der Apostelgeschichte zusammen mit den paulinischen Briefen vor.

Das ganze Neue Testament beinhalten die Kodizes Sinaiticus, Alexandrinus, Vaticanus und Ephraemi rescriptus sowie etwa 50 Minuskeln. In 2 weiteren Majuskeln und in 147 Minuskeln fehlt nur der Text der Apokalypse des Johannes. Die meisten Handschriften enthalten somit nur größere oder kleiner Teile des Neuen Testaments.

Folgende Städte oder Klöster beherbergen in ihren Bibliotheken eine größere Zahl von Handschriften (eingeordnet je nach der Zahl der Hss):

- von 50 bis 100 Hss: Cambridge (66), Grotta Ferrata bei Rom (69), Florenz (79), Patmos (81), Moskau (96).
- von 100 bis 200 Hss: Jerusalem (146), Oxford (158).

7. Vgl. *B. Kraft*, Die Zeichen für die wichtigeren Hss des griechischen NT, Freiburg i.Br. $^{3}$1955.

– von 200 bis 500 Hss: Kloster Sinai (über 230; neue Funde 1975), Sankt Petersburg (233), London (271), Rom (367), Paris (373), Athen (419).

– über 500 Hss: Die Klöster auf dem Hl. Berg Athos (1000).

## Die wichtigsten griechischen Handschriften des Neuen Testaments:

| Bezeichnung | Datierung | Inhalt | Aufbewahrungsort |
|---|---|---|---|
| $\mathfrak{P}^{52}$ | 100–125 | Joh 18,31–33.37–38 | John Rylands Library, Manchester |
| $\mathfrak{P}^{45-47}$ | 3. Jh. | $\mathfrak{P}^{45}$: Evv, Apg<br>$\mathfrak{P}^{46}$: Paulusbriefe<br>$\mathfrak{P}^{47}$: Apk 9–17 | Chester Beatty Museum, Dublin |
| $\mathfrak{P}^{66}$ | 150–200 | Joh (mit kleinen Lükken) | Bodmer-Museum, Coligny bei Genf |
| $\mathfrak{P}^{75}$ | vor 200 | Lk 3–18; 22–24<br>Joh 1–15 | Bodmer-Museum, Coligny bei Genf |
| ℵ (S oder 01)<br>Sinaiticus | um 350 | AT mit Lücken NT vollständig | am Anfang Leningrad, ab 1933 Britisches Museum, London |
| A (02)<br>Alexandrinus | 5. Jh. | NT ohne Mt 1–25 und 2 Kor 4–12 | seit 1751 Britisches Museum, London |
| B (03)<br>Vaticanus | um 325 | AT und NT bis Hebr 9,14<br>(ohne 1 & 2 Tim, Tit, Phlm und Apk) | seit 1475 Vatikanische Bibliothek |
| C (04)<br>Kodex Ephraemi Palimpsest | 5. Jh. | Nicht vollständig, sondern etwa 5/8 vom NT | Nationalbibliothek, Paris |
| D (05)<br>Kodex Bezae | 6. Jh. | Evv, Apg (fast vollständig) | (Cantabrigiensis) Universität Cambridge |
| D (06)<br>Claromontanus | 5. Jh. | Paulusbriefe inkl. Hebr | Nationalbibliothek, Paris |

## 2.3. Abweichungen bei den Abschriften – Textkritik

Wie unterschiedlich die alten Handschriften in ihrem Wortlaut sind, lässt sich auch anhand mehrerer Beispiele aus dem NT erahnen. Wer sich beispielsweise die Mühe macht, eine Stelle aus dem Neuen Testament in verschiedenen deutschen Textausgaben zu vergleichen, wird sehr wahrscheinlich eine ganze Reihe von Abweichungen feststellen: meist sind es nur kleine Unterschiede in der Wortwahl, der Wortstellung, dem Satzbau oder auch den Zeitformen. Bei schwierigeren Texten kann es aber auch vorkommen, dass inhaltliche Differenzen zu beobachten sind. Solche Varianten gehen gewöhnlich auf den Übersetzer zurück, der von seinem persönlichen Stil, den Ausdrucksweisen seiner Zeit, literarischen Vorbildern und an umstrittenen Stellen von der Auskunft bestimmter Kommentare beeinflusst ist.

Es gibt jedoch auch Fälle, in denen der unterschiedliche Wortlaut auf Varianten zurückgeht, die schon in der handschriftlichen Überlieferung des griechischen Neuen Testaments anzutreffen sind. Allerdings ist die Zahl der wirklich sinnverändernden und inhaltlich bedeutsamen Varianten relativ gering – relativ gegenüber den insgesamt auf etwa eine Viertelmillion geschätzten Abweichungen, die sich hauptsächlich aus kleinen Abschreibefehlern, Umstellungen, Auslassungen, Zusätzen und stilistischen Verbesserungen zusammensetzen.

Repräsentatives Beispiel: Der erste Vers des Markusevangeliums lautet nach deutschen Textausgaben:

- „Anfang des Evangeliums von Jesus Christus, dem Sohn Gotes“ (neue Einheitsübersetzung 1980)
- „Anfang der Heilsbotschaft von Jesus, dem Messias, dem Sohn Gottes“ (Jerusalemer Bibel)
- „Dies ist der Anfang des Evangeliums von Jesus Christus“ (revidierter Luthertext von 1984)
- „Anfang der Heilsbotschaft Jesu Christi“ (Geistliche Schriftlesung 2,1 von R. Schnackenburg)
- „Der Anfang der frohen Botschaft von Jesus, dem Christus, dem Messias und Kind Gottes“ (Bibel in gerechter Sprache 2007)

Neben den rein sprachlichen Differenzen fällt der Zusatz bzw. die Fortlassung des Gottessohntitels auf. Dieser Unterschied findet sich schon in den ältesten und besten Handschriften, so dass der urspüngliche Wortlaut nicht mehr festzustellen ist. Es wäre jedoch durchaus denkbar und wahrscheinlicher, dass man einen fehlenden Gottessohntitel hinzugesetzt hat, als dass man einen vorhandenen weggelassen hat.

In den zahlreichen Majuskel- und Minuskel-Handschriften der ursprünglich griechischen, aber auch anderer alter Sprachen, haben sich verschiedene Abschreibefehler ergeben, die entweder auf ein Versehen der Abschreiber oder bei schwer verständlichen Stellen auf den absichtlichen Versuch der Abschreiber zur Veränderung des Textes zurückzuführen sind.

Dementsprechend haben wir bei der Stelle Mt 24,36 in manchen Handschriften, wie z.B. ℵ, L, W etc., die Auslassung des Ausdrucks οὐδὲ ὁ υἱός. Im Gegensatz dazu haben wir bei der Stelle Joh 7,39 den Fall einer Hinzufügung. Nach der Formulierung οὔπω γὰρ ἦν πνεῦμα werden nämlich entweder das Wort ἅγιον ($\mathfrak{P}^{66}$, L, W) oder der Ausdruck ἅγιον ἐπ' αὐτοὺς (D*) oder auch ἅγιον δεδομένον (B) hinzugefügt.

Bezeichnenderweise kommentiert Origenes die verschiedenen Versionen der Handschriften folgendermaßen: „Nun ist aber klar, dass große Unterschiede zwischen den Abschriften entstanden sind, sei es durch die Nachlässigkeit mancher Schreiber, sei es durch die schlimme Dreistigkeit anderer bei der Korrektur der Abschrift, sei es auch dadurch, dass manche bei der Korrektur hinzufügen oder weglassen, was ihnen gut scheint.“[8]

Textkritik ist in der bibelwissenschaftlichen Sprache dementsprechend der hauptsächlich in den letzten zwei Jahrhunderten unternommene Versuch der Fachleute, den ursprünglichen Text des Neuen Testaments, wie er aus der Feder der neutestamentlichen Autoren entstand, wiederherzustellen.

In der Bibelwissenschaft ist dennoch auch die Rede von ähnlichen textkritischen Prozessen, die um das Jahr 300 n. Chr. parallel, aber unabhängig voneinander, in den antiken Städten Antiochien, Alexandrien und in Palästina stattgefunden haben. Die erste und mit Sicherheit belegte „Revision“ des Neuen Testaments in Antiochien wird dem Presbyter und Märtyrer Lukian zugeschrieben, die zweite wird mit dem Namen des Bischofs und Märtyrers (?) Hesychios und die dritte mit dem Presbyter Pamphilos, dem Leiter der großen christlichen Bibliothek in Cäsarea, in Verbindung gebracht.

8. *Origenes*, Der Kommentar zum Evangelium nach Mattäus, eingeleitet, übersetzt und mit Amerkungen versehen von *Hermann J. Vogt*, (Bibliothek der Griechischen Literatur, Bd. 30), Stuttgart 1990, S. 108. Siehe den griechischen Originaltext in: *Origenes*, In Evangelium secundum Matthaeum: *PG* 13, 1293 A: „Πολλὴ γέγονεν ἡ τῶν ἀντιγραφέων διαφορά, εἴτε ἀπὸ ῥαθυμίας τινῶν γραφέων, εἴτε ἀπὸ τόλμης τινῶν μοχθηρᾶς διαθέσεως τῶν γραφομένων, εἴτε καὶ ἀπὸ τῶν τὰ ἑαυτοῖς δοκοῦντα ἐν τῇ διορθώσει προστιθέντων ἢ ἀφαιρούντων.“

Bei der modernen Textkritik werden folgende wichtige Regeln berücksichtigt:

1. *Textzeugen sind nicht zu zählen, sondern zu wägen.* Die Entscheidung für eine umstrittene Lesart ist also kein Problem der statistischen Mehrheit, sondern der Qualität: Sonst wäre der Text immer der richtige, der von der großen Masse späterer Handschriften geboten wird.
2. *Den Vorzug verdienen gewöhnlich die ältesten Textzeugen.* Diese Regel ist so selbstverständlich, dass es hilfreicher wäre zu sagen: In zahlreichen Ausnahmefällen können auch später bezeugte Lesarten ursprünglich sein – zumal das Alter einer Handschrift nicht unbedingt mit dem unterschiedlichen Alter der in ihr vorhandenen Lesarten identisch zu sein braucht.
3. *Als ursprünglicher hat die „schwierigere" Lesart zu gelten.* „Schwieriger" ist eine Lesart, wenn sie sprachliche, historische oder dogmatische Anstöße bietet. In solchen Fällen lässt sich das Motiv der Variantenbildung leicht erkennen.
4. *In der Regel ist der kürzere Text der bessere.* Jede Überlieferung, ob mündlich oder schriftlich, neigt zu erläuternden und ausschmückenden Zusätzen, seltener wird gekürzt und gestrafft.
5. *Die „Konjekturalkritik" ist auf ganz wenige Ausnahmen zu beschränken.* „Konjekturalkritik" heißt der Versuch, den ursprünglichen Wortlaut einer biblischen Stelle gegen alle Textzeugen sinngemäß zu rekonstruieren. Im Neuen Testament hat sich von den vielen mutmaßlichen Textverbesserungen, die zeitweise in Mode waren, kaum eine durchgesetzt, auch nicht die in der Ausgabe von Erasmus vorgeschlagene Änderung der Stelle Jak 4,2 von φονεύετε („ihr mordet") zu φθονεῖτε („ihr neidet").

## 2.4. Die großen Texttypen

Die Vielfalt der Versionen des handschriftlichen Textes hat die Forscher seit der Mitte des 18. Jh.s dazu veranlasst, die verschiedenen Handschriften nach ähnlichen Textkategorien zu sortieren. Die beiden in Cambridge tätigen englischen Gelehrten und Freunde F. J. H. Hort (1828–1852) und B. F. Westcott (1825–1901) kamen in ihrer kritischen Textausgabe des Neuen Testaments (1881) mit früheren Forschern zu der Auffassung, dass die handschriftliche Überlieferung vier große Texttypen aufweise:

1. Der hauptsächlich durch B (Vaticanus) und den Sinaiticus vertretene ***„neutrale“*** Text. Er wird als „neutral“ bezeichnet, um auf seine relative Unverfälschtheit hinzuweisen. Westcott und Hort haben ihn für den reinsten und ursprünglichsten Text gehalten und sich fast ausschließlich auf ihn gestützt. Charakteristisch für diese ihre Sicherheit ist der Titel ihrer Ausgabe: „The New Testament in the original Greek“. – Durch die neuen Papyrusfunde ($\mathfrak{P}^{66}$, $\mathfrak{P}^{75}$) hat sich bestätigt, dass dieser Texttyp bis ins 2. Jahrhundert zurückreicht.
2. Manche von ausgebildeten Abschreibern Alexandriens durchgeführten sprachlichen Verbesserungen des neutralen Textes haben den sog. ***„alexandrinischen“*** oder „ägyptischen“ Texttyp ergeben. Dieser Text findet sich in den Kodikes C (5. Jh.), L (9. Jh.), in der koptischen bohairischen Übersetzung (6./7. Jh.) und bei den alexandrinischen Theologen Klemens, Origenes (auszugsweise), Dionysios, Didymos dem Blinden und Kyrill.
3. Der ***„westliche“*** Text, so genannt, weil er zunächst in altlateinischen und syrischen Übersetzungen, wie auch bei den abendländischen Kirchenschriftstellern (Justin, Irenäus, Tertullian, Kyprian u.a.) und in dem zweisprachigen Kodex D (Bezae) gefunden wurde. Seine Kennzeichen sind ausschmückende Zusätze, Auslassungen, harmonisierende Lesarten in den Evangelien. – Der Name „westlich“ gilt heute als irreführend, da dieser Texttyp in der gesamten Kirche des 2. Jahrhunderts verbreitet war. Außerdem werden „westliche“ Lesarten nicht mehr grundsätzlich als sekundär angesehen.
4. Der ***„syrische“*** („antiochenische“ oder „byzantinische“), auch „Reichs-“ oder „Koiné-Text“ geht auf die Rezensionsarbeit des antiochenischen Presbyters und Bibelauslegers Lukian († 311) zurück. Ihm war es an sprachlicher Glättung, Beseitigung dogmatischer Anstöße und Harmonisierung verschiedener Lesarten gelegen. Die ursprüngliche Gestalt dieses Typs wurde bald wieder durch Korrekturen und Nachlässigkeiten verändert. Obwohl der Koiné-Text als „textus receptus“ bis in die Neuzeit vorherrschend war, wird er nur selten zur Rekonstruktion des Urtextes herangezogen.

Neben diesen vier Textgruppen wird in der Wissenschaft die Existenz eines fünften Überlieferungstyps diskutiert, des „Cäsareatextes“. Er stellt eine Art Mischform zwischen dem neutralen und dem westlichen Text dar und lässt sich von den Handschriften $\mathfrak{P}^{46}$ (circa 200), W (5. Jh.), Θ (9. Jh.) bis in die Minuskelfamilien 1 und 13 nachverfolgen. Auch er ist wahrscheinlich in

Ägypten (Alexandrien) entstanden und wurde angeblich von Origenes nach Cäsarea gebracht.

### 2.4.1. Der „kirchliche“ Text und die Textkritik

Der von den Forschern Westcott und Hort (1881) benannte ***„syrische“*** oder ***„antiochenische“*** Text des Neuen Testaments wurde später auch „byzantinisch“, oder „konstantinopolitanisch“ oder „patriarchalisch“ oder „kirchlich“ „Reichs-“ oder auch „Koiné-Text“ genannt. Die heutzutage vorherrschende Bezeichnung unter den westlichen Forschern ist „byzantinisch“ und bei der 27. Ausgabe des Neuen Testaments von Nestle-Aland wird im in der Frakturschrift gezeichneten Buchstaben M (=Mehrheitstext) miteingeschlossen. Die orthodoxen Bibelwissenschaftler ziehen die Bezeichnung „kirchlich“ vor, denn dieser Texttypus ist in zahlreichen Eklogadia (Lektionaren) und anderen Handschriften mit liturgischen Funktionen enthalten.

Der „kirchliche“ Text stellt aufgrund seiner ununterbrochenen Anwesenheit bei den liturgischen Handschriften der Ostkirche die Grundlage für den bei den orthodoxen Gottesdiensten bis heute noch vorgelesenen Text der Evangeliare oder des Apostelbuches dar. Dieser Text ist aber leider bis heute textkritisch nicht genug untersucht und erforscht worden. Außer der im Jahre 1904 vom Ökumenischen Patriarchat veranlassten kritischen Ausgabe und einzelnen Forschungsarbeiten, die seit 1930 von einer Gruppe von Fachleuten in Chicago/USA veröffentlicht wurden, gibt es noch zahlreiches Material des „kirchlichen“ Textes zu untersuchen.

Eine systematisch bearbeitete kritische Ausgabe dieses Texttypes könnte auf zweifache Weise hilfreich sein. Erstens: Aufgrund der konservativen Tendenzen aller kirchlichen Hierarchen durch die Jahrhunderte hindurch hat sich dieser für liturgische Zwecke benutzte Text wenig verändert. Somit kann sich die moderne Forschung bei manchen Punkten dem ursprünglichen Urtext besser nähern. Zweitens: Durch eine gute kritische Ausgabe könnten die in den orthodoxen liturgischen Büchern heute vorhandenen zahlreichen Textvariationen irgendwie geglättet werden, so dass wir wohl dann gleichmäßige Perikopen aus den Evangelien oder den Apostelbriefen zu Gehör bekommen würden; etwas, was beim liturgischen Text des Neuen Testaments nicht immer der Fall ist.

## 2.5. Die alten Übersetzungen des neutestamentlichen Textes und die patristischen Zitate und Kommentare

Außer den griechischen Handschriften als unmittelbaren Zeugen des neutestamentlichen Urtextes stehen der Bibelwissenschaft als weitere wichtige Quellen der Textüberlieferung noch a) die alten Übersetzungen sowie b) die verschiedenen Zitate der altchristlichen Schriftsteller und Kirchenväter aus dem Neuen Testament und ihre Kommentare zu den einzelnen neutestamentlichen Büchern zur Verfügung.

Die beiden Gruppen können nicht etwa nur als zweitrangige Hilfsmittel für die Feststellung des originalen Wortlautes des griechischen Neuen Testaments bezeichnet werden, sondern stehen an Bedeutung den griechischen Handschriften keineswegs nach. Ohne sie wäre es nicht möglich, die Geschichte des griechischen Textes aufzuhellen, was eine unerlässliche Vorbedingung für die richtige Wertung der griechischen Handschriften und die Rekonstruktion des ältesten griechischen Textes ist. In den alten Übersetzungen des Neuen Testaments wirkt der in ihrer Zeit geltende griechische Text bestimmt nach, während die zahlreichen uns erhaltenen patristischen Zitate und Kommentare der kirchlichen Autoren und Kirchenväter, je älter sie sind, von mehr Bedeutung für die Textgeschichte und Textkritik sind.

### 2.5.1. Die alten Übersetzungen

Die griechische Sprache der neutestamentlichen Schriften war der Ausbreitung des Evangeliums zunächst sehr förderlich, insofern das Griechische die damalige Weltsprache war. Mehr und mehr machte sich dann aber das Bedürfnis nach Übersetzungen in den verschiedenen Landessprachen bemerkbar. Bereits im 2. Jh. entstanden die ersten Übersetzungen ins Lateinische und Syrische, und im frühen 3. Jh. werden die koptischen Übersetzungen ihren Anfang genommen haben, d.h. in einer Zeit, aus der uns noch keine vollständige griechische Handschrift, sondern nur eine kleine Zahl von Papyrusbruchstücken erhalten ist. Dies zeigt ohne Zweifel den hohen Wert, der den alten Übersetzungen für die Rekonstruktion des griechischen Textes zukommt. Hierbei muss man aber betonen, dass diese Übersetzungen selbst uns doch erst aus Handschriften späterer Zeit bekannt sind, und das bedeutet, dass ihr Text in der Zwischenzeit Veränderungen, auch Angleichungen an den selbst wieder veränderten griechischen Text unterworfen gewesen sein dürfte.

Vergeblich sucht man in allen Fällen von vornherein nach einer Übersetzung des ganzen Neuen Testaments; wahrscheinlich sind zunächst nur die für liturgische und missionarische Zwecke wichtigen Abschnitte übertragen worden. Die verschiedenen Übersetzungen sind somit allmählich entstanden (wie seinerzeit auch der Text der LXX). Auch werden sich meist mehrere Übersetzer beteiligt haben, nacheinander, zum Teil auch nebeneinander, unabhängig voneinander, indem an mehreren Orten gleichzeitig Übersetzungen in Angriff genommen wurden. Dies würde erklären, warum sich die Übersetzungen auch in der Zeit, während der wir einen Überblick über sie bekommen können, durch eine starke Uneinheitlichkeit auszeichnen.

Dies gilt besonders für die *alte lateinische Übersetzung*. Es ist noch immer strittig, ob sie von einer einzigen Textform, die dann wohl nach Nordafrika weisen würde, ihren Ausgang genommen hat oder von mehreren Textvorlagen, die in Afrika, Italien, Spanien, Gallien, wo man überall Lateinisch sprach, ihren Ursprung haben müsste. Schon Augustin und Hieronymus haben über die vielen verschiedenen Textformen geklagt, und die erhaltenen Resttexte bestätigen dies, wobei die Verschiedenheit auf verschieden vorgenommener Übersetzung, auf der Verwertung verschiedener griechischer Vorlagen beruht oder auch eine Folge schlechter eigener Überlieferung sein kann. Etwa über 40 Handschriften sind, meist nur sehr fragmentarisch, erhalten (die ältesten stammen aus dem 4. Jh.); sie werden mit kleinen lateinischen Buchstaben bezeichnet, z.B. a, b usw. Die Sammelbezeichnung **Itala** (italische Übersetzung) geht auf eine Äußerung Augustins zurück, der jedoch wahrscheinlich bereits die **Vulgata** damit gemeint hat; außerdem kann Italien weder überwiegend noch gar ausschließlich als Ursprungsland in Betracht kommen. Besser ist daher die Bezeichnung **vetus Latina** (zu ergänzen: interpretatio oder versio = alte lateinische Übersetzung). Die altlateinischen Handschriften, mehrheitlich Evv-Text enthaltend, sind für die Textkritik äußerst wichtig; ihre Auswertung enthält noch ungelöste Aufgaben.

Die der vetus Latina wohl von Anfang an eigene Uneinheitlichkeit hatte sich im 4. Jh. so verschlimmert, dass Papst Damasus (366–384) durch Hieronymus eine neue Übersetzung anfertigen ließ, die höchstwahrscheinlich nie amtlich in den kirchlichen Gebrauch eingeführt worden ist und sich daher erst viel später durchgesetzt hat. Im Mittelalter gab man der Bibel des Hieronymus den Namen **Vulgata** (lat. = die verbreitete, geläufige), der ihre Monopolstellung innerhalb der Römisch-katholischen Kirche unterstrich. Von den verschiedenen Revisionen des Vulgata-Textes sind erwähnenswert die sogenannte Sixtina (von Papst Sixtus V. angeregt) und die diese 1592 ablösende sog. Clementina (von Papst Clemens VIII. angeregt).

Ebenso alt wie die vetus Latina ist die *vetus Syra bzw. Syriaca* (Abkürzung sy oder syr), die durch die neben dem Diatessaron (Tatian) entstandene Übersetzung der Evangelien repräsentiert wird. Sie ist nur durch zwei Handschriften bekannt: eine 1892 von Frau A. Lewis und ihrer Schwester M. D. Gibson im Katharinenkloster auf dem Sinai entdeckte, noch jetzt dort aufbewahrte Palimpsest-Handschrift des 4./5. Jh.s (im 8. Jh. mit Heiligenleben überschrieben); und eine aus dem Marienkloster der Nitrischen Wüste in Ägypten stammende, 1843 nach London gelangte Handschrift des 5. Jh.s (im 13. Jh. nach der im 5. Jh. erfolgten Bibelrevision namens **Peschitta** überarbeitet), meist als sycur bezeichnet, weil 1858 von William Cureton herausgegeben.

Die Geschichte der *vetus Aegyptiaca* beginnt im 3. Jh. Damals ließ die ägyptische Sprache (in der Form, die sie in dieser Zeit erreicht hatte und die man nach dem arabischen Wort für ägyptisch das Koptische nennt) das Jahrhunderte hindurch in Ägypten vorherrschende Griechisch wieder in den Hintergrund treten. Die älteste Übersetzung ist die im Süden, in Oberägypten, im dortigen sahidischen Dialekt abgefasste (als sa oder sah bezeichnet). Später entstanden die mittelägyptischen Übersetzungen, als Übertragungen von sahidischem in den fajjumischen, akhmimischen und memphitischen Dialekten oder als selbstständige Übersetzungen. Wohl erst nach 600 kam die Übersetzung in das unterägyptische Bohairisch hinzu (als bo oder boh bezeichnet). Einigen Umfang besitzt nur die Überlieferung von sah (eine Anzahl von Majuskel-Bruchstücken weist griechischen und sahidischen Text auf).

Für die Rekonstruktion des ältesten griechischen Textes sind besonders die frühen Stadien dieser alten Übersetzungen von Wert. Wesentlich geringere Bedeutung für die Textkritik haben auch die ab dem 4. Jh. in weitere Sprachen vorgenommenen Übersetzungen.

Die *gotische* Bibelübersetzung stammt aus der Mitte des 4. Jh.s und stellt das älteste Denkmal deutscher Literatur dar. Als Schöpfer dieser Übersetzung gilt der 383 gestorbene Gotenbischof Ulfilas, der als Textbasis den um 350 in Byzanz gebräuchlichen griechischen Text verwendet hatte. Es sind 8 Handschriften der gotischen Übersetzung erhalten, von denen die bedeutendste der berühmte Codex Argenteus aus dem 6. Jh. ist, der in Oberitalien geschrieben wurde und sich seit 1662 in der Universitätsbibliothek zu Uppsala befindet. Diese Handschrift ist auf purpurgetränktes Pergament mit Silber und Goldschrift geschrieben und enthält die Evangelien in der Reihenfolge Mt, Joh, Lk, Mk.

Die *armenische* Übersetzung, die von manchen Forschern aufgrund ihrer Genauigkeit als „Königin der Übersetzungen" bezeichnet wird, hat einen noch ungeklärten Ursprung. Nach dem Zeugnis des Bischofs Koruin († 450) wurde sie vom hl. Mesrop († 439), der auch das armenische Alphabet erfunden hat, auf der Grundlage des griechischen Textes angefertigt. Nach einer anderen Information geht sie auf den Katholikos Sahak (oder Isaak den Großen 350–439) zurück. Der Übersetzungstext ist mit dem sog. Cäsarea-Text stark verwandt und ist in mehreren Handschriften jungen Datums erhalten. Die älteste von diesen Handschriften, die als Tetraevangelium von Moskau, ähnlich also wie die „Diatessaron"-Form von Tatian, bekannt ist, stammt aus dem Jahre 887.

Die *georgische* Übersetzung des Neuen Testaments hatte höchstwahrscheinlich nicht einen griechischen Text, sondern die armenische Übersetzung als Grundlage. Sie wird bald nach Vollendung der letzten armenischen Übersetzung, etwa um die Mitte des 5. Jh.s, entstanden sein. Der georgische Text ist wie der armenische ein wichtiger Zeuge der sog. Cäsarea-Textform. Die ältesten georgischen Evangelien-Handschriften werden auf die Jahre 897, 913 und 995 datiert.

Die *altslawische* Bibelübersetzung entstand im 9. Jh. durch die Thessalonicher Missionare, die Gebrüder Kyrill und Methodius, die auch das glagolitische Alphabet erfunden haben. Dieser Übersetzung lagen byzantinische Handschriften zugrunde. Die ältesten erhaltenen Handschriften der altslawischen Übersetzung gehen auf das 11. Jh. zurück (z.B. Codex Marianus).

Zu erwähnen sind noch die ab dem 9. Jh. entstandenen alten Übertragungen in das Nubische, Äthiopische, Arabische und Persische sowie die Übersetzungen aus dem Lateinischen ins Altdeutsche, Altenglische usw. Deren textkritischer Wert wäre allerdings gering.

Die Kirche, welche die Verkündigung der frohen Botschaft an allen Ekken des Globus bezweckt, hat ihr Übersetzungswerk nie eingestellt. Das Neue Testament liegt letzten Angaben zufolge in 1.294 Sprachen vollständig und in weiteren 918 Sprachen auszugsweise übersetzt vor. Darüber hinaus ist die ganze Bibel (A.T. & N.T.) in 355 Sprachen übertragen worden.

### 2.5.2. Patristische Zitate und Kommentare zum NT

Neben den alten Übersetzungen des neutestamentlichen Textes gelten auch die Werke der Kirchenväter, deren Werke voll von Zitaten, mittelbaren Bezügen oder Kommentaren zum Neuen Testament sind, als gleichwertige Quellen für die ntl. Textgeschichte. Es ist nämlich zutreffend, was von manchen Forschern betont wird: Auch wenn alle anderen Quellen für die neutestamentliche Textgeschichte und Textüberlieferung abhanden gekommen wären, würden allein die patristischen Zitate dafür ausreichen, das ganze Neue Testament wiederherzustellen.

Auch die Zitate bei Kirchenvätern sind dann besonders wichtig, wenn sie in die Zeiten vor den großen griechischen Handschriften zurückführen. Doch sind auch Väterzitate der folgenden Zeit von Bedeutung, zumal die Kirchenväter sich oft und gern auf „alte Handschriften“ bezogen haben, soweit ihnen solche zur Verfügung standen. Allerdings sind auch ihre Werke erst in Handschriften aus späteren Jahrhunderten erhalten. Vor allem ist es selbst dann, wenn ein Kirchenvater eine neutestamentliche Stelle in aller Form zitiert, möglich, dass er den Text aus dem Gedächtnis zitiert, so dass er den Wortlaut unabsichtlich oder absichtlich umformuliert.

Die Bedeutung der Zitate der alten Kirchenschriftsteller beruht einmal darauf, dass sie uns ermöglichen, den Bibeltext einer bestimmten Zeit und eines bestimmten Ortes festzustellen, was bei den griechischen Handschriften meist nicht der Fall ist, und zum anderen darauf, dass der in diesen Schriften verwendete Bibeltext in vielen Fällen älter ist als die meisten unserer griechischen Handschriften. So können wir uns z.B. aus den Schriften Cyprians († 258) ein Bild machen, was für einen Bibeltext die afrikanische Kirche in der ersten Hälfte des 3. Jh.s gehabt hat. Da die Zitate der patristischen Schriftsteller häufiger von dem Text unserer Handschriften abweichen, hat man vielfach geglaubt, dass sie frei aus dem Gedächtnis zitiert wurden. Neuere Untersuchungen haben jedoch den Beweis geliefert, dass dies nicht zutrifft, sondern dass die Kirchenväter – von den ältesten abgesehen, die mehr Anspielungen als eigentliche Zitate enthalten – ihren Bibeltext viel treuer zitieren, als man gewöhnlich annimmt. Wenn sie sich von dem Text unserer Hss entfernen, so liegt der Grund darin, dass sie einem von ihnen abweichenden, und zwar älterem und ursprünglicherem Text folgen.

Besonders wichtig sind die nicht seltenen Fälle, in denen sich die Schriftsteller auf eine Einzelheit im Wortlaut berufen oder verschiedene Lesarten gegeneinander abwägen. So bespricht z.B. Hieronymus in Ep. 119 die drei Textformen von 1 Kor 15,51 und sagt, dass sich nur eine davon in lateinischen Textzeugen finde. Eusebios versichert uns, dass der sog. kanonische Markus-Schluss in den ältesten und besten Handschriften fehle[9], und Hieronymus teilt mit, dass er in einzelnen Handschriften noch einen apokryphen Zusatz von wenigen Zeilen aufweise.

9. *Eusebios*, Ad Marinum 1, *BEP* 23, 328: „´καὶ οὐδενὶ οὐδὲν εἶπον, ἐφοβοῦντο γάρ´. ᾽Εν τούτῳ γὰρ σχεδὸν ἐν ἅπασι τοῖς ἀντιγράφοις τοῦ κατὰ Μάρκον εὐαγγελίου περιγέγραπται τὸ τέλος· τὰ δὲ ἑξῆς σπανίως ἔν τισιν ἀλλ᾽ οὐκ ἐν πᾶσι φερόμενα περιττὰ ἂν εἴη, καὶ μάλιστα εἴπερ ἔχοιεν ἀντιλογίαν τῇ τῶν λοιπῶν εὐαγγελιστῶν μαρτυρίᾳ.“

Aus der großen Bedeutung der Bibelzitate für die Textgeschichte ergibt sich die Notwendigkeit, den von den einzelnen Schriftstellern gebrauchten Schrift-Text zu rekonstruieren und mit den Bibelhandschriften zu vergleichen. Dies ist auch z. T. bereits geschehen, aber noch keineswegs befriedigend und vollständig durchgeführt worden. Ein wissenschaftliches Zentrum, das sich genau diese Erforschung der patristischen Zitate zum Neuen Testament zu seinem Ziel gesetzt hat, hat seinen Sitz in Straßburg und gibt seit 1975 die Reihe „Biblia Patristica" heraus. Ein ähnliches Projekt der Ortung und Behandlung von patristischen Zitaten und Kommentaren zum Neuen Testament leitet in den letzten Jahrzehnten der inzwischen emeritierte orthodoxe Neutestamentler von der Orthodoxen Fakultät in Thessaloniki, Johannes Galanis.

Für die griechischen Väter steckt noch wichtiges Material in den Katenen, von denen erst einige kritisch ediert worden sind. Unter den vielen in den letzten Jahren erschienenen Arbeiten über die neutestamentlichen Zitate in den patristischen Werken seien hier erwähnt a) die Arbeit des heutigen Metropoliten von Peristerion/Athen, Chrysostomos Zafiris, mit dem Titel „Le text de l' Evangile selon St. Matthieu d' après les citations de Clément d' Alexandrie", Straßburg 1970, und b) seine umfangreiche Dissertation mit dem Titel „Τά προευαγγελικά κείμενα. Ἡ μαρτυρία τῶν πατέρων περὶ τῆς ἀρχικῆς μορφῆς τῆς εὐαγγελικῆς παραδόσεως καὶ ἡ ἀξία τῶν πατερικῶν βιβλικῶν παραθέσεων", Athen 1979.

Für die lateinische Kirche besitzen wir ebenfalls einige wichtige Untersuchungen: Hans von Soden hat eine Rekonstruktion des „Lateinischen NT in Afrika zur Zeit Cyprians" auf Grund der ältesten Handschriften und patristischen Zitate unternommen.

# TEIL III.
# Geschichte des neutestamentlichen Kanons

In allen christlichen Konfessionen, besonders noch in der Orthodoxen Kirche, gilt der Kanon des Neuen Testaments als eine feste Grundlage für die Bibelwissenschaft und darüber hinaus für die auf unerschütterten Fundamenten beruhende unverfälschte Tradition des Glaubens. Somit sind die Entstehungsgeschichte der Sammlung der 27 neutestamentlichen Bücher als ein Corpus und dessen Anerkennung seitens der Alten ungeteilten Kirche als ein unersetzbarer Teil der gesamten „Heiligen Schrift" von grundlegender Bedeutung. Im Rahmen des Prozesses des neutestamentlichen Kanons, der über drei Jahrhunderte andauerte, wären folgende Aspekte bzw. Faktoren von großem Interesse: sein Verhältnis zum Alten Testament, Entstehungsursachen des Kanons des Neuen Testaments, Kriterien zur Auswahl der kanonischen Bücher, Profil und Bedeutung dieses Kanons für die Alte und konsequenterweise die Orthodoxe Kirche.

Dass es sich beim Neuen Testament um keine absolute Bücherzahl, sondern um eine Auswahlsammlung handelt, sieht man sowohl durch einen Blick in das Neue Testament selbst wie auf jenes frühchristliche Schrifttum, das uns erhalten ist, aber nicht mehr in den neutestamentlichen Kanon aufgenommen wurde. Aus dem Neuen Testament selbst ergibt sich, dass die heutigen 27 Bücher nur ein Teil des reichhaltigen ursprünglichen Schrifttums des Urchristentums sind. In konkreten Stellen des Neuen Testaments selbst (wie 1 Kor 5,9; 2 Kor 2,4 und Kol 4,16) sind Paulusbriefe erwähnt, die wir heute höchstwahrscheinlich nicht mehr besitzen. Von den „vielen" Gewährsmännern und Vorgängern des Evangelisten Lukas (Lk 1,1–4), eines der wichtigsten Chronisten und Historiographen des Urchristentums, glauben wir nur wenige zu kennen. Welche ursprüngliche Gestalt die in der Apostelgeschichte verarbeiteten apostolischen Überlieferungen besaßen, wissen wir nicht mehr. Von der (etwaigen) Korrespondenz zwischen den Jüngern Jesu, sowie anderen urchristlichen Missionaren mit den von ihnen begründeten Gemeinden sind uns keine Belege erhalten.

Das frühchristlich-außerneutestamentliche Schrifttum ist ebenso reichhaltig und interessant. Im Umlauf waren nicht nur die zwischen 95 und 150/160 verfassten Schriften der sog. „Apostolischen Väter" (darunter der erste Klemensbrief, die berühmten Abschiedsbriefe des Ignatius von Antiochien, die Texte des Polykarp von Smyrna, die „Didache" und der um 140 in Rom verfasste „Hirte des Hermas"), sondern auch recht zahlreiche Fragmente von neutestamentlichen Apokryphen, wie Evangelien, vereinzelten Apostelgeschichten, fingierten Apostelbriefen und Apokalypsen. Obwohl dieses vielfältige Material letzten Endes in den Kanon nicht aufgenommen wurde, steht es außer Zweifel, dass es seinerzeit neben dem neutestamentlichen Schrifttum in den urchristlichen Gemeinden gelesen und darüber diskutiert wurde. Aus dem gesamten Überlieferungskomplex heraus ist der neutestamentliche Schriftenbestand erst nach und nach ausgesondert worden, und zwar als eine Schriftensammlung zum Zwecke der Verlesung und Auslegung im Gottesdienst und im weiteren Leben der Alten Kirche.

## 3.1. Das Verhältnis zwischen dem Alten und Neuen Testament

Im Verständnis der Urkirche und Alten Kirche wird die Problematik der Identität der urchristlichen neutestamentlichen Schriften mit der Anwesenheit und der Stellung des Alten Testaments in enge Verbindung gebracht. Daraus lässt sich die Frage nach der Identität des neutestamentlichen Kanons ziemlich leicht beantworten: Es handelt sich um die offizielle kirchliche Auswahlsammlung aus dem urchristlichen Schrifttum, die aus der Zeit zwischen etwa 30 und 100 n. Chr. stammt und im urkirchlichen Bewusstsein das Alte Testament zu ergänzen vermag. Das Ursprungsdatum des neutestamentlichen Schrifttums ergibt sich aus dem ungefähren Todes- und Auferstehungsjahr Jesu Christi, das Ende fällt mit dem Ende des 1. Jh.s n. Chr. zusammen, wo wir die mutmaßliche Niederschrift der letzten neutestamentlichen Bücher (z.B. der katholischen Johannes- oder Petrusbriefe bzw. der Johannes-Offenbarung) haben.

Die Ergänzung des Alten Testaments durch das Neue hat sich als ein langjähriger Prozess ergeben. Bereits Jesus selbst, seine Jünger, aber auch die übrigen Autoren der neutestamentlichen Schriften haben zunächst das Alte Testament als ihre eigene Hl. Schrift verstanden und gelesen. In den neutestamentlichen Büchern finden wir immer wieder Formulierungen in dieser Richtung, wie „ist geschrieben worden" (=γέγραπται) (z.B. Mt 4,4; 26,31; Mk 14,21), „nach den Schriften" (=κατὰ τὰς γραφάς) (z.B. 1 Kor 15,3.4), „das Geschriebene" (=τὸ γεγραμμένον) (z.B. Lk 20,17; 21,22; Joh 2,17; 6,31), „es ist in der Schrift enthalten" (=περιέχει ἐν γραφῇ) (z.B. 1 Petr 2,6) oder „die Schrift sagt" (=λέγει ἡ γραφή) (z.B. Mk 15,28; Joh 7,38; 19,37; Röm 4,3) u.v.a. Charakteristisch für seine Mission bezüglich des Alten Testaments bleibt die Formulierung Jesu aus der matthäischen Bergpredigt: „Denkt nicht, ich sei gekommen, um das Gesetz und die Propheten aufzuheben. Ich bin nicht gekommen, um aufzuheben, sondern um zu erfüllen/ergänzen" (Mt 5,17). Auch die Apostel waren bei der Verkündigung des Evangeliums an dem Alten Testament ausgerichtet. Ihr Evangelium war jenes, „das Gott durch seine Propheten im Voraus verheißen hat in den heiligen Schriften" (Röm 1,2). Außerdem haben die Kirchenväter und die großen Hymnendichter der späteren Jahrhunderte das Alte Testament genau durch dieselbe christologische Brille interpretiert.

Sehr aufschlussreich für die Bedeutung und Stellung des Alten Testaments in der Urkirche sind folgende Ausführungen von Hans von Campenhausen: „Hätte man einen Christen um das Jahr Hundert gefragt, ob seine Gemeinde ein heiliges und verbindliches Buch göttlicher Offenbarung besäße, so hätte er die Frage stolz und ohne Zögern bejaht: die Kirche besaß solche Bücher, das Gesetz und die Propheten, das heute sogenannte Alte Testament. Über hundert Jahre lang, noch um die Mitte des zweiten Jahrhunderts bei Justin, erscheint das Alte Testament als die einzige, maßgebende und völlig ausreichende heilige Schrift der Kirche, auf die sich die Juden, die Christus ablehnen, darum nur zu Unrecht berufen. Denn die Weissagungen dieses Buches gehen auf diesen Herrn, Christus, zurück; er selbst redet klar und vernehmlich durch die alttestamentlichen Propheten und steht in der Fluchtlinie der ganzen bisherigen Heilsgeschichte, die er ans Ziel bringt"[10].

Wenn wir von der „Heiligen Schrift" der ersten Christen reden, ist damit kein systematisch zusammengesetzter Kanon von alttestamentlichen Büchern gemeint, wie dies später der Fall ist. Daher finden wir im Neuen Testament manche als alttestamentlich angegebenen Ausdrücke, die dennoch in den bekannten Büchern des Alten Testaments kaum zu finden sind (z.B. 1 Kor 2,9; Jak 4,5; Jud 14–15). Dies lässt sich dadurch erklären, dass in der Alten Kirche weitere Sammlungen von messianischen Fragmenten als die bekannten alttestamentlichen im Umlauf waren, die heute als „Testimonia" (=Zeugnisse) oder „Florilegia" (Blumensammlungen) bezeichnet werden. Solche Sammlungen wurden auch unter den in Qumran aufgefundenen Handschriften festgestellt. Die Alte Kirche beschränkte sich nicht auf den

10. *H. Frhr. von Campenhausen*, Die Entstehung der christlichen Bibel, Tübingen 1968, S. 110. Weitere empfohlene Literatur zur Thematik: *Th. Zahn*, Grundriss der Geschichte des Neutestamentlichen Kanons, 1904; *S. Sakkos*, Ὁ κατάλογος τοῦ Μουρατόρι, Thessaloniki 1970; *H. Y. Gamble*, The N.T. Canon. Its Making and Meaning, 1985; *P. Stuhlmacher*, Vom Verstehen des Neuen Testaments. Eine Hermeneutik, Göttingen 1986.

sogenannten „engen" Kanon der 39 alttestamentlichen Bücher, der bei der Ende des 1. Jh.s n. Chr. stattfindenden rabbinischen Synode von Jamneia verabschiedet wurde. Als Schrift der Kirche, die auch in der liturgischen Praxis Anwendung fand, galt nicht diese „protokanonische" Sammlung, sondern ein „breiterer" Kanon mit 49 Büchern, von denen mehrere im Neuen Testament und sogar nach der griechischen Übersetzung der Septuaginta zitiert werden. Zu diesem „breiten" Kanon gehörten weitere, sog. „deuterokanonische" Schriften, wie die drei Makabbäerbücher, Judith, Weisheit Salomons oder der zweite Teil vom Propheten Daniel. Aus den patristischen alttestamentlichen Katalogen und den verschiedenen Bemerkungen der Kirchenväter ergibt sich für die Alte und konsequenterweise die Orthodoxe Kirche kein wesentliches Problem einer eventuellen Differenzierung zwischen dem „engen" und dem „breiteren" Kanon des Alten Testaments. Ein solches Problem entstand und wurde mit Schärfe gestellt seit der Reformation im 16. Jh. und besonders im Rahmen der Streitigkeiten zwischen der protestantischen Bewegung und der Römisch-katholischen Kirche.

## 3.2. Die Ausbildung des neutestamentlichen Kanons – Entstehungsursachen

Die Ausbildung, Herauskristallisierung und Durchsetzung aller 27 Bücher als anerkannter Kanon des Neuen Testaments stellt kein eintägiges Ereignis, sondern einen jahrhundertelangen Prozess dar. Die Gründe, die zu einer Zusammenstellung und Abgrenzung des neutestamentlichen Kanons zu anderen zeitgenössischen Schriften geführt haben, werden mit der Entfaltung des ur- und altchristlichen Lebens in Verbindung gebracht und sind vielschichtig. Man könnte sie durch folgende Oberbegriffe grob beschreiben: ein elementares innerchristliches Orientierungs- und Traditionsbedürfnis der ersten Gemeinden in der apostolischen Zeit und dazu auch Nötigung von außen.

Vor der Festlegung einer breit anerkannten kanonischen Sammlung von konkreten Schriften haben in einer ersten Phase im Leben der Kirche die mündliche Tradition, die Niederschrift von ersten Notizen, wie z.B. Logien des Herrn, und erste autonome neutestamentliche Texte, die im Umlauf waren, eine besonders wichtige Rolle gespielt.

### 3.2.1. Die Anfänge des Neuen Testaments als „Schrift"

Im Bewusstsein der Urchristen nahm allmählich das Wort des Herrn, das Gegenstand sowohl der mündlichen Überlieferung als auch der vier Evangelien in geschriebener Form war, den autoritativsten Platz ein. Sehr oft stützt der Apostel Paulus seine Belehrungen auf die Autorität Jesu Christi: ἐν λόγῳ κυρίου (1 Thess 4,15); παραγγέλω, οὐκ ἐγὼ ἀλλὰ ὁ κύριος (1 Kor 7,10); ὁ κύριος διέταξεν (1 Kor 9,14); παρέλαβον ἀπὸ τοῦ κυρίου (1 Kor 11,23); μνημονεύειν τε τῶν λόγων τοῦ κυρίου Ἰησοῦ (Apg 20,35).

Außer den Aposteln selbst beziehen sich später auch die apostolischen Väter nicht nur auf das Alte Testament, sondern zusätzlich auf den Herrn als Autorität. Sie zitieren mehrere seiner Worte und benutzen auch sehr oft den Begriff „Evangelium", mit dem sie die mündliche Verkündigung und die Überlieferung der Kirche schlechthin meinten. Darüber hinaus nehmen sie auch Bezug auf das „Gebot" des Herrn, das durch die Apostel tradiert wurde (1 Klem 13,2–3: ταύτῃ τῇ ἐντολῇ; 1 Klem 46,7: μνήσθητε τῶν λόγων Ἰησοῦ τοῦ κυρίου ἡμῶν). Bereits inmitten des 2. Jahrhunderts werden manche Stellen der vier kanonischen Evangelien als „Schrift" bezeichnet und unter dem Einführungsausdruck zitiert „ὡς γέγραπται" oder „ἑτέρα γραφὴ λέγει" etc. (vgl. 2 Klem 2,4 zu Mt 9,13; 2 Klem 14,1 zu Mk 11,17 oder Barn 4,14 zu Mt 22,14).

### 3.2.2. Das Traditionsbedürfnis der Gemeinden

Im entscheidenden Jahrzehnt zwischen 60 und 70 n. Chr., in dem sowohl Paulus, als auch der an der Spitze der Jerusalemer Urgemeinde stehende Herrenbruder Jakobus und Petrus den Märtyrertod erlitten, wächst das Traditionsbedürfnis der urchristlichen Gemeinden enorm, da die Christen damit innerhalb von zehn Jahren ihre geistigen Führungskräfte verloren haben. Sie bedurften also der Orientierung an der apostolischen Tradition, die der Garant für die unverfälschte Jesusüberlieferung war.

Die ersten neutestamentlichen Schriften, aber insbesondere die Evangelien sind geschrieben worden, um gerade diese Orientierung zu gewährleisten. Auch innerhalb der späteren Briefliteratur des Neuen Testaments spüren wir das Bemühen der Autoren, den Gemeinden die echte apostolische Tradition zu erhalten und sie neu zu aktualisieren. Außerdem trug zu diesem Orientierungsbedürfnis in den Gemeinden nicht nur der wachsende zeitliche Abstand von der Jesus- und Apostelzeit bei, sondern spielte gleichzeitig auch die von Häretikern und weiteren Apostaten ausgehende Gefahr eine zentrale Rolle. Unter ihnen sind die Gruppierungen der „fälschlich so genannten Gnosis" (1 Tim 6,20) von den letzten Jahrzehnten des 1. Jahrhunderts an besonders hervorzuheben.

Bereits vor Ende des 1. Jahrhunderts kommt es zur ersten „neutestamentlichen“ Schriften-Sammlung auf frühchristlichem Boden, nämlich zur Zusammenstellung der Paulusbriefe. Der 2 Petrusbrief spricht in 3,16 bereits von „allen Briefen“ des Bruders Paulus und setzt offenbar voraus, dass die christlichen Leser die paulinischen Briefe als einen Corpus kannten. Ignatius von Antiochien († um 110 n. Chr.) kennt nach seinem Epheserbrief 12,1–2 eine Mehrzahl von Paulusbriefen, darunter den Römerbrief, den 1. Korintherbrief und den Epheserbrief. Dem 95/96 n. Chr. von Rom nach Korinth ausgehenden Ersten Klemensbrief sind der Römer- und 1. Korintherbrief des Paulus bekannt (vgl. 1 Klem 35,5 f.; 37,5; 47,1–3; 49,5).

Solche Zeugnisse könnten zur Schlussfolgerung führen, dass es ein Corpus Paulinum gegeben hat, dessen Gestaltung in der Form einer (hauptsächlich liturgischen?) Sammlung gegen Ende des 1. oder Anfang des 2. Jahrhunderts n. Chr. datiert wird. Als Sammlungsort dieser Briefe werden entweder Ephesos oder Korinth in die Diskussion gebracht. Die Befürworter von Ephesos bringen das Zustandebringen der paulinischen Sammlung gegen Ende des 1. Jh.s mit dem ephesinischen Bischof Timotheos oder dem Bischof Onesimos, dem auch die Verlegung der Apostelgeschichte zugeschrieben wird, in enge Verbindung. Die Befürworter von Korinth weisen auf die Reihenfolge der paulinischen Briefe im Kanon Muratori (Ende des 2. Jh.s) hin, wo die beiden Korintherbriefe an allererster Stelle aller paulinischen Briefe aufgeführt werden.

In der Urkirche gibt es aber Belege für eine weitere Sammlung neutestamentlicher Schriften. Markion, der Sohn eines Bischofs in Sinope von Pontus, brachte in der Mitte des 2. Jahrhunderts einen Corpus von 10 Paulusbriefen zustande, wobei die Pastoralbriefe und der Hebräerbrief nicht zu dieser Sammlung gehörten. Über die gesammelten Paulusbriefe hinaus werden dann allmählich, wie wieder die Ignatiusbriefe, der Barnabasbrief (um 130 n. Chr.), der sog. 2. Klemensbrief (um 140 n. Chr.) und die um 150 n. Chr. entstandene Apologie des Märtyrers Justin (1: 67,3) zeigen, die Evangelien als offizielle kirchliche Schriften etabliert. Im Bewusstsein der Kirche gewinnen diese vier Texte alsbald den gleichen Rang wie das von den Christen weiterhin als ihre hl. Schrift gelesene und von ihnen ausgelegte Alte Testament.

### 3.2.3. Weitere besondere Gründe zur Kanonbildung

Das Bedürfnis nach einem klar umrissenen Kanon neutestamentlicher Schriften kam aber erst in vollen Gang, als eine gewisse Nötigung von außen durch konkrete Herausforderungen von verschiedenen Kreisen zustande kam. Der

Druck kam von mehreren Seiten zugleich, und nicht nur wegen der bereits erwähnten neutestamentlichen Sammlung des Häretikers Markion, wie manche Forscher behaupten. Neben Markion haben das Judentum und weitere Kreise des christlichen Gnostizismus sowie die in der 2. Hälfte des 2. Jahrhunderts entstehende prophetisch-apokalyptische Bewegung des Montanismus an der Kanonbildung unbewusst „mitgewirkt".

Bei den christlichen Gnostikern des 2. Jh.s haben wir eine durchaus negative Interpretation des Alten Testaments. Diese Abwertung des Alten Testaments erreichte ihren Höhepunkt in der Person des Markion, der als Ultra-Pauliner 144 n. Chr. seine Sonderkirche ins Leben rief. Seinen Gemeinden gab er einen eigenen „markionitischen" Kanon heiliger Schriften in Form eines ultra-antijüdisch gestalteten Lukasevangeliums und von nur zehn Paulusbriefen. Da Lukas in Kol 4,13 als enger Begleiter, Mitarbeiter und Freund des Paulus gelobt wird, entstand ein ganz paulinisch orientiertes Schriftenkorpus. Diese Schriftensammlung Markions hat alle christlichen Gemeinden, die Markion nicht folgen wollten, gezwungen, ihre Stellung zum Alten Testament und den markionitischen Kanon zu überprüfen.

Ein weiterer Faktor für die Entstehung des neutestamentlichen Kanons war das Judentum, da es gegen Ende des 1. Jahrhunderts zum definitiven Bruch zwischen der Synagoge und den Christen gekommen ist. Nach der Jerusalem-Katastrophe des Jahres 70 setzten innerjüdische Diskussionen um die definitive Gestalt des alttestamentlichen Kanons ein, wobei zu Beginn des 2. Jahrhunderts ein mit Daniel abschließender hebräisch-aramäischer Kanon von insgesamt 39 Einzelbüchern gestaltet wird. Um die genaue Textgestalt des alttestamentlichen Textes dieses „engen" Kanons der Masoreten bemühten sich jüdische Schriftgelehrte. Die christliche Tradition zeigte dagegen eine größere Offenheit und konzentrierte sich auf die seit dem 3. Jh. v. Chr. in mehreren Anläufen entstandene griechische Übersetzung des Alten Testaments, die sog. Septuaginta, deren Schriftenbestand mit 49 Büchern über die hebräische Bibel hinausgeht und selbstverständlich konkrete Texte, wie z.B. Weisheitsschriften (Sirach und Weisheit Salomons), mit zählt, die keine Aufnahme in den hebräischen Kanon gefunden haben. Als Reaktion versuchten dann jüdische Kreise, die Septuaginta durch genauere Übersetzungen des hebräischen Textes ins Griechische zu verdrängen. Bekanntlich entstanden daher vor allem die Übersetzungen des Aquila (um 130 n. Chr.), des Theodotion (um 170 n. Chr.) und des Symmachus (Ende des 2. Jh.s).

Zu den wichtigen Ursachen, die ebenfalls zur Kanonbildung geführt haben, zählt noch eine weitere häretische Bewegung, nämlich das apokalyptische Schwärmertum des Montanus, eines christlichen Propheten, der um das Jahr

157 n. Chr. in Phrygien auftrat. Montanus glaubte, der verheißene Paraklet des Johannesevangeliums in Person zu sein und die höchste Offenbarungsstufe des christlichen Glaubens verkündigen zu dürfen. Er verkündigte unter anderem das nahe Weltende sowie eine dazu passende rigorose Ethik. Als Reaktion auf diese schwärmerische Bewegung verdrängten die christlichen Gemeinden die meisten christlich-apokalyptischen Schriften aus ihrem Vorlesegut. Nur die Johannesoffenbarung hat diesen kritischen Selektionsprozess überstanden, sie wurde und wird jedoch bis heute noch wegen des erhöhten Missverständnisrisikos bei keiner liturgischen Versammlung der Orthodoxen Kirche vorgelesen.

## 3.3. Festlegungen des kanonischen Grundbestands vom 2. bis zum 4. Jh.

Die älteste Formulierung „Καινὴ Διαθήκη“, als Bezeichnung der neutestamentlichen Schriften, ist uns vom Kirchenhistoriker Eusebios (Historia Ecclesiastica 5: 16,3) überliefert worden, die er einem Antimontanisten, wahrscheinlich dem Polykrates von Ephesos (um 192 n. Chr.) zuschreibt: „ὁ τῆς τοῦ εὐαγγελίου καινῆς διαθήκης λόγος“. Selbstverständlich spricht Meliton von Sardeis zwei oder drei Jahrzehnte früher von den „παλαιὰ βιβλία“ oder „τὰ τῆς παλαιᾶς διαθήκης βιβλία“ (Eusebios, Historia Ecclesiastica 4: 26,14), indem er diese höchstwahrscheinlich von den neutestamentlichen Büchern unterscheiden wollte, obwohl er diesen letzten Begriff nicht gebraucht.

Gegen Ende des 2. Jh.s n. Chr. gelten bereits die meisten von den 27 neutestamentlichen Schriften in der Kirche als kanonisch. Die drei synoptischen Evangelien, die Apostelgeschichte, der Hauptbestand der Paulusbriefe (nämlich seine 13 Briefe außer dem Hebr) und der 1. Petrusbrief waren in der 2. Hälfte des 2. Jh.s kirchlich schon so fest eingebürgert, dass sie nunmehr ohne Schwierigkeiten zum Grundbestand des Neuen Testaments gehörten. Auch das Johannesevangelium ist nur vorübergehend von Gegnern des Montanismus, den sog. „Alogern“, als gnostisch verdächtigt und dem Häretiker Kerinth zugeschrieben worden. Unsicherheiten und Auseinandersetzungen gab es nur in folgender Hinsicht: Für längere Zeit blieb es noch umstritten, ob einige von den sog. katholischen Briefen (konkret: der 2. Petrus-, der 2. und 3. Johannes- und der Jakobusbrief), ob der Hebräerbrief und ob die Johannes-Offenbarung dem gottesdienstlich maßgeblichen Schrifttum zugezählt werden sollten.

Einer der bedeutendsten Texte für den Kanonstand gegen Ende des 2. Jh.s n. Chr. und zugleich das älteste neutestamentliche Kanonverzeichnis, das bis heute erhalten ist, ist der Kanon Muratori. Im Jahre 1740 fand und veröffentlichte den Text der Mailänder Mönch L. A. Muratori, der in der Bibliotheca Ambrosiana als Bibliothekar und Präfekt tätig war. Das in schlechtem Latein geschriebene Schriftstück befand sich in einer aus dem italienischen Kloster stammenden Handschrift des 8. Jh.s. Das Muratori-Verzeichnis dürfte dennoch um 200 n. Chr. in Rom entstanden sein. Darauf weist eine seiner Notizen bezüglich der Schrift „Der Hirte des Hermas" hin. Dort heißt es: „den Hirten aber hat erst kürzlich zu unseren Zeiten in der Stadt Rom Hermas verfasst, als auf dem Stuhle der Kirche der Stadt Rom Bischof Pius, sein Bruder, saß. Und deshalb soll er zwar gelesen werden, aber öffentlich in der Kirche dem Volke verlesen werden kann er weder unter den Propheten, deren Zahl abgeschlossen ist, noch unter den Aposteln am Ende der Zeiten." Papst Pius gilt als der in der römischen Bischofsliste 8. Nachfolger des Petrus und wird um die Mitte des 2. Jh.s amtiert haben.

Der Prozess für die Festlegung eines neutestamentlichen Kanons hat nämlich bereits begonnen, und im Bewusstsein der Alten Kirche haben sich dafür zwei grundlegende Kriterien herauskristallisiert: a) die Glaubensregel oder regula fidei (κανὼν τῆς πίστεως) und b) die Apostolizität (ἀποστολικότης). Als regula fidei bezeichnen viele Kirchenväter den Konsens der zur Prüfung stehenden Texte mit dem offiziellen Glauben der Kirche. Die „Glaubensregel" steht also nicht im Gegensatz zu dem biblischen Schrifttum; sie will ganz im Gegenteil eine Wiedergabe des in diesem Schrifttum verkündigten Glaubens sein, wie zuvor 1 Kor 15,3 ff. ein Summarium des Evangeliums in nachösterlicher Zeit sein sollte. Auch die „Apostolizität" galt als ein wichtiges Kriterium, da die Kirche „von den Aposteln und ihren Schülern den Glauben empfangen" hat (Irenäus von Lyon, Adv. haer. 110,1). Weil bereits viele Schriften des Neuen Testaments die Bedeutung der Apostel für die Grundlegung der Kirche und für die Festigung ihrer Glaubenslehre besonders hervorheben (vgl. z.B. 2 Petr 3,2 und Apk 21,14), wurde bei dem Entscheid über die zur gottesdienstlichen Lesung zuzulassenden Schriften auch die Apostolizität als zentrales Kriterium mit berücksichtigt. Die freie Verbindung der beiden Kriterien „Apostolizität" und „Koinzidenz mit der regula fidei" erlaubte den Bischöfen und weiteren Verantwortlichen der Alten Kirche bei der Auswahl des neutestamentlichen Schrifttums ein dogmatisch profiliertes und dazu noch historisch elastisches Vorgehen.

Der Begriff „Kanon" (= Sammlung/Liste der kirchlich anerkannten Schriften als Richtschnur für die Christen) bürgert sich erst von der Mitte des 4. Jh.s an ein. Der ganze Prozess hat ziemlich lange gedauert. Aus theologischen, dogmatischen, aber auch kirchenpolitischen Gründen konzentrierten sich die Debatten und die Streitigkeiten nach einiger Zeit vor allem auf den Hebräerbrief und die Johannesoffenbarung. Letztere blieb im kirchlichen Osten geraume Zeit umstritten, weil sie dem Schwarmgeist der Montanisten eindeutig Vorschub leistete. Im Westen wurde dagegen der Hebräerbrief lange Zeit abgelehnt, weil er mit seiner Verweigerung der zweiten Buße (Hebr 6,4ff.; 10,26ff.) dem ethischen Rigorismus derselben Montanisten (zu weit) entgegenkam. Interessanterweise hat aber nicht ein kirchliches Dekret, sondern die Gewöhnung letzten Endes zur Aufnahme beider Bücher ins Neue Testament beigetragen.

Der Prozess eines kirchlichen Kanons kommt im Osten zu einem gewissen Abschluss durch den berühmten 39. Osterfestbrief des Heiligen Athanasios des Großen († 373) aus dem Jahre 367 n. Chr. Der Osterbrief des damaligen Erzbischofs von Alexandrien ist allerdings kein offizielles kirchliches Dekret, sondern ein gewöhnliches bischöfliches Hirtenschreiben. Athanasios bemüht sich mit diesem Rundschreiben, seinen Gemeinden Klarheit über die im Gottesdienst zu verlesenden alt- und neutestamentlichen Schriften zu verschaffen. Dafür bezieht er sich auf einen (im Blick auf das hebräische Alte Testament festgesetzten) Bestand von 22 alttestamentlichen Büchern (Genesis, Exodus, Leviticus, Numeri, Deuteronomium, Josua, Richter, Ruth, die zu 2 Büchern zusammengefassten vier Königsbücher [= 1./2. Sam und 1./2. Kön], die als ein Buch gezählten zwei Chronikbücher, die ebenfalls zu einem Buch zusammengefassten zwei Esrabücher [sog. 3. Esra und Esra/Nehemia], Psalmen, Sprüche, Prediger und Hoheslied, Hiob, das Zwölfprophetenbuch, Jesaja, Jeremia (inkl. Baruchbuch, Klageliedern und der sog. Epistula Jeremiae, schließlich Ezechiel und Daniel) und von 27 neutestamentlichen Büchern. Athanasios erwähnt hierzu, diese Schriften seien die Quellen des Heils (πηγαὶ τοῦ σωτηρίου) und in ihnen allein werde die Lehre der Frömmigkeit verkündigt; niemand solle etwas zu ihnen hinzufügen oder etwas von ihnen wegnehmen. Neben diesen kanonischen Schriften bezeichnet Athanasios noch die Weisheit Salomos, Jesus Sirach, Esther, Judith, Tobit, die Didache der Apostel und den Hermashirten als für den Unterricht lesenswerte Schriften. Vor anderen Apokryphen soll man sich nach Meinung des Athanasios hüten, weil es sich hierbei um häretische Fälschungen handelt, die nur zur Täuschung der Arglosen ein hohes Alter vorgehen.

Die Liste des Athanasios genießt bis heute in der Orthodoxen Kirche ein hohes Ansehen, das manchmal die Grenzen des Kirchenrechtlichen zu berühren scheint. Trotzdem sollte mit aller Deutlichkeit betont werden, dass der 39. athanasianische Osterfestbrief keinen dekretalen Kanonabschluss darstellt. Dies wird auch dadurch belegt, dass der Streit um die Apokalypse des Johannes im Osten bis ins 10./11. Jh. hinein fortdauerte. Die Alternative zum Osterfestbrief des Athanasios ist im kirchlichen Westen das Antwortschreiben Papst Innozenz I. an den Bischof von Toulouse vom 20. Februar 405. In diesem Brief, der wiederum kein Dekret ist, gibt der Papst dem Bischof auf dessen Anfrage hin Auskunft über die kanonischen Schriften des Alten und Neuen Testaments und dabei übernimmt er den athanasianischen Kanon. Zu einer dekretalen Entscheidung kam es erst später, als nämlich die Römisch-katholische Kirche auf der 4. Session des Tridentinischen Konzils den biblischen Kanon definitiv auf den Umfang der Vulgata eingrenzte. Im lutherischen Protestantismus ist hingegen die Abgrenzung des alt- und neutestamentlichen Kanons ein Traditionsphänomen und keine prinzipielle Festlegung. Die 27 neutestamentlichen Bücher blieben unumstritten gültig. Die Reformierten haben sich dagegen in der von Calvin entworfenen Confessio Gallicana von 1559 auf die 27 neutestamentlichen Bücher und den Schriftenbestand des masoretischen Kanons bekenntnismäßig festgelegt, während die Apokryphen als Ergänzungslektüre zu den kanonischen Büchern betrachtet werden.

# TEIL IV.
# Sprachliche Struktur der neutestamentlichen Schriften

Die sprachliche (mündliche) Kommunikation war das bevorzugte Mittel, mit dem der Gottmensch Jesus Christus während seines irdischen Wirkens am Anfang des 1. Jh.s (also an der Wende unserer Zeitrechnung) seine für alle Menschen erlösende Lehre zum Ausdruck brachte. Im lokalen Dialekt der aramäischen Sprache seiner Zeit und seiner Umgebung sprach er mit seinen Jüngern, mit seinen Freunden, mit seinen Gegnern. In der Sprache jener Zeit lehrte, verkündigte, mahnte oder tadelte er. Er hat aber kein schriftliches Werk für die nachkommenden Menschen hinterlassen; eine Lücke, die manche der Apostel und ersten Christen deckten, welche die Bücher des Neuen Testaments schrieben. Durch dieses Werk konnten uns die göttlichen Worte des Gottessohnes durch die Jahrhunderte bis heute erreichen. Jesus lehrte während seines irdischen Lebens, und seine Lehre blieb durch die Texte des Neuen Testaments im Laufe der Zeit aktuell und lebendig.

Die Sprache Jesu und der ersten Apostel war nicht das Griechische, sondern *das Aramäische*. Das heißt jedoch nicht, dass die griechische Sprache in Palästina in der Zeit Jesu nicht genug bekannt war. Aus zahlreichen archäologischen Befunden ist bewiesen, dass mindestens fünf Synagogen der hellenistischen Juden in Betrieb waren, in denen zusammen mit dem Aramäischen auch das Griechische in intensivem Gebrauch war. Mit Sicherheit wurde die frohe Botschaft Gottes (das Evangelium) zuerst in der aramäischen Sprache verkündet, und in dieser Sprache wurden die ersten Worte Jesu und die ersten Erzählungen über seine Person niedergeschrieben. Als Hinweise in diese Richtung gelten die in den Evangelien überlieferten aramäischen Worte, die Jesus ausgesprochen haben soll, aber auch größere Erzählabschnitte der Evangelisten, die auf einen aramäischen Sprachhintergrund hinweisen. Es ist aber eine unbezweifelbare und bemerkenswerte Tatsache, dass die Verfasser der christlichen Botschaft das Leben, die Lehre und das Werk Christi durch *das Griechische* bekannt gemacht haben, das in der damaligen Mittelmeerwelt unter der römischen Hegemonie vorherrschend war.

Die griechische Originalsprache der neutestamentlichen Schriften, in der sich alle Autoren des Neuen Testaments ausdrückten – jeder durch seinen persönlichen Stil –, spiegelt die historischen und literarischen Gegebenheiten der damaligen Zeit wider und ist das repräsentative Zeugnis der gemeinsamen griechischen Sprache (Koine), die im Raum Palästinas zu jener Zeit in Gebrauch war. Es muss betont werden, dass es für die Annäherung an einen bestimmten Text aus dem NT und für die Untersuchung der Ausdrücke und der tieferen Gedanken der Autoren notwendig ist, sich dem Studium des damaligen literarischen Niveaus zuzuwenden. Von besonderem Interesse für das Studium der sich entwickelnden Koine-Sprache ist die Literatur des Zeitalters von den Anfängen der hellenistischen Zeit, d.h. vom 4. Jh. v. Chr., bis zur Geburt Jesu.

Am Anfang ist es also notwendig, gewisse wichtige Merkmale der griechischen Sprache der Zeit Jesu zu erwähnen und ihre Beziehung mit dem Altgriechischen, der klassischen griechischen Sprache aufzuzeigen. Wegen der Bedeutung und Spracheigentümlichkeit der heiligen Texte ist es hierbei wichtig, bestimmte Anmerkungen zu machen, die sowohl mit der allgemeinen sprachlichen Struktur des Neuen Testaments als auch mit den sprachlichen Merkmalen und dem eigenen Stil der Autoren seiner siebenundzwanzig Bücher zu tun haben.

## 4.1. Die Koine als neutestamentliche Sprache

Die Originalsprache der neutestamentlichen Schriften, die sogenannte hellenistische Sprache, war die täglich gesprochene Sprache der gesamten hellenistisch-alexandrinischen Welt. Aus diesem Grund wird sie auch κοινή (Koine), d. h. die gemeinsame Sprache genannt. Heute nehmen alle Forscher an, dass die Koine der hellenistischen Zeit eine natürliche Entwicklung des attischen Dialekts, der hauptsächlich im 5. und Anfang des 4. Jh.s v. Chr. die klassische Form der griechischen Sprache bildete, in Kombination mit dem ionischen Dialekt aus Kleinasien ist. Es ist eine unangezweifelte Tatsache, dass wir es hier mit einer Entwicklung zu tun haben, in der die Sprache der klassischen Zeiten der Grammatik und der Syntax nach vereinfacht wird; in der Folge entsteht eine neue Form der griechischen Sprache.

Die Entstehung und die Verbreitung der Koine in der damaligen hellenistischen Welt kann folgendermaßen übersichtlich zusammengefasst werden: Die Vereinigung der griechischen Stadt-Staaten unter Alexander dem Großen und die Verbreitung der griechischen Kultur und der griechischen Sprache hatte die Erleichterung der Kommunikation zwischen den Städten zur Folge.

Auf diese Weise wurde die attische Sprache des griechischen Verbreitungsraums mit der Unterstützung der mazedonischen Könige zu der gemeinsamen Sprache nicht nur aller Griechen, sondern auch noch anderer Völker, welche aus dem attischen Dialekt die leichteren Formen und Typen auswählten. Das Ergebnis war die Entstehung eines Dialekts, der einfacher als der attische war. Dieser Dialekt wurde KOINE, d.h. die *Gemeinsame Sprache* genannt wegen der großen Verbreitung, die er in der gesamten damals bekannten Weltfand. Er heißt auch die ALEXANDRINISCHE oder die HELLENISTISCHE Sprache, weil Alexandrien in Ägypten das Zentrum der hellenistischen Welt war.

Im Rahmen der endgültigen Bildung und Gestaltung der Koine wenden wir uns einigen Beispielen zu, die sich auf die Durchdringung der damaligen Dialekte beziehen.

Fall 1.) Das Attische trat zugunsten des Ionischen zurück:
ττ → σσ: Beispiele: θάλαττα → θάλασσα
τέτταρα → τέσσαρα
τήμερον → σήμερον
ρρ → ρσ: Beispiele: ἄρρην → ἄρσεν
χερρόνησος → χερσόνησος

Fall 2.) Das Ionische trat zugunsten des Dorischen zurück:
ε/η → α: Beispiel: νηός → ναός
λεώς → λαός

Fall 3.) Bildung von Substantiven mit ionischen Formen:
βασιλίς → βασίλισσα
κολοκύντη → κολοκύνθη
ὁ λαγώς, τοῦ λαγώ → ὁ λαγός, τοῦ λαγοῦ

Fall 4.) Bildung von männlichen zu –ᾶς/ᾶ und weiblichen zu –οῦς:
Ἐπαφρόδιτος → Ἐπαφρᾶς (Kol 1,7; 4,2)
Λουκιανός → Λουκᾶς
Στέφανος → Στεφανᾶς (1 Kor 1,16)
Vgl. die neugriechischen Begriffe: φαγᾶς, χειλᾶς, ὑαλᾶς (γυαλιᾶς) ἡ Νειλοῦς

Fall 5.) Attische Endungen –ις zu –σία:
γύμνασις → γυμνασία (1 Tim 4,8)

Die Koine, die überall verbreitete griechische Sprache, die Sprache des Neuen Testaments, war also keine extreme literarische Entwicklung der gesprochenen Sprache, sondern die einfache, täglich gesprochene und geschriebene Sprache des Volkes. Bis zum vergangenen Jahrhundert glaubten viele Forscher, dass die Sprache des Neuen Testaments eine besondere, fast eine übernatürliche Sprache war, ganz isoliert und fremd gegenüber den normalen Volksprachen der damaligen Zeit. Die Entdeckung vieler Papyri, die einfache volkstümliche Texte beinhalteten und oft auch von ungebildeten Leuten mit vielen Rechtschreibfehlern geschrieben waren, zeigte aber, dass die Evangelisten und die Apostel in dieser Volkssprache die Bücher des Neuen Testaments schrieben. Es steht fest, dass auch diese nichtkirchlichen, profanen Texte in hellenistischer Sprache keine besonderen sprachlichen Schwierigkeiten aufweisen, nicht einmal für den heutigen Griechen. Die sprachliche Eigentümlichkeit der Texte ist der klassischen altgriechischen Hochsprache fern und sie bewegt sich genau auf dem sprachlichen Niveau des Neuen Testaments. Hier erscheint die Koine als ein vollständig vereinfachter Volksdialekt.

In der alexandrinischen Zeit können wir eine schwerwiegende Wende von dem Attischen zur vereinfachten Koine feststellen. Daher lässt sich die Koine als der natürliche Vorfahre des Neugriechischen bezeichnen. Die Koine ist für die Neugriechen zum größten Teil völlig rezipierbar:

Von den 4900 Wörtern des Neuen Testaments:

- haben 2280 bis heute denselben Sinn und Gebrauch;
- werden 2200, obwohl nicht mehr gebraucht, von den heutigen Griechen verstanden;
- nur ungefähr 400 sind unverständlich (Fremdwörter, Wörter der Gelehrtensprache).

Es ist also klar, dass die Koine viele Elemente aus dem Leben des Volkes – Einflüsse der Provinzdialekte, Elemente aus dem Leben der Straßen, des Marktes, des Heerlagers, aus dem Theater, aus den öffentlichen Vorträgen der Wanderlehrer, aber auch aus der Literatur – in sich aufgenommen hat. Sie war eine Volkssprache der damaligen Zeit, jedoch ohne eine strenge Abgrenzung von der zeitgenössischen geschriebenen literarischen Sprache.

Die Koine wurde, wie bekannt, hauptsächlich von den „gebildeten Heiden" nicht angenommen, die besonders dem Christentum feindlich gesinnt waren. Ein charakteristisches Beispiel ist Celsus, der die geschriebene neutestament- liche Koine und ihre Botschaften verachtete, weil sie die Sprache der ungebildeten Fischer – der Apostel und Evangelisten – war, wie er meinte. Charakteristisch ist noch der Ausdruck im Buch der Apostelgeschichte (Apg 4,13), wonach Petrus und Johannes für „ungelehrte und einfache Leute" gehalten worden waren. Es ist überflüssig zu erwähnen, dass eine moderne wissenschaftliche historisch-philologische Untersuchung des Dialekts der neutestamentlichen Schriften klar zeigt, dass die Autoren dieser philologischen Denkmäler alles andere als ungebildet waren. Dieses wird durch die griechische Sprache bewiesen, die jeder gemäß seiner eigenen Fähigkeit und ohne wesentliche Fehler in der sprachlichen Struktur seiner Werke benutzte.

Die Texte des Neuen Testaments, so wie sie in der griechischsprachigen Orthodoxen Kirche im Rahmen der verschiedenen Gottesdienste gelesen werden oder wie wir sie in den Taschenbuchausgaben lesen, ist dem Inhalt nach im Großen und Ganzen identisch mit den ursprünglichen Texten, welche die neutestamentlichen Autoren schrieben. Sie sind aber nicht identisch in Bezug auf konkrete grammatikalische und sprachliche Ausdruckseinzelheiten. Ihre unverfälschte Aufbewahrung im Schoß der Kirche verlangte lange andauernde Kämpfe, und sie hat eine wirklich lange Geschichte. Die endgültig gestaltete Sammlung der offiziell anerkannten neutestamentlichen Schriften sowie ihre von der christlichen Kirche festgelegte Reihenfolge bilden den sogenannten neutestamentlichen Kanon.

Die authentischen Texte des Neuen Testaments, welche die heiligen Autoren eigenhändig aus ihren persönlichen Erfahrungen, mündlichen oder niedergeschriebenen Erzählungen (den sogenannten Logien) oder basierend auf älteren im Aramäischen verfassten Notizen schrieben, sind nicht bis heute erhalten geblieben. Sie wurden mit großer Wahrscheinlichkeit auf einem dünnen und zerbrechlichen Papyrus geschrieben, wie es damals üblich war. Der heutige Text hat sich aus vielen, zeitlich späteren Handschriften gebildet. Diese wurden von treuen Abschreibern der Urtexte überliefert, die diese Texte abschrieben, um sie entweder für gottesdienstliche Zwecke zu nutzen oder den Glauben in anderen fernen Gegenden bekannt zu machen oder auch, weil sie den heiligen Text zu retten wünschten. Die ersten Kopien der neutestamentlichen Bücher wurden für einzelne Schriften des Neuen Testaments hergestellt. Die ältesten Papyrusteile, die wir besitzen, beinhalten Fragmente des Johannesevangeliums und sind zeitlich in die erste Hälfte des 2. Jahrhunderts n. Chr. zu datieren (P 52). Sie sind dem Urtext des Apostels Johannes zeitlich sehr nah; Johannes könnte zur Zeit der Abschreibung dieser Teile sogar möglicherweise noch am Leben gewesen sein. Bis heute sind uns an die 2500 griechische Handschriften erhalten, deren Text sich nur an wenigen Stellen unterscheidet.

## 4.2. Die Einflüsse auf die neutestamentliche Sprache

Um ein vollständigeres Bild der Sprache der neutestamentlichen Texte zu geben, müssen bestimmte Elemente betont werden, die auf jeden Fall eine besondere Stellung in der Entstehung eines jeden Buches haben. Geht man von den bedeutendsten Quellen aus, welche auf die Verfasser des Neuen Testaments Einfluss ausübten, muss man sich auf die beiden großen philologischen Strömungen dieser Epoche beziehen. Ohne diese können die Formen der neutestamentlichen Sprache nicht richtig verständlich werden. Es handelt sich um die ***griechische*** und die ***semitische*** Tradition. Innerhalb dieser Traditionen und unter ihrem Einfluss wurden die Bücher des Neuen Testaments verfasst. Als Erläuterung ist anzumerken, dass unter die semitischen Sprachen das Aramäische, das Hebräische, das ältere Assyrobabylonische, das Phönikische, das Arabische u. a. zu zählen sind.

Unumstritten ist sicherlich die Tatsache, dass als sprachlich-syntaktische Grundlage des NTs die griechische Koine-Sprache diente, in der die Texte zuerst geschrieben wurden. In den neueren wissenschaftlichen Studien ist auch die Tatsache unumstritten, dass viele Teile der synoptischen Evangelien und die Werke von Johannes und Jakobus einen klaren aramäischen Hintergrund vorweisen. Wenn diese Teile nicht ursprünglich in Aramäisch verfasst und später ins Griechische übersetzt worden waren, dann muss unbedingt betont werden, dass die Sprache hier eine aramaisierende Griechische ist. Diese Zweifel sind darauf zurückzuführen, dass die Forschung und die Wissenschaft im weiteren Sinne ihr letztes Wort zum Thema der Ausweitung der Semitismen noch nicht gesprochen haben. Hierbei sei die Anmerkung des Papias von Hierapolis in Bezug auf die schriftstellerische Tätigkeit des Apostels Matthäus wiedergegeben: „Ματθαῖος μὲν τῇ ἑβραΐδι διαλέκτῳ τὰ Λόγια συνετάξατο…“. An dieser Stelle ist zu erläutern, dass die Semitismen im NT nicht nur die Grammatik und das Vokabular, sondern auch die syntaktische Struktur des Satzes betreffen. In diesem Zusammenhang ist sicherlich das Phänomen des *semitischen Parallelismus* (vgl. Mt 4,16) zu erwähnen, welches in den neutestamentlichen Texten und besonders bei Paulus sichtbar wird und natürlich für den Umfang des Einflusses der semitischen Umwelt in die Verfassung des Neuen Testaments Wesentliches aussagt.

Die Anwesenheit genügend hebräischer Elemente in den neutestamentlichen Schriften ist eine andere Art von semitischem Einfluss auf die griechische Sprache der neutestamentlichen Texte. Nicht nur ganze Worte, sondern auch syntaktische Formen, die eine jüdische Denkweise verraten, haben starke Spuren in den Büchern des Neune Testaments hinterlassen. Hier tangiert auch der Einfluss der Sprache des Alten Testaments aus der Septuaginta die neutestamentliche Sprache. Nebenbei sei erwähnt, dass mit Septuaginta (LXX) die Übersetzung des jüdischen Alten Testaments ins Griechische von 70 (oder genauer 72) Gelehrten in Alexandria unter Ptolemaios II. Philadelphos (285–247 v. Chr.) gemeint ist. Der Einfluss der Semitismen, die durch die Sprache der Septuaginta auch indirekt im Neuen Testament vorkommen, kann nicht übersehen werden. Wichtig ist auch die Rolle der hebräischen Tradition, die in vielen Punkten die Veränderung der Bedeutung bestimmter Worte drastisch beeinflusst hat. Repräsentative Beispiele von Semitismen im Neuen Testament: Apg 7,23: „ἀνέβη ἐπὶ τὴν καρδίαν αὐτοῦ“; Lk 24,38: „διαλογισμοὶ ἀναβαίνουσιν ἐν τῇ καρδίᾳ ὑμῶν“.

Die Berührung der neutestamentlichen griechischen Sprache mit anderen Sprachen hört an dieser Stelle nicht auf. Wichtig ist auch das Einwirken der lateinischen Sprache, die überhaupt keinen zu vernachlässigenden Platz im damaligen „allmächtigen“ römischen Kaiserreich einnahm. Die vielen Latinismen des Neuen Testaments, die vorerst aus Wortanleihen bestehen, deuten nicht nur auf den Einfluss der lateinischen Sprache auf die Koine hin, sondern sagen auch etwas über das allgemeine philologische Niveau der griechischen Sprache des Mittelmeeres aus, die in enger Berührung mit der lateinischen Welt stand.

**Beispiele von Latinismen:**

- aus der Militärsprache:
    - πραιτώριον (Mt, Mk, Joh 18,28.33; Apg)
    - λεγεών (Mt, Mk, Lk 8,30)
    - κουστωδία (Nur bei Mt 27,65.66, 28,11)
- aus der Rechts- und Verwaltungssprache:
    - Καῖσαρ (Mt, Mk, Lk, Joh, Apg 25,11)
    - σικάριος (Nur bei Apg 21,38)
    - σπεκουλάτωρ (Nur bei Mk 6,27)
    - φραγγέλιον (Nur bei Joh 2,15)

Schließlich sind bestimmte Wortanleihen aus anderen Sprachen zu erwähnen, die jedoch kleineren Ausmaßes und folglich geringerer Bedeutung sind für die Bildung eines möglichst ausführlichen Bildes der griechischen Sprache der neutestamentlichen Bücher.

**Aus dem Ägyptischen**

- βάϊα (Joh 12,13 & LXX)

**Aus dem Persischen:**

- ἀγγαρεύω (Mt 5,41; 27,32)
- γάζα (Apg 8,27)
- γαζοφυλάκιον (Mk 12,41.43)
- παράδεισος (Lk 23,43; 2 Kor 12,4 & LXX-Neh 2,8; Cohelet 2,5; Hebräisch: Pardes)

## 4.3. Die einzelnen Schriften des Neuen Testaments

Alle oben erwähnten äußerlichen Einflüsse auf die Sprache des Neuen Testaments spielten eine wichtige Rolle bei der Bildung der Texte. Sie müssen immer berücksichtigt werden, wenn von der koine-griechischen Sprache der neutestamentlichen Zeiten die Rede ist. Natürlich variieren die Einflüsse bei jedem Verfasser je nach der Umgebung und den philologischen Strömungen, die auf ihn einwirkten. Bemerkenswert ist, dass der Brief an die Hebräer die gepflegteste Form der griechischen Sprache aufweist. Hier ist nicht nur eine Vorstellung richtiger griechischer Sprache zu finden, sondern auch, wenn nicht im ganzen Brief, wenigstens teilweise, die Existenz eines beachtlichen rhythmischen Textes. Diese ausgezeichnete Spracheinheit mit ihren ca. 1000 Wörtern ist wirklich bewundernswert und erschwert dem Leser den Glauben, der Text sei von einem hebräischen Verfasser geschrieben oder an hebräische Empfänger gerichtet worden.

Die Bücher von Lukas, der die griechische philologische Tradition vertritt – obwohl an einigen Stellen der Schriften semitische Einflüsse sichtbar werden – weisen die beste griechische Sprache aller Evangelien auf. Ein unbezweifelbares Element der lukanischen Sprache ist jene dem Griechischen nahe verwandte sprachliche Struktur, welche einen attischen Einfluss hat. Ein charakteristisches Merkmal für den hellenistischen Arzt Lukas ist, dass er in seinem Evangelium zweckmäßig und ständig die lateinischen Ausdrücke der anderen zwei synoptischen Evangelien (Matthäus, Markus) durch griechische ersetzt. So schreibt er z.B.: ἑκατόνταρχος anstelle von κεντουρίων, φόρος anstatt von κῆνσος, σκεῦος anstelle von μόδιος, ἐπιγραφὴ anstatt von τίτλος (in Johannes) usw. In seiner Apostelgeschichte, die insgesamt aus 2050 Wörtern besteht, benutzt Lukas auch den reinen griechischen Dialekt jener Zeit.

Markus hat die einfachste Sprache unter den Evangelien vorzuweisen. Sein Evangelium, bestehend aus 1350 Wörtern, zeugt vorerst von lateinischen und danach von alttestamentlichen Einflüssen. Da er nicht daran interessiert ist, die grammatikalischen Regeln der Koine exakt zu beachten, benutzt er vorzugsweise viele aramäische und hebräische Ausdrücke wie „ἀββά“, „Γολγοθᾶς“, „κορβανάς“, „ραββουνί“, „ταλιθὰ κούμι“ u.a.

Im Allgemeinen weist Markus eine einfache Sprache mit klaren Ausdrükken vor, welche meistens die anderen zwei Evangelisten korrigieren und viele markinische Elemente als Quellen hinzuziehen. Trotz der Tatsache, dass das Markusevangelium sehr viele Aramaismen und Hebraismen enthält und von der semitisierenden griechischen Sprache des ATs beeinflusst scheint, ist sein

Stil nicht ein exakt semitischer, sondern einfach ein farbloser und ungepflegter griechischer.

Matthäus schreibt auch in einer einfachen Sprache, die aber an den meisten Stellen auf einen aramäischen Hintergrund[11] zurückzuführen ist. Viele Forscher vertraten früher die Ansicht, das ganze Evangelium sei eine Übersetzung (vielleicht von Matthäus selbst) eines vorexistierenden aramäischen Urtextes. Heute spricht man jedoch besser von einer Akkommodation an einen unumstrittenen, älteren aramäischen Text. An vielen Stellen ist die Sprache von Matthäus eleganter als die von Markus. Sein Text, welcher aus 1700 Wörtern besteht, ist in einer besonders liturgischen und belehrenden Sprache geschrieben, sein Stil ist verhältnismäßig ernst.

Was nun die neutestamentliche Briefliteratur anbelangt, sehen wir an dieser Stelle von den Paulusbriefen ab, da wir uns damit später im entsprechenden Kapitel beschäftigen werden. Wir gehen direkt zu den Briefen anderer Apostel über.

Die Sprache der katholischen Briefe, d.h. des Jakobusbriefes, der beiden Petrusbriefe, der drei Johannesbriefe und des Judasbriefes, ist einfach und enthält rhythmische Erhöhungen. Sie ist der Sprache des Hebräerbriefes sehr nah, hat eine wunderbare Sentenz und einen klaren Charakter. Parallel dazu fehlen auch jene rhetorischen Elemente nicht, die eine elementare hellenistische Bildung der Verfasser vorweisen.

Johannes weist schließlich in seinem Evangelium eine ausreichend korrekte griechische Sprache vor, jedoch mit vielen Aramaismen. Letzteres Element der johanneischen Schreibweise verführt manche Forscher furchtlos und ohne Vorbehalt zur kühnen Behauptung, dass das vierte Evangelium, welches eine Auswahl von ca. 1.000 Wörtern aufweist, ursprünglich in der aramäischen Sprache verfasst und später ins Griechische übersetzt worden sei[12].Die Offenbarung ist in einer einfachen Sprache mit reicherem Vokabular als das vierte Evangelium geschrieben. Sie hat vielleicht wegen der philologischen Gattung der „prophetischen" Apokalypse mehrere grammatikalische und syntaktische Unregelmäßigkeiten. Es kann behauptet werden, dass sie die einfachste und unachtsamste Sprache des Neuen Testaments ist. Sie kann als eine niedrigere Form der Koine mit einer provinzialen Färbung charakterisiert werden. In der heutigen Sprache würde sie Umgangssprache genannt werden. Es ist offensichtlich, dass sich der Verfasser nicht so sehr für den sprachlichen Ausdruck, sondern mehr für die Botschaften dieses Werkes und

11. Vgl. das repräsentative Werk von *K. Beyer*, Semitische Syntax im NT, Göttingen 1962.
12. Vgl. beispielsweise *C. F. Burney*, The Aramaic Origin of the Fourth Gospel, Oxford 1922.

deren Vermittlung an die Leser interessierte. Aus genau diesem Grund ist die ansonsten ungeordnete Sprache mit wunderbaren, vielfältigen Bildern bereichert, die durch ihre ausdrückliche und ästhetische Wirkung zur wirksamen Weitergabe der apokalyptischen Prophetie des Buches beitragen.

Dies soll zur Sprache jedes einzelnen Verfassers des Neuen Testaments genügen. Erneut muss unterstrichen werden, dass die Sprache aller 27 Bücher kein vom Himmel gefallenes Phänomen mit übernatürlichen Dimensionen bildet. Das Wort Gottes wurde in der natürlichen Sprache des hellenistischen Kaiserreiches, dem Koine-Griechischen, niedergeschrieben, das fast von allen Völkern der damals bekannten Welt gesprochen wurde. Die Koine war die klare griechische Sprache, jedoch nicht die attische, d.h. das klassische Altgriechisch, sondern ein späteres Entwicklungsstadium der Letzteren und sogar ihre Vereinfachung.

# TEIL V.
# Neutestamentliche Apokryphen und „verborgene" Worte Jesu

## 5.1. Apokryphe Schriften des Neuen Testaments

Seit der urchristlichen Zeit hat es neben den kanonischen Texten des Neuen Testaments zahlreiche Schriften umstrittener Natur gegeben, welche die im Bewusstsein der Kirche fest etablierten Bücher wie ein Schatten begleiteten und unter der Bezeichnung der „Apokryphen" bekannt geworden sind. Obwohl diese Texte der „unsichtbaren" Seite der christlichen Tradition seit den ersten Jahrhunderten schon im Umlauf waren, waren sie bis vor Kurzem ausschließlicher Forschungsgegenstand der Fachwissenschaftler. Erst in den letzten Jahrzehnten hat auch das breite Lesepublikum die Existenz der apokryphen Texte ernsthaft zur Kenntnis genommen.

Die neutestamentlichen Apokryphen beziehen sich auf Jesus Christus und nehmen sich vor, unbekannte Seiten seiner Lehre und Persönlichkeit zu „enthüllen". Sie beinhalten entweder zusätzliche Informationen über andere Zeitgenossen Jesu oder sie beschreiben in schmackhaften und manchmal kräftigen Farben bekannte Gestalten und Ereignisse des Neuen Testaments, die sonst in den kanonischen Texten, die bereits die Alte und auch die Orthodoxe Kirche als inspiriert ansieht, ziemlich lakonisch geschildert werden. Die apokryphen Texte des Neuen Testaments haben im Laufe der Jahrhunderte unterschiedliche Schicksale erleiden müssen: Manche solche Texte sind für immer verschollen und haben nur unklare Spuren in den patristischen Werken hinterlassen. Andere solche Apokryphen sind nur fragmentarisch und in mehreren Variationen in der handschriftlichen Tradition erhalten. Eine dritte Gruppe apokrypher Schriften wurde für mehrere Jahrhunderte unter dem heißen Sand der Wüste begraben, bis sie im 20. Jh. zufällig von einigen Beduinen entdeckt wurde. Zu dieser Kategorie gehört z.B. die 1945 gefundene Bibliothek im ägyptischen Nag Hammadi.

Die apokryphen Texte begleiten die kanonischen Schriften des Neuen Testaments wie ein Schatten sowohl in der literarischen Gattung (man findet auch hier Evangelien, Apostelgeschichten, Briefe und Apokalypsen) als auch im Inhalt. Die Entstehungsursachen der neutestamentlichen Apokryphen könnten in zwei Kategorien geortet werden:

A. Ein erster wichtiger Faktor für die Entstehung solcher Texte ist der Wille zum „Ergänzen“ mancher in den kanonischen Schriften auffallenden Lücken. Hier hat die fromme Phantasie anonymer Autoren, die ihre Werke bekannten und bewährten Persönlichkeiten der Kirche zuschrieben, eine große Rolle gespielt. Die zusätzlichen Informationen bezüglich des irdischen Lebens Jesu wie auch der Gottesmutter oder der Apostel hatten sehr oft einen apologetischen Charakter. Für manche Autoren apokrypher Texte war ein großer Ansporn und ein fundamentaler Ausgangspunkt für ihre Texte die Formulierung in Joh 20,30: „Πολλὰ μὲν οὖν καὶ ἄλλα σημεῖα ἐποίησεν ὁ Ἰησοῦς ἐνώπιον τῶν μαθητῶν, ἃ οὐκ ἔστιν γεγραμμένα ἐν τῷ βιβλίῳ τούτῳ“.
   Die liturgische Tradition der Orthodoxen Kirche hat sich mehrere apokryphe Informationen zu eigen gemacht, wie z.B. die Namensgebung von sekundären oder anonymen neutestamentlichen Personen. So heißt in den Apokryphen der anonyme Centurio bei der Kreuzigung Jesu Longinus, während in der apokryphen Literatur die beiden mitgekreuzigten Räuber Gistas und Dismas, wie auch die Blutflüssige Frau Veronike genannt werden. Andere Apokryphen bemühen sich durch legendäre und mythische Erzählungen, spannende Lücken der kanonischen Schriften zu füllen, wie z.B. über die Geburt und die Kindheit der Gottesmutter, über Wunder und Einzelheiten in der Kindheitsgeschichte Jesu, über die Flucht nach Ägypten, über den Abstieg in den Hades und die damit verbundenen Ereignisse oder auch die missionarische Tätigkeit der Apostel in verschiedenen Orten der Welt.
B. Ein weiterer Faktor zur Entstehung mancher neutestamentlicher Aporyphen war die Absicht des „Ersetzens“ von in den kanonischen Texten bereits formulierten Lehren und damit die Verbreitung von häretischen Ansichten. Mehrere kirchliche Autoren der ersten Jahrhunderte reden von apokryphen Schriften, die in dem Besitz von häretischen Gruppierungen, insbesondere von Gnostikern, zu sein scheinen, und mit denen die Häretiker die naiven und ungebildeten Christen anzulocken versuchen. Der Kirchenhistoriker Eusebios von Kaisareia unterscheidet bei den Diskussionen über den neutestamentlichen Kanon zwischen „anerkannten“ (ὁμολογούμενα), „um-

strittenen" (ἀντιλεγόμενα) und „unechten bzw. häretischen" (νόθα καὶ αἱρετικά) Schriften. In die zwei letzten Gruppierungen ordnet er manche von den heute bekannten apokryphen Schriften ein (H.E. III,25).

Je nach Situation und im Verlauf der Jahrhunderte sind verschiedenartige Urteile über die apokryphen Schriften gefällt worden. Manche wurden von der Kirche (insbesondere im Westen) verdammt und verurteilt. Andere haben dennoch die Volksfrömmigkeit und die Kunst inspiriert. In diesem Zusammenhang sei auf das Mosaik im Narthex des Chora-Klosters in Konstantinopel hingewiesen, das vom Protevangelium des Jakobus inspiriert ist und Szenen aus der Kindheit der Gottesmutter zeigt. Konkrete Apokryphen waren bereits für die urkirchliche Tradition ziemlich sympathisch, da sie Elemente überliefern, auf denen sich Feste oder Hymnen der Kirche stützen (Marias Geburt, Einzug Marias in den Tempel etc.). Selbstverständlich bilden die Apokryphen für die moderne Wissenschaft einen interessanten und spannenden Gegenstand. Hier sei beispielsweise auf die wissenschaftliche Gesellschaft „Association pour l´ Etude de la Littérature Apocryphe Chrétienne" hingewiesen, die ihren Sitz im schweizerischen Lausanne und als ihre Mitglieder Forscher aus vielen Universitäten hat. Repräsentatives Forschungsergebnis dieser Gesellschaft ist die Reihe „Corpus Scriptorum Christianorum – Series Apocryphorum" mit kritischen Ausgaben von apokryphen Texten.

Genau wie die kanonischen Schriften werden auch die neutestamentlichen Apokryphen in Evangelien, Apostelgeschichten, Briefe und Apokalypsen eingruppiert. Im Folgenden seien die wichtigsten jeder Gruppe genannt:

### Evangelien:

Nazaräerevangelium, Ebionäerevangelium, Hebräerevangelium (als judenchristliche Evangelien zu bezeichnen), Protevangelium des Jakobus, Kindheitsevangelium/Erzählung des Thomas (als Kindheitsevangelien zu bezeichnen), Evangelium der Maria, Pseudo-Matthäusevangelium, Thomasevangelium, Ägypterevangelium, Philippusevangelium, Wahrheitsevangelium, Petrusevangelium, Bartholomäusevangelium, Nikodemusevangelium, Judasevangelium.

### Apostelgeschichten:

Das Kerygma des Petrus, Petrusakten, Paulusakten, Andreasakten, Thomasakten, Akten von Paulus und Thekla, Barnabasakten, Johannesakten, Philippusakten, Thaddäusakten, Pilatusakten.

**Briefe:**

Briefwechsel zwischen Paulus und Seneca, Laodicenerbrief des Paulus, Korintherbrief des Paulus, Pseudo-Titusbrief, Briefwechsel zwischen Abgar und Jesus Christus, Brief des Poplius Leontulus.

**Apokalypsen:**

Offenbarung des Petrus, Sibyllinenliteratur, Apokalypse des Paulus, Apokalypse des Thomas, Apokalypse von Maria.

## 5.2. „Verborgene“ oder „ungeschriebene“ Logien Jesu

„Dies sind die verborgenen Worte, die der lebendige Jesus sagte, und Didymos Judas Thomas schrieb sie auf“. Mit dieser Titelformulierung beginnt eine ziemlich bekannte apokryphe Schrift, die in der Bibelwissenschaft als das gnostische Thomasevangelium große Aufmerksamkeit auf sich gezogen hat und zugleich auf die wichtige Tatsache der nicht kanonischen Worte Jesu hinweist. Nicht nur in apokryphen Schriften, sondern in verschiedenen anderen Handschriften des Neuen Testaments sowie in patristischen Werken und in liturgischen Texten der Orthodoxen Kirche kommen nämlich mehrere, direkt Jesus Christus zugeschriebene Logien vor, die allerdings in den kanonischen Evangelien des Neuen Testaments nicht überliefert sind. Aus diesem Grund werden sie seit 1776 in der weltweiten Bibelwissenschaft mit dem griechischen Begriff „Agrapha“ gekennzeichnet, als J. G. Körner in Leipzig seine Abhandlung mit dem Titel „De sermonibus Christi ἀγράφοις“ schrieb.

Diese in den verschiedenen Quellen überlieferten Worte Jesu werden durch ähnliche Formulierungen eingeleitet, wie z.B. „die Worte des Herrn“, „Jesus spricht“, „der Erlöser sagt“ etc. Im Folgenden werden Beispiele der repräsentativsten dieser Worte, die auch als „außerkanonische Logien Jesu“ bekannt geworden sind, nach Kategorien angeführt:

### „Agrapha“, erhalten in den übrigen neutestamentlichen Büchern (außer den Evangelien) oder in vereinzelten Evangelienhandschriften

- Paulus bezieht sich in seiner Rede an die Ältesten von Ephesos auf vermeintliche Worte Jesu: „... μνημονεύειν τε τῶν λόγων τοῦ κυρίου Ἰησοῦ ὅτι αὐτὸς εἶπεν· μακάριόν ἐστιν μᾶλλον διδόναι ἢ λαμβάνειν“ (Apg 20,35).
- Im Codex Beza (D) wird im Gegensatz zu der gesamten handschriftlichen Tradition ein zusätzliches Logion Jesu überliefert: „ὑμεῖς δὲ ζητεῖτε ἐκ μικροῦ αὐξῆσαι καὶ ἐκ μείζονος ἔλαττον εἶναι. εἰσερχόμενοι

δὲ καὶ παρακληθέντες δειπνῆσαι μὴ ἀνακλίνεσθε εἰς τοὺς ἐξέχοντας τόπους, μήποτε ἐνδοξότερός σου ἐπέλθῃ καὶ προσελθὼν ὁ δειπνοκλήτωρ εἴπῃ σοι· ἔτι κάτω χώρει, καὶ καταισχυνθήσῃ. ἐὰν δὲ ἀναπέσῃς εἰς τὸν ἥττονα τόπον καὶ ἐπέλθῃ σου ἥττων, ἐρεῖ σοι ὁ δειπνοκλήτωρ· σύναγε ἔτι ἄνω, καὶ ἐσταί σοι τοῦτο χρήσιμον“ (Mt 20,28).

- Im selben Codex Beza (D) kommt ein weiterer, ansonsten unbekannter Logion Jesu vor: „Τῇ αὐτῇ ἡμέρᾳ θεασάμενός τινα ἐργαζόμενον τῷ σαββάτῳ εἶπεν αὐτῷ· ἄνθρωπε, εἰ μὲν οἶδας τί ποιεῖς, μακάριος εἶ· εἰ δὲ μὴ οἶδας, ἐπικατάρατος καὶ παραβάτης εἶ τοῦ νόμου“ (Lk 6,4).

### „Agrapha“, erhalten in Werken kirchlicher Autoren

- „Διὸ καὶ ὁ ἡμέτερος Κύριος Ἰησοῦς Χριστὸς εἶπεν· Ἐν οἷς ἂν ὑμᾶς καταλάβω, ἐν τούτοις καὶ κρινῶ“ (Justin, Dialogus 47,4: PG 6,580A).
- „Εἶπε γάρ·Ἔσονται σχίσματα καὶ αἱρέσεις“ (Justin, Dialogus 35,3: PG 6,549C und BEP 3,239).
- „Εἶδες γάρ, φησί, τὸν ἀδελφόν σου, εἶδες τὸν Θεόν σου“ (Klemens von Alexandrien, Stromateis 1,19: PG 8,812A)
- „Αἰτεῖσθε γάρ, φησί, τὰ μεγάλα, καὶ τὰ μικρὰ ὑμῖν προστεθήσεται“ (Klemens von Alexandrien, Stromateis 1,24: PG 8,905B).
  „Καὶ ὁ Κύριος, Ἐξέλθετε, εἶπεν, ἐκ τῶν δεσμῶν οἱ θέλοντες“ (Klemens von Alexandrien, Stromateis 6,6: PG 9,265A).
- „Ἀλλὰ καὶ περὶ τούτου δὴ εἴρηται· Ἱδρωσάτω ἡ ἐλεημοσύνη σου εἰς τὰς χεῖράς σου μέχρις ἂν γνῷς τίνι δῷς“ (Didache 1,6: BEP 2,215).
- „Διὸ φησὶν ὁ Σωτήρ· Ὁ ἐγγύς μου, ἐγγὺς τοῦ πυρός· ὁ δὲ μακρὰν ἀπ᾽ ἐμοῦ, μακρὰν ἀπὸ τῆς βασιλείας“ (Didymos der Blinde, Zu den Psalmen 88,8: PG 39,1488D).
- „Λοιπὸν ὁ Κύριος ἔλεγεν αὐτοῖς· Τί θαυμάζετε τὰ σημεῖα; κληρονομίαν μεγάλην δίδωμι ὑμῖν ἣν οὐκ ἔχει ὁ κόσμος ὅλος“ (Makarios von Ägypten, Homilie 12,17: PG 34,568D).

### „Agrapha“, in liturgischen Texten der Orthodoxen Kirche

- Neben den neutestamentlichen Handschriften und den patristischen Texten gelten auch die liturgischen Texte (Hymnen und Gebete) der Orthodoxen Kirche als eine weitere wertvolle Quelle zur Sammlung und Erforschung der „ungeschriebenen“ Worte Jesu. Ein charakteristisches Beispiel könnte in einem Gebet aus dem orthodoxen Sakrament der Ölsalbung angeführt werden. Im Gebet nach der 2. Apostel- und Evangeliumslesung gibt es folgende Formulierung: „… Σὺ εἶ ὁ εἰπών· Ὁσάκις ἂν πέσῃς, ἔγειραι, καὶ σωθήσῃ". Dieses Logion, wie auch viele andere, könnte durchaus durch die Absicht seines Autors, verschiedene einschlägige Worte des Herrn zusammenzufassen oder frei wiederzugeben, erklärt werden. Trotzdem, auch wenn solche Texte Produkte der individuellen Phantasie ihrer Autoren sind, gehören sie zu der Kategorie der außerkanonischen Worte Jesu.

# TEIL VI.
# Einführendes zu den Schriften des Neuen Testaments. Die vier Evangelien

## 6.1. Die Reihenfolge der neutestamentlichen Schriften

Die bis heute bekannte Reihenfolge der neutestamentlichen Schriften „Evangelien, Apostelgeschichte, Paulus-Briefe, Katholische Briefe, Apokalypse" hat sich im Großen und Ganzen bereits im 2. Jahrhundert herauskristallisiert. Unter anderem finden wir sie bereits im Kanon Muratori (um 200), bei Eusebios, Gregor dem Theologen und weiteren patristischen Textzeugen. Erasmus von Rotterdam übernahm diese Reihenfolge in der Ausgabe des gedruckten griechischen Textes (1516), wobei sie sich seitdem in fast allen Druckausgaben (inklusive der Ausgaben von Nestle-Aland im 20. Jh.) durchgesetzt hat.

Diese Reihenfolge findet sich jedoch in keiner älteren, das ganze Neue Testament enthaltenden Handschrift. Die Handschriften A, B, C, die syrische Peschitta oder Athanasios der Große in seinem 39. Osterbrief von 367 bieten folgende Reihenfolge, die vermutlich die älteste gewesen sein sollte: „Evangelien, Apostelgeschichte, Katholische Briefe, Paulus-Briefe, Apokalypse". Der 39. Osterbrief von Athanasios dem Großen, einer der größten heiligen Persönlichkeiten der Alten und insbesondere der Orthodoxen Kirche, wird als der Anhaltspunkt und die Endstation des Prozesses der Entwicklung und endgültigen Gestaltung des neutestamentlichen „Kanon" – ein Wort, das zuerst bei ihm vorkommt – bezeichnet. Interessanterweise führt der hl. Athanasios nach der Aufzählung der Bücher folgende Worte an: „Diese sind die Quellen der Erlösung, so dass der Dürstende sich mit den in ihnen [d.h. den ntl. Schriften] befindlichen Worten erfüllen kann. Nur in ihnen tut die Glaubenslehre sich kund. Niemand darf ihnen was hinzufügen noch von ihnen etwas wegnehmen."[13]

13. *Athanasios der Große*, 39. Festbrief: *BEP* 33, 76–77: „Ταῦτα πηγαὶ τοῦ σωτηρίου, ὥστε τὸν διψῶντα τῶν ἐν τούτοις ἐμφορεῖσθαι λογίων· ἐν τούτοις μόνοις τὸ τῆς εὐσεβείας διδασκαλεῖον εὐαγγελίζεται. Μηδεὶς τούτοις ἐπιβαλλέτω, μηδὲ τούτων ἀφαιρείσθω τι."

Manche modernen kritischen Ausgaben des 19. und 20. Jh.s, darunter auch die von Tischendorf, Westcott-Hort oder v. Soden, haben die ältere, bei Athanasios dem Großen verwendete Reihenfolge übernommen. Darin bekommen die Verfasser der Katholischen Briefe, weil sie vermutlich zu den 12 Aposteln gehörten oder Brüder Jesu waren, den Vorrang vor dem Apostel Paulus, der erst später bekehrt wurde. Im Codex Sinaiticus, bei Epiphanios, Hieronymus u.a. werden die neutestamentlichen Schriften anders geordnet: „Evangelien, Paulus-Briefe, Apostelgeschichte, Katholische Briefe, Apokalypse". Bemerkenswerterweise stellt Augustin die Apostelgeschichte sogar vor die Apokalypse des Johannes.

Die Evangelien stehen bei allen Reihenfolgen an erster Stelle. Die Botschaft Jesu hat man allgemein als noch wichtiger als die Verkündigung seiner Apostel empfunden; sie ist dieser auch zeitlich vorangegangen. Da jedoch die Abfassungszeit der paulinischen Texte vor der der vier Evangelien liegt, wird in manchen Lehrbüchern der neutestamentlichen Einleitung zuerst der corpus paulinum behandelt. Wenn man der Abfolge der Abfassungszeiten innerhalb der Evangelien, der paulinischen Briefe oder des ganzen Neuen Testaments schlechthin vor der bereits etablierten Reihenfolge den Vorrang gewähren würde, so würde diese Tatsache wegen der Unsicherheit vieler Datierungen größere Probleme verursachen. Weil das Alter des Inhalts der Evangelien nicht nach deren Abfassungszeit bemessen werden darf, da sie durchweg älteres Überlieferungsgut enthalten, spricht sehr viel dafür, die Evangelien doch vor den paulinischen Briefen zu behandeln.

## 6.2. Über die vier Evangelien

Die vier ersten Schriften des Neuen Testaments, die sogenannten Evangelien, sind die wichtigsten Bücher der neutestamentlichen Textsammlung. Als hauptsächlich historischen Schriften können wir fast ausschließlich ihnen im großen Ausmaß entnehmen, was wir über Jesus Christus, sein irdisches Leben und Wirken, Leiden und Sterben, aber auch über den etablierten Glauben der Apostel und seiner ersten Begleiter an Ihn erfahren haben. Alle vier Evangelien sind anonym überliefert, d.h. die uns vertrauten Evangelistennamen sind erst Jahrzehnte nach Abfassung der jeweiligen Bücher festgelegt worden. Es ist auf jeden Fall dennoch sicher, dass ab dem 2. Jh. n. Chr. im Rahmen der kirchlichen Tradition die namentliche Bezeichnung der Evangelien nach Matthäus, Markus, Lukas und Johannes überliefert und schließlich festgelegt worden ist.

### 6.2.1. Über den Sprachgebrauch „εὐαγγέλιον“

Der Begriff εὐαγγέλιον gehört zu jenen Wörtern der altgriechischen Welt, die im Rahmen des Christentums einen absolut neuen Sinn erhalten haben. Die ursprüngliche etymologische Bedeutung des Begriffs εὐαγγέλιον im profanen Bereich lässt sich folgendermaßen zusammenfassen:

1. „Evangelion“ als die gute Botschaft (εὖ + ἀγγέλλω) selbst (Cicero, Att. II 3,1). In diesem Fall wird dann das Wort technischer Ausdruck hauptsächlich für die Siegesbotschaft;
2. „Evangelion“ als der Lohn für die gute Botschaft (frühester Beleg bei Homer, Odysee 14, 152 f. 166 f.); oder
3. „Evangelion“ als das Opfer, mit dem die gute Botschaft gefeiert wird (Aristophanes, Equii 656; Plutarch, Dimitrius 17).

Einen eindeutigen religiösen Sinn bekommt das Wort im Orakelwesen, wo es dann Orakelspruch heißt, und besonders im griechisch-römischen Kaiserkult. Weil der Kaiser als göttliches Wesen, als Heiland (σωτήρ) der ganzen Welt betrachtet und verherrlicht wird, sind bestimmte Ereignisse aus seinem Leben, wie seine Geburt, seine Thronbesteigung, oder seine Erlasse großartige Freudenbotschaften. Typisches Beispiel für den Gebrauch des Wortes εὐαγγέλιον ist eine Inschrift von Priene in Kleinasien (aus dem Jahr 9 v. Chr.), die den Geburtstag des Augustus als „Evangelion“ für die Welt bezeichnet: „ἦρξεν δὲ τῷ κόσμῳ τῶν δι᾽ αὐτὸν εὐαγγελίων ἡ γενέθλιος τοῦ θεοῦ“ (= Der Geburtstag des Gottes war für die Welt der Anfang der Freudenbotschaften, die seinetwegen ergangen sind).

Nicht so sehr der griechisch-hellenistische Sprachgebrauch, sondern vielmehr der im Alten Testament und Spätjudentum etablierte Sinn des Wortes haben den neutestamentlichen Begriff „Evangelium“ beeinflusst. Im alttestamentlichen Zusammenhang, an dem auch das NT anknüpft, hat das Wort εὐαγγέλιον den religiös-soteriologischen Sinn, der uns interessiert: die Botschaft vom kommenden Heil, von der anbrechenden Heilszeit verkünden. Hier sollte allerdings der wesentliche Unterschied zwischen dem alttestamentlich- biblischen Begriff und dem außerbiblisch-hellenistischen des Kaiserkultes hervorgehoben werden. Während hier die Freudenbotschaft rückwärts schauend, gleichsam ein Abglanz des geschehenen freudigen Ereignisses ist, ist sie dort vorwärtsschauend: sie ist die Botschaft von einem freudigen Ereignis, das sich nun verwirklichen soll. Der biblische Begriff besitzt einen dennoch zusätzlichen eschatologischen Sinn. Der Freudenbote verkündet den Anbruch der Heilszeit und führt sie dadurch herauf. Besonders treffend kommt der Sinn des Wortes bei Is 52,7–10 zum Ausdruck: „ὡς ὥρα ἐπὶ τῶν ὀρέων, ὡς πόδες εὐαγγελιζομένου ἀκοὴν εἰρήνης, ὡς εὐαγγελιζόμενος ἀγαθά…“ (V. 7: = „wie willkommen sind auf den Bergen die Schritte des Freudenboten, der Frieden ankündigt, der eine frohe Botschaft bringt…“); dieselbe Formulierung hat dann auch im Neuen Testament bei Paulus ihren Widerhall gefunden: „καὶ ὑποδησάμενοι τοὺς πόδας ἐν ἑτοιμασίᾳ τοῦ εὐαγγελίου τῆς εἰρήνης“ (Eph 6,15).

Im Neuen Testament findet dann das „Evangelion“ seinen eigentlichen Sinn: die der ganzen Menschheit von Gott angebotene Erlösung stellt das ausschließliche Evangelium dar. Das Wort εὐαγγέλιον wird im Urchristentum nicht als Titel für eine einzelne Schrift gebraucht, die Jesu Taten und Worte zum Inhalt hat, sondern bezeichnet die gute Botschaft vom eingetretenen messianischen Heil, die Heilsbotschaft. In der Terminologie der Urkirche hat der Terminus „Evangelion“ eine besondere christliche Bedeutung angenommen: den Sieg Jesu über die Mächte des Bösen, der bisher die Menschen als Sklaven hatte. Bezüglich der innerneutestamentlichen Vielfalt seiner Bedeutung könnten wir folgende Sinnschichten vom εὐαγγέλιον erkennen:

1. Das von Jesus selber benutzte Wort εὐαγγέλιον bezeichnet **die Heilsbotschaft, die Jesus Christus selbst verkündet** (Hauptinhalt: „das Reich Gottes ist nahe herbeigekommen“, Mk 1,15), so Mk 8,35; 10,29; 13,10; 14,9; 16,15; Mt 11,5; Lk 4,18.43; 7,22.
2. Im Rahmen der apostolischen und urchristlichen Predigt wird das εὐαγγέλιον als **die Verkündigung von Christus** und dem in ihm gekommenen Heil bezeichnet (z.B. Apg 5,42; 8,35; 11,20). Insbesondere bei Paulus ist das Evangelium die erlösende Botschaft Gottes (Röm 1,1 ff.) mit konkretem Inhalt der Person Jesu Christi und seiner Passionsgeschichte (1 Kor 15, 1ff.).
3. In der lebenswichtigen Missionstätigkeit der apostolischen Urkirche ist aber immerhin mit Evangelium **das lebendige Wort der Predigt** gemeint, nicht eine Schrift. Deshalb werden auch die wandernden Verkünder der Heilsbotschaft „Evangelisten“ genannt (Apg 21,8; Eph 4,11; 2 Tim 4,5).
4. Ab dem 2. Jh. wird das Wort „Evangelium“ dann für einen schriftlich niedergelegten Bericht von Jesu Leben und Wirken gebraucht. Somit werden dann die jeweiligen Bücher des Neuen Testaments angesprochen, die über die einzelnen Ereignisse Jesu Christi berichten (so bei

Didache 8,2; 11,3[14]; 15,3.4; 2 Klemens 8,5[15]). Um die Mitte des 2. Jh.s spricht Justin der Märtyrer von den „Erinnerungen der Apostel, die εὐαγγέλια genannt werden" (I Apologia 66,3). Die kirchlichen Schriftsteller der ersten Jahrhunderte deuten also mit dem Wort εὐαγγέλιον entweder die Heilsbotschaft des Neuen Testaments schlechthin oder **die ersten vier Schriften des Neuen Testaments**, die „Evangelia", in Verbindung mit den in der christlichen Tradition überlieferten Namen ihrer Verfasser. Dementsprechend wird die Bezeichnung Evangelist nun auch für die Verfasser der Evangelien-Bücher benützt (Hippolyt, De Antichristo 56; Tertullian, Adv. Prax. 21,23).

### 6.2.2. Die Evangelien des Neuen Testaments

Das Evangelium, als die Botschaft von dem durch Jesus Christus gebrachten Heil, ist selbstverständlich **eines**. Als aber mit der Zeit mehrere schriftliche Berichte von der Tätigkeit und der Lehre Jesu entstanden, kristallisierten sich daraus die vier kanonischen Evangelien heraus. Diese vier von allen Kirchen aufgenommenen Texte nannte man diese längere Zeit hindurch noch gern „das Evangelium" (z.B. Eusebios, H.E. V 24,6) oder auch „die vier Bücher des einen Evangeliums" (vgl. Kanon Muratori: *Tertius evangelii liber secundum Lucam*), oder man sprach (z.B. Irenäus, Adv. Haer. III 11,8) vom „τετράμορφον εὐαγγέλιον" (viergestaltiges Evangelium).

Die Evangelien werden in ihrem schriftstellerischen und zugleich historischen Charakter zu den wichtigsten Texten des Neuen Testaments und des Christentums schlechthin gezählt. Ihre Wichtigkeit liegt im Grunde in den in ihnen enthaltenen historischen Informationen über die irdische Anwesenheit und Tätigkeit Jesu, wie auch die Rezeption seiner Botschaft durch die zeitgenössischen Zeugen und ersten Christen. Herausragende Ereignisse, wie Geburt, öffentliche Tätigkeit, Gefangennahme, Leiden, Kreuzigung, Tod, Begräbnis, Auferstehung, Erscheinungen oder Himmelfahrt Jesu Christi werden entweder in Überschneidung oder gegenseitiger Ergänzung in den vier uns bekannten Evangelien dargestellt.

14. Didache 11,3: „περὶ δὲ τῶν ἀποστόλων καὶ προφητῶν κατὰ τὸ δόγμα τοῦ εὐαγγελίου οὕτως ποιήσατε" (= Betreffs der Apostel und Propheten: Verfahrt so, wie das Gebot des Evangeliums lautet).
15. 2 Klemens 8,5: „λέγει γὰρ ὁ κύριος ἐν τῷ εὐαγγελίῳ· εἰ τὸ μικρὸν οὐκ ἐτηρήσατε, τὸ μέγα τίς ὑμῖν δώσει;" (= Denn der Herr sagt im Evagelium: Wenn ihr das Geringe nicht bewahrt habt, wer wird euch das Große geben?).

Die Profanzeugnisse über Jesus sind sehr spärlich (z.B. Josephus, Testimonium Flavianum, Tacitus, Plinius der Jüngere). Da die vier Evangelien fast unsere einzige Quelle über Jesus Christus bilden, hat sie die Kirche immer besonders heiliggehalten. Sie wurden am häufigsten von allen Teilen der Hl. Schrift abgeschrieben und vielfach besonders kunstvoll ausgestattet. Auf die Frage nach dem Charakter der neutestamentlichen Evangelien können wir manche Feststellungen anführen. Die vier Evangelien stellen zuerst einmal **keine ausführlichen Biographien** der Person Jesu Christi dar. Sie sind also keine systematischen Darstellungen und Beschreibungen des irdischen Lebens Jesu in der Art eines persönlichen Tagebuches. Vielmehr sind sie **Gelegenheitsschriften**, die den Menschen aller Zeiten manche wichtige glaubensbedingte, theologische Aspekte der Heilsökonomie vor Augen führen wollen.

Können die Evangelien als historische Werke bezeichnet werden im Sinne der alten historischen Werke von Thukydides oder Josephus? Die Evangelien dürfen mit solchen profanen historischen Schriften nicht gleichgestellt werden; trotzdem tragen auch sie den historischen Charakter, weil sie tatsächliche Ereignisse ansprechen, welche die ganze menschliche Geschichte radikal geprägt haben. Ihr Charakter erschöpft sich jedoch nicht im Historischen. Ihre gottinspirierten Verfasser haben nicht bloß darauf abgezielt, die Geschichte Jesu zu erzählen oder seine Lehre und Taten einfach den anderen Menschen bekannt zu machen. Die Evangelisten sind keine reinen Historiker; vielmehr sind sie Glaubenszeugen, die den Glauben der Urkirche bezüglich der Person Jesu Christi zum Ausdruck bringen wollen.

Dementsprechend sind die Evangelisten keine trockenen Erzähler, sondern Ausleger der Geschehnisse, die zugunsten der Menschheit stattgefunden haben. Das Zeugnis des Glaubens und das Ausdrücken des christlichen Erlebnisses haben zugleich als eine Art Missionskerygma und Verbreitung der christlichen Botschaft nach außen zu wirken. Auf der anderen Seite ist das Evangelium automatisch auch die Katechese (Einweihung) der Glieder der Kirche. Für die Evangelisten hat also der theologische hermeneutische Charakter ihrer Werke Priorität. Das einfache historische Interesse besitzt eine sehr sekundäre Stellung.

Die angesprochenen Ereignisse der Heilsgeschichte beziehen sich nicht nur auf die Vergangenheit, sondern haben einen schwerwiegenden Sinn für die Menschen jeder Zeit und an jedem Ort. Die theologischen Dimensionen der Evangelien, die mit dem Sieg über die Sünde und den Tod neue Perspektiven für das menschliche Leben eröffnen, haben nämlich diachronischen Charakter. Aus diesem Grund sind die Verfasser der Evangelien nicht besonders bemüht, die historischen Ereignisse in eine absolut präzise zeitliche Reihenfolge zu stellen oder gar die zwischen ihnen entstandenen offensichtlichen Unterschiede einzuebnen. Die Autoren haben sich zum Hauptziel gesetzt, die soteriologische Botschaft des Evangeliums den Leuten zu vermitteln. Die genaue Datierung der verschiedenen Geschehnisse im Leben Jesu wird von den Evangelisten nicht als lebenswichtig betrachtet. Sie interessieren sich primär für die richtige Betonung des Sinnes und auch für die heilbringende Erläuterung der Ereignisse für die glaubende Kirche.

### 6.2.3. Reihenfolge der Evangelien

Innerhalb der Gruppe der Evangelien gab es nicht von Anfang an eine einheitliche Reihenfolge. Sowohl in den Handschriften als auch in den alten Übersetzungen wie auch bei den Kirchenvätern schwankt die Reihenfolge enorm. Das Kriterium für die heute geläufige Reihenfolge der Evangelien konnte bestimmt nicht unbedingt aufgrund ihrer Abfassungszeit festgelegt werden. Das ist außerdem eine Frage, die bis heute nicht absolut geklärt ist, unabhängig von der von der Mehrheit der Wissenschaftler proklamierten Priorität des Markus-Evangeliums. In diesem Zusammenhang und am Rande des Prioritätskriteriums der zeitlichen Abfassung sollte man einige Gegebenheiten des Urchristentums festhalten: Der endgültigen Niederschrift der Evangelien gingen das Leben und die Tätigkeit der Kirche mit den Bekenntnissen, den Hymnen, der Missionspredigt voraus. Vor den schriftlichen Texten haben wir also die lebendige Überlieferung (Tradition), die außer den bereits erwähnten Elementen auch Erzählungen und mündliche Berichte über verschiedene Ereignisse vom irdischen Leben, dem Tod und der Auferstehung Jesu Christi beinhaltete. Des Weiteren schloss diese urchristliche Überlieferung auch Sammlungen von Logien (= Sprüchen) Jesu mit ein.

Aus allen diesen Elementen entstanden kompakte Erzählungen mit Lehren und Lebensberichten Jesu, die der Mission, der Katechese, der kirchlichen Lehre, dem Kultus, der Apologetik, der Predigt und noch weiteren Tätigkeitsbereichen der Kirche dienten. Diese Erzählungen bilden, sozusagen, die Vorgeschichte und das Überlieferungsgut aller Evangelien, das zweifelsohne älter als die Evangelien selbst ist. Deshalb ist folgende These enorm wichtig: Die Evangelien sind innerhalb des kirchlichen Lebens entstanden. Sie sind Teile einer breiteren lebendigen Tradition, die voraus ging, und nicht **die Quelle** der urchristlichen Tradition, wie manche westliche Kreise zu behaupten pflegen. Somit versteht es sich von selbst, dass das Kriterium der zeitlichen Abfassungen der vier Evangelien für die Reihenfolge nicht so entscheidend sein kann.

Ein anderes, ziemlich schwerwiegendes Kriterium für die Reihenfolge sind die vier **Evangelistensymbole** gewesen, die auf die Cherubimgestalten bei Ez 1 bzw. Apk 4,7 zurückgehen und mit den Anfängen der betroffenen Evangelien in Verbindung gebracht werden. Dabei schwankt auch die Übertragung der 4 Lebewesen auf die 4 Evangelisten als deren Symbole, bedingt durch die verschiedenen möglichen Kombinationen und die nicht einheitliche Verteilung der Symbole aufgrund der Grundstellen Ez 1,10[16], wo die Rede von Mensch, Löwe, Stier und Adler ist, und Ez 10,14, wo die Gestalten von Cherub, Mensch, Löwe und Adler vorkommen. Der Bischof Irenäus von Lyon († 202) hat uns in seinem Werk „Adversus Haereses" (III 11,8) die älteste nachweisbare Übertragung der Symbole auf die 4 Evangelisten hinterlassen:

Mensch → Matthäus
Adler → Markus
Stier → Lukas
Löwe → Johannes

Die in unseren Bibelausgaben vorherrschend gewordene Anordnung: Mt, Mk, Lk, Joh, ist zu einem großen Maße von der Verteilung der Symbole auf die 4 Evangelisten beeinflusst worden. Diese Reihenfolge wird schon bezeugt im Canon Muratori (um 200) und den beiden ältesten Pergamentshandschriften Codex Sinaiticus (א) und Codex Vaticanus (B), sie findet sich auch in der überwiegenden Mehrzahl der griechischen Handschriften und jüngeren Übersetzungen wieder.

Dagegen beinhalten der zweisprachige Codex D (Beza) und die altlateinischen Handschriften die Reihenfolge: Mt, Joh, Lk, Mk, indem die Evangelien mit Apostelnamen vorangestellt sind. Dabei hat man hauptsächlich die Reihe mit Mt und Joh eröffnet, um die beiden Mitglieder des Zwölferkreises voranzustellen.

Die bis heute aber etablierte Reihenfolge der Evangelien (Mt, Mk, Lk, Joh) hat einen großen Vorzug: In ihr stehen die Evangelien des Mt, Mk und Lk beisammen, die durch sehr enge verwandtschaftliche Beziehungen (in Sprache, Struktur, Inhalt, Theologie, Anordnung des Stoffes etc.) verbunden sind. Zugleich steht das Johannes-Evangelium, das offensichtlich später als die anderen geschrieben ist, außerhalb dieses Verwandtschaftsverhältnisses. Daher pflegt man die Evangelien des Mt, Mk und Lk als „die drei ersten" oder „die älteren" zu bezeichnen. Bekanntlich werden sie jedoch die **synoptischen** Evangelien und ihre Verfasser die **Synoptiker** genannt. Der Begriff ist auf

16. Ez 1,10: „καὶ ὁμοίωσις τῶν προσώπων αὐτῶν· πρόσωπον ἀνθρώπου καὶ πρόσωπον λέοντος ἐκ δεξιῶν τοῖς τέσσαρσιν καὶ πρόσωπον μόσχου ἐξ ἀριστερῶν τοῖς τέσσαρσιν καὶ πρόσωπον ἀετοῦ τοῖς τέσσαρσιν."

das für vergleichende Studien unerlässliche Hilfsmittel der Ausgabe der drei ersten Evangelien in Parallelspalten, kurz *Synopse* genannt, zurückzuführen. Dieses Hilfsmittel wurde 1774 vom protestantischen Theologen Johann Jakob Griesbach für seine didaktischen Zwecke herausgegeben.

# TEIL VII.
# Das Matthäus-Evangelium

## 7.0. Allgemeines Profil des Matthäus-Evangeliums

Mit dem Matthäus-Evangelium, das 28 Kapitel mit insgesamt 1071 Versen umfasst, wird der neutestamentliche Kanon eröffnet. Matthäus leitet zugleich die Reihe der drei sogenannten *synoptischen Evangelien* ein, von denen Matthäus fast den ganzen Inhalt des Markus-Evangeliums (600 von insgesamt 677 Versen) übernommen hat. Wichtiger als das statistische Ergebnis ist jedoch die Tatsache, dass Matthäus im Wesentlichen der markinischen Gliederung, d.h. dem theologischen Aufbau und dem geographischen Grundriss, gefolgt ist.

Die Überschrift des Evangeliums stammt wie die Überschriften aller anderen neutestamentlichen Schriften (mit Ausnahme vielleicht Apk 1,1) nicht vom Verfasser selbst. Für das erste Evangelium erwähnt die altkirchliche Überlieferung den Namen „Matthäus". Dieser hat sich dann in der handschriftlichen Überlieferung durchgesetzt. Dabei dürfte es sich um den Apostel Matthäus handeln, der in drei Evangelien bei der Aufzählung der Zwölf genannt wird, und im Matthäus-Evangelium noch den Zusatz „der Zöllner" erhält (10,3).

Das erste Evangelium des Neuen Testaments weist einen deutlich pädagogischen Charakter auf, der es zu dem beliebtesten und meist benutzten heiligen Text im Leben der Orthodoxen Kirche gemacht hat. Das Mt-Ev, das uns viele Lehraussagen und Sprüche Jesu überliefert, wird von den kirchlichen Vätern und Autoren der ersten Jahrhunderte, wie z.B. von Irenäus (Adversus Haereses III & IV) öfter als die anderen Evangelien zitiert. Außerdem sind viele Erzählungen, die sich entweder in allen vier oder in den synoptischen Evangelien finden, den Gläubigen in ihrer matthäischen Version mehr bekannt und vertraut. Interessanterweise kommt nur im Mt-Ev das Wort „ἐκκλησία" (16,18; 18,17) vor und setzt klare ekklesiologische Gegebenheiten voraus. Aus diesen Gründen kommt dem ersten Evangelium eine deutlichere „liturgische" Rolle als bei den anderen Evangelien zu.

Im liturgischen Kreis des orthodoxen Kirchenjahres und im Rahmen der „lectio continua" aller Sonntage stammt fast die Hälfte der vorgesehenen Perikopen aus dem Mt-Ev. Im Kreis der beweglichen und unbeweglichen Feste herrscht der matthäische Text ungefähr vom Juni bis September jeden Jahres.

Inhaltlich gesehen, stellt das erste kanonische Evangelium nach Matthäus das verbindende Band zwischen dem Alten und Neuen Testament dar. Einschlägige Zeichen dafür sind sowohl die Genealogie Jesu, mit dem das Evangelium beginnt, als auch die bekannte Gewohnheit des Matthäus, die sich auf das Leben, die Lehre, den Tod und die Auferstehung Christi beziehenden Ereignisse mit entsprechenden Verheißungen des Alten Testaments eng zu verbinden und erstere als Erfüllung dieser alttestamentlichen Voraussagen darzustellen. Charakteristisch ist der matthäische Ausdruck über die Erfüllung einer Verheißung: Dies geschah, „ἵνα πληρωθῇ τὸ ρηθέν …“ (Mt 1,22; 2,15; 4,14; 8,17; 13,35; 21,4 u.a.).

Man könnte allgemein und pauschal dem Matthäus-Evangelium folgende Merkmale in seiner sprachlichen und inhaltlichen Struktur zuschreiben:

a) deutliche und harmonische Anordnung des Materials;
b) Sammlung und Darbietung hauptsächlich des Lehrstoffes in thematischen Einheiten und nicht in chronologischer Reihenfolge;
c) schlichte und zugleich poetische Wiedergabe der Sprüche Jesu.

## 7.1. Altkirchliche und neuere orthodoxe Kommentare

a) ***Altkirchliche Kommentare:*** *Origenes* PG 13; BEP 13.14, 1957–58; SC 162, 1970; *Ephräm der Syrer* SC 121, 1966; *Johannes Chrysostomos* PG 57 und 58; *Theodor von Mopsuestia* PG 66, 705–715 (auszugsweise); *Kyrill von Alexandrien* PG 72, 365–474; *Theophylaktos von Bulgarien* PG 123, 144–488; *Zigabenos* PG 129, 112–766; *Petros von Laodicea:* hrsg. v. G.F.G. Heinrici, Leipzig 1908.
b) ***Orthodoxe Kommentare:*** *Varth. Georgiadis,* Ἑρμηνεία τῶν τεσσάρων Εὐαγγελίων, Athen 1883 (21992); *N. Damalas,* Ἑρμηνεία ἐκ παραλλήλου τῶν τριῶν πρώτων Εὐαγγελίων (Ἑρμηνεία εἰς τὴν ΚΔ, Bde. 2–3), Athen 1892; *F. Kontoglou,* Τὸ κατὰ Ματθαῖον ἅγιον Εὐαγγέλιον ἐξηγημένον τὸ κατὰ δύναμιν διὰ τοὺς ἁπλουστέρους, Athen 1952; *P. Trempelas,* Ὑπόμνημα εἰς τό κατὰ Ματθαῖον Εὐαγγέλιον, Athen 21958; *Ch. Vasilopoulos,* Ἡ Ἁγία Γραφὴ ἐξηγημένη. Τὸ κατὰ Ματθαῖον Εὐαγγέλιον, Athen 1978; *Justin (Vater),* Kommentar zum Hl. Evangelium nach Matthäus, in: *Bote* Heft 3–4, München 1986 (in Fortsetzungsartikeln).

c) ***Neuere Studien:*** Τό κατά Ματθαῖον Εὐαγγέλιο. Προβλήματα μεταφραστικά, φιλολογικά, ἱστορικά, ἑρμηνευτικά, θεολογικά, Vorträge der 7. Konferenz der orthodoxen Bibelwissenschaftler in Bukarest, September 1993, Athen 1996; *S. Agouridis*, Ματθαίος ο Ευαγγελιστής (Διδάσκαλος της Αρχικής και της Σημερινής Εκκλησίας), Athen 2000.

## 7.2. Die altkirchliche Überlieferung und der Verfasser

Im Rahmen der altkirchlichen Überlieferung wird die Abfassung des ersten Evangeliums einstimmig dem Apostel Matthäus zugeschrieben. Matthäus habe, so bezeugt die altkirchliche Tradition weiter, das Evangelium in hebräischer (d.h. aramäischer) Sprache geschrieben, dann sei es (ins Griechische) übersetzt worden.

Mit dem Namen Matthäus ist in der Alten Kirche derjenige Apostel gemeint, der nach den Berichten der synoptischen Evangelien als Zöllner arbeitete und von Jesus zum Zwölferkollegium berufen wurde (Mt 9,9–10). Interessanterweise nennen ihn Mk (2,14) und Lk (5,27) Levi. Keine weiteren Informationen über diese Person sind im Neuen Testament erhalten. In der späteren kirchlichen Überlieferung ist die Rede von seiner Missionstätigkeit zuerst in Palästina und dann in anderen Ortschaften (z.B. Äthiopien, Pontos in der heutigen nordöstlichen Türkei, Persien, Syrien u.a.). Sein Name kommt aus dem aramäischen „Mattai" und bedeutet „Geschenk Gottes", etwa wie der griechische Name „Theodoros".

Welcher ist aber der berufene Begleiter Jesu namens Matthäus und welchen Bezug könnte er zum ersten kanonischen Evangelium des Neuen Testaments haben? Die vier Apostelverzeichnisse des NTs nennen an siebter (Mk 3,18; Lk 6,15) bzw. achter Stelle (Mt 10,3; Apg 1,13) einen Apostel Matthäus, dem ausschließlich in der Apostelliste des ersten Evangeliums die Bezeichnung *ὁ τελώνης* (der Zöllner) gegeben wird. Aufgrund der Tatsache, dass in Mt 9,9 ff. die Berufung eines Zöllners der Zollstation von Kapharnaum mit Namen Matthäus durch Jesus berichtet wird, ist nach diesem ersten Evangelium der Apostel Matthäus mit dem einstigen Zöllner gleichen Namens persongleich; denn der Zusatz „der Zöllner" im Apostelkatalog Mt 10,3 weist zweifellos auf 9,9ff.

Die gleiche Berufungsgeschichte findet sich auch bei Mk (2,14 ff.) und Lk (5,27 ff.). Hier haben wir jedoch eine Abweichung. Bei Mk und Lk wird der Zöllner „Levi" (Lk) bzw. „Levi, der (Sohn) des Alphäus" genannt. Darum kann man aus diesen beiden Evangelien auf den ersten Blick nicht die Identität des von Jesus berufenen Zöllners mit dem Apostel Mt schlussfolgern.

Wenn man aber auf den genau identischen Kontext aller drei synoptischen Berufungsgeschichten und die gleichzeitige Existenz des Namens Matthäus in allen vier Apostellisten besser achtet, dann sollte man automatisch die Richtigkeit der Angabe des Mt-Ev anerkennen. Konsequenterweise müssen wir also dann annehmen, dass jener Zöllner die zwei semitischen Namen Matthäus-Levi getragen hat, was allerdings keinesfalls unüblich war. Man kann dafür auf folgende ähnliche Fälle verweisen: Simon Kepha (Joh 1,42), Joseph Barnabas (Apg 4,36), Joseph, der auch Kaiaphas hieß (Ἰωσὴφ ὁ καὶ Καϊάφας, Fl. Josephus, Ant. XVIII 2,7).

Bekanntlich ist die Überschrift der ersten neutestamentlichen Schrift „nach Matthäus" späteren Datums. Sie will damit nur die Überzeugung der Kirche ab dem 2. Jh. zum Ausdruck bringen, dass für dieses Evangelium die Autorität eines Jüngers Jesu namens Matthäus der beste Garant ist. Das älteste Zeugnis über das Mt-Ev stammt von *Papias*, dem Bischof von Hierapolis in Phrygien (um 130 n. Chr.) und lautet: „Matthäus hat in hebräischer (d.h. aramäischer) Sprache (vgl. Apg 21,40; 22,2; 26,14; Joh 20,16) die Reden (Logia) zusammengestellt, jeder gab sie aber wieder, so gut er konnte."[17]

Der Sinn der Worte des Papias ist umstritten. Dass der Ausdruck „Logia" Sprüche, d. h. eine Aneinanderreihung von Aussprüchen Jesu nach Art der „Sprüche der Väter" (Mischna) oder der Spruchsammlungen der Weisheitsliteratur bedeuten kann und in der Regel bedeutet, ist unumstritten. Außerdem begegnet uns die Formulierung „τὰ λόγια τοῦ κυρίου" in der frühchristlichen Literatur nicht selten. Die neuere Forschung hat sich wiederholt mit dem Zeugnis von Papias auseinandergesetzt. Papias könnte also gemeint haben, dass Matthäus eine Sammlung von Herrenworten zusammengestellt, nicht jedoch ein aus Worten und Taten Jesu bestehendes Evangelium verfasst habe. Diese Logien-Sammlung könnte auch manche Erzählungen von Taten Jesu beinhalten. Es ist hierbei zu bemerken, dass solche Sammlungen auch in gnostischen Kreisen überliefert sind, wie z.B. die im gnostischen ***Evangelium des Thomas*** enthaltenen 114 Logien Jesu, die 1948 in Oberägypten gefunden wurden.

Die überwiegende Mehrzahl der modernen Exegeten bestreitet jedoch die Richtigkeit des so wörtlich verstandenen Papiaszeugnisses, da unser Matthäus-Evangelium ursprünglich griechisch abgefasst sei und also keine direkte

17. Das Zeugnis bei *Eusebios von Cäsarea*, H.E. III 39,16: „Ματθαῖος μὲν οὖν Ἑβραΐδι διαλέκτῳ τὰ λόγια συνετάξατο, ἡρμήνευσε δ᾽ αὐτὰ ὡς ἦν δυνατὸς ἕκαστος."

Übersetzung gewesen zu sein scheint. Die trefflichen Wortspiele, die synonymen und antithetischen Parallelismen wie auch der ganze Stil und die syntaktische Struktur des Matthäus-Evangeliums lassen keine Spekulation über einen eventuell aramäischen Prototyp zu.

Einzelne Forscher nehmen als wahrscheinlich an, dass die von Papias benützte Überlieferung sich ursprünglich auf eine von Matthäus veranlasste Sammlung von Herrenworten bezog, die von Matthäus und Lukas als wichtigste Quelle für die Worte Jesu in ihre Evangelien aufgenommen wurde. Da diese Logiensammlung in unser Matthäus-Evangelium eingearbeitet wurde und einen wesentlichen Bestandteil desselben ausmacht, habe dieses den Namen des Matthäus erhalten.

Es steht einerseits also höchstwahrscheinlich fest, dass Matthäus, der Jünger und Augenzeuge Jesu, der Verfasser der von Papias erwähnten „Logien" des Herrn gewesen ist. Daher weicht die Kirche von der Wahrheit überhaupt nicht ab, indem sie den endgültigen Text des Evangeliums der Person des Matthäus zuschreibt, auch wenn die letzte Gestaltung und Erweiterung der ursprünglichen Logien von einem späteren Redaktor unternommen wurden.

Der nächstälteste Zeuge ist *Irenäus von Lyon* († 202), der schreibt: „Matthäus hat bei den Hebräern (predigend) in ihrer Sprache auch eine Ev-Schrift herausgegeben, während Petrus und Paulus in Rom predigten und die Kirche gründeten."[18] Da er ausdrücklich von einer Evangeliums-Schrift (γραφὴ εὐαγγελίου) spricht, meint er sicher unser Matthäus-Evangelium (nicht eine Logiensammlung). Die Angabe, dass sie in „hebräischer" Sprache geschrieben war, hat er aus Papias entnommen, dessen Buch er gelesen hat. Als Zeit der Abfassung nennt er die Jahre des Wirkens von Petrus und Paulus in Rom, also die erste Hälfte der sechziger Jahre.

Der wohl noch vor dem Werk des Irenäus entstandene *antimarkionitische Prolog zum Lk-Ev* bemerkt nur beiläufig, dass Matthäus sein Evangelium in Judäa geschrieben habe, äußert sich aber nicht über die Sprache und Abfassungszeit, was im verlorenen Mt-Prolog gestanden haben wird. Der nächste Zeuge ist *Origenes* († 254), der in seinem Mt-Kommentar sagt: „Auf Grund der Überlieferung habe ich bezüglich der Evangelien, die allein ohne Widerspruch in der Kirche Gottes … angenommen werden, erfahren: Zuerst wurde das Evangelium nach Matthäus, dem früheren Zöllner und späteren Apostel Jesu Christi, für die Gläubigen aus dem Judentum in hebräischer Sprache

18. *Irenäus*, Adv. Haer. III 1,1 (bei Eusebios H. E. V 8,2): „Ὁ μὲν δὴ Ματθαῖος ἐν τοῖς Ἑβραίοις τῇ ἰδίᾳ αὐτῶν διαλέκτῳ καὶ γραφὴν ἐξήνεγκεν εὐαγγελίου τοῦ Πέτρου καὶ τοῦ Παύλου ἐν Ῥώμῃ εὐαγγελιζομένων καὶ θεμελιούντων τὴν ἐκκλησίαν."

geschrieben“[19]. Genau im selben Geist von Origenes bewegt sich auch *Epiphanios von Salamis* († 403), der seinerseits das Zeugnis des Papias ebenso bestätigt: „Nur Matthäus hat im Neuen Testament die Darstellung und Predigt des Evangeliums in Hebräisch und mit hebräischen Buchstaben abgefasst.“[20]

Der Kirchenhistoriker *Eusebios von Cäsarea* († 339), dem wir die meisten erwähnten Zeugnisse der älteren Gelehrten verdanken, weiß selber folgendermaßen zu berichten: „Matthäus, der zunächst unter den Hebräern gepredigt hatte, schrieb, als er auch noch zu andern Völkern gehen wollte, das von ihm verkündete Evangelium in seiner Heimatsprache; denn er suchte denen, von welchen er schied, durch die (Ev)-Schrift das zu ersetzen, was sie durch sein Fortgehen verloren.“[21] Woher Eusebios weiß, dass Matthäus sein Buch vor seinem Weggang aus Palästina (wann?) schrieb, wissen wir nicht.

Eusebios hat das aramäische Mt-Ev nicht aus eigener Anschauung gekannt, wie seine Mitteilungen über Pantänus, Lehrer an der alexandrinischen Katechetenschule (um 180), beweisen, wonach dieser in Indien (wohl Südarabien) das aramäische Evangelium vorgefunden haben solle: „Bartholomäus, einer der Apostel, soll diesen gepredigt und ihnen die Schrift des Matthäus in hebräischer Sprache hinterlassen haben, die damals noch erhalten gewesen sei“ (H. E. V 10). Wenn diese Mitteilung, die Eusebios sehr vorsichtig formuliert, überhaupt einen geschichtlichen Kern enthält, so könnte eine Verwechslung mit den apokryphen Hebräer-Ev oder Nazaräer-Ev vorliegen.

An dieser Stelle wäre interessant zu erfahren, wie *Johannes Chrysostomos* († 407) in seiner 30. Homilie zum Matthäus-Evangelium (PG 57, 362 ff.) die in Mt 9,9–10 beschriebene Berufung des Zöllners Matthäus weise und pastoralorientiert kommentiert: „Die Fischer hat Christus mitten in ihrer Arbeit gerufen. Ihr Handwerk war zwar nicht verrufen, doch das von ungebildeten, einfachen und ganz schlichten Menschen. Die Tätigkeit des Zöllners jedoch war voller Gemeinheit und Frechheit, ein Erwerb, der in keinem guten Ruf stand, ein schamloses Geschäft und eine ungesetzliche Bereicherung. Trotzdem scheute der Herr nicht vor seiner Berufung zurück. Was sage ich: er schämte sich des Zöllners nicht? Er hat sich ja nicht mal gescheut, eine Dirne einzuladen, und ihr zu gestatten, seine Füße zu küssen und sie mit Tränen

---

19. Die Information bei *Eusebios*, H. E. VI 25,4.
20. *Epiphanios von Salamis*, Panarion/Haereses 30,3: *PG* 41,409: „… Ματθαῖος μόνον Ἑβραϊστὶ καὶ Ἑβραϊκοῖς γράμμασιν ἐν τῇ Καινῇ Διαθήκῃ ἐποιήσατο τὴν τοῦ Εὐαγγελίου ἔκθεσίν τε καὶ κήρυγμα.“
21. *Eusebios*, H. E. III 24,6: „Ματθαῖος πρότερον Ἑβραίοις κηρύξας, ὡς ἤμελλε καὶ ἐφ᾽ ἑτέρους ἰέναι, πατρίῳ γλώττῃ γραφῇ παραδοὺς τὸ κατ᾽ αὐτὸν εὐαγγέλιον, τὸ λεῖπον τῇ αὐτοῦ παρουσίᾳ, τούτοις ἀφ᾽ ὧν ἐστέλλετο διὰ τῆς γραφῆς ἀπεπλήρου.“

zu benetzen (Lk 7,36–50). Der Herr ist ja gekommen, nicht nur um den Leib gesunden zu lassen, sondern auch um das Übel der Seele zu heilen. Das tat er auch mit dem Gelähmten (Lk 5,17–26), und nachdem er klar gezeigt hatte, dass er die Macht habe, Sünden zu vergeben, kam er zu Matthäus, damit niemand Ärgernis nehme, wenn er sieht, dass ein Zöllner in den Kreis der Jünger aufgenommen wird."

Ein weiterer altkirchlicher Zeuge, *Hieronymus* († 419/420), hat eine Zeitlang ein hebräisch abgefasstes Evangelium, das seit dem 2., vielleicht schon seit dem 1. Jh. bei judenchristlichen Sekten gebraucht worden ist, fälschlich mit dem aramäischen Mt-Ev identifiziert. Er behauptet, dass es zu seiner Zeit in der Bibliothek zu Cäsarea vorhanden war und von ihm bei den Nazaräern in Beröa in Syrien vorgefunden und abgeschrieben worden sei. Von ihm sind nur Bruchstücke in Zitaten (griechisch) erhalten, die meist legendarische Zusätze zum Text des Evangeliums darstellen[22].

Zusammenfassend lässt sich abschließend sagen: Nach der Überlieferung der alten Kirche hat der Apostel Matthäus – nach der ihm zugeschriebenen systematisch geordneten Sammlung von Logien Jesu – ein Evangelium in aramäischer Sprache für seine (christlichen) Volksgenossen in Palästina verfasst. Über die Zeit der Abfassung existiert keine einheitliche Überlieferung. Von wem Papias seine Kunde erhalten hat, wissen wir nicht; vermutlich vom Presbyter Johannes, auf den er laut Eusebios (H.E. III 39,15) in seinem Werk „Λογίων Κυριακῶν ἐξηγήσεις" seine Nachricht über das Mk-Ev zurückführt. Wer das aramäische Evangelium ins Griechische übersetzt oder erweitert hat, ist nicht überliefert worden. Ob Papias das aramäische Original gesehen hat bzw. ob es zu seiner Zeit noch vorhanden war, wissen wir nicht; es ist aber wenig wahrscheinlich. Reste des aramäischen Textes sind weder in Handschriften noch in Zitaten erhalten.

22. Vgl. dazu *E. Hennecke*, Neutestamentliche Apokryphen in deutscher Übersetzung, Bd. I: hrsg. von *W. Schneemelcher*, Tübingen ³1959; Dodd, The Gospel according to the Hebrews, London 1933; *H. Waitz*, ZntW 36 (1937) 60–71; *Joh. Karavidopoulos*, Απόκρυφα χριστιανικά κείμενα, Bd. 1: Απόκρυφα Ευαγγέλια, (BB 13) Thessaloniki 1999.

## 7.3. Inhaltsgliederung

**A. 1,1–2,23 Die Vorgeschichte**

| | |
|---|---|
| 1,1–17 | Die Genealogie Jesu |
| 1,18–25 | Die Geburt Jesu |
| 2,1–12 | Die Huldigung der Drei Magier |
| 2,13–15 | Die Flucht nach Ägypten |
| 2,16–18 | Der Kindermord in Bethlehem |
| 2,19–23 | Die Rückkehr nach Nazareth |

**B. 3,1–4,11 Vorbereitung der Wirksamkeit Jesu**

| | |
|---|---|
| 3,1–12 | Auftreten und Predigt Johannes des Täufers |
| 3,13–17 | Die Taufe Jesu |
| 4,1–11 | Die Versuchungen Jesu |

**C. 4,12–13,58 Die Wirksamkeit Jesu in Galiläa**

| | |
|---|---|
| 4,12–17 | Beginn des Wirkens Jesu in Galiläa (Kapharnaum) |
| 4,18–22 | Die Berufung der ersten Jünger |
| 4,23–25 | Jesu Predigt und Wundertätigkeit im Überblick |

**5,1–7,29 Die Bergpredigt**

| | |
|---|---|
| 5,1–12 | Die Seligpreisungen |
| 5,13–16 | Die Jünger als Salz der Erde und Licht |
| 5,17–20 | Jesu Stellung zum Gesetz |

**5,21–48 Das Alte und das Neue (6 Antithesen)**

| | |
|---|---|
| 5,21–26 | Vom Töten |
| 5,27–30 | Vom Ehebruch |
| 5,31–32 | Von der Ehescheidung |
| 5,33–37 | Vom Schwören |
| 5,38–42 | Von der Wiedervergeltung |
| 5,43–48 | Von der Feindesliebe |

**6,1–7,29 Die wahre und die falsche Frömmigkeit**

| | |
|---|---|
| 6,1–4 | Vom Almosen |
| 6,5–15 | Vom Beten – Das „Vater unser“ |
| 6,16–18 | Vom Fasten |
| 6,19–34 | Vom Schätzesammeln und Sorgen |
| 7,1–5 | Vom Richten |
| 7,6–11 | Vom vertrauensvollen Bitten |
| 7,12 | Die goldene Regel |

7,13–14 Wahl zwischen der engen und breiten Pforte
7,15–20 Warnung vor falschen Propheten
7,21–23 Warnung vor Selbsttäuschung
7,24–29 Abschlussgleichnisse

**8,1–9,34 Ein Wunderzyklus (10 Wunder Jesu)**

8,1–4 Die Heilung eines Aussätzigen
8,5–13 Der Hauptmann von Kapharnaum
8,14–17 Schwiegermutter des Petrus – andere Besessene
8,18–22 Bedingungslose Nachfolge
8,23–27 Die Stillung des Seesturmes
8,28–34 Die Heilung von 2 Besessenen in Gadara
9,1–8 Die Heilung des Gichtbrüchigen
9,9–13 Berufung des Matthäus und das Gastmahl
9,14–17 Die Fastenfrage
9,18–26 Auferweckung der Tochter des Jairus und Heilung der blutflüssigen Frau
9,27–34 Heilung zweier Blinder und eines Stummen

**9,35–13,58 Jesu Verkündigung vor Jüngern und Gegnern**

9,35–38 Summarischer Bericht des Wirkens Jesu
10,1–4 Die Berufung der zwölf Jünger
10,5–11,1 Aussendung und Anweisungen an die Zwölf
11,2–19 Die Frage Johannes´ des Täufers aus dem Gefängnis und Jesu Zeugns über ihn
11,20–24 Weherufe: Chorazin, Bethsaida, Kapharnaum
11,25–30 Jubel- und Heilandsruf Jesu
12,1–8 Das Ährenraufen am Sabbat
12,9–14 Heilung der verdorrten Hand am Sabbat
12,15–21 Jesu Rückzug und stille Heiltätigkeit
12,22–37 Jesu Zusammenstoß mit den Pharisäern
12,38–42 Die Zeichenforderung der Pharisäer
12,43–45 Spruch vom Rückfall
12,46–50 Jesu wahre Verwandte
13,1–23 Das Sämannsgleichnis und seine Deutung
13,24–30 Das Gleichnis vom Unkraut unter dem Weizen
13,31–33 Die Gleichnisse vom Senfkorn und Sauerteig
13,34–43 Deutung des Unkrautgleichnisses
13,44 Das Gleichnis vom Schatz im Acker
13,45–46 Das Gleichnis von der kostbaren Perle

13,47–50 Das Gleichnis vom Fischnetz
13,51–52 Schluss der Gleichnisrede
13,53–58 Jesu Verwerfung in Nazareth

**D. 14,1–20,34 Jesus auf der Wanderung**
**Wanderung in Galiläa und benachbarten Gebieten (14,1–18,35)**
**Wanderung durch Peräa und Jericho nach Jerusalem (19,1–20,34)**

14,1–12 Urteil des Herodes über Jesus und das Ende Johannes´ des Täufers
14,13–21 Die Speisung der 5000
14,22–33 Jesu Wandeln auf dem See
14,34–36 Jesu Heilungen in der Ebene Gennesaret
15,1–20 Streitgespräch über Rein und Unrein
15,21–28 Jesus und die kanaanitische Frau
15,29–31 Massenheilungen
15,32–39 Die Speisung der 4000
16,1–4 Zeichenforderung der Pharisäer und Sadduzäer
16,5–12 Gespräch über den Sauerteig
16,13–20 Das Bekenntnis des Petrus bei Cäsarea Philippi
16,21–23 Die erste Leidensweissagung Jesu
16,24–28 Belehrung der Jünger über die Leidensnachfolge
17,1–13 Die Verklärung Jesu
17,14–21 Die Heilung eines epileptisch-besessenen Knaben
17,22–23 Die zweite Leidensweissagung Jesu
17,24–27 Über die Tempelsteuer
18,1–20 Mahnungen an die Jünger
18,21–35 Das Gleichnis vom unbarmherzigen Knecht
19,1–12 Streitgespräch über Ehe und Ehescheidung
19,13–15 Jesus und die Kinder
19,16–30 Der reiche Jüngling – Hindernis des Reichtums
20,1–16 Das Gleichnis von den Arbeitern im Weinberg
20,17–19 Die dritte Leidensweissagung Jesu
20,20–28 Das ehrgeizige Streben der Zebedäussöhne
20,29–34 Die Heilung zweier Blinder bei Jericho

**E. 21,1–25,46 Jesu Wirken in Jerusalem**

**21,1–22 Jesu messianisches Handeln**

21,1–11 Jesu feierlicher Einzug in Jerusalem

21,12–17 Tempelreinigung, Heilungen, Huldigung der Kinder
21,18–22 Die Verfluchung des Feigenbaumes

**21,23–25,46 Jesu messianisches Lehren**

21,23–27 Die Frage nach der Vollmacht Jesu
21,28–32 Gleichnis von den beiden ungleichen Söhnen
21,33–46 Gleichnis von den bösen Winzern
22,1–14 Gleichnis vom königlichen Hochzeitsmahl
22,15–22 Frage der Pharisäer nach der Steuer
22,23–33 Frage der Sadduzäer nach der Auferstehung
22,34–40 Frage nach dem größten Gebot
22,41–46 Gegenfrage Jesu nach der Davidssohnschaft des Messias
23,1–36 Rede gegen die Pharisäer und Schriftgelehrten
23,37–39 Weissagung Jesu gegen Jerusalem
24,1–36 Weltende und Parusie Jesu am Jüngsten Tag
24,37–44 Gleichnisse vom unerwarteten Eintreffen der Parusie
24,45–51 Gleichnis vom treuen und ungetreuen Knecht
25,1–13 Gleichnis von den zehn Jungfrauen
25,14–30 Gleichnis von den anvertrauten Talenten
25,31–46 Das Weltgericht

**F. 26,1–28,20 Jesu Leiden, Tod, Auferstehung und Erscheinungen**

26,1–5 Der Todesbeschluss des Hohen Rates
26,6–13 Die Salbung in Bethanien
26,14–16 Der Verrat des Judas
26,17–29 Das letzte Abendmahl
26,30–35 Der Gang zum Ölberg und Vorhersage der Verleugnung des Petrus
26,36–46 Jesus in Gethsemane
26,47–56 Gefangennahme Jesu
26,57–68 Verhör Jesu vor dem Hohen Rat
26,69–75 Die Verleugnung des Petrus
27,1–2 Übergabe Jesu an Pilatus
27,3–10 Das Ende des Judas
27,11–26 Jesus vor Pilatus
27,27–31 Verspottung Jesu durch die Soldaten
27,32–56 Todesgang, Kreuzigung und Tod
27,57–61 Die Grablegung Jesu
27,62–66 Bestellung einer Grabeswache

**28,1–20 Der Auferstandene**

| | |
|---|---|
| 28,1–8 | Die Frauen vor dem leeren Grab und die Botschaft des Engels von der Auferstehung |
| 28,9–10 | Erscheinung des Auferstandenen vor den Frauen |
| 28,11–15 | Der Betrug des Hohen Rates |
| 28,16–20 | Die Erscheinung Jesu vor den Jüngern auf dem Berge in Galiläa (Missionsbefehl) |

### 7.3.1. Variationen der Inhaltsgliederung

Selbstverständlich kann die Inhaltseinteilung des Matthäus-Evangeliums je nach der Schwerpunktsetzung der inneren Einheiten variieren. Die wichtigsten Stationen, die in der vorliegenden Inhaltsgliederung ins Auge stechen, sind folgende:

- Die Vorgeschichte mit der Geburts- und Kindheitserzählung
- Die Vorbereitungsphase des öffentlichen Wirkens Jesu
- Das Wirken (Lehr- und Wundertätigkeit) Jesu in Galiläa
- Die unstete Wanderung Jesu einerseits in Galiläa und den benachbarten Gebieten und andererseits seine Reisewanderung durch Peräa und Jericho nach Jerusalem
- Der Aufenthalt und das letzte Wirken Jesu in Jerusalem
- Die Passionsgeschichte Jesu mit Tod, Grablegung, Auferstehung und Erscheinungen des Auferstandenen.

Bei manchen zeitgenössischen Kommentatoren[23] des Mt-Evangeliums herrscht die Tendenz, dass der ganze Text in fünf große Einheiten eingeteilt wird in Anlehnung an den alttestamentlichen Pentateuch, also die dem Moses zugeschrieben fünf ersten Bücher der Hl. Schrift. Damit will behauptet werden, dass das Mt-Ev den Pentateuch des Neuen Testaments darstellt, was auch die grundlegende Bedeutung des ersten Evangeliums offenlegen will.

Nach dieser fünfteiligen Gliederung des Matthäus-Evangeliums werden zuerst die zwei ersten und drei letzten Kapitel des Evangeliums nicht zu seinem Haupt-Korpus hinzugezählt. Es geht also in den Kapiteln 1 und 2 um die Vorgeschichte mit der Genealogie, der Geburt und der Kindheit Jesu und in den Kapiteln 26, 27 und 28 um die Geschichte über Leiden, Tod und Auferstehung Jesu Christi. Die fünf Teile des Matthäus-Evangeliums wären folgende:

---

23. Vgl. *Joh. Karavidopoulos*, Εἰσαγωγή στήν Καινή Διαθήκη, Thessaloniki [2]1998, S. 180f.

1. Kap. 3–7 (Das Auftreten und erste Wirken Jesu in Galiläa – einschließlich der Bergpredigt)
2. 8,1–11,1 (Wichtiger Wunderzyklus, Berufung und Aussendung der zwölf Jünger)
3. 11,2–13,58 (Jesu Verkündigung seiner Messianität, Streitgespräche mit den Pharisäern, die großen Gleichnisse)
4. Kap. 14–18 (Unstete Wanderung Jesu in Galiläa und den benachbarten Gebieten mit Lehr- und Wundertätigkeit, die ersten Leidensweissagungen Jesu)
5. Kap. 19–25 (Reise Jesu nach Jerusalem, Aufenthalt und letztes Wirken in Jerusalem)

Jeder der oben erwähnten Teile umfasst interessanterweise immer am Anfang ein gewisses Erzählmaterial, dem danach lehrmäßiges, didaktisches Material folgt. Es ist außerdem auffallend, dass jeder Teil durch dieselbe Formulierung abgeschlossen wird: „καὶ ἐγένετο ὅτε ἐτέλεσεν ὁ ᾿Ιησοῦς (τοὺς λόγους τούτους – τὰς παραβολάς)…“ (= als Jesus diese Reden <oder: die Unterweisung> beendet hatte…). Die betreffenden Stellen sind: Mt 7,28; 11,1; 13,53; 19,1 und 26,1.

Selbstverständlich geht es bei dieser fünfteiligen Gliederung des Hauptmaterials des Matthäus-Evangeliums in Anlehnung an den alttestamentlichen Pentateuch um einen erwähnenswerten Interpretationsversuch des ersten Buches im neutestamentlichen Kanon seitens mancher moderner Exegeten. Trotzdem ist aber nicht automatisch davon auszugehen, dass der Evangelist und Verfasser des ersten synoptischen Evangeliums auch denselben Grundriss seines Materials vor Augen hatte.

## 7.4. Die inneren Hinweise des Matthäus-Evangeliums auf den Verfasser, seine Quellen und seine Theologie

Auch wenn wir das endgültige Evangelium dem Apostel Matthäus eventuell nicht direkt verdanken, nennt die heutige Bibelwissenschaft den Endredaktor des Evangeliums konventionell „Matthäus“. Er muss ein Judenchrist gewesen sein – einige Wenige wollen in ihm einen Heidenchrist aus der hellenistischen Welt sehen. Nichtsdestotrotz hat er sicherlich eine gute rabbinische Ausbildung und reiche alttestamentliche Kenntnisse gehabt. Für ihn hat sich das Alte Testament in der Person Jesu Christi und in der Gründung der Kirche erfüllt.

Auch wenn wir uns nicht auf eine namentlich bekannte Persönlichkeit festlegen können, so müssen wir uns dennoch die Frage stellen, ob wir aus dem Evangelium selbst etwas über den endgültigen Verfasser oder Redaktor und seine Quellen erfahren können. Auf jeden Fall können manche wichtige inhaltliche und theologische Tendenzen des ersten Evangeliums sehr hilfreich sein. Die geistige Haltung des Verfassers kann zum größten Teil aus der Eigenart seines Werkes erkannt werden.

Wahrscheinlich stammte der Verfasser des Matthäus-Evangeliums wie Paulus aus Kreisen jüdischer Schriftgelehrter und ist irgendwann Christ geworden. Natürlich wird auch er wiederum wie der Apostel Paulus jüdisches Denken und Wissen, Sprachfähigkeit und Schriftkenntnisse in die christliche Gemeinde miteingebracht haben. Deshalb ist es nicht verwunderlich, wenn die altkirchliche Überlieferung diesem Evangelisten – und nur ihm – die Abfassung des Evangeliums in hebräischer Sprache zugeschrieben hat. Darüber hinaus betont auch die heutige Bibelforschung zu Recht, dass das Matthäus- Evangelium am stärksten von allen anderen Evangelien eine deutlichere jüdische Prägung aufweist.

Denn auffällig sind im Vergleich zu den anderen Evangelien die großen Lehrvorträge und Redekomplexe: die Bergpredigt (Kap. 5–7), die Jüngerunterweisung mit der berühmten Aussendungsrede Jesu (Kap. 10,5–11,1), die systematisch dargelegten Gleichnisse (Kap. 13; 20–22), die Anklage gegen die Pharisäer und Schriftgelehrten durch die wiederholten Weherufe (Kap. 23) und die eschatologische Rede über das Ende der Welt und die zweite Parusie Jesu (Kap. 24–25). Jesus erscheint hier vornehmlich als Lehrer, der unterweist, verkündet, warnt, ermahnt, argumentiert und mit seinen Gegnern, den Schriftgelehrten und Pharisäern, Streitgespräche führt (außer den Weherufen im Kap. 23, vgl. auch die 5 Jerusalemer Streitgespräche in 21,23–27 und 22,15–46). Seine Lehre kreist um Gesetz und Wahrheit bzw. Wahrhaftigkeit. Es sind Themen, die ihm aus seiner jüdischen Vergangenheit vertraut sind und die er nun in das christliche Leben hinein überträgt.

Eindrucksvoll und sehr auffällig ist weiterhin die intensive Verwendung der hebräischen Bibel im Evangelium. Für den Verfasser haben die heiligen Schriften immer schon im Sinne von Weissagungen von Jesus Christus gesprochen. Jesu Leben und Tod stellen nun die erkennbare Erfüllung all dessen dar, was z.B. die Propheten in bisher dunklen und nicht deutbaren Worten gesagt haben (vgl. z.B. die Weissagungen über die Jungfrauengeburt 1,23, die Geburt in Bethlehem 2,6, den Kindermord 2,18). Hinter dieser Zitationsmethode stehen offensichtlich eine sehr genaue Kenntnis der hebräischen Bibel und die Fähigkeit einer durchaus stimmigen Auswahl, die auf einen gut geschulten Schriftgelehrten schließen lassen.

Der wertvolle Bezug des Alten zum Neuen Testament im Matthäus-Evangelium lässt sich aber anhand eines weiter interessanten Aspektes erschließen: Jesus wird mit einer gewichtigen großen Gestalt der hebräischen Geschichte in Verbindung gebracht, nämlich mit Moses, dem Gesetzgeber und Lehrer des Volkes Israel. Wenn Jesus im 5. Kapitel vom Matthäus-Evangelium auf dem Berg seine große Predigt mit den Seligpreisungen und den weiteren Bezugnahmen zum mosaischen Gesetz hält, dann wird die Nähe zu Moses, der auf dem Berg Sinai die Gesetze empfängt, überdeutlich. Jesus ist nun der neue Moses, der die neue Tora verkündet und lehrt. Er tut dies mit einer Vollmacht, welche die des Mose allerdings erheblich übersteigt. Dieser hatte nur weitergegeben, was er erhielt. Jesus aber formuliert das Alte neu, indem er die früher gegebenen Gesetze „radikalisiert", d.h. sie auf ihren ursprünglichen Sinn zurückführt bzw. die in ihnen verborgenen positiven Möglichkeiten erst freilegt, z.B.: „Ihr habt gehört, dass gesagt worden ist: Auge um Auge und Zahn um Zahn. Ich aber sage euch: Leistet dem, der euch etwas Böses antut, keinen Widerstand" (5,38ff.). Der matthäische Jesus zertrümmert also nicht die Tora, sondern er ist gekommen, um sie ergänzend und vervollständigend zu erfüllen (Mt 5,17: πληρῶσαι: ergänzen, vervollständigen, erfüllen). Er interpretiert sie neu und stellt sie auf die Grundlage von Liebe und Barmherzigkeit.

## 7.5. Sprachliche Anmerkungen zum Matthäus-Evangelium

Gemäß der altkirchlichen Überlieferung, die sich auf das besprochene Zeugnis des Papias von Hierapolis stützt, hat Matthäus sein Evangelium ursprünglich in hebräischer Sprache, d. h. in dem damals von den Juden Palästinas und Syriens gesprochenen aramäischen Dialekt verfasst. Von diesem angeblichen aramäischen Evangelium sind weder Handschriften (ganz oder bruchstückweise) noch Zitate in anderen Werken erhalten. Wir besitzen das erste synoptische Evangelium also nur im griechischen Sprachgewand. Der Autor des ersten kanonischen Evangeliums schreibt in einer verständlichen einfachen griechischen Sprache, die jedoch an konkreten Stellen auf einen aramäischen Hintergrund hinweist.

Manche Forscher vertraten früher die Ansicht, das ganze Evangelium sei eine Übersetzung (vielleicht von Matthäus selbst) eines vorexistierenden aramäischen Urtextes, des sogenannten „Urmatthäus". Dennoch herrscht heutzutage in der Forschung die einmütige Meinung, dass das griechische

Matthäus-Evangelium keine direkte Übersetzung eines etwaigen aramäischen Originals sein kann. Man könnte sich höchstens vorstellen, dass eine ursprünglich aramäisch abgefasste Sammlung von Herrenworten (Λόγια), die in griechischer Bearbeitung von dem Verfasser des Matthäus-Evangeliums benützt worden sei, von dem Apostel Matthäus herstamme. Aus diesem Grunde habe das erste Evangelium den Namen des Matthäus bekommen. Für diese Auffassung sprechen mehrere überzeugende Gründe:

1. **Die griechische Sprache des Matthäus-Evangeliums**, die an vielen Stellen eleganter als die von Markus ist, **macht nicht den Eindruck einer Übersetzung aus dem Aramäischen**. Stil und Sprachgebrauch sind durch das ganze Buch hindurch von einer Einheitlichkeit, die ein Übersetzer nie erreichen würde. Der Text zeigt eine gelungene griechische Syntax, die sich unter anderen auch durch die subordinierten Nebensätze offenbart. Eines der auffälligsten Indizien eines prototyp geschriebenen Textes sind außerdem die Wortspiele, die im Matthäus-Evangelium überhaupt nicht fehlen (6,16; 15,14; 16,18; 23,13; 27,9).

   Im Rahmen der sprachlichen Gestaltung sollte hier noch ein weiterer Aspekt, der die Originalität eines griechischen Textes unterstützt, erwähnt werden. Der Text des Matthäus-Evangeliums, welcher aus 1.700 Wörtern besteht, ist in einer besonders liturgischen und belehrenden Sprache geschrieben, die keine deutlichen Spuren einer eventuellen Übersetzung verrät. Die matthäische Sprache, deren Stil verhältnismäßig ernst und streng ist, zeigt auch gewisse Höhepunkte einer absichtlich angewandten poetischen Farbe.
2. **Die Textform der alttestamentlichen Zitate spricht gegen die These eines aramäischen Ur-Matthäus.** Das Mt-Ev weist 41 Zitate aus dem AT auf, von denen 36 mit einer ähnlichen Zitationsformel eingeführt werden (z.B. Mt 2,5: οὔτως γὰρ γέγραπται διὰ τοῦ προφήτου). Von diesen finden sich 20 alttestamentliche Zitate nur bei Matthäus[24], die übrigen 21 auch bei Markus und Lukas oder zumindest bei einem von ihnen[25]. Läge dem griechischen Mt-Ev ein aramäisches Original zugrunde, in dem die alttestamentlichen Stellen offenbar nach dem hebräischen Text angeführt sein sollten, so wäre zu erwarten, dass

24. Mt 1,23; 2,6.15.18; 4,15–16; 5,21.27.33.38.43; 8,17; 9,13; 12,7.18–21; 13,35; 18,16; 21,4–5.16; 27,9.
25. Mt 3,3; 4,4.6.7.10; 11,10; 13,14–15; 15,4.8–9; 19,4–5.18–19; 21,13.42; 22,24.32.37.39.44; 24,15; 26,31; 27,46.

der angebliche Übersetzer entweder alle Zitate einheitlich von sich aus ins Griechische übersetzte oder aber die Textform der LXX dafür einsetzte. Das ist aber nicht der Fall. Die Mehrzahl der allen drei Synoptikern gemeinsamen Zitate folgt im Wortlaut der LXX mit mehr oder weniger bemerkenswerten Varianten, die in den parallelen Fällen oft identisch sind, was für die literarische Abhängigkeit der drei Evangelien untereinander spricht. Dagegen schließen sich die dem Mt eigentümlichen Zitate, die zum größten Teil Reflexionszitate sind, stark dem hebräischen Text an, obgleich da und dort auch der Einfluss der LXX zu spüren ist.

3. **Ein Vergleich der Synoptiker miteinander zeigt, dass das Matthäus-Evangelium zwei ihm griechisch vorliegende Schriften**, das Markus-Evangelium und eine auch von Lukas verwendete Sammlung von Herrenworten (Q), als seine Hauptquellen benützt hat. Dabei ist vor allem wichtig, dass Matthäus das Mk-Ev fast vollständig in sein Werk aufgenommen hat. Das Mt-Ev ist also weder ursprünglich aramäisch abgefasst noch das älteste Evangelium. Auch im matthäischen Stoffmaterial, das in der Forschung als „Sondergut" bezeichnet wird, sind unzweideutige Zeichen einer originalen griechischen Sprache festzustellen. Neben dem Mk-Ev und der Logienquelle (Q) nennen die meisten Exegeten noch eine dritte Quelle, aus der Mt sein Sondergut geschöpft habe: es handelt sich um seine persönliche Quelle (ob mündlich oder schriftlich ist unbekannt), die mit dem Buchstaben M gekennzeichnet wird. Praktisch könnten wir hier von der besonderen Überlieferung sprechen, die dem Redaktor des Mt-Ev zur Verfügung stand. Dass eine tatsächliche Quelle M existiert hat, ist nicht bewiesen worden, währenddessen wir mit dem Begriff „besondere Überlieferung" mehr oder weniger die Tradition der Kirche meinen, in der auch der Evangelist gelebt hat.

Nach diesen Bemerkungen könnte man folgendes Fazit ziehen: an der aramäischen Grundlage des Matthäus-Evangeliums lässt sich nur festhalten, wenn man den griechischen Mt nicht als wortgetreue Übersetzung eines aramäischen Originals, sondern als eine *tiefer greifende Bearbeitung* unter starker Benützung des Mk-Ev betrachtet. Besser könnte man also von einer *Akkommodation* an einen unumstrittenen, älteren aramäischen Text sprechen.

## 7.6. Theologischer Grundriss und inhaltliche Merkmale des Matthäus-Evangeliums

Folgende zentrale theologische Gedanken, durch die sich interessante charakteristische Züge des Inhalts ergeben, sind im Matthäus-Evangelium vorherrschend:

1. Einen zentralen Platz im ganzen Mt-Ev nimmt die Lehre Jesu über das Königreich Gottes ein, so wie sie durch die matthäische Formulierung „ἡ βασιλεία τῶν οὐρανῶν" zum Ausdruck gebracht wird. Dieses Reich, das im Mt-Ev insgesamt 51 Mal vorkommt, wird durch die Person des Messias nicht nur geoffenbart, sondern auch von ihm selbst gepredigt und verwirklicht. Zugleich werden die Menschen zur ständigen Wachsamkeit aufgrund der zukünftigen Vervollkommnung dieses Reiches ermahnt.

   In der altkirchlichen Überlieferung wird die matthäische Lehre über das Reich Gottes mit der christlichen Kirche in enge Verbindung gebracht. Viele Kirchenväter meinen, in den bekannten Gleichnissen des 13. Kapitels über den guten Samen oder das Unkraut im Acker, das Senfkorn und den Sauerteig wie auch das Fischnetz die Kirche selbst und ihre Verbreitung in der sündigen Welt wieder entdeckt zu haben. Dadurch werden die Wirkung und die Umwandlungskraft des Reiches und der Kirche in der Welt angedeutet.
2. Ein charakteristisches Merkmal des Matthäus-Evangeliums bildet, wie bereits erwähnt, die von Matthäus betonte Dauer und Fortsetzung der „Heilsökonomie" Gottes in beiden Testamenten. Das Verwirklichte im Neuen Testament stand im Alten Testament schon als Verheißung. Bezug nimmt der Evangelist auf insgesamt 61 alttestamentliche Stellen, von denen er die mit den anderen Evangelisten gemeinsamen Zitate aus der griechischen Septuaginta-Übersetzung und die eigenen Stellen aus dem hebräischen Text schöpft. Höchstwahrscheinlich benutzt „Matthäus" eine Sammlung von messianischen Sprüchen des Alten Testaments, die genannten „Testimonia", die in der Frühkirche eine breite Anwendung fanden.
3. Obschon höchstwahrscheinlich ein gebürtiger Jude, bleibt der Evangelist nicht beim auserwählten israelitischen Volk stehen. Er beschreibt einen Jesus, der die 12 Jünger, entsprechend den 12 Stämmen Israels, nun jedoch als Vertreter des neuen Volkes um sich herum sammelt. Der Evangelist und seine Kirche stehen im ständigen Dialog mit der jüdischen Synagoge und Mentalität und manchmal schreckt

der Evangelist nicht davor zurück, einen deutlichen antijudaistischen Charakter zu zeigen.

Der Schmerz angesichts der Tatsache, dass die Mehrheit des Volkes Israel den Messias Jesus nicht angenommen hat, durchzieht alle neutestamentlichen Schriften. Besonders deutlich aber ist dieser Schmerz im Matthäus-Evangelium zu spüren. Trotz aller Prophezeiungen und Verweise durch die heiligen Schriften, trotz aller Beweise in Jesu Worten und Taten hat Israel den wahren Messias verworfen. Wie aber kann unter den Bedingungen der Leugnung und des Unglaubens die Geschichte Gottes mit seinem Bundesvolk weitergehen? Die Antwort auf diese Frage wird bei einem Autor, der bis ins Tiefste hinein Jude ist, nicht nur sachlich und objektiv, sondern auch subjektiv und voll innerer Bewegung erfolgen.

Deshalb ist es nicht verwunderlich, wenn „Matthäus" in seiner Beurteilung und Verurteilung des Volkes Israel eine Polemik und Aggression an den Tag legt, die bis an die Grenze des Erträglichen und Zumutbaren für heutige Leser geht. Die größte Katastrophe, die das Judentum im Altertum getroffen hatte, nämlich die Zerstörung Jerusalems und des Heiligtums sowie die Vernichtung und Vertreibung fast der gesamten Bevölkerung im Jahre 70 n. Chr., wird als folgerichtige und gerechte Strafe Gottes für die Ablehnung Jesu gedeutet. Das schreckliche Wort des Volkes bei dem Prozess Jesu „sein Blut komme über uns und unsere Kinder" (27,25) hat in Wirklichkeit Matthäus geschaffen und der Menge in den Mund gelegt (es begegnet einem in keinem anderen Passionsbericht). Damit aber soll es sich selbst das Urteil sprechen, das in so grausamer Weise einige Jahrzehnte später in Erfüllung geht.

4. Die Frage, wie die Bundesgeschichte weitergeht, findet bei Matthäus eine eindeutige Antwort: Das Königreich Gottes wird dem unfruchtbaren Volk Israel weggenommen „und einem Volk gegeben werden, das die erwarteten Früchte bringt" (Mt 21,43). So steht es also unzweideutig in dem Gleichnis von den bösen Winzern (Mt 21,33–46). An die Stelle des schuldig gewordenen historischen Israel, des alten Gottesvolkes, ist das neue, das wahre Israel getreten.

   Das neue Volk Gottes bilden nun diejenigen, die aus der ganzen Welt, aus allen Völkern zum Glauben an Christus gekommen sind. Matthäus hat ähnlich wie Lukas zu seiner Zeit bereits die alle Grenzen überschreitende christliche Mission erlebt. Er erkannte darin die tiefe göttliche Absicht: Gott will durch Christus das Heil für alle Völker.

5. Das Matthäus-Evangelium zeigt deutliche ekklesiologische Züge. Der Evangelist spricht vom neuen Volk, von der Kirche Jesu Christi, die sich als der wahre Erbe des alttestamentlichen Versprechens Gottes erweist. Zugleich sieht er aber in der wachsenden Kirche neue Gefahren. Auf den Feldern wächst außer dem Weizen zugleich auch Unkraut (Mt 13,24–30); unter die Hochzeitsgäste mischt sich einer ohne hochzeitliches Kleid (Mt 22,1–14).
6. Deutlicher als die anderen Evangelisten unterstreicht „Matthäus" die Bedeutung der „Gerechtigkeit" des Menschen als Antwort auf die rettende „Gerechtigkeit" Gottes. Der Evangelist betont nämlich die notwendige Entsprechung des Menschen der Erlösungsbotschaft gegenüber; er zeigt die Wichtigkeit der Werke der Liebe, die Wichtigkeit des „fruchttragenden" Tuns der Gläubigen. Das „Tun" als Merkmal des echten Christen wird eines der schwerwiegendsten Kriterien für das Urteil am Jüngsten Tag sein, so wie dies eindrucksvoll nur im Mt-Ev überlieferten Gleichnis über das Weltgericht (25,31–46) ausgeführt wird.
7. Ein letztes typisches Merkmal des Mt-Ev stellt die Zusammensetzung und die Anordnung seines Stoffes dar. Der Evangelist pflegt den homogenen Stoff in Gruppeneinheiten zu sortieren. Demzufolge haben wir z.B. Sammlungen von Homilien oder Logien Jesu in den Kapiteln 5–7 (Bergpredigt), 10 (Aussendungsreden), 13 (Gleichnisse), 18 (Mahnungen an die Jünger), 24–25 (Reden und Gleichnisse über das Weltende und die zweite Parusie Jesu). Erwähnenswert sind in diesem Zusammenhang auch die Stoffsammlungen von Wundern z.B. in den Kapiteln 8–9 (Wunderzyklus).

Außerdem ist es interessant zu erwähnen, dass dem Evangelisten die Gliederung nach der Siebenzahl eine Herzensangelegenheit zu sein erscheint. So haben wir z.B. 3 x 2 x 7 Generationen in der Genealogie (Mt 1,1,–17: γενεαὶ δεκατέσσαρες), sieben Gleichnisse in Kap. 13, sieben Weherufe in Kap. 23.

Diese ordentliche (und nicht zufällige) Anordnung seines Stoffes offenbart uns zugleich etwas von der Arbeitsweise des Endredaktors des ersten synoptischen Evangeliums. Es war ihm sicherlich ein besonderes Anliegen, gleichartige Stoffe zusammenzustellen, als ob er vorher an irgendeinen inhaltlichen theologischen Plan gedacht hätte. Der Evangelist fühlt sich nicht an zeitliche Abfolgen der Ereignisse gebunden, sondern er ordnet sein Material in zweckmäßige Einheiten ein, so dass entweder der Predigt, der Katechese, der Liturgie, der Mission etc. gedient werden kann.

## 7.7. Leserkreis, Zeit und Ort der Abfassung

Das Matthäus-Evangelium setzt hauptsächlich judenchristliche, aber darüber hinaus auch heidenchristliche Leser voraus. Für die aramäischen Logien, von denen wir von Papias erfahren, versteht sich von selbst, dass sie ausschließlich für Christen aus dem Judentum bestimmt waren. Dasselbe gilt jedoch auch für eine spätere griechische Bearbeitung dieser Logien, also für unser Mt-Ev. Man erkennt das daran, dass jüdische Gebräuche, Anschauungen und weitere Eigentümlichkeiten nicht erklärt werden (vgl. 9,20: die blutflüssige Frau; 14,1: ἤκουσεν … τὴν ἀκοήν; 15,2: Hände Waschen vor dem Essen – vgl. dazu den Gegensatz in Mk 7,3–4; 23,5: breite Gebetsriemen und lange Gewänderquasten; 23,24: das Aussieben der Mücken und das Verschlucken der Kamele; 23,27: angestrichene Gräber; 27,62: der jüdische Rüsttag – vgl. dazu den Gegensatz in Mk 14,12).

Ebenfalls werden im Mt-Ev verschiedentlich hebräische Begriffe nicht übersetzt (z.B. ρακὰ = Dummkopf 5,22; Βεελζεβοὺλ = Teufel 10,25; κορβανᾶς = Tempelschatz 27,6). Dagegen sind folgende Ausdrücke übersetzt: der Name **Emmanuel** = ὅ ἐστιν μεθερμηνευόμενον μεθ᾽ ἡμῶν ὁ θεός (1,23), die Benennung **Golgotha** = ὅ ἐστιν Κρανίου Τόπος λεγόμενος (27,33) und der aramäisch mitgeteilte Ruf Jesu am Kreuze „Eli, Eli, lema sabachtani?" nach dem Ps 22,2 (τοῦτ᾽ ἔστιν· θεέ μου, θεέ μου, ἱνατί με ἐγκατέλιπες; = „Mein Gott, mein Gott, warum hast du mich verlassen?"). Aus diesen letzten Übersetzungsbeispielen könnte man wohl schließen, dass die Leser des Evangeliums zwar Judenchristen waren, aber nicht in Palästina selbst gelebt haben. Eine solche Schlussfolgerung wäre jedoch mit Vorsicht zu genießen.

Wo die Leser der griechischen Endredaktion des Mt-Ev zu suchen sind, kann nicht mit Sicherheit gesagt werden. In erster Linie ist an Palästina zu denken, wo die griechische Sprache in damaliger Zeit ziemlich verbreitet war. Manche Forscher wollen noch konkreter werden und schlagen als Abfassungsort des Evangeliums Cäsarea oder Jerusalem vor. Aber auch Alexandrien und Syrien wurden in die Diskussion gebracht. In diesen Gebieten gab es ja zahlreiche Judenchristen und eigene judenchristliche Gemeinden. Für das syrische Antiochien würde sogar die Tatsache sprechen, dass Ignatios als erster apostolischer Vater und Autor in seinem Werk das Mt-Ev mittelbar bezeugt (z.B. An die Smyrnäer 1,1; An Polykarp 1,3; 2,2; An die Epheser 5,2; 14,2; 17,1; 19,2).

Wer die griechische Bearbeitung des aramäischen Originals durchgeführt hat, ist nicht überliefert. Doch kann sie nur von einem griechisch sprechenden Judenchristen aus Palästina, der auch aramäisch verstand, stammen.

Hält man an der substantiellen Identität des aramäischen und griechischen Matthäus- Evangeliums fest, so kann man aus inneren Gründen die Abfassung der aramäischen Schrift nicht vor der Mitte der fünfziger Jahre ansetzen. Die Bemerkungen 27,8 und 28,15 ἕως τῆς σήμερον oder μέχρι τῆς σήμερον [ἡμέρας] („bis auf den heutigen Tag") lassen erkennen, dass seit den Tagen Jesu schon eine ziemlich lange Zeit verflossen ist.

Das Matthäus-Evangelium setzt voraus, dass die Heidenmission in vollem Gange ist, und seine stark antijüdische Einstellung lässt sich am besten verstehen, wenn die Feindschaft der ungläubig gebliebenen Juden gegen ihre christlich gewordenen Volksgenossen bereits eine ziemliche Schärfe angenommen hat, was erst eintrat, als die Heidenmission einen größeren Umfang annahm und dem Judentum Abbruch tat.

Außer den oben genannten Zeitschätzungen sind auch weitere Meinungen bezüglich der Abfassung des Matthäus-Evangeliums geäußert worden, wie z.B. die Zeit um 80 oder auch die große Zeitspanne zwischen 65 und 100. Damit wir zu einer möglichst sicheren Stellungnahme gelangen können, sollten zu den bereits erwähnten inneren Hinweisen des Evangeliums auch folgende Gedanken hinzugefügt werden: a) die uns allen bekannte griechische Form des Matthäus-Evangeliums ist zweifellos ein späteres Produkt als das Markus-Evangelium, das im Mt-Ev vorausgesetzt wird. b) Es muss eine ziemlich lange Periode nach der „Veröffentlichung" des Mk-Ev vergangen sein, so dass die im Mt-Ev vorausgesetzte theologische Entwicklung begründet werden kann. Daher wäre es nicht abwegig, wenn die Abfassung des Mt-Ev zwischen 70 und 80 angesetzt werden würde.

## 7.8. Die philologische Gattung des Mt-Ev

Die vier kanonischen Evangelien, trotz ihres auch historischen Charakters, stellen keine systematischen Historiographien oder Biographien des historischen Jesus dar, so wie der Begriff „Biographie" im strengen Sinne insbesondere nach der Renaissance verstanden wurde. Trotzdem hat es manche Forscher des Matthäus-Evangeliums gegeben, die die Meinung vertraten, dass die Leser des ersten synoptischen Evangeliums es wahrscheinlich für eine Art Biographie gehalten haben. Die Forscher fügen noch hinzu, dass diese Leser der griechisch-römischen Zeit an diese philologische Gattung der Biographie bereits gewöhnt waren.[26]

26. Vgl. beispielsweise *D. Aune*, The N.T. in its Environment, 1987; *R. Burridge*, What are the Gospels? A comparison with Graeco-Roman Biography, 1992.

Solche Ansichten über den philologischen Charakter des Mt-Ev stellen das erste kanonische Evangelium auf die gleiche Ebene mit den Biographien von Philosophen oder Politikern der griechisch-römischen Ära. Auch wenn eine solche Betrachtungsweise berücksichtigungswert ist, weil sie den Trend in der modernen Forschung zeigt, zeichnet sich dennoch durch eine wesentliche Schwäche aus: sie sieht das Mt-Ev als ein rein philologisches Werk und vergleicht es mit anderen zeitgenössischen biographischen Werken. Diese Betrachtungsweise übersieht allerdings die Tatsache, dass dieser Text ein „Evangelium" ist. Und ein Evangelium ist eine Schrift, die den Menschen die frohe Botschaft der Erlösung vermitteln will. Das Evangelium stellt eine Schrift dar, welche sich in einer einfachen Volkssprache an einfache Leute richtet, die aus allen sozialen Gruppen und Bildungsschichten stammen; nicht nur an eine Gelehrtenklasse. Das zentrale Merkmal des Matthäus-Evangeliums bildet also nicht sein angeblicher biographischer Charakter, sondern die offensichtliche theologische Intention des Verfassers.

# TEIL VIII.
# Das Markus-Evangelium

## 8.0. Allgemeines Profil des Markus-Evangeliums

Man darf das Werk des Markus nicht mit einem Geschichtsbuch oder einer historischen Biographie mit chronologischer Abfolge verwechseln. So etwas konnte und wollte der Evangelist gar nicht schreiben. Die Überschrift über seiner Darstellung (Mk 1,1) warnt vor einem solchen auffallenden Irrtum: „Frohe Botschaft von Jesus Christus, dem Sohn Gottes". Markus ist und bleibt der Verkündigung, der lebendigen Predigt verpflichtet, die ein klares Ziel verfolgt: Glauben wecken an den, der zwar äußerlich gescheitert, in Wirklichkeit aber von Gott als Sohn und Messias für die Menschen gestern, heute und morgen bestimmt worden ist.

Das kürzeste aller vier Evangelien, das dem Evangelisten Markus zugeschriebene Buch des Neuen Testaments, ist der erste Text, in dem eine neue philologische Gattung, das „Evangelium", nicht nur im neutestamentlichen Kanon, sondern auch in der christlichen Literatur schlechthin eingeführt und etabliert wird. Die von Jesus an die Welt verkündigte heilbringende Botschaft verleiht somit ihren Namen auch dem Buch, in dem diese frohe Botschaft schriftlich zum Ausdruck gebracht wird.

Das 16 Kapitel mit 677 Versen umfassende Markus-Evangelium besitzt sein eigenes philologisches und theologisches Profil. Außer den vier Stellen des Matthäus, in denen die Rede von der Predigt Jesu als dem „Evangelium des Reiches Gottes" ist, kommt das Wort „Evangelium" in seiner exklusiven Bedeutung nur bei Markus mehrmals vor. Von seinem ersten Vers an (1,1) kündigt Markus seinen programmatischen Plan an: Für den Autor des zweiten synoptischen Evangeliums stellt sein Text ***„das Evangelium Jesu Christi***, des Sohnes Gottes" dar. Das Markus-Evangelium führt seinen Lesern nicht so sehr die Lehre Jesu, sondern vielmehr die Person und die Wirksamkeit des Urhebers der erlösenden frohen Botschaft vor Augen. Markus skizziert den Sohn Gottes, der die Menschheit von der Sklaverei der boshaften Mächte befreit und sie zu einem neuen Leben führt.

Zugleich zeichnet sich das Markus-Evangelium aber durch ein anderes Merkmal aus: Der Erlöser offenbart sich nicht selbst als der Messias, während seiner ganzen irdischen Tätigkeit. Jesus selbst widersetzt sich jedem Versuch, seine Messianität öffentlich zu machen oder machen zu lassen. Doch mit dieser Intention entsteht interessanterweise ein Widerspruch zur Realität. Jesus will sich nicht offenbaren und sein Ruf verbreitet sich dennoch. Das wäre die andere Dimension des kürzesten synoptischen Evangeliums: Markus bietet uns ein „***Evangelium vom verborgenen Messias***".

Doch in den erwähnten Dimensionen seines Evangeliums bietet uns Markus ein und dieselbe frohe Botschaft; es ist die Theologie der Befreiung des Menschen von der Vergänglichkeit und sein Hinführen zum neuen Leben. Die ganze theologische und soteriologische Färbung des zweiten synoptischen Evangeliums können wir auch folgendermaßen zusammenfassen: Jedwede Wende und Änderung, die in der menschlichen Geschichte zum Besseren führen sollen, können keinesfalls allein durch die weltlichen Kräfte und andere rein menschliche Faktoren erfolgen. Jeder Fortschritt zur Verbesserung des menschlichen Lebens ist undenkbar und chancenlos ohne die Zuflucht zu dem, der der Menschheit die Erlösung als Freiheit und neues Leben in der Welt gebracht hat.

Die Orthodoxe Kirche hat auch das Markus-Evangelium neben den drei anderen Evangelien in die Gestaltung des liturgischen Jahres mit aufgenommen. Im Rahmen der turnusmäßigen „lectio continua" werden Perikopen aus dem Markus-Evangelium an allen Samstagen und Sonntagen der vorösterlichen Großen Fastenzeit (Ausnahme: 1. Fastensonntag) vorgelesen. Außerdem werden Perikopen aus dem Markus-Evangelium an den Werktagen der letzten Wochen in den Matthäus- und Lukasperioden zum Verlesen gewählt; nämlich an den Werktagen ab der 12. Matthäuswoche und ab der 13. Lukaswoche.

## 8.1. Altkirchliche und neuere orthodoxe Kommentare

Seit den ersten christlichen Jahrhunderten bis zur Mitte des 19. Jahrhunderts herrschte die Überzeugung, dass das zweite Evangelium des neutestamentlichen Kanons eine Art gekürzte Kompilation der Evangelien nach Matthäus und Lukas darstellte. Und das ist genau der Grund, warum nur ganz wenige patristische Kommentare zum Mk-Ev abgefasst wurden.

Erst Ende des 5. Jh.s entsteht der erste, sich ausschließlich auf das Markus-Evangelium beziehende Kommentar von Viktor, dem Presbyter in Antiochien, der nach eingehender Forschung betont: „Πολλῶν εἰς τὸ κατὰ Ματθαῖον καὶ εἰς τὸ κατὰ ᾽Ιωάννην, τὸν υἱὸν τῆς βροντῆς, συνταξάντων ὑπομνήματα, ὀλίγων δὲ εἰς τὸ κατὰ Λουκᾶν, οὐδενὸς δὲ ὅλως, ὡς οἶμαι, εἰς τὸ κατὰ Μάρκον Εὐαγγέλιον ἐξηγησαμένου (ἐπεὶ μηδὲ μέχρι τήμερον ἀκήκοα, καὶ τοῦτο πολυπραγμονήσας παρὰ τῶν σπουδὴν ποιουμένων τὰ τῶν ἀρχαιοτέρων συνάγειν πονήματα) συνεῖδον τὰ κατὰ μέρος καὶ σποράδην εἰς αὐτὸ εἰρημένα παρὰ τῶν διδασκάλων τῆς ᾽Εκκλησίας, συναγαγεῖν, καὶ σύντομον Ἑρμηνείαν συντάξαι." Nach seinen Worten „hatten Viele zu den Evangelien nach Matthäus und nach Johannes, dem Donnersohn, und Wenige zum Evangelium nach Lukas Kommentare verfasst. Dennoch hätte Keiner bis zum heutigen Tag das Markus-Evangelium ausgelegt". Der exegetische Kommentar von Viktor kam also, um diese Lücke in den patristischen Werken zu füllen, indem er die bruchstückhaften und zerstreuten Auslegungen (τὰ κατὰ μέρος καὶ σποράδην) sammelte, die sich auf manche Markusstellen bezogen und sich in den großen Kommentaren zu den anderen Evangelien von Origenes, Titus von Bostra, Theodor von Mopsuestia, Johannes Chrysostomos und Kyrill von Alexandrien befanden. Somit können wir das exegetische Werk von Viktor als einen Kommentar mit Kompilationscharakter bezeichnen.

a) ***Altkirchliche Kommentare:*** *Viktor (Presbyter von Antiochien)*, in der Serie: *J. Cramer (hg.)*, Catenae Graecorum Patrum in Novum Testamentum, Bd I, ND: 1967, S.261–447; *Theophylaktos von Bulgarien* PG 123, 488–681; *Zigabenos* PG 129, 766–852.
b) ***Orthodoxe Kommentare:*** *Varth. Georgiadis*, Ἑρμηνεία τῶν τεσσάρων Εὐαγγελίων, Athen 1883 ([2]1992); *N. Damalas,* Ἑρμηνεία ἐκ παραλλήλου τῶν τριῶν πρώτων Εὐαγγελίων (Ἑρμηνεία εἰς τὴν ΚΔ, Bde. 2–3), Athen 1892; *P. Trempelas,* Ὑπόμνημα εἰς τό κατὰ Μάρκον Εὐαγγέλιον, Athen 1951 ([3]1983); *Joh. Karavidopoulos*, Τό κατά Μάρκον Εὐαγγέλιο, (Ἑρμηνεία Καινῆς Διαθήκης 2), Thessaloniki 1997.
c) ***Neuere Studien:*** *Joh. Karavidopoulos,* Ἀπαρχαί ἐκκλησιολογίας εἰς τό κατά Μάρκον εὐαγγέλιον, in: EEThSTh 17 (1972) 43–92; *P. Vassiliadis,* Ὄπισθεν τοῦ κατά Μάρκον εὐαγγελίου. Πρός μίαν γραπτήν πηγήν, in: Deltion biblikon Meleton 2 (1973/74) 52–60; *D. Trakatellis,* ᾽Εξουσία καί Πάθος. Χριστολογικές ἀπόψεις τοῦ κατά Μάρκον εὐαγγελίου, Athen 1982.

## 8.2. Über die Person des Markus

Es ist bekannt, dass die Überschriften der alten Texte (so auch der Evangelien) kein Bestandteil von den letzteren, sondern spätere Zusätze sind. Dementsprechend verdanken wir die Überschrift „nach Markus" nicht direkt dem Autor selbst, sondern sie stammt aus dem 2. Jh. Dadurch, dass die altkirchliche Überlieferung übereinstimmend Markus als Verfasser des zweiten synoptischen Evangeliums nennt, bringt sie ihren Glauben und ihre feste Überzeugung zum Ausdruck, dass dieses Evangelium von Markus verfasst wurde.

Über die Person des Markus sind ganz wenige Informationen erhalten, während allerdings das Markus-Evangelium selbst keine eindeutige Angabe überliefert. Die einstimmige Überlieferung der Alten Kirche und die meisten neueren Exegeten denken hierbei an den mehrmals in der Apostelgeschichte und anderen neutestamentlichen Briefen erwähnten Johannes Markus. Dennoch äußern sich manche moderne Forscher ganz allgemein und unkonkret, indem sie sich als Autor des Markus-Evangeliums einen Hellenisten jüdischer Abstammung vorstellen, der außerhalb Palästinas gelebt und für die griechischsprachigen Gemeinden geschrieben hätte.

Die im Neuen Testament zur Verfügung stehenden Informationen über Johannes Markus könnten uns wertvolle Informationen liefern: Unter **Johannes** stellen wir uns einen Juden vor, dem nach jüdischer Gewohnheit, einen weiteren römischen oder griechischen Namen zu bekommen, der zweite Name **Markus** hinzugefügt worden war. Die grundlegendsten biographischen Informationen über Johannes Markus haben wir in der Apostelgeschichte (Kap. 12). Der Doppelname begegnet uns in Apg 12,12.25; 15,37, während dieselbe Person nur Johannes in Apg 13,5.13, und nur Markus in Apg 15,39 genannt wird.

Johannes Markus stammte nach Apg 12,12–25 aus Jerusalem. Im Jerusalemer Hause seiner Mutter Maria (der Vater lebte zu dieser Zeit wohl nicht mehr), die offensichtlich eine Christin und Bekannte der Apostel war, pflegten sich die führenden Männer der Urgemeinde zu versammeln (Apg 12,12). Durch seine Herkunft aus der Jerusalemer Urgemeinde, durch die bedeutsame Stellung, die seine Mutter in dieser offensichtlich einnahm, stand Markus von Jugend an in unmittelbarer Beziehung zu der in diesen Kreisen gepflegten Überlieferung über Jesus; das erste Stadium dieser Überlieferungsbildung war ihm aus eigener Anschauung bekannt.

Manche ältere Exegeten bringen Johannes Markus und seinen familiären Kreis in engeren Kontakt mit Jesus und seiner letzten Zeit in Jerusalem. Nach ihren Mutmaßungen hätte das letzte Abendmahl Jesu und seiner Jünger vor seiner Gefangennahme im Hause der Eltern des Markus stattgefunden (der Vater wäre damals noch am Leben gewesen; Mk 14,14 Par: οἰκοδεσπότῃ). Manche andere Forscher wollen hinter dem in Mk 14,13 genannten „Mann, der einen Wasserkrug trägt" und den Aposteln den Weg zum Haus des letzten Abendmahles zeigen sollte, Johannes Markus entdeckt haben. Eine solche Vermutung kann aber nur als Spekulation bezeichnet werden.

Markus hat, nach dem neutestamentlichen Zeugnis, mit den beiden Koryphäen Paulus und Petrus für die Verbreitung des Evangeliums zusammen gearbeitet. Barnabas, der als Onkel des jungen Markus gilt, und Paulus nahmen Markus zurzeit von Apg 12,25 mit sich nach Antiochien. Markus begleitete sie als ὑπηρέτης (Diener) auf der sog 1. Missionsreise (Apg 13,5), trennte sich aber bald wieder von ihnen in Perge von Pamphylien und kehrte nach Jerusalem zurück (13,13). Nach dieser Stelle stritten sich Paulus und Barnabas heftig und zogen nicht mehr gemeinsam auf eine 2. Missionsreise. In Apg 15,39 sind Barnabas und Markus nach Zypern gegangen. Später wird Markus in Apg nicht mehr genannt.

Auch den paulinischen Briefen verdanken wir manche, die Angaben der Apostelgeschichte gut ergänzenden Nachrichten. In Kol 4,10 bestellt Paulus Grüße von Markus, der sich offenbar bei ihm befindet (vgl. auch Phlm 24), und bittet die Gemeinde, Markus bei einem bevorstehenden Besuch gut aufzunehmen. Paulus nennt Markus hierbei „Neffe des Barnabas"; dies erklärt, wie die Aufmerksamkeit in Apg 12,25 gerade auf Mk fallen konnte, und erklärt auch die Anhänglichkeit, die Barnabas mit ihm verband. Ein letztes Zeugnis über Beziehungen zwischen Paulus und Markus liefert uns 2 Tim 4,11: Paulus bittet darum, Markus doch mitzunehmen, wenn er zu ihm komme (4,9.21). Hat Timotheus diese Bitte erfüllt, dann ist auch Markus etwa im Jahre 63/64 nach Rom gekommen.

Mit demselben Markus ist der in 1 Petr 5,13 genannte Träger dieses Namens gemeint. Petrus richtet einen Gruß von Markus aus. Dieser heißt wie in den Paulus-Briefen nur Markus und wird als „mein Sohn" bezeichnet, entweder weil Petrus ihn seinerzeit für das Evangelium gewonnen und getauft hat oder weil Markus ihm in Rom so lieb wie ein Sohn geworden ist (vgl. 1 Kor 4,14.17 u.a.).

Als Mitarbeiter des Paulus und Barnabas gewann Johannes Markus Verständnis für die weltweite Geltung der christlichen Botschaft. In Rom war ihm in reiferem Alter die einzigartige Gelegenheit geschenkt, alles das, was er längst vom Leben Jesu wusste, zu überprüfen und zu festigen durch das, was er hierüber von Petrus zu hören bekam, wie die spätere kirchliche Überlieferung diesbezüglich berichtet. Nach dem Tod der beiden großen Apostel

Petrus und Paulus sei Markus nach Alexandrien gegangen, wo er die dortige Ortskirche gründete.

Manche andere Überlieferungen über Markus finden sich bei kirchlichen Autoren oder in lateinischen Handschriften des zweiten Evangeliums. Merkwürdig ist z.B. der vom antimarkionitischen Prolog und von Hippolyt (Κατὰ πασῶν αἱρέσεων ἔλεγχος – Philos. VII, 30) bezeugte Beiname des Markus κολοβοδάκτυλος (stummelfingerig). Dies lässt sich dadurch erklären, weil er entweder kurze Finger angesichts seines Körpers hatte (Codex Toletanus von Vulgata), oder sich selbst einen seiner Finger abschnitt, um unfähig zu sein, seinen Pflichten als Levit nachzugehen, oder nach einer dritten allegorischen Erklärung, weil sein Evangeliumstext ohne Präskript (= Prolog) und Nachwort verstümmelt sei.

Weitere altkirchliche Überlieferungen bezüglich der Person des Markus seien hier noch erwähnt: Epiphanios von Salamis (Adversus Haereses 20,4; 51,6) überliefert, dass Markus zu den siebzig Jüngern Jesu gehörte und zu denjenigen hinzuzuzählen sei, die aufgrund seiner Worte in Joh 6,53–56 über den Verzehr seines Fleisches in Versuchung geraten sind und Jesus verlassen haben (Joh 6,66). Nach einer erst bei Eusebios (H.E. II 16,1) belegten Tradition war Markus der erste Bischof von Alexandrien; eine Tatsache, die bis heute noch im griechisch-orthodoxen Patriarchat von Alexandrien gebührend geehrt wird. Von Alexandrien wurden im 9. Jh. seine Reliquien nach Venedig getragen und in der St.-Markus Kathedrale niedergelegt. Die Orthodoxe Kirche gedenkt des hl. Evangelisten Markus am 25. April.

## 8.3. Die Zeugnisse der Alten Kirche

Die Alte Kirche ist bei ihrem Urteil über das Markusevangelium genauso wie beim Matthäusevangelium auf Papias, den Bischof von Hierapolis im kleinasiatischen Phrygien (ca. 130 n. Chr.), angewiesen. Wie beim ersten synoptischen Evangelium ist auch beim Markus-Evangelium die älteste Nachricht, die wir besitzen, eine Papias-Notiz, die aus dem Vorwort seines Werkes „Κυριακῶν Λογίων ἐξηγήσεως συγγράμματα πέντε“ (Fünf Schriften mit Erklärungen von Herrenworten) stammt. Diese Information des Papias, die in der Kirchengeschichte des Eusebios von Kaisareia überliefert wird, lautet folgendermaßen: „Auch dies hat der Presbyter (nämlich Johannes) gesagt: Markus, zum Hermeneuten des Petrus geworden, hat alles, woran er sich erinnerte, genau aufgeschrieben, allerdings nicht der Reihe nach, beides, was der Herr gesagt und was er getan hatte. Denn er hatte weder den Herrn gehört noch war er ihm (als Jünger) nachgefolgt, wohl aber später, wie ich (bereits) sagte, dem Petrus. Dieser richtete seine Lehrvorträge nach den Bedürfnissen ein, jedoch nicht so, als wollte er eine (fortlaufende und lückenlose) Zusammenstellung der Herrenworte liefern. Daher fehlte auch Markus nicht darin, dass er einiges so aufschrieb, wie er es im Gedächtnis hatte. Auf eines war er ja durchaus bedacht, nichts von dem, was er gehört hatte, auszulassen oder etwas dabei falsch wiederzugeben."[27]

Nach der Mitteilung des Presbyters Johannes, der wohl nicht der Apostel Johannes, sondern eine andere Persönlichkeit gleichen Namens ist, hat Markus demnach in seinem Evangelium aus dem Gedächtnis (das setzt wohl doch den Tod des Petrus voraus) alles aufgezeichnet, was er durch Petrus von den Worten und Taten Jesu erfahren hatte. Eine große Diskussion hat in der modernen Forschung die mögliche Bedeutung des Begriffes „ἑρμηνευτής" im Papiaszeugnis hervorgerufen. „Hermeneut" (vgl. 1 Kor 14,28: διερμηνευτής/ἑρμηνευτής) kann zuerst einmal der Übersetzer, der Dolmetscher sein. Ein Teil der neueren Exegeten haben die Notiz des Papias in der Richtung verstanden: Petrus habe sich bei seinen Reisen, insbesondere bei seinem Aufenthalt in Rom oder gar schon in Jerusalem des Markus als Übersetzers bedient. Jedoch, nach Joh 1,44 stammten Petrus und sein Bruder Andreas aus Bethsaida im galiläischen Grenzgebiet; er und Andreas trugen auch griechische Namen (Petrus hieß ursprünglich Simon; Joh 1,40–42). Danach sollte Petrus an der Zweisprachigkeit Palästinas vollen Anteil gehabt und eines Dolmetschers für das Griechische nicht bedurft haben.

Es gibt dennoch eine zweite Interpretationsmöglichkeit des Terminus „ἑρμηνευτής", die von der altkirchlichen Überlieferung vertreten wird: Markus werde der Hermeneut, der Interpret des Petrus genannt, weil wir durch ihn die Verkündigung des Petrus kennenlernen. Da Petrus sich bei seinen Unterweisungen den Bedürfnissen seiner Hörer anpassen musste, habe er, so meint Papias, nie die Absicht gehabt, eine zusammenhängende Darstellung des gesamten Stoffes der Herrenworte zu geben. Daher habe Markus, als er sich ein Evangelium zu schreiben entschied, nach eigenen Erinnerungen eine Sichtung und Eingliederung des gesammelten Materials durchgeführt.

---

27. *Eusebios von Kaisareia*, H.E. III 39,15: „Μᾶρκος μὲν ἑρμηνευτὴς Πέτρου γενόμενος, ὅσα ἐμνημόνευσεν ἀκριβῶς ἔγραψεν, οὐ μέντοι τάξει τὰ ὑπὸ τοῦ Κυρίου ἢ λεχθέντα ἢ πραχθέντα. Οὔτε γὰρ ἤκουσεν τοῦ Κυρίου, οὔτε παρηκολούθησεν αὐτῷ, ὕστερον δέ, ὡς ἔφην, Πέτρῳ· ὃς πρὸς τὰς χρείας ἐποιεῖτο τὰς διδασκαλίας ἀλλ᾽ οὐχ ὥσπερ σύνταξιν τῶν κυριακῶν ποιούμενος λογίων, ὥστε οὐδὲν ἥμαρτεν Μᾶρκος, οὕτως ἔνια γράψας ὡς ἀπεμνημόνευσεν. Ἑνὸς γὰρ ἐποιήσατο πρόνοιαν, τοῦ μηδὲν ὧν ἤκουσεν παραλιπεῖν ἢ ψεύσασθαί τι ἐν αὐτοῖς."

Die Papias-Notiz über das Markus-Evangelium hat bereits in den ersten christlichen Jahrhunderten sehr stark nachgewirkt. Justin, der Apologet und Märtyrer († um 165), nennt in seinem Werk „Dialogus" (106,3) das Markus-Evangelium „die Erinnerungen des Petrus", wenn er die nur in Mk 3,17 überlieferte Bezeichnung „Donnersöhne" für die Söhne des Zebedäus kommentiert. Dieselbe Nachricht des Papias wiederholt im wesentlichen Irenäus von Lyon (um 180), der betont, dass Markus sein Evangelium erst nach dem Tode des Petrus und Paulus in Rom, also erst nach 64 geschrieben habe[28]. Bei dieser Stellungnahme ist Irenäus wahrscheinlich von dem in manchen alten lateinischen Handschriften sich befindenden antimarkionitischen Prolog vom 2. Jh. abhängig, der Markus als den Dolmetscher Petri bezeichnet und das Evangelium in Italien verfasst sein lässt: „Iste interpres fuit Petri. Post excessionem ipsius Petri descripsit idem hoc in partibus Italiae evangelium."

Nach Auskunft des Klemens von Alexandrien (etwa 150–215) hat Markus sein Evangelium auf Bitten römischer Hörer des Petrus geschrieben, der ihn bei seinem Beginnen weder gehindert noch besonders ermuntert habe (Eusebios, KG VI 14, 6f.). Klemens lässt jedoch das Markus-Evangelium zu Lebzeiten des Petrus in Rom entstanden sein. Tertullian (160–220) nennt Markus den „interpres Petri" und bemerkt in seiner Schrift gegen Markion IV, 5, man könne das Markus-Evangelium als das Evangelium des Petrus bezeichnen.

Eine weitere interessante Überlieferung, die jedoch von Papias absolut unabhängig zu sein scheint, liegt im Kanon Muratori vor, von dessen Mitteilung über Markus wir freilich nur den Schlusssatz besitzen: „quibus tamen interfuit et ita posuit" (= bei einigem war er trotzdem dabei und hat's so dargestellt). Aus „tamen" ist zu schließen, dass vorher betont worden war, Markus sei kein Augenzeuge der Wirksamkeit Jesu gewesen. Offenbar soll Markus also bei einem bestimmten Teil des irdischen Lebens Jesu doch zugegen gewesen sein und darüber als Augenzeuge berichtet haben.

Trotz der einstimmigen Überlieferung der Alten Kirche über das Verhältnis des Markus zu Petrus muss angemerkt werden, dass wir im Markus-Evangelium keine theologischen Gedanken und Lehren des Petrus finden können, so wie wir sie aus den beiden katholischen Petrus-Briefen oder aus seinen bekannten Reden in der Apostelgeschichte kennen. Dies wäre allerdings nicht unbedingt notwendig, weil das zweite kanonische Evangelium hauptsächlich die rettende Anwesenheit und Tätigkeit Jesu Christi und nicht die Theologie eines Jüngers von ihm überliefert.

---

28. *Irenäus*, Adversus Haereses III 1,1 (= *Eusebios*, H.E. V 8,3): „Μετὰ δὲ τὴν τούτων ἔξοδον Μᾶρκος, ὁ μαθητὴς καὶ ἑρμηνευτὴς Πέτρου, καὶ αὐτὸς τὰ ὑπὸ Πέτρου κηρυσσόμενα ἐγγράφως ἡμῖν παρέδωκεν."

Es sollte aber zugleich auch auf das Verhältnis des Markus zu Paulus hingewiesen werden. Die Apostelgeschichte und manche paulinische Briefe zeugen davon, dass Markus für eine lange Zeit ein enger Begleiter des Paulus gewesen ist. Daher bemühen sich manche neueren Forscher darum, deutliche paulinische Elemente im Markus-Evangelium zu entdecken. Es steht außer Zweifel, dass Markus ein Mitarbeiter beider Koryphäen der Apostel gewesen ist; allerdings hatte ihm auch nicht die persönliche Kenntnis der von ihm berichteten Ereignisse gefehlt.

## 8.4. Inhaltsgliederung

**A. 1,1–13 Die messianischen Anfänge**

1,1–8 Auftreten und Predigt des Vorläufers des Herrn, Johannes
1,9–13 Jesu Taufe und Versuchungen

**B. 1,14–6,6 Jesu Wirksamkeit in Galiläa**

**1,14–45 Ein Tag in Kapernaum und Umgebung**

1,14–20 Predigt Jesu und Berufung der ersten Jünger
1,21–22 Jesus in der Synagoge von Kapernaum
1,23–28 Heilung eines Besessenen
1,29–34 Heilung der Schwiegermutter Petri und weitere Heilungen am Abend
1,35–39 Jesu Wanderpredigt in Galiläa
1,40–45 Heilung eines Aussätzigen

**2,1–3,6 Fünf Streitgespräche mit den Juden**

2,1–12 Heilung des Gichtbrüchigen (Sündenvergebung)
2,13–17 Die Berufung des Levi und das Gastmahl mit Zöllnern und Sündern
2,18–22 Die Fastenfrage
2,23–28 Das Ährenraufen der Jünger am Sabbat
3,1–6 Die Heilung der verdorrten Hand am Sabbat

**3,7–36 Weitere Erfolge Jesu und Zusammenstöße**

3,7–12 Ansammlung des Volkes und Heilungen
3,13–19 Die Berufung der 12 Jünger
3,20–30 Jesu Zusammenstoß mit den Schriftgelehrten; der Vorwurf des Bundes mit dem Teufel
3,31–36 Die wahren Verwandten Jesu

**4,1–34 Jesu Lehren in Gleichnissen**

| | |
|---|---|
| 4,1–9 | Das Gleichnis vom Sämann |
| 4,10–13 | Über den Sinn der Gleichnisreden Jesu |
| 4,14–20 | Deutung des Gleichnisses vom Sämann |
| 4,21–25 | Mahnungen und Sprüche vom rechten Hören |
| 4,26–29 | Das Gleichnis von der selbstwachsenden Saat |
| 4,30–32 | Das Gleichnis vom Senfkorn |
| 4,33–34 | Schluss der Gleichnisse |

**4,35–6,6 Offenbarung der Macht Jesu durch vier Wundertaten**

| | |
|---|---|
| 4,35–41 | Die Stillung des Seesturmes |
| 5,1–20 | Die Heilung eines Besessenen in Gerasa |
| 5,21–43 | Die Auferweckung der Tochter des Jairus und die Heilung der blutflüssigen Frau |
| 6,1–6 | Die Ablehnung Jesu in Nazaret |

**C. 6,7–10,52 Jesus auf unsteter Wanderung**

**6,7–9,50 Wanderungen in Galiläa und benachbarten Gebieten**

| | |
|---|---|
| 6,7–13 | Die Aussendung der 12 Jünger |
| 6,14–16 | Das Urteil des Herodes über Jesus |
| 6,17–29 | Das Ende Johannes des Täufers |
| 6,30–33 | Die Rückkehr der 12 Jünger |
| 6,34–44 | Die Speisung der 5000 am Ostufer des Sees |
| 6,45–52 | Der Wandel Jesu auf dem See |
| 6,53–56 | Jesus in der Ebene Gennezaret |
| 7,1–23 | Streitgespräch über Rein und Unrein |
| 7,24–30 | Die Syrophönizierin (im Gebiet von Tyrus) |
| 7,31–37 | Die Heilung eines Taubstummen (am Ostufer) |
| 8,1–10 | Die Speisung der 4000 |
| 8,11–13 | Die Zeichenforderung der Pharisäer |
| 8,14–21 | Gespräch über den Sauerteig |
| 8,22–26 | Die Heilung eines Blinden in Bethsaida |
| 8,27–30 | Das Bekenntnis des Petrus vor Cäsarea Philippi |
| 8,31–33 | Die erste Leidensweissagung Jesu |
| 8,34–9,1 | Belehrung der Jünger über die Leidensnachfolge |
| 9,2–8 | Die Verklärung Jesu |
| 9,9–13 | Das Gespräch über Elia |
| 9,14–29 | Die Heilung des epileptischen Knaben |
| 9,30–32 | Die zweite Leidensweissagung |

9,33–50 Jüngerbelehrungen (Rangstreit, fremder Exorzist, Ärgernis)

**10,1–52 Wanderung durch Peräa und Jericho nach Jerusalem**

10,1–12 Streitgespräch über Ehe und Ehescheidung
10,13–16 Jesus und die Kinder
10,17–31 Das Hindernis des Reichtums
10,32–34 Die dritte Leidensweissagung
10,35–45 Jesus und die ehrgeizigen Zebedaiden
10,46–52 Die Heilung des Blinden Bartimäus in Jericho

**D. 11,1–16,20 Wirken, Leiden, Tod und Auferstehung in Jerusalem**

**11,1–13,37 Jesu Wirksamkeit in Jerusalem (5 Streitgespräche)**

11,1–11 Jesu Einzug in Jerusalem
11,12–14 Die Verfluchung des Feigenbaums
11,15–19 Die Tempelreinigung
11,20–25 Gespräch über den verdorrten Feigenbaum
11,27–33 Die Frage nach der Vollmacht Jesu
12,1–12 Das Gleichnis von den bösen Winzern
12,13–17 Frage der Pharisäer nach der Steuerentrichtung
12,18–27 Frage der Sadduzäer nach der Auferstehung
12,28–34 Die Frage nach dem größten Gebot
12,35–37 Gegenfrage Jesu: Der Messias als Sohn Davids
12,38–40 Worte Jesu gegen die Schriftgelehrten
12,41–44 Das Scherflein der Witwe
13,1–37 Vom Weltende – Jesu Erscheinung am Jüngsten Tag

**14,1–15,47 Jesu Passion**

14,1–2 Der Todesbeschluss des Hohen Rats gegen Jesus
14,3–9 Die Salbung in Bethanien
14,10–11 Der Verrat des Judas
14,12–16 Die Vorbereitung des letzten Mahles
14,17–25 Das letzte Mahl
14,26–31 Der Weg nach Gethsemane; die Vorhersage der Verleugnung des Petrus
14,32–42 Jesus im Ölgarten von Gethsemane
14,43–52 Die Gefangennahme Jesu
14,53–65 Verhör und Verurteilung Jesu vor dem Hohen Rat
14,66–72 Die Verleugnung des Petrus
15,1–15 Jesus vor Pilatus

15,16–21 Die Verspottung Jesu und sein Todesgang
15,22–41 Kreuzigung und Tod Jesu
15,42–47 Die Grablegung

**16,1–20 Nach dem Tode Jesu – Die Auferstehung**
16,1–8 Das leere Grab und die Botschaft des Engels1
6,9–20 Erscheinungen des Auferstandenen

## 8.5. Die Quellen des Markus-Evangeliums

In der gegenwärtigen Bibelwissenschaft besteht darüber Konsens, dass der Markustext für die älteste Schrift eines Evangeliums gehalten und zugleich als die gemeinsame Quelle der anderen beiden Synoptiker Mt und Lk bezeichnet werden kann. Markus hat also als erster ein „Evangelium" geschrieben, obwohl bereits zu seiner Zeit vielfältige Formen der Verkündigung (mündlich und schriftlich) im Umlauf waren. Sicherlich war Markus vor allem mit einem breiten Strom mündlicher Tradition vertraut, zu dem wir heute keinen direkten Zugang oder Zugriff mehr haben. Die Briefe des Apostels Paulus aber geben uns zumindest einen elementaren Einblick in die Art und Weise der frühesten Missionspredigt. Sie enthalten außerdem an manchen Stellen feste Formeln, die bereits vor Paulus entstanden sind und als Gemeingut in der Evangelisierung, Liturgie, Predigt und Katechese (Unterweisung) verwendet wurden.

Aber es gab auch eine Art schriftliche Tradition, die als wichtige Quelle beim markinischen Werk diente. Die „Logienquelle" (genannt Q) lag bereits zu Markus´ Zeiten in schriftlicher Form vor und wurde auch von Matthäus und Lukas in ihren Evangelien verwendet. Das bedeutet, dass Aussprüche Jesu und einzelne Erzählungen über Heilungs- und Naturwunder gesammelt und für Predigt und Unterweisung verwendet worden sind. Und aus dem Markus-Evangelium selbst kann man den ersten Ansatz eines Passionsberichtes rekonstruieren, der vor Markus entstanden, dann von diesem übernommen und erweitert worden ist.

Eine weitere Feststellung könnte ihre eigene besondere Bedeutung haben: Die Abfassung des ältesten Evangeliums durch Markus kann die Antwort auf das wachsende Bedürfnis der Gläubigen nach einer zusammenhängenden Darstellung der Ereignisse Jesu Christi gewesen sein. Dieses Bedürfnis ist umso verständlicher bei Menschen, die immer schon vertraut waren mit Geschichten und Erzählungen in ihrer Bibel, etwa den Lebens- und Glaubensgeschichten von Abraham, Jakob, Josef, Saul, David oder dem Propheten Elias.

Ein genaues Studium des Inhalts und der Struktur des zweiten synoptischen Evangeliums führt uns zur Schlussfolgerung, dass das Markus-Evangelium aus einer Anzahl älterer Gruppierungen zusammengesetzt ist. Den Stoff, den der Evangelist vorfand, hat er entsprechend überarbeitet, ergänzt und aneinandergereiht. Die Quellen, deren sich der Evangelist für die Abfassung seines Textes bedient hatte, könnten in folgende Kategorien eingeordnet werden:

1. Der Evangelist benutzt konkrete Gruppierungen von Erzählungen und weiteren Logien des Herrn, die aus der bereits vorhandenen kirchlichen Überlieferung stammten (z.B. die Perikope Mk 1,1–13 über das Auftreten Johannes des Vorläufers und die Taufe Jesu).
2. Im zweiten kanonischen Evangelium gibt es konkrete Erzählstoffe, die wahrscheinlich aufgrund einer persönlichen Erfahrung (vielleicht des Erlebnisses von Petrus) niedergeschrieben wurden. Zu dieser Kategorie könnte z.B. die Perikope Mk 1,21–39 gehören, in der charakteristische Ereignisse der Tätigkeit Jesu im Laufe eines vollen Tages beschrieben werden; alle Einzelheiten der Erzählung in dieser Perikope zeugen von der persönlichen Erfahrung der Ereignisse (vgl. darüber hinaus Mk 4,35–5,43; 6,30–56; 7,24–37; 8,27–9,29).
3. Es gibt Erzählgruppierungen, die eine feste thematische Einteilung aufweisen und aus sogenannten „Paradeigmata" gebildet werden, nämlich aus kurzen Erzählungen, die in ein Spruchwort (Logion) Jesu münden (z.B. Mk 2,14–17; 3,20–35; 4,1–34; 11,27–12,44).
4. Bei manchen Abschnitten des Markus-Evangeliums kann man der Versuchung nicht entgehen, von einer eventuellen schriftlichen Quelle zu reden, die der Evangelist als Grundschrift benutzt hätte. Solche Auszüge dieses Evangeliums könnten sein: a) Die Diskussionen und Auseinandersetzungen Jesu mit den jüdischen Schriftgelehrten in Mk 2,1–3,6; b) Die Rede Jesu vom Jüngsten Tag und vom Weltende, genannt „die kleine Apokalypse"[29] (Mk 13,1–37); c) Das 4. Kapitel mit den Gleichnissen (4,1–34); d) Der Apostelkatalog (Mk 1,16–19); e) Die Passionsgeschichte (Mk 14,1–15,47).

## 8.6. Sprachliche und morphologische Merkmale des Markus-Evangeliums

Der Text des Markus, durch den zum ersten Mal die Gattung „εὐαγγέλιον" eingeführt wurde, gibt durch kurze Erzählungen und entsprechend zusam-

29. So bei *S. Agouridis*, Εἰσαγωγὴ εἰς τὴν Καινὴν Διαθήκην, Athen 1971, S. 117.

mengefasste Worte die Lehre und das Werk Jesu Christi auf Erden wieder. Markus zeigt bei der Tätigkeit Jesu im Großen und Ganzen denselben geographischen Rahmen wie die anderen synoptischen Evangelien. Bezüglich seiner sprachlichen und morphologischen Merkmale verfügt das zweite synoptische Evangelium über sein eigenes Profil. Folgende Merkmale könnten wir insbesondere hervorheben:

1. **Die Sprache und der Stil** des zweiten synoptischen Evangeliums sind viel einfacher und volkstümlicher als bei Mt und Lk. Der Satzbau ist sehr einfach. Die Satzbeiordnung (Parataxe) beherrscht das ganze Evangelium; meist sind die Sätze durch καί, seltener durch δὲ aneinandergereiht. Sehr oft wird die Erzählung durch εὐθύς, εὐθέως oder πάλιν weitergeführt. Die direkte Rede wird innerhalb der Erzählung bevorzugt. Sein Wortschatz enthält mal vulgäre, mal rein umgangssprachliche Ausdrücke, wie z.B. κράβατος 2,4ff. (bei Lk 5,19ff: κλινίδιον); πτῶμα 6,29; κωμόπολις 1,38; ἐκπερισσῶς 14,31. Markus bevorzugt des Weiteren sehr oft Diminutiva (θυγάτριον, κυνάρια, ψυχία, ἰχθύδιον, κοράσιον, σανδάλιον, πλοιάριον, ὠτάριον etc.).

   Eine unübersehbare Tatsache des Markus-Evangeliums sind seine zahlreichen Semitismen, die sich auf zweierlei Weise erklären lassen: erstens, dass die Muttersprache des Markus nicht das Griechische war, zweitens, dass der Verfasser einen direkten Zugang zur originären aramäischen Sprache und Denkweise der urchristlichen Überlieferung hatte. Zu den Semitismen zählen z.B. die Voranstellung des Prädikats vor das Subjekt, eines gleichbedeutenden Partizips vor das Verbum (z.B. Mk 7,24; 10,1), die Wiederholung des Personalpronomens im Relativsatz (οὗ – αὐτοῦ 1,7; ἧς – αὐτῆς 7,25) u.a. Öfters als Mt und Lk zitiert Mk aramäische Wörter oder Ausdrücke, so wie sie von Jesus selbst ausgesprochen wurden; nur bei Mk finden sich βοανηργὲς 3,17; ἐφφαθὰ 7,34; ταλιθὰ κοὺμ 5,41; κορβᾶν 7,11.

   Erwähnenswert ist darüber hinaus eine Anzahl lateinischer Wörter, hauptsächlich aus der Sprache des Militär- und Gerichtswesens und auch des Handels: λεγιὼν 5,9; κῆνσος 12,14; φραγελλοῦν (flagellare) 15,15; πραιτώριον 15,16; μόδιος 4,21; δηνάριον 12,15; κοδράντης (quadrans) 12,42. Ausschließlich bei Mk finden sich folgende Latinismen: σπεκουλάτωρ (Scharfrichter) 6,27; κεντυρίων 15,39; ξέστης (sextarius) 7,4. Interessanterweise erläutert Mk (wahrscheinlich zum besseren Verständnis seiner Leser) an zwei Stellen griechische Ausdrücke durch lateinische Begriffe: „zwei Lepta, das ist ein Quadrans" (Mk 12,42); „das

Innere des Hofgebäudes, das heißt des Prätoriums" (Mk 15,16). Diese Latinismen passen gut zur ziemlich früh verbreiteten Überlieferung von der Entstehung des Textes in Rom.

2. **Zum schriftstellerischen Stil** und zur volkstümlichen Darstellung gehört auch, dass Markus öfter von Gemütserregungen der beteiligten Personen (z.B. Mk 10,24.32) und auch Jesu selbst berichtet: z.B. Mk 1,41 (σπλαγχνισθείς); 7,34 (καὶ ἀναβλέψας εἰς τὸν οὐρανὸν ἐστέναξεν); vgl. noch Mk 8,12; 10,14.16.21. Zum selben Zusammenhang gehört das Verb „περιβλέπομαι", verwendet für eine weitere häufige Beschreibung Jesu, bei der der Gottessohn um sich sieht. So z.B. bei Mk 3,5 („er schaute sie ringsherum zornig an, betrübt über die Verhärtung ihres Herzens"; vgl. noch Mk 3,34; 5,32; 9,8; 10,23; 11,11).
3. Das zweite kanonische Evangelium setzt keine Adressaten voraus, die sich im Alten Testament und mit den jüdischen Gewohnheiten auskannten. Der Evangelist verweist **selten auf das Alte Testament** (im Gegensatz zu Matthäus). Im Mk-Ev fehlen auch die judenchristlichen Elemente, so wie wir sie vom Matthäus kennen. Der zweite Evangelist erklärt immer die von ihm erwähnten **jüdischen Sitten** und übersetzt die hebräischen Wörter für seine Leser (z.B. Mk 7,3; 14,12; 15,42). Dies wird offensichtlich dadurch erklärt, dass das Markus-Evangelium sich hauptsächlich an Heidenchristen richtet, die geringe Ahnung von der jüdischen Tradition hatten.
4. Laut der Überlieferung (Apg 1,1; Papias über Mk: ἢ λεχθέντα ἢ πραχθέντα) besteht Jesu Wirken aus Worten und Taten. Das Markus- Evangelium zeigt ein vorwiegendes Interesse an den Taten Jesu, da es verhältnismäßig **wenig Worte Jesu enthält**. „Reden" (im eigentlichen Sinne) hat Mk nur drei, die Parabelrede (4,1–34), die Rede über Rein und Unrein (7,6–23) und die Parusierede (13,1–37), während Matthäus sechs ziemlich umfangreiche Reden aufweist. Zur Bergpredigt des Mt (5–7) und Lk (6,20–49) bietet Mk keine parallele Perikope.

Im Gegensatz zu allen anderen Evangelien, die uns insgesamt 70 Gleichnisse anbieten[30], enthält Mk nur wenige Gleichnisse: außer den drei Gleichnissen der Parabelrede (Mk 4,1–34) nur noch ein längeres Gleichnis (von den bösen Winzern: 12,1–12) und zwei kleinere (vom Feigenbaum 13,28 und vom Türhüter 13,35–37). Dagegen ist das Markus–Evangelium reich an selbstständigen Redestücken, die sich auf den Konflikt Jesu mit den Juden beziehen: 5 galiläische und 5 jerusalemische

30. *Joh. Panagopoulos*, Εἰσαγωγή στήν Καινή Διαθήκη, Athen 1985, S. 91.

Streitgespräche (Mk 2,1–3,6; 11,27–12,37) und die „Beelzebulrede" (Mk 3,22–30). Öfter spricht Mk einfach davon, dass Jesus lehrte, ohne aber mitzuteilen, was er seinen Hörern verkündete (Mk 1,21 f.39; 2,2.13; 6,2.6.34; 10,1; 12,35). Es lag offenbar nicht in seiner Absicht, die gesamte ihm bekannte Überlieferung der Worte Jesu weiterzugeben.

5. Unter den bedeutsamen **Taten Jesu**, die bei Mk eine zentrale Rolle spielen, befinden sich auch 18 Wundertätigkeiten des Herrn (von den gesamten 35 aller Evangelien). Auch in der Form der Darstellung solcher Wunderberichte hat das Markus-Evangelium seinen eigenen Charakter. Im Vergleich zu Mt werden manche Begebenheiten sehr ausführlich erzählt, wobei weniger Bedeutsames breit ausgemalt wird. Musterbeispiele dafür sind: die Heilung des Gichtbrüchigen (2,1–13); die Heilung des Besessenen von Gerasa (5,1–20); die Auferweckung des Töchterleins des Jairus in Verbindung mit der blutflüssigen Frau (5,21–43); die Heilung des Taubstummen (7,31–37). Die einzelnen Erzählungen über die Taten Jesu hatten zur Zeit, als sie Markus übernahm, offenbar noch keine einheitliche Durchformung erhalten. Markus beschreibt in ungefähr 150 Stellen die Ereignisse im „historischen Präsens", so dass die Erzählung an Lebendigkeit gewinnt.
6. Die alten Markus-Handschriften bringen ein ernstes Problem bezüglich des ursprünglichen Endes des Mk-Ev ans Licht. Gegen die Echtheit des sogenannten Markus-Schlusses (Mk 16,9–20) erheben sich in der biblischen Forschung die schwersten Bedenken. In den zwei ältesten Codices, dem Sinaiticus (א) und Vaticanus (B), endet das zweite Evangelium mit den Worten von 16,8: „ἐφοβοῦντο γάρ". Die Verse 16,9–20 fehlen also in B, א, $sy^{sin}$ (syrisch-sinaitische Übersetzung), in den meisten armenischen Handschriften und einigen georgischen und äthiopischen Handschriften. Nach einer Information des Eusebios von Cäsarea (Quaest. ad. Marinum 1) schließen die „genauen" Hss mit 16,8 und fehlen 16,9–20 „in fast allen Hss".

Den Markus-Schluss 16,9–20 ignorieren auch viele Kirchenväter. Wenn Euthymios Zigabenos († nach 1118) bei seinem Kommentar des Markus-Evangelium den Vers 16,9 erreicht, unterstreicht er charakteristisch: „Manche der Exegeten behaupten aber, hier werde das Evangelium nach Markus vollendet, die Fortsetzung stelle jedoch einen späteren Zusatz dar".[31] Einige Jahrhunderte vorher hatte Gregor von Nyssa († nach 394) betont: „Aber in den genaueren Abschriften fin-

31. „Φασὶ δέ τινες τῶν ἐξηγητῶν ἐνταῦθα συμπληροῦσθαι τὸ κατὰ Μάρκον εὐαγγέλιον, τὰ δὲ ἐφεξῆς προσθήκην εἶναι μεταγενεστέραν".

Hörer gewinnt somit den Eindruck, dass die Passion nicht nur am Ende des Lebens Jesus steht; sie wird vielmehr schon früh schriftstellerisch vorbereitet.

4. Jesus Christus stellt die zentrale Person des zweiten synoptischen Evangeliums dar. Trotzdem wird er während seiner Tätigkeit nie allein dargestellt, sondern ist immer von seinen zwölf Jüngern umgeben. Er hat sie ausgewählt, „damit sie mit ihm sind und damit er sie aussendet, um zu predigen und Vollmacht zu haben zur Austreibung der Dämonen" (Mk 3,14–15). Auch wenn die Jünger nicht immer den tieferen Sinn der Worte oder Taten Jesu verstehen (Mk 4,10; 6,51–52; 7,17; 8,17–21 etc.), stellen sie doch wohl die Anfänge des neuen Volkes Gottes sowie die Säulen der Kirche dar.

## 8.8. Adressaten, Abfassungsort und –zeit des Markus-Evangeliums

Das Evangelium nach Markus scheint eher für heidenchristliche Leser bestimmt gewesen zu sein oder anders ausgedrückt: es setzt keine Adressaten voraus, die sich mit dem Alten Testament oder den jüdischen Gewohnheiten und Sitten auskannten. Typische judenchristliche Züge, wie z.B. die dauernde Geltung des Gesetzes (Mt 5,17ff.) oder das Verbot der Samariter- und Heidenmission (Mt 10,5), vermisst man im zweiten kanonischen Evangelium; ganz im Gegenteil, es werden darin die jüdischen Sitten und Einrichtungen erklärt und die vorkommenden aramäischen Wörter und Sätze zielgenau übersetzt. Es ist also offensichtlich, dass das zweite synoptische Evangelium sich an Christen richtet, die ehemals Heiden waren und nun außerhalb von Palästina leben.

Die meisten Zeugen der altkirchlichen Überlieferung (siehe z.B. antimarkionitischer Prolog, Klemens von Alexandrien) erwähnen Rom als den Abfassungsort des Markus-Evangeliums. Diese Überzeugung setzt selbstverständlich die Information in 1 Petr 5,13 voraus, nach der sich Markus in der ersten Hälfte der sechziger Jahre in der Umgebung des Petrus in Rom befand. Diejenigen Forscher, die das Zeugnis in 1 Petr 5,13 wie auch die Worte des Papias über Markus als den Begleiter des Petrus jedoch für unbewiesen halten, stellen sich andere Gegenden als den eventuellen Ort der Abfassung des Markus-Evangeliums vor. In Frage kommen z.B. Galiläa, Dekapolis (Tyrus und Sidon) oder irgendeine Gemeinde in Syrien (z.B. Antiochien); Orte, in denen auch Heidenchristen wohnten. Die isolierte und nicht geteilte Meinung von Johannes Chrysostomos (Kommentar zum Mt-Ev, Homilie 1,3) über Alexandrien als den Abfassungsort stützt sich wahrscheinlich auf die alte Überlieferung, dass Markus in dieser Stadt gewirkt hat.

Für die Richtigkeit der Überlieferung von der Abfassung des Mk-Ev in Rom sprechen manche wichtige Indizien, die allerdings kein handfestes Beweismaterial darstellen:

a) Das Evangelium nach Markus beinhaltet viele Latinismen, wobei zusätzlich manche griechische Wörter durch ihre lateinischen Übersetzungen erläutert werden (obwohl das Lateinische auch in den anderen Gebieten des römischen Reiches verbreitet war).
b) Nur in Mk 15,21 wird Simon von Cyrene, der Jesus beim Tragen des Kreuzes geholfen hat, als Vater des Alexander und Rufus, die offenbar den Lesern des Markus-Evangeliums bekannt waren, bezeichnet. Wichtiges Indiz dafür ist, dass auch in Röm 16,13 ein gewisser Rufus gegrüßt wird. Könnte dieser mit dem einen der beiden Söhne des Simon identisch sein, würde die Überlieferung für Rom als den Abfassungsort des Markus-Evangeliums einen weiteren Pluspunkt erhalten. Trotzdem könnte hierbei als Gegenargument gelten, dass der Name Rufus damals sehr gebräuchlich war.
c) Das Evangelium nach Markus war schon früh in römischen kirchlichen Kreisen und Schriften bekannt, wie 1 Klemensbrief und der Hirte von Hermas mit ihren ersten Zeugnissen und Zitaten vom Markus-Evangelium zeigen.

Bezüglich seiner Abfassungszeit enthält das zweite synoptische Evangelium selbst keinen eindeutigen Hinweis darauf. Darüber gibt es in der gesamten altkirchlichen Überlieferung keinen klaren Konsens. Nach Klemens von Alexandrien schrieb Markus sein Evangelium noch zu Lebzeiten Petri auf Bitten römischer Zuhörer; eine Nachricht, die sich jedoch aufgrund anderer Zeugnisse nicht belegen lässt. Nach Irenäus von Lyon und dem alten antimarkionitischen Prolog hat Markus dagegen erst nach dem Tode des Petrus (im Jahre geschrieben, was offenbar auch Papias voraussetzt. Hierbei handelt es sich um eine sehr alte Tradition, die am besten begründet sein dürfte.

Zweifellos sollte Markus also sein Buch bald nach dem Tode des Petrus im Jahre 64 verfasst haben. Als oberste zeitliche Grenze könnte darüber hinaus das Jahr 70 gelten, da im Kapitel 13 auf die Zerstörung Jerusalems gar nicht Bezug genommen worden ist. Für die Abfassungszeit zwischen 64 und 70 spricht auch die Stellung dieses alten Evangeliums, das auch als Quelle für die anderen synoptischen Evangelien, die um oder kurz nach 70 geschrieben sein dürften, betrachtet wird.

# TEIL IX.
# Die lukanischen Schriften

## 9.1. Lukas

### 9.1.1. Die Person des Lukas

Trotz der späteren, von der modernen Forschung geäußerten Anzweiflungen der Abstammung des dritten Evangeliums und der Apostelgeschichte aus der Feder ein und derselben Person, nämlich des Lukas, gilt der in der kirchlichen Tradition überlieferte Lukas bis heute als gemeinsamer Verfasser beider Schriften.

Eine der ältesten ernstzunehmenden Informationen über die Person des Lukas stammt aus dem 2. Jahrhundert. Es handelt sich um eine erste außerneutestamentliche Nachricht von Irenäus aus der Zeit von 180–185 (Adversus haereses III 1,1): „Lukas, der Begleiter des Paulus, hat das von diesem verkündigte Evangelium in einem Buch niedergelegt" (Eusebios, KG V 8,3). Die Entsprechung zu seiner Notiz über den Evangelisten Markus, wonach dieser „das von Petrus Verkündigte uns schriftlich überliefert hat", steht außer Zweifel. Lukas, der in dieser Information nur kurz als Begleiter des Paulus bezeichnet wird, gibt das von Paulus verkündigte Evangelium wieder. „Evangelium" heißt also hier: die auf Jesu Leben und Wirken sich beziehenden Mitteilungen, die Paulus in seiner Mission seinen Hörern weiterzugeben pflegte. Dabei ist sicherlich nicht ausschließlich an die paulinischen Briefe, sondern an die allgemeine Verkündigungslehre des Heidenapostels gedacht.

Wie schon im 2. Jahrhundert geht es auch bei den patristischen Zitaten der späteren Zeit hauptsächlich um den Nachweis, dass zuerst hinter dem dritten synoptischen Evangelium die Autorität eines Apostels stehe. Konsequenterweise hat man also unter anderem versucht, Lukas irgendwie doch zu einem Augenzeugen der Geschichte Jesu zu machen. Sehr beliebt war darüber hinaus die Auskunft, Lukas sei einer der 70 Jünger gewesen[33], da nur er deren Aussendung in Lk 10, 1ff. berichte, oder: Lukas sei der Jünger gewesen, der zusammen mit Kleopas nach Emmaus gegangen sei; denn nur Kleopas

33. *Loukas Filis*, Τὸ πρόβλημα τῶν ἑβδομήκοντα ἀποστόλων τοῦ Κυρίου, Athen ²1977.

werde in Lk 24,18 mit Namen genannt, der Name seines Gefährten dagegen aus Bescheidenheit verschwiegen. Auch in der paulinischen Literatur hat man nach „lukanischen" Spuren gesucht, um den engen Mitarbeiter des Paulus wiederzuentdecken. Beispielsweise wollte man im nicht mit Namen genannten Bruder in 2 Kor 8,18 Lukas erkennen. Paulus sage von diesem ja, sein Ruhm bestehe „im Evangelium", was sich auf das Lukas-Evangelium beziehen könnte.

In den eindeutigen diesbezüglichen Stellen der „paulinischen" Berichte kommen hilfreiche konkrete Stellen über Lukas vor. Im Schlussteil des Kol 4, 14 heißt es: „es grüßt euch Lukas, der Arzt der geliebte". Auch in Phlm 24 wird Lukas namentlich aufgeführt. Nach 2 Tim 4,11 befindet sich Lukas bei Paulus in Rom. Er muss höchstwahrscheinlich ein Heidenchrist gewesen sein; denn in Kol 4,10–11 sagt Paulus von Aristarchos, Markus und Jesus Justus, sie seien seine einzigen Mitarbeiter „aus der Beschneidung"; etwas, was Paulus nicht für Lukas gelten lässt. Allerdings kann die von manchen Kritikern vorgeschlagene Gleichsetzung des Lukas mit dem in Röm 16,21 genannten Lukios nicht standhalten. In diesem völlig anderen Zusammenhang nennt Paulus die dort genannten vier Gefährten seine „(Stammes-)Verwandten" (συγγενεῖς).

Wenn das dritte synoptische Evangelium unsere ausschließliche Quelle für die Person von Lukas wäre, wäre uns damit nicht weitergeholfen: Augenzeugenschaft kann nicht in Betracht kommen. Es wäre allerdings noch zu prüfen, ob das Lukas-Evagelium von einem Arzt geschrieben worden sein kann. Lukas ist die einzige im NT genannte Person, von der wir mit Sicherheit wissen, dass er Arzt war. Etwas, was auch in der unmittelbaren altkirchlichen Literatur verschiedentlich hervorgehoben wird. Eine weitere Überlieferung, Lukas sei Maler gewesen, ist erst seit dem 6. Jahrhundert nachweisbar (später schrieb man ihm manche im gesamten Christentum berühmte Maria-Ikonen, wie z.B. die von der Insel Tinos oder des Klosters Mega-Spileon auf dem Peloponnes, oder das Christusbild in der Kapelle über der Scale Santa beim Lateran zu). Über seine Herkunft aus dem syrischen Antiochien informiert uns Eusebios (Hist. Eccl. III 4,6).

### 9.1.2. Der Verfasser des Lukas-Evangeliums und der Apostelgeschichte

Die altkirchliche Überlieferung sowie die allgemein akzeptierte Meinung in der Forschung schreibt dem Arzt Lukas sowohl das dritte Evangelium als auch die Apostelgeschichte zu. Im Vorwort der Apostelgeschichte spricht der Verfasser vom „ersten Wort" (πρῶτον λόγον), was höchstwahrscheinlich eine Anspielung auf sein erstes Werk, also das vorher abgefasste Evangelium sein kann. Zugespitzt könnte man sogar die Apostelgeschichte als eine Art Fortsetzung des gesamten schriftstellerischen Werkes von Lukas bezeichnen, wenn man bemerkt, dass der Himmelfahrtsbericht den Schluss des Evangeliums und zugleich den Anfang der Apostelgeschichte darstellt. Es kann nicht übersehen werden, dass beide Schriften über einen eindrucksvoll identischen Wortschatz, gemeinsame stilistische Züge, die gleichen theologischen Lehren und dieselbe Widmung an einen gewissen Theophilos verfügen.

Es gilt also bis in die moderne Kritik als erwiesen, dass Lukas-Evangelium und Apostelgeschichte aus der Feder eines und desselben Verfassers stammen. Diese Feststellung wird unter anderem indirekt auch durch die sogenannten „Wir-Berichte" innerhalb der Apg (nämlich 16,10–17; 20,5–16; 21,1–18; 27,1–28,26. Der Kodex D beinhaltet auch in Apg 11,28 einen Wir-Bericht) stark bekräftigt. Hierbei steht es außer Zweifel, dass kein Mitarbeiter des Paulus als Verfasser der Wir-Berichte in Betracht kommen kann, von dem innerhalb irgendeines Wir-Berichtes in der dritten Person erzählt wird, ebenso scheiden aber alle Mitarbeiter aus, die zeitlich und geographisch außerhalb der Wir-Berichte vorliegen.

In diesem Zusammenhang läuft die Frage nach der Verfasserschaft des Lukas auf die Frage hinaus, ob er der Verfasser der Wir-Berichte sein kann. Wer (außer Lukas) unter den in den Paulus-Briefen aufgeführten Mitarbeitern, der die hellenistische Bildung und die heidenchristliche Abstammung kombinieren sollte, könnte in Frage kommen? Nur wenige Personen könnten den „Verdacht" erheben, Autoren der Apostelgeschichte zu sein, wie z.B. Titus, Epaphroditus (Phil 2,25ff.; 4,18), Jesus Justus (Kol 4,11), Epaphras (Kol 1,7; 4,12f.; Phlm 23), Demas (Kol 4,14; Phlm 24; 2 Tim 4,10), Kreszenz (2 Tim 4,10) oder Artemas (Tit 3,12). Es ist sehr schwierig, dass man sich einen der oben genannten Christen, über die es dürftige Informationen, keine kombinierten Voraussetzungen wie auch keine altkirchlichen Hinweise gibt, als den Autor der Apostelgeschichte vorstellen kann. Es scheint also logisch und methodisch richtig zu behaupten, dass die altkirchliche Überlieferung mit Recht Lukas als Verfasser genannt hat. Nachdem dies feststeht, gewinnen nachträglich auch die Behauptung, dass die lukanischen Schriften von einem Arzt geschrieben sein können, und die heidenchristliche Tendenz beider Schriften an Glaubwürdigkeit.

Ebenfalls dürften die altkirchlichen Nachrichten über die antiochenische Abstammung von Lukas als völlig nachvollziehbar angesehen werden. Antiochien wird im lukanischen Werk bevorzugt behandelt. Es ist nämlich sehr beachtlich, dass der Autor in Apg 13,1 die Propheten und Lehrer in Antiochien mit Namen usw. zu nennen vermag; noch beachtlicher ist es, dass er in Apg 6,5 von der Wahl der sieben Diakone ausführlich berichtet; dabei weiß Lukas von dem letzten der sieben hellenistischen Witwenpfleger, dem Nikolaos, nicht nur den Namen zu nennen, sondern er weiß auch, dass er ein Proselyt aus Antiochien gewesen sei.

Das lukanische Evangelium und die lukanische Apostelgeschichte bilden eine unzertrennliche Einheit. Lukas bezeichnet in Apg 1,1 sein Evangelium als πρῶτον λόγον, also „das erste Buch", die Apg damit indirekt als „das zweite Buch". Die Widmung Apg 1,1 steht der Widmung Lk 1,3 parallel gegenüber. Im Vorwort der Apostelgeschichte 1,1 gebraucht Lukas für „erste" nicht das Wort πρότερος, das im klassischen Griechisch „der erste von zweien" bedeutet, sondern πρῶτος, das den ersten bezeichnet, sobald keine Zweiheit vorliegt. Allerdings lässt sich daraus nicht unbedingt schlussfolgern, dass der Autor die Absicht gehabt habe, noch ein drittes Buch zu schreiben. Im Koine-Griechisch der alexandrinischen Zeit wird „protos" auch dort gebraucht, wo es sich nur um zwei handelt.

Auch das Vorwort des Lukas-Evangeliums deutet darauf hin, dass derselbe Verfasser ein drittes Evangelium und eine Apostelgeschichte geschrieben hat. Der Prolog des dritten synoptischen Evangeliums (Lk 1,1–4) weist eine interessante Besonderheit auf, die dieses Evangelium von den anderen Evangelien deutlich unterscheidet und zugleich dieselben historiographischen Züge mit der Apostelgeschichte erkennen lässt. Dieser Prolog, der ein bekannter Bestandteil der klassischen Literaturdenkmäler der Antike war, liefert uns folgende Auskünfte:

1. Auch vor Lukas hat es andere Berichte der Ereignisse gegeben, die Lukas selbst ernst nimmt;
2. diese Berichte wie auch der vorliegende von Lukas stützen sich auf die Zeugnisse der „Augenzeuge und Diener des Wortes";
3. eindeutiges Ziel des Evangelisten ist die Berichterstattung der Ereignisse von Anfang an (ἄνωθεν), mit Vollständigkeit (πᾶσιν), mit Genauigkeit (ἀκριβῶς) und der chronologischen Reihenfolge nach (καθεξῆς);
4. Adressat des Werkes ist ein römischer Amtsinhaber namens Theophilos. Für den Theophilos lassen sich zwei Theorien anführen: Entweder war er ein Katechumen oder getaufter Christ, dessen Glauben Lukas mit seinem Werk habe festigen wollen; oder Theophilos war ein Heide, der ungenaue Informationen über das Christentum erhal-

ten habe. Diese Informationen habe dann Lukas ganz deutlich und richtig wiedergeben wollen.

Schließlich sollte nochmals auf die kompakte Einheit des dritten synoptischen Evangliums und der Apostelgeschichte hingewiesen werden. Dies wird, wie oben schon angedeutet, auch durch Sprache, Stil, Darstellungsform und Gedankenwelt beider Bücher erhärtet. Deshalb könnte man die diesbezügliche Formulierung von Alfred Wikenhauser als trefflich bezeichnen: „Die Bestreiter der Überlieferung können denn auch keine Person des Urchristentums nennen, die außer Lukas ernstlich als Verfasser in Frage käme.“[34]

## 9.2. Das Lukas-Evangelium

### 9.2.0. Das Profil des Lukas-Evangeliums

Im neutestamentlichen Kanon nimmt das Lukas-Evangelium den dritten Platz ein und schließt somit die Dreiheit der sogenannten synoptischen Evangelien ab. Es enthält 24 Kapitel mit insgesamt 1.151 Versen, die meisten im Vergleich zu allen anderen 26 Schriften des Neuen Testaments. Das Lukas-Evangelium zeichnet sich den anderen Evangelien gegenüber insbesondere erstens durch sein sorgfältiges sprachliches Niveau und zweitens durch seine genauere geschichtliche Festlegung der angeführten Geschehnisse aus.

Die bereits in den ersten Jahrhunderten fest etablierte altkirchliche Überlieferung und Überzeugung, dass der Begleiter von Paulus, Lukas, dem gleichnamigen Evangelium tatsächlich seinen persönlichen Stempel aufgedrückt hat, wurde durch manche davon abweichende moderne Behauptungen bis heute jedoch nicht erschüttert. Diese zweite Gruppe von Wissenschaftlern schreibt das dritte Evangelium allgemein einem gelehrten Heidenchristen zu.

### 9.2.1. Altkirchliche Kommentare – Orthodoxe Kommentare

a) ***Altkirchliche Kommentare:*** *Origenes* PG 13, 1799–1901; *Dionysios von Alexandrien* PG 10 (in der an einen Bischof Basilios gerichteten Epistel finden sich Verweise zum Lukas-Evangelium: PG 10, 1271–1290); *Kyrill von Alexandrien* PG 72, 475–850; *Eusebios von Kaisareia* PG 24, 529–606; *Theophylaktos von Bulgarien* PG 123, 683–1126; *Zigabenos* PG 129, 853–1106.

34. *Alfred Wikenhauser*, Einleitung in das Neue Testament, Basel–Freiburg–Wien $^{4}$1961, S. 152.

b) ***Orthodoxe Kommentare:*** *Varth. Georgiadis,*'Ερμηνεία τῶν τεσσάρων Εὐαγγελίων, Athen 1883 (21992); *N. Damalas*, Ἑρμηνεία ἐκ παραλλήλου τῶν τριῶν πρώτων Εὐαγγελίων (Ἑρμηνεία εἰς τὴν ΚΔ, Bde. 2–3), Athen 1892; *P. Trempelas,*'Υπόμνημα εἰς τό κατὰ Λουκᾶν Εὐαγγέλιον, Athen $^2$1972; *M. Siotis*, Παραδόσεις Εἰσαγωγῆς εἰς τήν Καινήν Διαθήκην, Teil 1., Athen 1971, S. 151–327; *Chr. Voulgaris,*'Η περὶ σωτηρίας διδασκαλία τοῦ Εὐαγγελιστοῦ Λουκᾶ, Athen 1971. *St. Sakkos,*'Ερμηνεία στό κατά Λουκᾶν Εὐαγγέλιο, Bd. 1: Kapitel 1–8, Thessaloniki 2008; Bd. 2: Kapitel 9–16, Thessaloniki 2010.

### 9.2.2. Die altkirchliche Bezeugung und Überlieferung

In der altkirchlichen Literatur gibt es eine Reihe von patristischen Zeugnissen, die mehr oder minder das damals geltende Profil des dritten synoptischen Evangeliums beleuchten. Sehr ausführlich äußert sich eine der ältesten Quellen im 2. Jahrhundert, der alte gegen Markion gerichtete Prolog zum Lukas-Evangelium: „Es ist Lukas ein antiochenischer Syrer, von Beruf ein Arzt, ein Schüler von Aposteln; später aber hat er den Paulus bis zu dessen Martyrium begleitet. Nachdem er dem Herrn unbeirrt, unbeweibt, kinderlos gedient hat, entschlief er, 84 Jahre alt, in Böotien (sc.: mit Theben als seiner Hauptstadt) voll des Heiligen Geistes. Da nun bereits Evangelien geschrieben waren, durch Matthäus in Judäa, durch Markus in Italien, schrieb er, getrieben vom Heiligen Geist, in den Gegenden um Achaia dieses ganze Evangelium, durch das Proömium eben dieses kundgebend, dass vor demselben andere (Evangelien) geschrieben seien, und dass es notwendig war, den Gläubigen aus den Heiden eine genaue Erzählung der Heilsveranstaltung vorzutragen, damit sie nicht durch jüdische Mythologien hin- und hergezerrt würden, noch getäuscht durch die ketzerischen und nichtigen Phantastereien, die Wahrheit verfehlten."

Noch eine schwerwiegende alte Nachricht über das Lukas-Evangelium ist die des auf das Jahr 200 zu datierenden Kanons Muratori. Leider ist der entsprechende Abschnitt des Kanons Muratori handschriftlich so schlecht überliefert, dass er in einigen Angaben nicht sicher zu deuten ist. Die für uns relevante Nachricht, die sich dem Bericht über das Markus-Evangelium anschließt, äußert sich etwa folgendermaßen: „Tertium evangelii librum secundum Lucam. Lucas iste medicus post ascensum Christi, cum eum Paulus quasi ut iuris studiosum secum adsumpsisset, nomine suo ex opinione conscripsit; Dominum tamen nec ipse vidit in carne, et ideo, prout assequi potuit, ita et a nativitate Johannis incipit dicere." Dieser in schlechtem Latein wiedergegebene Abschnitt ist ungefähr so zu übersetzen: „Drittes Evangelienbuch nach Lukas. Dieser Lukas, ein Arzt, hat es nach der Himmelfahrt Christi, als ihn Paulus als des Weges Beflissenen (als Begleiter) mit sich genommen hatte, im eigenen Namen (aber doch) im Sinn (des Paulus) niedergeschrieben. Doch hat auch er den Herrn nicht selbst im Fleisch gesehen und hat es daher, soweit er (zuverlässige Nachrichten) zu erreichen vermochte, (dargestellt) und von der Geburt des Johannes an zu erzählen angefangen."

Der Evangelist Lukas war also laut Muratori kein Augenzeuge der Person und des Wirkens Jesu, hat aber allen zugänglichen Stoff gesammelt und sogar schon bei der Geburt des Täufers einsetzen können. Dies wird in diesem Zusammenhang sogar als eine vorteilhafte Besonderheit des dritten Evangeliums beurteilt. Beim Muratori scheint es, eher auf eigene Sammelarbeit des Lukas hingewiesen zu haben. Die im Text direkt angesprochene Zusammenarbeit zwischen Paulus und Lukas erscheint wohl dicht an die Himmelfahrt herangerückt, weil der anonyme Verfasser des Kanons Muratori einmal die Entstehung erst nach den Lebzeiten Jesu und sodann die besonderen Beziehungen zu Paulus betont.

Weitere altkirchliche Zeugnisse wären hierbei noch erwähnenswert: Tertullian berichtet, dass man in der Kirche das Lukas-Evangelium dem Apostel Paulus zuzuschreiben pflege (Adv. Marc. IV 5). Als wichtigste jüngere Zeugnisse darüber sind anzuführen Klemens von Alexandrien (Strom. I 21, 145), Origenes bei Eusebios (H. E. VI 25,6), Eusebios (H. E. III 4,6) Hieronymus (De vir. ill. 7) und der Prolog des Mt-Kommentars. Alle diese literarischen Zeugnisse stimmen miteinander überein und liefern denselben Informationskomplex. Darüber hinaus lässt sich die einstimmige Überlieferung der Alten Kirche, das dritte Evangelium habe der Arzt Lukas, der Begleiter des Paulus, auf seinen Reisen geschrieben, bis in die Mitte des 2. Jh.s zurückverfolgen. Entgegen dem um 140–150 fest etablierten Vierevangelienkanon hat der Häretiker Markion doch wohl gerade das dritte Evangelium als einziges in seinem Kanon anerkannt, weil es als Werk des engen Paulusbegleiters Lukas galt.

Die wichtigsten alten Zeugnisse heben die engen Beziehungen des Lukas zu Paulus hervor, da sie damit den Nachweis führen wollen, dass die Autorität eines Apostels hinter dem Evangelium des Nicht-Apostels Lukas steht, wie zum Beispiel das Markus-Evangelium von der Autorität des Petrus getragen ist. So sagt z.B. Origenes, Paulus habe dem Lk-Ev seine Approbation gegeben, und manche Kirchenväter vertreten die Auffassung, wo Paulus von „seinem Evangelium" spricht (z.B. Röm 2, 16; 2 Tim 2, 8), meint er das Lukas-Evangelium. Außerdem erfahren wir nur durch Paulus, dass sein Mitarbeiter Lukas Arzt war (Kol 4, 14).

Dieses neutestamentliche Lukas-Profil wird durch weitere altkirchliche Zeugen ergänzt. Nach dem alten Prolog zum Lukas-Evangelium, laut Eusebios (H. E. III 4, 6) und Hieronymus (Prolog zum Mt-Kom.) soll Lukas aus Antiochien in Syrien stammen. Diese Angabe beruht sicherlich auf alter, zuverlässiger Überlieferung, da sie nicht direkt aus den lukanischen Schriften erschlossen worden sein kann. Dagegen verdient die Behauptung mancher Kirchenschriftsteller, Lukas sei einer von den 70 von Jesus ausgesandten Jüngern (Lk 10,1 ff.) gewesen oder der ungenannte „Emmausjünger" (Lk 24,18), keine Beachtung, ebenso wenig die erst seit dem 6. Jh. nachweisbare Überlieferung, dass er Maler gewesen sei. Diese letzte Behauptung stammt zuerst von Theodoros Anagnostes (um 530) und dann Symeon dem Metaphrasten (10. Jh.). Eine solche Überlieferung lässt sich höchstwahrscheinlich durch die doppelte Bedeutung des Verbes „ἱστορῶ" (= mit historischer Genauigkeit erzählen oder malen) erklären, wobei sich Lukas tatsächlich nur im ersten literarischen Bereich einen Namen gemacht hat.

### 9.2.3. Inhaltsgliederung

| | |
|---|---|
| 1,1–4 | Vorwort |

**A. 1,5–4,13 Vorgeschichte und messianische Anfänge**

| | |
|---|---|
| 1,5–25 | Die Ankündigung der Geburt Johannes des Täufers |
| 1,26–38 | Die Verkündigung von Maria |
| 1,39–56 | Besuch der Maria bei Elisabeth |
| 1,57–80 | Die Geburt Johannes des Täufers |
| 2,1–20 | Die Geburt Jesu |
| 2,21–40 | Beschneidung Jesu und seine Darstellung im Tempel |
| 2,41–52 | Der zwölfjährige Jesus im Tempel |
| 3,1–20 | Auftreten und Predigt Johannes des Täufers |
| 3,21–22 | Die Taufe Jesu |
| 3,23–38 | Die Ahnentafel Jesu |
| 4,1–13 | Die Versuchungen Jesu |

**B. 4,14–9,50 Jesu Wirksamkeit in Galiläa: Lehre und Wunder**

| | |
|---|---|
| 4,14–30 | Erste Predigt Jesu in Nazaret |
| 4,31–37 | Jesus in Kapernaum; Heilung eines Besessenen |
| 4,38–44 | Weitere Heilungen und Abschluss dieses Aufenthaltes |
| 5,1–11 | Der Fischzug des Petrus |

| | |
|---|---|
| 5,12–16 | Die Heilung eines Aussätzigen |
| 5,17–26 | Die Heilung des Gichtbrüchigen |
| 5,27–32 | Die Berufung des Levi und das Gastmahl mit Zöllnern und Sündern |
| 5,33–39 | Die Fastenfrage |
| 6,1–5 | Das Ährenraufen am Sabbat |
| 6,6–11 | Die Heilung der verdorrten Hand am Sabbat |
| 6,12–16 | Die Berufung der 12 Jünger |
| 6,17–19 | Ansammlung des Volkes und Heilungen |

**6,20–49 Die Feldpredigt**

| | |
|---|---|
| 6,20–23 | Die Seligpreisungen |
| 6,24–26 | Die Weherufe |
| 6,27–36 | Von der Feindesliebe und der Wiedervergeltung |
| 6,37–42 | Vom Richten |
| 6,43–45 | Mahnung, gute Früchte zu bringen |
| 6,46–49 | Abschließende Gleichnisse |
| 7,1–10 | Der Hauptmann von Kapernaum |
| 7,11–17 | Die Auferweckung des Jünglings zu Nain |
| 7,18–23 | Die Frage Johannes´ des Täufers aus dem Gefängnis |
| 7,24–35 | Das Zeugnis Jesu über Johannes den Täufer |
| 7,36–50 | Die Salbung Jesu durch die Sünderin |
| 8,1–3 | Frauen als Dienerinnen Jesu |
| 8,4–15 | Das Gleichnis vom Sämann und seine Deutung |
| 8,16–18 | Mahnungen an die Jünger |
| 8,19–21 | Die wahren Verwandten Jesu |
| 8,22–25 | Die Stillung des Sturmes |
| 8,26–39 | Heilung des Besessenen im Lande der Gergesener |
| 8,40–56 | Die Auferweckung der Tochter des Jairus und die Heilung der blutflüssigen Frau |
| 9,1–6 | Die Aussendung der 12 Jünger |
| 9,7–9 | Das Urteil des Herodes über Jesus |
| 9,10–17 | Rückkehr der 12 Jünger und die Speisung der 5000 |
| 9,18–22 | Das Bekenntnis des Petrus und die erste Leidensankündigung |
| 9,23–27 | Der Leidensweg der Jünger |
| 9,28–36 | Die Verklärung Jesu |
| 9,37–43a | Die Heilung des epileptischen Knaben |
| 9,43b–45 | Die zweite Leidensankündigung |

| | |
|---|---|
| 9,46–50 | Mahnungen an die Jünger |

### C. 9,51–19,27 Die Wanderung durch Samarien nach Jerusalem

#### (9,51–18,14: Der lukanische Reisebericht)

| | |
|---|---|
| 9,51–56 | Ablehnung durch die Samariter |
| 9,57–62 | Bedingungslose Nachfolge |
| 10,1–24 | Aussendung und Rückkehr der 70 Jünger |
| 10,25–37 | Das Gleichnis vom barmherzigen Samariter |
| 10,38–42 | Maria und Martha |
| 11,1–4 | Das Unser-Vater |
| 11,5–13 | Vom rechten Bitten |
| 11,14–54 | Jesus und die Pharisäer: Zusammenstösse und Reden |
| 12,1–12 | Warnungen an die Jünger |
| 12,13–59 | Das Gleichnis vom reichen Kornbauer und andere Worte über Sorgen, Wachen und die Zeichen der Zeit |
| 13,1–9 | Von der Buße und das Gleichnis des Feigenbaumes |
| 13,10–17 | Die Heilung der verkrümmten Frau am Sabbat |
| 13,18–21 | Die Gleichnisse vom Senfkorn und vom Sauerteig |
| 13,22–30 | Mahnungen zur rechten Entscheidung (enge Tür) |
| 13,31–35 | Klageworte Jesu über Jerusalem |
| 14,1–6 | Die Heilung eines Wassersüchtigen |
| 14,7–35 | Das Gleichnis vom großen Abendmahl und andere Worte über die Jüngerschaft bei Jesus |
| 15,1–10 | Die Gleichnisse vom verlorenen Schaf und verlorenen Groschen |
| 15,11–32 | Das Gleichnis vom verlorenen Sohn |
| 16,1–13 | Das Gleichnis vom klugen Haushalter |
| 16,14–18 | Worte gegen die Pharisäer |
| 16,19–31 | Das Gleichnis vom reichen Mann und armen Lazarus |
| 17,1–10 | Mahnungen an die Jünger |
| 17,11–19 | Die Heilung von 10 Aussätzigen |
| 17,20–37 | Vom Reich Gottes und dem Tag des Menschensohnes |
| 18,1–8 | Das Gleichnis von der bittenden Witwe |
| 18,9–14 | Das Gleichnis vom Pharisäer und Zöllner |
| 18,15–17 | Jesus und die Kinder |
| 18,18–30 | Das Hindernis des Reichtums |
| 18,31–34 | Die dritte Leidensankündigung |
| 18,35–43 | Die Heilung des Blinden in Jericho |
| 19,1–10 | Der Oberzöllner Zachäus |

| | |
|---|---|
| 19,11–27 | Das Gleichnis von den anvertrauten Pfunden |

**D. 19,28–21,38 Jesu Wirksamkeit in Jerusalem vor der Passion**

| | |
|---|---|
| 19,28–40 | Jesu Einzug in Jerusalem |
| 19,41–44 | Jesu Tränen über Jerusalem |
| 19,45–48 | Jesus im Tempel – Die Tempelreinigung |
| 20,1–8 | Die Frage nach der Vollmacht Jesu |
| 20,9–19 | Das Gleichnis von den bösen Winzern |
| 20,20–26 | Die Frage der Pharisäer nach der Steuer |
| 20,27–40 | Die Frage der Sadduzäer bezüglich der Auferstehung |
| 20,41–44 | Eine Gegenfrage Jesu über den Sohn Davids |
| 20,45–47 | Warnungen Jesu vor den Schriftgelehrten |
| 21,1–4 | Das Scherflein der Witwe |
| 21,5–38 | Eschatologische Rede Jesu vom Weltende und seiner Erscheinung am Jüngsten Tag |

**E. 22,1–23,56 Jesu Passion**

| | |
|---|---|
| 22,1–6 | Der Verrat des Judas |
| 22,7–23 | Das letzte Mahl |
| 22,24–38 | Abschiedsworte an die Jünger |
| 22,39–46 | Jesus in Gethsemane |
| 22,47–53 | Die Gefangennahme Jesu |
| 22,54–71 | Die Verleugnung des Petrus und das Verhör Jesu vor dem Hohen Rat |
| 23,1–7 | Jesus vor Pilatus |
| 23,8–12 | Jesus vor Herodes |
| 23,13–25 | Die Verurteilung Jesu durch Pilatus |
| 23,26–32 | Jesu Todesgang |
| 23,33–49 | Die Kreuzigung und der Kreuzestod Jesu |
| 23,50–56 | Die Grablegung Jesu durch Joseph |

**F. 24,1–53 Nach dem Tod Jesu – Auferstehung und Himmelfahrt**

| | |
|---|---|
| 24,1–12 | Das leere Grab und die Informierung der Jünger |
| 24,13–35 | Die Erscheinung Jesu vor den beiden Jüngern auf dem Weg nach Emmaus |
| 24,36–49 | Erscheinungen des auferstandenen Jesu vor allen Jüngern |
| 24,50–53 | Die Himmelfahrt Jesu in Bethanien |

### 9.2.4. Inhalt: Theologische und literarische Besonderheiten

Der im dritten synoptischen Evangelium enthaltene Stoff könnte in drei Kategorien gegliedert werden: Ein erster Teil des Inhaltes taucht als gemeinsames Material auch im Markus-Evangelium auf; dabei handelt es sich mit anderen Worten um das gemeinsame Material aller drei synoptischen Evangelien. Ein weiterer Teil des Lukas-Evangeliums, der ungefähr 240 Verse beträgt, bildet einen gemeinsamen Stoff mit dem des Matthäus-Evangeliums. Der Inhalt des dritten Teils des Lukas-Evangeliums wird nur von diesem Autor überliefert. Dieser dritte Teil, der ungefähr ein Viertel des ganzen Evangeliums ausmacht, stellt das sogenannte „Sondergut" des Lukas dar.

Die charakteristischsten Abschnitte des lukanischen Sondergutes beinhalten zuerst einmal Wundererzählungen, wie z.B. der wunderbare Fischfang und die Berufung des Petrus (5,1–11), die Auferweckung des jungen Sohnes einer Witwe zu Nain (7,11–17), die Heilung der verkrümmten Frau am Sabbat (13,10–17), die Heilung des Wassersüchtigen (14,1–6) wie auch die Heilung der 10 Aussätzigen (17,11–19).

Als lukanisches Sondergut müsste weiterhin eine Reihe von Gleichnissen bezeichnet werden, wie z.B. das Gleichnis vom barmherzigen Samariter (10,29–37), das Gleichnis vom bittenden Freund (11,5–8), das Gleichnis vom törichten reichen Kornbauer (12,13–21), das Gleichnis des fruchtlosen Feigenbaumes (13,6–9), das Gleichnis vom unvollständigen Turm und vom kriegerischen König (14,28–33). Zum besonderen lukanischen Sondergut gehören auch die in Kapitel 15 aufgeführten drei Gleichnisse vom verlorenen Schaf (15,3–7; vgl. dazu Mt 18,12–14), vom verlorenen Groschen (15,8–10) und vom verlorenen Sohn (15,11–32). Sondergut sind darüber hinaus noch das Gleichnis vom klugen Haushalter (16,1–13), das Gleichnis vom reichen Mann und armen Lazarus (16,19–31), das Gleichnis vom unnützen Sklaven (17,7–10), das Gleichnis von der bittenden Witwe und dem ungerechten Richter (18,1–8), wie auch das Gleichnis vom Pharisäer und Zöllner (18,9–14).

Eine dritte Kategorie des lukanischen Sondergutes bilden die sogenannten Logien, also fest überlieferte Worte oder Ausdrücke Jesu, wie z.B.

- Lk 3,10–14: „ὁ ἔχων δύο χιτῶνας μεταδότω τῷ μὴ ἔχοντι..."
- Lk 6,24–26: „οὐαὶ ὑμῖν τοῖς πλουσίοις ... οὐαὶ οἱ γελῶντες..."
- Lk 10,18: „ἐθεώρουν τὸν σατανᾶν ὡς ἀστραπὴν ἐκ τοῦ οὐρανοῦ πεσόντα"
- Lk 12,49ff.: „Πῦρ ἦλθον βαλεῖν ἐπὶ τὴν γῆν..."
- Lk 17,20f.: „οὐκ ἔρχεται ἡ βασιλεία τοῦ θεοῦ μετὰ παρατηρήσεως"

Zum Sondergut des Lukas gehören aber auch konkrete Erzählungen, die den Überlieferungsrahmen eines Logion bilden, z.B. die Erzählung von der großen Sünderin im Hause des Simon und deren Reue (7,36–50), über die Frauen als Dienerinnen Jesu (8,1–3), die Erzählung über Maria und Martha (10,38–42), die Lobpreisung der Mutter Jesu (11,27–28), die Geschichte von Zachäus (19,1–10). Ein wichtiger Teil des lukanischen Sondergutes sind schließlich manche Episoden oder Logien von der Passion (wie z.B. Lk 22,31–32; 23,6–16. 27–31. 39–43) und den Erscheinungen des auferstandenen Herrn (z.B. Lk 24,10ff.).

Alle literarischen Gegebenheiten setzen konsequenterweise eine eindrucksvolle Gestaltungsarbeit des Autors voraus. Gerade weil das Material, das Lukas zugänglich gewesen ist, sehr umfangreich war und aus sehr verschiedenen Überlieferungen stammte, hat er ein beträchtliches Maß eigener Arbeit daran wenden müssen, es zu einer geschlossenen Einheit umzugestalten. Innerhalb dieses enharmonisch wirkenden Unterfangens lassen sich auch weiterhin folgende theologische Komponenten feststellen:

Ein erster wichtiger, das ganze Evangelium (und selbstverständlich auch die Apostelgeschichte) durchziehender theologisch-soteriologischer Leitgedanke ist im Text vorgegeben: die universale Geltung der Frohbotschaft, die Ökumenizität des christlichen Evangeliums. Der Bogen spannt sich vom Lobgesang der Engel in Lk 2,14 (vgl. bereits Lk 2,10f.) bis hin zu den prophetischen Missionsworten des Auferstandenen in Lk 24,47.

Eine besonders theologisch-symbolische Rolle spielt im Lukas-Evangelium die zwischen Galiläa und Judäa liegende Region von Samaria. Nicht nur bewegt sich Jesus selbst längere Zeit auf samaritischem Gebiet; hauptsächlich im Sondergut (Lk 10,29 ff.; 17,11 ff.) werden gerade Samariter als vorbildlich im Glauben und in der Liebe dargestellt. In Anbetracht der bekannten Ablehnung der Samariter durch die Juden knüpft der lukanische Jesus an das Merkmal des Verlorenen besonders an. Im Lukas-Evangelium tritt also die Liebe Jesu zu den Verlorenen sehr kräftig hervor. In Lk 19,10 findet sich das Mottowort, das über Jesu Leben und Sterben gesetzt werden kann: „Der Menschensohn ist gekommen, zu suchen und zu retten, was verloren ist."

Das eigene literarisch-theologische Profil des dritten synoptischen Evangeliums wird durch ein weiteres wichtiges Merkmal bekräftigt: soziale Empfindlichkeiten und Mitleiden des Autors mit benachteiligten gesellschaftlichen Gruppierungen, wie Frauen, Kindern, Sündern, Witwen etc. Auch Jesu Worte über das Problem des irdischen Besitzes findet man im Lukas-Evangelium in größerer Zahl als bei Mt und Mk, zudem verschärft, sowohl was die Warnung vor den Gefahren des Reichtums betrifft (6,24f.; 12,13ff.; 16,1ff. 19ff; 19,1ff.) als auch die Bevorzugung der Armen (6,20f.; 16,19ff.).

Der theologische Gedanke über die universale Geltung der Frohbotschaft wird mit noch einem zentralen Gedanken in Verbindung gebracht: Nicht nur in der Apostelgeschichte und insbesondere in den darin enthaltenen Berichten über die Urgemeinde (vgl. Apg 1,8 und 9,31), sondern bereits im Lukas-Evangelium spricht der Autor sehr häufig vom Heiligen Geist und seinen Wirkungen, entweder mit Bezug auf Jesus selbst (1,35; 4,1ff.14.18; 5,17; Apg 10,38) oder auch auf die künftige Ausrüstung der Jünger (11,13; 12,12; 24,49).

Ein weiterer interessanter theologischer Aspekt ist das Auftreten des Jüngsten Tages im Lukas-Evangelium. Wie wir die Frage nach einem Ausbleiben oder nach einer Verzögerung der Parusie beantworten können, das hängt ab von der Auslegung bestimmter Stellen wie 17,21; 9,27. Die Beantwortung der Frage hängt auch davon ab, in welcher Form und in welchem Umfang die Enderwartung bei Jesus selbst als Naherwartung aufzufassen ist. Die Erörterungen auch über diese Vorfrage sind noch längst nicht abgeschlossen und haben mit der gesamten theologischen Ausrichtung des dritten Evangeliums zu tun.

Ein literarisch beachtenswerter Aspekt des Lukas-Evangeliums ist sein oft angedeutetes Verhältnis zur Apostelgeschichte, mit der es eine literarische Zweiheit bildet. Mehrmals ist bereits auf entsprechende Aussagen der Apostelgeschichte Bezug genommen worden. Das Lukas-Evangelium will überhaupt nicht für sich allein betrachtet sein, sondern im Zusammenhang mit der Apostelgeschichte. Trotzdem sollte hier klar gemacht werden, dass Lukas im Vorwort des Evangeliums noch nicht darauf Bezug nimmt, dass er ein zweites Werk zu verfassen vorhat; auch am Schluss des Evangeliums deutet er dergleichen nicht an.

Ein für die literarische Methode des dritten Evangeliums und für das lukanische Schaffen überhaupt kennzeichnender Grundsatz ist ein in der Struktur des gesamten lukanischen Doppelwerkes sich befindendes Zweiheitsgesetz. Neben häufigem und wohlüberlegtem Gebrauch von Wortpaaren (6,46: κύριε-κύριε; 8,24: ἐπιστάτα-ἐπιστάτα; 10,41: Μάρθα-Μάρθα) stehen etymologische Figuren (1,42: εὐλογημένη σὺ ἐν γυναιξὶν καὶ εὐλογημένος ὁ καρπός; 2,8f.: φυλάσσοντες φυλακάς ... ἐφοβήθησαν φόβον; 6,48f.: οἰκοδομοῦντι οἰκίαν; 7,29: βαπτισθέντες τὸ βάπτισμα), Wortkompositionen, Chiasmen, vier- und sechsgliedrige Wortgruppen und andere rhetorische Figuren als die wichtigsten Erscheinungsformen dieses Zweiheitsgesetzes. Auch bei der Ordnung ganzer Abschnitte ist das Zweiheitsgesetz wirksam; dieses Phänomen umspannt in zahlreichen Fällen sogar das Evangelium und die Apostelgeschichte. Unabhängig davon kann man dennoch behaupten, dass das Lukas-Evangelium ein besonderes literarisches Kunstwerk bildet, dessen Wert man auch dann empfinden kann, wenn man auf das Zweiheitsgesetz nicht grundsätzlich achtet.

### 9.2.5. Der Verfasser

Was in den vorherigen Kapiteln bezüglich des Verfassers ausgeführt wurde, könnte mit folgenden Gedanken erweitert werden: Das Lukas-Evangelium könnte von einem hellenistischen Gelehrten, der sich im medizinischen Bereich auskannte, verfasst worden sein. Der Text an sich deutet (im Unterschied zu den zwei anderen synoptischen Evangelien und in Übereinstimmung mit der Apostelgeschichte) auf zahlreiche medizinische Fachkenntnisse und medizinische Fachausdrücke des Autors. Lukas verwendet in Abweichung vom Markus-Evangelium Wörter, Ausdrücke und Wendungen, die in der antiken medizinischen Literatur vorkommen (4,38 „πυρετῷ μεγάλῳ"; 5,12 „ἀνὴρ πλήρης λέπρας"; 8,43 „γυνὴ οὖσα ἐν ρύσει αἵματος"). Darüber hinaus wären folgende Stellen noch zu berücksichtigen: Lk 7,15 (Auferweckung des Jünglings zu Nain); Lk 10,33 (die Pflege des Verletzten durch den guten Samariter), Apg 3,7–8 (die Heilung des Gelähmten); Apg 5,5.10 (der Tod von Ananias und seiner Frau); Apg 9,18 (die Heilung des Blinden); Apg 9,40 (die Auferweckung von Tabitha); Apg 12,23 (der Tod von Herodes); Apg 28,8 (die Krankheit des Vaters von Poplius).

Es ist nicht zu übersehen, dass im Lukas-Evangelium Krankheiten wie Heilungen vom ärztlichen Standpunkt aus einwandfrei beschrieben werden (4,35; 13,11). Eindrucksvoll beschreibt der Autor die Auferweckung der Tochter des Jairus (Lk 8, 51–56) samt einem medizinischen Zusatz in 8,55 gegenüber Mk und Apg 3,7; 9,18. Im Sondergut (Gleichnis vom barmherzigen Samariter: Lk 10,33f.) fällt die besonders ausführliche Beschreibung der Handreichungen des Samariters und die Pflege des Verletzten auf. In Lk 8,43 ist das bittere Urteil über das Versagen der Ärzte in Mk 5,26 abgemildert. Nichts spricht also gegen die Abfassung des Lukas-Evangeliums durch einen Arzt. Diese Beobachtung wäre weiterhin eine zu berücksichtigende Grundlage, um daraufhin die Verfasserschaft des Lukas als zumindest angedeutet anzunehmen.

### 9.2.6. Die Quellen des Lukas-Evangeliums

Die Frage nach den Quellen des Lukas-Evangeliums hat die moderne Bibelwissenschaft intensiv beschäftigt, so dass in den letzten Jahrzehnten eine Vielzahl von einschlägigen Studien veröffentlicht worden sind. Wir wollen aber die wichtigsten Anhaltspunkte ansprechen, die sich zuerst von der inneren Struktur, also den persönlichen Zeugnissen des Lukas, wie auch von der äußeren philologischen, literarischen und redaktionellen Gestaltung des dritten synoptischen Evangeliums ergeben.

Über seine eigene Arbeitsweise, die auch indirekt auf seine eventuellen Quellen hinweist, gibt Lukas im Vorwort seines Evangeliums (Lk 1,1–4) selbst Auskunft. Eine erste wichtige Quelle scheinen also konkrete vorexistierende Schriften gewesen zu sein. Laut Lk 1,3 kann sich Lukas jedoch nicht darauf beschränkt haben, die Werke seiner Vorgänger zusammenzufassen. Er muss bei seinen Forschungen bestimmt in weitere Bezirke der Überlieferungsbildung vorgestoßen sein.

Prüft man im Verlauf des ganzen Lukas-Evangeliums, welche einzelnen Quellen und in welcher Art der Autor diese benutzt hat, so steht außer Zweifel, dass auch er (genau wie der andere Synoptiker Matthäus) Markus-Stoff (= Mk) verwertet hat. Hierbei begegnen wir unausweichlich der berühmten „synoptischen Frage" der Evangelien, die eine enorme Produktion an Literatur hervorgebracht hat. Dass Lukas weniger Abschnitte, die sich in unserem Markus-Evangelium finden, als Matthäus hat, sollte entweder mit seiner eigenen Arbeitsmethode oder mit der ihm zugänglich gewordenen Markus-Form zusammenhängen. Lukas hat also manches Markus-Material nicht übernommen, oder die Fassung des Markus-Stoffes, die ihm vorlag, war kürzer als die von Matthäus. Insgesamt hat Lukas dem Markus-Stoff ein eindeutiges Vertrauen entgegengebracht, was sich unter anderem auch darin zeigt, dass er dessen Anordnung ziemlich getreu gefolgt ist.

Eine weitere grundlegende Quelle, die Lukas zusammen mit Matthäus benutzt hat, ist die Logien-Quelle (= Q). Auch hier scheint er wie beim Markus-Stoff die Anordnung weitgehend respektiert zu haben, so dass diese aus dem dritten synoptischen Evangelium besser als aus dem Matthäus-Evangelium zu erkennen ist. Im Einzelnen scheint er den Wortlaut der Logien-Quelle stärker als Mt verändert zu haben. Es kann andererseits aber vielleicht sein, dass er sie in einer anderen Fassung als dieser vor sich gehabt hat.

Ein eindrucksvoll großer Teil des Lukas-Evangeliums ist bestimmt auf Sondergut zurückzuführen. Es handelt sich im Großen und Ganzen um Material, das aus solchen Überlieferungen stammen soll, die weder in die Logien-Quelle noch in den Markus-Stoff Eingang gefunden haben und dem ersten Evangelisten auch nicht zugänglich gewesen sind. Es handelt sich mit anderen Worten um die eigene, besondere Quelle des Lukas, die international mit dem großen Buchstaben L wiedergegeben wird. Lukas hat ja eigene Forschungsarbeit betrieben. Er ist, wie der Wir-Bericht in Apg 21 andeutet, selbst nach Palästina gekommen und hat sich dort, vielleicht mit Unterbrechungen, über 2 Jahre aufgehalten (vgl. auch Apg 27). Er wird bei seiner Forschungs- und Sammelarbeit gerade deswegen einen großen Erfolg gehabt haben, weil er sich dort persönlich ausgekannt hat und an Ort und Stelle seinen Vorarbeiten nachgegangen ist.

Das gesamte lukanische Sondergut zeichnet sich durch seine vielfältigen Überlieferungen und Quellen aus. So enthält die besondere Vorgeschichte des dritten synoptischen Evangeliums in ihren Angaben über Johannes den Täufer offenkundig Traditionen, wie sie in den Kreisen der Johannes-Jünger im Umlauf waren. Charakteristischerweise wirken diese Täufer-Überlieferungen im Rest des Evangeliums jedoch nicht nach, weswegen der Leser einem Bericht über den Tod des Täufers entbehren sollte (ein solcher fehlt bei Lk gänzlich; vgl. dazu Mk 6,17–29 par). Auch in seiner Passionsgeschichte und bei den Erscheinungsberichten über den Auferstandenen hat Lukas manche Besonderheiten und ganze Sondergut-Abschnitte (vgl. Lk 24) vorzuzeigen. Auch hier muss er bestimmte, zum Teil (was die Erscheinungsberichte betrifft) recht gute Überlieferungen zur Verfügung gehabt haben. Allerdings steht der weitaus größte Teil des Sonderguts im mittleren Teil des Evangeliums, im sogenannten Reisebericht (Lk 9,51–18,14), der etwa ein Drittel des Evangeliums ausmacht und zugleich eine charakteristische Eigentümlichkeit des lukanischen Aufbaus darstellt. Wie auch immer dieser „Reisebericht" im Zusammenhang des ganzen Textes interpretiert werden mag (literarisch, theologisch, symbolisch etc.), sollte er gewiss als eine lockere Zusammenstellung von Rede- und Erzählungsstoffen aus verschiedenen Kontexten angesehen werden, die das besondere und eigene Profil des Redaktors Lukas kennzeichnen.

Diesen Teil über die Quellen des dritten Evangeliums wollen wir mit einigen formgeschichtlichen Ausführungen abrunden. In der Passionserzählung des Lukas-Evangeliums hat die bereits erwähnte Quelle L eine offenbare Priorität der Logien-Quelle Q gegenüber. Dies zeigt sich in der Tatsache, dass Lukas uns viele einschlägige Informationen überliefert, die bei den anderen Evangelisten nicht zu finden sind. Darüber hinaus ist es bemerkenswert, dass im Rahmen der Passionsgeschichte Lukas sich von den literarisch-theologischen Zügen der beiden anderen Synoptiker entfernt. Dennoch nähert er sich auf eine charakteristische Weise der johanneischen Tradition der Passion. Hierbei können wir uns eine repräsentative Auswahl von interessanten Berührungspunkten zwischen dem Lukas und Johannes vor Augen führen:

1. Deutung des Verrats des Judas letztendlich als das Werk des Teufels (Lk 22,3–6 → Joh 6,70–71; 13,2.27)
2. Abschiedsrede Jesu (bei Lukas als Diskussion zwischen Jesus und den Jüngern vorgestellt) nach dem letzten Abendmahl und vor dem Hinaufstieg zum Ölberg (z.B. Ankündigung der Verleugnung des Petrus: Lk 22,31–34 → Joh 13,36–38)
3. Beschreibungsszene der Gefangennahme Jesu in Gethsemane (Lk 22,47–53 → Joh 18,2–12)
4. Gebrauch des Begriffes „ὥρα“ (Stunde) (Lk 22,53 → Joh 16,4: dies ist ihre Stunde; Lk 12,40.46 → Joh 16.25: eschatologische Stunde)

Selbstverständlich dürfte man von keiner philologischen Abhängigkeit beider Evangelisten reden. Es scheint jedoch sicher zu sein, dass die Überlieferung der besonderen Quelle von Lukas (L) gewisse Berührungspunkte mit der sogenannten johanneischen Schule und Tradition aufweist. Eine solche Feststellung könnte wiederum für die Suche nach dem Abfassungsort des dritten Evangeliums hilfreich sein.

Schließlich sollte betont werden, dass der Vergleich des Lukas-Evangeliums sowohl mit dem Johannes-Evangelium, aber insbesondere mit den anderen zwei synoptischen Evangelien zeigt, dass der Autor des dritten Evangeliums eine größere Anzahl von Quellen und Überlieferungen als die anderen Evangelien verwertet hat. Daher hat sich seine gestaltende Arbeit viel weiter und vielfältiger entwickelt. Man könnte sogar zu behaupten wagen, dass der Vorgang der Entstehung des Lukas-Evangeliums viel bewegter als der der anderen Evangelien gewesen ist.

### 9.2.7. Die Sprache des Lukas

Die beiden Schriften von Lukas, der die griechische philologische Tradition vertritt, weisen die beste griechische Sprache aller historischen Bücher des Neuen Testaments auf. Nichtsdestotrotz sollte aber auch erwähnt werden, dass an einigen Stellen des gesamten lukanischen Doppelwerkes semitische Einflüsse sichtbar werden. Ein unbezweifelbares Element der lukanischen Sprache ist jene dem Griechischen nahe sprachliche Struktur, welche einen gewissen attischen Einfluss erkennen lässt. Die Überlegenheit der Sprache des dritten Evangeliums lässt sich durch den Vergleich mancher seiner Perikopen mit den entsprechenden Abschnitten der anderen Evangelisten zeigen.

Ein erstes charakteristisches Merkmal für den hellenistischen Autor Lukas ist, dass er die besseren griechischen Wörter „κλινίδιον” (Lk 5,19.24) oder „κλίνη” (Lk 5,18) statt „κράβατος” (Mk 2,4) gebraucht, wie auch „κονιορτός”

(Lk 9,5; 10,11) statt „χοῦς" (Mk 6,11), „κύριε" (Lk 18,41) statt „ραββουνί" (Mk 10,51), „ἀληθῶς" (Lk 9,27) oder „ἐπ' ἀληθείας" (Lk 4,25) statt „ἀμήν" (Mt 16,28; Mk 9,41), „βελόνη" (Lk 18,25) statt „ραφίς" (Mt 19,24. Mk 10,25).

Eine zweite sprachliche hellenistische Besonderheit des Arztes Lukas ist, dass er in seinem Evangelium zweckmäßig und ständig die lateinischen Ausdrücke der anderen zwei synoptischen Evangelien (Matthäus, Markus) durch griechische ersetzt. So schreibt er z.B.: ἑκατόνταρχος (Lk 23,47) anstelle von κεντυρίων (Mk 15,39), φόρος (Lk 20,22) statt κῆνσος (Mt 22,17; Mk 12,14), σκεῦος (Lk 8,16) anstelle von μόδιος (Mk 4,21), ἐπιγραφὴ (Lk 23,38) statt τίτλος (Joh 19,19).

Ein drittes Merkmal der lukanischen Sprache besteht darin, dass er an Stelle der einfachen parataktischen Verbindung der Sätze geeignete Partizipien oder die Verbindungspartikel „δέ", „γάρ" bzw. „οὖν" benutzt. Interessanterweise ersetzt Lukas in 26 gemeinsamen Stellen mit Markus das markinische Partikel „καί" mit „δέ".

Viertens wendet Lukas sehr oft die Optativform von Verben an (Lk 1,29.38.62; 6,11; 9,46 etc.).

Als fünftes Merkmal des Lukas ist sein Verzicht auf den Gebrauch des sog. historischen Präsens von Verben zu verzeichnen, etwas, was ein Zeichen einfachen und umgangssprachlichen Stils ist. Im Vergleich zu den 151 Formen historischen Präsens des Markus treffen wir in den lukanischen Parallelen nur einen entsprechenden Fall (Lk 8,49).

Dieselben sprachlichen Merkmale findet man auch in der Apostelgeschichte, die insgesamt aus 2.050 Wörtern besteht. Im Allgemeinen gilt der Einfluss der Sprache der Septuaginta auf die Werke des Lukas. Und dies wird umso mehr deutlich an jenen Stellen der lukanischen Schriften, an denen sich der Autor unabhängig von seinen eigenen Quellen zeigt.

### 9.2.8. Abfassungsort und -zeit

Es ist bereits klar angedeutet worden, dass Lukas, der gelehrte Heidenchrist, für Heidenchristen geschrieben hat, wie das schon Markus, obwohl Judenchrist, dies ebenfalls getan hat. Diesbezüglich liefert uns der Text genügende Beweise dafür: Aramäische Worte lässt Lukas teils ganz aus, z.B. 8,54 (vgl. Mk 5,41); 19,38 (vgl. Mk 11,9), teils ersetzt er sie durch griechische Worte, z.B. 4,2 (vgl. Mk 1,13); 9,33 (vgl. Mk 9,5). In Lk 22,40 bzw. 23,33 tauchen sogar die Ortsangaben Gethsemane bzw. Golgatha nicht auf. Den Landschaftsnamen Judäa gebraucht Lukas auch als Bezeichnung für Palästina überhaupt (z.B.

6,17; 7,17; 23,5), wie das in der damaligen außerbiblischen griechischen Literatur doch üblich war.

Die Widmung an Theophilos (Lk 1,3; Apg 1,1) kann nicht unbedingt davon zeugen, dass beide Schriften nicht von Anfang an für ein breiteres Publikum bestimmt gewesen seien. Wo Theophilos (= Gottesfreund) zu suchen ist, wissen wir so wenig wie sonst Näheres über ihn; doch wäre ohnehin nicht sicher, ob der weitere Leserkreis nur in der Nähe des Theophilos gesucht werden dürfte. Dass Theophilos der Geheimname gewesen sei, unter dem der Konsul T. Flavius Clemens, der später durch Kaiser Domitian hingerichtete Gatte der Domitilla, in der römischen Christengemeinde bekannt war, ist eine interessante, aber nicht nachweisbare Vermutung. Auch der Anrede „κράτιστος" („hochverehrter": vgl. auch Apg 23,26; 24,3; 26,25) ist nichts Sicheres über den Stand des Theophilos zu entnehmen. Dass er Christ war, ist auf Grund von Lk 1,4 mit Vorsicht anzunehmen. Eine weitere Vermutung besagt, dass er zwar bereits Unterweisung in der christlichen Lehre empfangen hatte, aber noch nicht getauft war.

Unabhängig von der Person des Theophilos wäre hier auch das Verhältnis des Evangeliums zur Apostelgeschichte bedeutsam. Denn, wenn Lukas das Evangelium einige Jahre vor der Apostelgeschichte geschrieben hatte und diese erst nach dem Tode des Paulus entstanden war, liegt es nahe, auch für das Evangelium an Rom als Abfassungsort zu denken (2 Tim 4,11). In der altkirchlichen Überlieferung gibt es diesbezüglich weitere erwähnenswerte Vermutungen. Die Entstehung des Evangeliums wird gelegentlich nach Achaia verlegt, obwohl über besondere Beziehungen des Lukas zu Achaia aus dem Neuen Testament nichts bekannt ist. Wahrscheinlich waren dafür konkrete außerneutestamentliche Traditionen maßgebend.

Auf der Suche nach dem angeblichen Abfassungsort des dritten synoptischen Evangeliums sind in der biblischen Literatur weitere Vorschläge zu vermerken, wie z.B. Kaisareia, Böotien in Griechenland oder Ephesos. In diesem Zusammenhang vertritt Karavidopoulos die Meinung, Ephesos käme hier am wahrscheinlichsten in Frage. Dabei stützt er seine Annahme auf die festgestellten Berührungspunkte zwischen der besonderen lukanischen Tradition und der johanneischen Überlieferung.[35]

Was die Abfassungszeit betrifft, sollte man sich an der Zeit um 70 n. Chr. orientieren. Manche Stellen des Evangeliums (Lk 19,43f. und 21,20.24) könnten auf die Zeit unmittelbar nach dem Jahre 70 hinweisen, obwohl es sich auf der anderen Seite um Drohworte handelt, die auf Jesus selbst zurückgehen.

---

35. *Joh. Karavidopoulos*, Εἰσαγωγή στήν Καινή Διαθήκη, Thessaloniki ²1998, S. 210.

Auch die lukanische Fassung in Kap 21 sollte nicht unbedingt die angeblich bereits erfolgte Zerstörung Jerusalems voraussetzen, obwohl die entsprechenden Angaben im Lukas-Evangelium ausführlicher gehalten sind als in Mt 22,7 und sich auch unmittelbar auf das Schicksal Jerusalems beziehen. Wir würden uns von der Wahrheit wahrscheinlich nicht entfernen, wenn wir die Abfassung des dritten Evangeliums in den Jahren kurz nach 70, doch nicht später als etwa um das Jahr 80 ansetzen würden.

Ein Zusammenhang mit der Abfassungszeit der Apostelgeschichte und auch mit der des Markus-Evangeliums könnte außerdem hilfreich sein. Da wir die Abfassungszeit des Markus-Evangeliums ungefähr in den Jahren 64–70 bestimmen können, zudem auch nicht wissen, wie viele Jahre vor der Apostelgeschichte Lukas sein erstes Werk geschrieben hat, ist auch eine Abfassungszeit um das Jahr 70 (vielleicht kurz danach) anzusetzen. Dass Lukas erst nach 74 geschrieben haben könne, weil angeblich der Census dieses Jahres die gesamte Bevölkerung des römischen Imperiums erfasst hat und der Autor sich dies für seine Darstellung in 2,1 zum Vorbild genommen habe, kann nicht ohne Bedenken akzeptiert werden. Lukas würde im Rahmen seines theologischen Profils eine solche Registrierung auch dann als „ökumenisch" (vgl. Apg 11,28) bezeichnen, wenn sie in eine Zeit fiel, in der in mehreren Provinzen solche lokalen Zählungen durchgeführt wurden.

### 9.2.9. Liturgische Anwendung des Lukas-Evangeliums

Im liturgischen Leben der Orthodoxen Kirche und im turnusmäßigen Verlesen aller vier Evangelien nimmt das dritte Evangelium nach Lukas einen hohen Stellenwert ein. Ausgewählte, vorbestimmte Abschnitte aus dem Lukas-Evangelium werden im Rahmen der Göttlichen Liturgie in der Periode vom ersten Sonntag nach dem Fest der Kreuzeserhöhung (14. September) bis zum zweiten Sonntag des Triodions, also der vorösterlichen Fastenzeit, genannt „Sonntag des verlorenen Sohnes" vorgelesen. Speziell alle Sonntage ab Mitte September bis zum Beginn des Triodions, also des Kreises der beweglichen Feste mit dem Osterfest im Zentrum, werden aufgrund der lukanischen Perikopen nach dem dritten Evangelisten aufgezählt, nämlich 1. Sonntag des Lukas, 12. Sonntag des Lukas, 24. Sonntag des Lukas usw.

Innerhalb der obengenannten breiten Zweitspanne werden lukanische Perikopen an den Werktagen nur in den ersten zwölf Wochen gelesen, während ab der 13. Woche für die Werktage das Markusevangelium an der Reihe ist.

## 9.3. Die Apostelgeschichte

### 9.3.0. Das Profil der Apostelgeschichte

Die Apostelgeschichte stellt die einzige Schrift des Neuen Testaments dar, die durchaus rein historische Züge aufweist, und bildet zusammen mit dem Lukasevangelium ein einheitliches Werk. Es handelt sich um eine 28 Kapitel mit 1.006 Versen umfassende Schrift, die den bedeutsamen Schritt wagt, die Geschichte des irdischen Jesus theologisch und auch zeitlich mit der Geschichte der Kirche zu verbinden. Diese stete Verbindung beider Perioden vermittelt selbstverständlich der Heilige Geist. Für die Apostelgeschichte ist Jesus Christus weder eine geschichtliche Person der Vergangenheit noch verließ er die Welt mit seiner Himmelfahrt, sondern er ist weiter dynamisch anwesend in der Geschichte und leitet die Welt durch den Heiligen Geist, welcher der Kirche gegeben wurde.

Der in den meisten Handschriften enthaltene Titel „Αἱ Πράξεις τῶν Ἁγίων Ἀποστόλων“ (= Die Taten der heiligen Apostel) ist der Bezeugung nach ziemlich spät. Der Verfasser selbst hatte seinem Buch so wenig wie seinem Evangelium eine Überschrift gegeben. Der ältere, ursprünglichere Titel war „Αἱ Πράξεις τῶν Ἀποστόλων“ (= Die Taten der Apostel) mit seiner lateinischen Äquivalente „acta bzw. actus apostolorum“. Interessant in diesem Zusammenhang ist die reichere Variation „Λουκᾶ Εὐαγγελιστοῦ Πράξεις τῶν Ἁγίων Ἀποστόλων“. Die deutschsprachige Bezeichnung „Apostelgeschichte“ (Apg) bedeutet all denen gegenüber eine leichte, aber nicht belanglose Änderung des Sinns. Aufgrund der Tatsache, dass Kirchenväter wie Origenes die lukanischen Schriften oft nur entweder als „Evangelium“ oder „Taten“ bezeichnen, wird ersichtlich, dass die abgekürzte Überschrift „Πράξεις“ bereits in der Alten Kirche ziemlich verbreitet war.

Das Wort „Taten“ an sich gebraucht der Autor nur in Lk 23,51; Apg 19,18; ebenso verwendet Lukas das Wort „Apostel“ in seiner Apostelgeschichte nur für die Apostel in Jerusalem, dagegen (mit Ausnahme von 14,4.14) nicht für Paulus, von dem doch der ganze zweite Teil handelt. Mit anderen Worten: Die Apostelgeschichte schildert in Wirklichkeit die Taten der beiden Koryphäen Apostel Petrus und Paulus. Die übrigen Apostel werden namentlich nur in der Liste Apg 1,13 aufgeführt, während an anderen Stellen der Schrift gelegentlich die Apostel Judas, Johannes und Jakobus wirken. Eine systematische Berichterstattung der übrigen Apostel gibt es in der lukanischen Schrift der sog. Apostelgeschichte dennoch nicht. Darüber hinaus wird auch das Wirken von weiteren Persönlichkeiten der Urkirche angesprochen, die wie Barnabas (in Apg 14,4.14 wird er Apostel genannt), Stephanus, Philippus und Apollos eine beachtenswerte Tätigkeit entfaltet haben. Erwähnenswert ist darüber hinaus, dass im ersten Teil und bis ungefähr zur Hälfte der Schrift die Apostel oft als eine Gruppe auftauchen (Apg 2,14; 5,18; 6,2; 8,14; 9,27; 11,1; 15,2–22). Nur unter diesem Aspekt könnte man allerdings die Überschrift der ganzen Schrift rechtfertigen.

### 9.3.1. Altkirchliche Kommentare – Orthodoxe Kommentare

a) ***Altkirchliche Kommentare:*** *Origenes* PG 14, 829–832 (auszugsweise); Didymos der Blinde PG 39, 1653–1678; *Johannes Chrysostomos* PG 60, 13–384; *Theodor von Mopsuestia* PG 66, 785 ff.; *Kyrill von Alexandrien* PG 74, 757–774 (auszugsweise); *Euthalios* PG 85, 627–664; *Ammonios von Alexandrien* PG 85, 1523–1608 (auszugsweise); *Oecumenios* PG 118, 29–308; *Theophylaktos von Bulgarien* PG 125, 483–1132.
b) ***Orthodoxe Kommentare:*** *Ev. Antoniadis*, Ἑρμηνεία τῶν Πράξεων τῶν Ἀποστόλων, Bd. 1, Athen 1923; *Ioil Giannakopoulos*, Πράξεις Ἀποστόλων (Ἀναλύσεις κειμένων – Κοινωνικά θέματα), Kalamä 1954; *A. Makrakis*, Ἑρμηνεία κατὰ βάθος καὶ πλάτος εἰς τὰς Πράξεις τῶν Ἀποστόλων, Athen 1974; *P. Trempelas*, Ὑπόμνημα εἰς τὰς Πράξεις τῶν Ἀποστόλων, Athen 1955 (21977); *I. Panagopoulos*, Θεολογικό Ὑπόμνημα στίς Πράξεις τῶν Ἀποστόλων, Teil 1: Kap. 1–12, Athen 21992, S. 151–327; *Ders.*, Ὁ Θεός καί ἡ ᾿Εκκλησία. Ἡ θεολογική μαρτυρία τῶν Πράξεων Ἀποστόλων, Athen 1969; *G. Patronos*, Προλεγόμενα στήν ἔρευνα τῶν Πράξεων, Thessaloniki 1990; *Chr. Oikonomou*, Τό πρόβλημα τοῦ τίτλου „Πράξεις τῶν Ἀποστόλων", Thessaloniki 1995.

### 9.3.2. Altkirchliche Bezeugung und der Verfasser der Apostelgeschichte

In der ursprünglichen Überschrift der Apostelgeschichte steht kein Verfassername. Nur späte (in der Regel Minuskel-) Handschriften beinhalten die Beifügung „Λουκᾶ Εὐαγγελιστοῦ Πράξεις τῶν Ἁγίων Ἀποστόλων" oder „Τοῦ Εὐαγγελιστοῦ Λουκᾶ" u.ä. Dies lässt sich dadurch erklären, dass die uns bekannte Überschrift aus einer Zeit stammt, in der Lk-Ev und Apg noch als Doppelwerk für sich überliefert wurden. Es genügte damals dabei, sie als Ev und Apg zu unterscheiden, während ab dem Ende des 2. Jh.s, als das Lk-Ev mit den andern Evangelien zusammen überliefert wurde, ihm der Zusatz „nach Lukas" beigegeben wurde. Die feste Zweiheit des lukanischen Werkes lässt sich anhand eines weiteren Beispiels veranschaulichen: Im Codex D ist der Name „Johanes“ im Lukas-Evangelium und in der Apostelgeschichte fast durchweg mit einem n, in den Evangelien nach Matthäus, Markus und Johannes durchweg mit zwei n geschrieben (Cod B hat stets ein n, die anderen Handschriften haben fast überall zwei n). Die Schreibung im Codex D ist allerdings nur als Nachwirkung einer gesonderten Weitergabe der beiden lukanischen Schriften als eine Einheit zu verstehen.

Die altkirchliche Überlieferung stimmt in der Person des Lukas als Verfasser der Apostelgeschichte überein. Vielfältige Zitate und Bezeugungen der Apostelgeschichte haben wir bei Klemens von Alexandrien (Stromateis V, 12), Origenes (Adversus Celsum VI, 11), Hieronymus (De viris illustribus VII), Eusebios (Hist. Eccl. II, 22,1). Aufgrund des gemeinsamen Empfängers des Lk-Ev und der Apg, also des Theophilos, wird von vielen altkirchlichen und späteren Autoren der apologetische Charakter beider lukanischen Werke besonders betont. Die allgemeine schriftstellerische Intention des Autors könnte man folgendermaßen wiedergeben: Mit seiner Schrift hat sich Lukas zum Ziel gesetzt, zu zeigen, dass durch das Wirken („Πράξεις“) der Apostel die christliche Botschaft von der Mutter-Kirche in Jerusalem und dann von Stadt zu Stadt des Reiches bis zur Hauptstadt Rom verkündet wurde. Dabei spielt der Heilige Geist eine bedeutende Rolle: „Aber ihr werdet die Kraft des heiligen Geistes empfangen, der auf euch herabkommen wird, und ihr werdet meine Zeugen sein, in Jerusalem und in ganz Judäa und Samarien und bis an die Grenzen der Erde“ (Apg 1,8).

Der Heilige Geist könnte als derjenige göttliche Faktor betrachtet werden, der im lukanischen Doppelwerk die ganze Heilsgeschichte prägt. Als erstes verheißt Jesus den Jüngern die Gabe des Heiligen Geistes. Während er bei der Taufe durch Johannes allein den Geist empfing, werden beim Pfingstereignis nun alle zu Empfängern dieser Gabe von oben (vgl. Apg 2,4). Ebenso diejenigen, die sich später bekehren und taufen lassen, empfangen durch die Taufe den Heiligen Geist (vgl. Apg 7,15ff.; 10,44ff. u.a.). Insbesondere ist aber der Heilige Geist nach der Darstellung der Apostelgeschichte auch da wirksam, wo wichtige kirchenpolitische Entscheidungen gefällt werden oder wo Weichenstellungen erfolgen, wie bei der Aussendung von Barnabas und Paulus (vgl. Apg 13,2), beim Apostelkonzil (vgl. Apg 15,28) oder bei der Entscheidung, welchen Weg die Missionare nehmen sollen (vgl. Apg 16,6f.). Die Anwesenheit und Wirkung des Heiligen Geistes im zweiten Buch von Lukas erweist sich als ausschlaggebend und prägend. Daher ist auch die Meinung vertreten worden, die Apostelgeschichte könnte als „das Evangelium des Heiligen Geistes“ charakterisiert werden.

Die weitere Tatsache der plötzlichen und abrupten Beendigung der Apostelgeschichte mit der Erzählung im 28. Kapitel hat ebenfalls Anlass zu vielen Vermutungen gegeben. Daraus lässt es sich selbstverständlich nicht automatisch schließen, dass Lukas vorhatte, ein drittes Buch (τρίτον λόγον) zur Vervollständigung seines Werkes abzufassen. Die wahrscheinlichste Antwort könnte lauten: Der Autor hört bei diesem Punkt der Apostelgeschichte auf, weil er sein Ziel als vollendet hätte betrachten können. Höchstwahrscheinlich hat er zeigen wollen, dass die Verkündigung des christlichen Kerygmas, nachdem es das ganze Reich durchgequert hatte, auch endlich in seiner Hauptstadt Rom verbreitet wurde.

### 9.3.3. Inhaltsgliederung

**A. 1,1–11 Proömium**
**Erscheinungen des auferstandenen Christus und Himmelfahrt**

**B. 1,12–8,3 Die Anfänge der Urgemeinde in Jerusalem**

| | |
|---|---|
| 1,12–26 | Rückkehr der Apostel nach Jerusalem – Die Ersatzwahl des zwölften Apostels Matthias |
| 2,1–41 | Die Ausgießung des Heiligen Geistes zu Pfingsten |
| 2,42–47 | Das Leben in der Urgemeinde |
| 3,1–26 | Die Heilung des Lahmen im Tempel |
| 4,1–31 | Petrus und Johannes vor dem Hohen Rat; Gebet der Gemeinde nach ihrer Freilassung |
| 4,32–37 | Zweite Schilderung des Lebens in der Gemeinde |
| 5,1–16 | Ananias-Sapphira und Entwicklung der Gemeinde |
| 5,17–42 | Gefangennahme der Apostel, wunderbare Befreiung, weitere Festnahme und Verhör, Vorschlag Gamaliels |
| 6,1–7 | Einsetzung der sieben Witwenpfleger (Diakone) |
| 6,8–8,1a | Stephanus vor dem Hohen Rat; sein Märtyrertod |
| 8,1b–3 | Die Verfolgung der Urgemeinde |

**C. 8,4–12,25 Die ersten Missionen in Palästina, Syrien u.a.**

| | |
|---|---|
| 8,4–25 | Tätigkeit des Philippus und Mission von Petrus und Johannes in Samarien |
| 8,26–40 | Philippus und der Eunuch aus Äthiopien |
| 9,1–9 | Die Bekehrung des Saulus |
| 9,10–30 | Paulus in Damaskus und Jerusalem |
| 9,31–43 | Petrus in Lydda und Joppe |
| 10,1–11,18 | Petrus und der Hauptmann Cornelius in Cäsarea |

| | |
|---|---|
| 11,19–26 | Die ersten Christen in Antiochien; Ankunft von Barnabas und Paulus |
| 11,27–30 | Vorhersage der Hungersnot durch Agabus; Kollekte für die Gemeinde in Jerusalem |
| 12,1–25 | Die Verfolgung der Urgemeinde unter König Herodes Agrippa; sein Tod |

**D. 13,1–15,35 Die erste Missionsreise von Paulus und Barnabas. Das Apostelkonzil**

| | |
|---|---|
| 13,1–12 | Mission auf Zypern |
| 13,13–52 | Im pisidischen Antiochien |
| 14,1–5 | In Ikonium |
| 14,6–20a | In Lystra |
| 14,20b–28 | In Derbe und Rückkehr nach Antiochien |
| 15,1–35 | Das Apostelkonzil in Jerusalem |

**E. 15,36–18,23 Die zweite Missionsreise des Paulus**

| | |
|---|---|
| 15,36–41 | Reise des Barnabas und Markus nach Zypern; Paulus und Silas in Syrien und Kilikien |
| 16,1–10 | Bekanntschaft des Paulus mit Timotheus in Lystra; Reise durch Kleinasien nach Troas |
| 16,11–40 | Missionstätigkeit in Philippi |
| 17,1–9 | In Thessalonich |
| 17,10–14 | In Beröa |
| 17,15–34 | In Athen |
| 18,1–17 | In Korinth |
| 18,18–23 | Abschluss der zweiten Missionsreise in Antiochien und Beginn der dritten Missionsreise |

**F. 18,24–26,32 Die dritte Missionsreise des Paulus, Festnahme und Gefangennahme**

| | |
|---|---|
| 18,24–28 | Apollos in Ephesos und Korinth |
| 19,1–40 | Tätigkeit des Paulus in Ephesos |
| 20,1–16 | Reise nach Mazedonien und Südgriechenland und Weiterreise über Troas und Milet |
| 20,17–38 | Die Abschiedsrede des Paulus an die Ältesten von Milet und Ephesos |
| 21,1–14 | Weiterreise und Aufenthalt in Cäsarea |
| 21,15–26 | Die Ankunft in Jerusalem |
| 21,27–38 | Inhaftierung des Paulus |

| | |
|---|---|
| 21,39–22,21 | Die Rede des verhafteten Paulus an das Volk „in hebräischer Sprache“ |
| 22,22–29 | Wortwechsel zwischen Paulus und dem Obersten |
| 22,30–23,11 | Paulus vor dem Hohen Rat |
| 23,12–22 | Der Anschlag der Juden auf das Leben des Paulus |
| 23,23–35 | Die Überführung des Paulus nach Cäsarea |
| 24,1–23 | Die Gerichtsverhandlung vor dem Statthalter Felix |
| 24,24–27 | Die Verschleppung des Prozesses |
| 25,1–12 | Die Berufung des Paulus an den Kaiser |
| 25,13–27 | Besuch des Agrippa in Cäsarea |
| 26,1–32 | Verteidigungsrede des Paulus vor Agrippa und Festus |

**G. 27,1–28,31 Die Reise nach Rom, zweijährige Gefangennahme**

| | |
|---|---|
| 27,1–12 | Die Reise nach Kreta |
| 27,13–26 | Der Seesturm |
| 27,27–44 | Der Schiffbruch |
| 28,1–10 | Rettung auf der Insel Melite |
| 28,11–16 | Die Reise nach Rom |
| 28,17–31 | Die zweijährige Einsperrung des Paulus in Rom |

### 9.3.4. Die Quellen der Apostelgeschichte

Die Diskussionen und Bemerkungen über die Quellen des dritten Evangeliums können auch für die der Apostelgeschichte hilfreich sein. Zu berücksichtigen wäre in diesem Zusammenhang, dass das Lukas-Evangelium und die Apostelgeschichte nach dem Zweiheitsgesetz verbunden sind und beide ein einträchtiges (lukanisches) Doppelwerk ausmachen. In dem Entschluss, ein Evangelium zu schreiben, waren dem Lukas seinerzeit andere Schriften vorangegangen (Lk 1,1). Viel freier und selbstständiger sollte allerdings Lukas bei seinem Entschluss gewesen sein, nach dem Evangelium noch eine Apostelgeschichte zu schreiben. Der Autor hat mit seiner Apostelgeschichte zweifellos eine originale und singuläre Leistung vollbracht, bei der er keine Vorgänger gehabt, aber doch manche apokryphe Nachahmer gefunden hat. Zu der Gruppierung der apokryphen „Πράξεις“ (Taten) werden unter anderen folgende Schriften gezählt: Kerygma des Petrus, Taten des Petrus, Taten des Paulus, Taten des Paulus und der Thekla, Taten des Andreas, Taten des Thomas, Taten des Philippus, Taten des Barnabas, Taten des Bartholomäus, Taten des Thaddäus etc. Alle diese Schriften stellen einen anderen Typus einer Apostelgeschichte dar, da sie jeweils nur die Taten eines bestimmten Apostels beschreiben.

Als erste Quelle bei der Abfassung der Apostelgeschichte müssten Lukas zentrale Vorbilder der erzählenden Bücher des Alten Testaments gedient haben. Gerade der Einfluss des LXX-Griechischen auf Sprache und Stil des Lukas-Evangeliums zeigt, wie vertraut ihm die alttestamentliche Literatur war. Schwer zu sagen ist, wie weit Lukas, den man sich als gut gebildeten Heidenchristen vorstellen sollte, von der antiken Geschichtsschreibung hat lernen können. Jedenfalls sollte man doch ein etwaiges Verhältnis des lukanischen Werkes zur Technik der großen griechischen Geschichtsschreiber annehmen.

Dieselbe Gewissenhaftigkeit, mit der Lukas sein Evangelium verfasste, zeichnet ihn sicherlich auch in seiner Apostelgeschichte aus. Die Stadt Antiochien, aus der er angeblich stammen soll, wird in der Apg als das Zentrum der apostolischen Missionen angeführt. Es sollte daher als höchstwahrscheinlich angenommen werden, dass Lukas auch in dieser Stadt viele grundlegende Informationen über die Urkirche gesammelt hat. Solche Informationssammlungen, die von Augenzeugen herrühren, werden als „Summaria" oder „Synopsen" bezeichnet. Als „Summaria" gelten die Abschnitte: Apg 2,42–47; 4,32–35; 5,12–16; 5,42; 6,7; 8,25; 9,31; 12,24; 19,8–10.20.

Eine gewichtige Quelle für den Gelehrten Lukas sollten darüber hinaus Augenzeugen aus der Frühzeit der Urgemeinde und den Anfängen der Missionsarbeit gewesen sein (1 Kor 15, 6). Was diese Leute ihm mitgeteilt haben, waren gewiss persönliche Erinnerungen, die von den Betreffenden oder ihren Gemeinden mündlich oder auch manchmal schriftlich aufbewahrt worden waren (vgl. z.B. die diktatartige Wiedergabe des Briefes in Apg 15,23 ff., den Lukas wahrscheinlich aus dem Original oder einer Abschrift hatte übernehmen können).

Konkrete Personen, denen Lukas begegnete, könnten wahrscheinlich als Gewährsmänner gedient haben (vgl. Apg 21,8: Philippus, Apg 21,16: Mnason). Über die Gemeinde von Antiochien ist Lukas besonders gut unterrichtet gewesen. Auffällige Angaben über antiochenische Verhältnisse, z.B. die Namenliste 13,1, könnten tatsächlich auf eine schriftliche Quelle zurückgehen. Allerdings gibt es keine sicheren Beobachtungen oder Belege über die Benutzung schriftlicher Quellen. Eine solche Benutzung sollte aber als wahrscheinlich angesehen werden.

Weitere Versuche, konkrete Quellen in der Apostelgeschichte aufzuspüren, beziehen sich auf bestimmte literarische Erscheinungen, wie z.B. den Wechsel zwischen Aposteltitel und Jüngerbegriff, zwischen den Formen Hierosolyma und Jerusalem. Jedenfalls tragen im ersten Teil, sogar bis in Kap 15 hinein, Sprache und Stil stärker semitisches Gepräge, so dass man annehmen könnte, dass Lukas in diesem Teil entweder aramäische schriftliche Quellen verwertet hat oder seine Gewährsmänner in Palästina ihm in semitisch gefärbtem Griechisch Informationen geliefert haben.

Wenn wir zumindest eine einzige schriftliche Vorlage orten wollen, von der wir mit Bestimmtheit sagen können, dass Lk sie benutzt hat, sollten wir die Vorlage der sogenannten „Wir-Berichte" nennen. Vor allem bei den Reiseberichten 20,13ff.; 21,1ff.; 27,1ff. sollte wegen der Fülle von Orts- und Zeitangaben ausgeschlossen werden, dass Lukas diese persönlichen Erinnerungen erst bei der Abfassung der Apostelgeschichte in schriftliche Form gebracht hat. Wahrscheinlich wird er verschiedene ältere Tagebuchnotizen verwertet haben, die er sich gleichzeitig mit den Ereignissen oder bald danach angelegt hatte. Darüber hinaus wird er sicherlich nicht gezögert haben, auch etwas, was nicht im Tagebuch stand, ihm aber doch deutlich in der Erinnerung haftete, in sein Werk aufzunehmen.

Auf der anderen Seite ist selbstverständlich, dass Lukas sich für die Abschnitte der Missionsarbeit des Paulus, bei denen er nicht als Begleiter zugegen war, auf Berichte der Beteiligten gestützt hat. Zusätzlich vergibt er der Schilderung der Geschehnisse eine lebhafte Bewegtheit dank einer ganzen Anzahl von *Reden bzw. Predigten* der Apostel oder anderer Persönlichkeiten der Urkirche. Dies ist allerdings eine bekannte Gewohnheit der alten Geschichtsschreiber. Die wichtigen Reden der Apostelgeschichte sind:

- *die fünf Reden des Apostels Petrus:* Apg 2,14–40; 3,12–26; 4,9–12; 10,34–43; 11,5–17
- *die sechs Reden des Apostels Paulus:* Apg 13,16–41; 17,22–31; 20,18–35; 22,1–21; 24,10–21; 26,2–23
- *eine lange Rede des Stephanus:* Apg 7,2–53
- und *eine kurze Rede des Apostels Jakobus beim Apostelkonzil:* Apg 15,13–21.

Darüber hinaus sollte man auch folgende kürzere Stücke berücksichtigen, wie Apg 1,16ff.; 6,2–4; 15,7ff., die mehr als Verhandlungsvoten denn als Reden bezeichnet werden könnten.

Auf die Existenz von weiteren Quellen weisen außer den obengenannten Reden auch manche weitere kurze Reden oder Ausdrücke von Nicht-Christen hin, die sich auf Anliegen der christlichen Missionare beziehen. Solche Abschnitte sind z.B. die Worte vom Rabbi Gamaliel (Apg 5,35–39), die Worte des Prokonsul von Achaja, Gallio (Apg 18,14–15), die Rede des Sekretärs von Ephesos (Apg 19,35–40) und die kurze Rede des Rhetors Tertyllos gegen den inhaftierten Paulus (Apg 24,2–8). Alle diese Redeteile fügen sich in dem jeweiligen Zusammenhang gut ein, zeigen jedoch in Sprache und Stil sowie Gedankenwelt je nach Situation kleine Unterschiede.

Ob und welcher Quellen sich Lukas bei der Verfassung der Reden bedient hat und ob solche Überlieferungen nur mündlich oder auch schriftlich fixiert waren, können wir nicht mit Sicherheit sagen. Bei manchen Situationen war Lukas Augen- und Ohrenzeuge gewesen, bei anderen muss er über gute Nachrichten verfügt haben. Jedenfalls hat Lukas wohl zahlreiche Möglichkeiten gehabt, „allem von den Anfängen an nachzugehen" und es „genau der Reihe nach darzustellen" (vgl. Lk 1,3). Der Geschichtswert der Apostelgeschichte, deren Glaubwürdigkeit in verschiedener Hinsicht jedoch angezweifelt worden ist, dürfte demnach ein relativ hoher sein.

### 9.3.5. Der Geschichtswert der Apostelgeschichte – Das Verhältnis des Lukas zu Paulus

Die lukanische Apostelgeschichte zeichnet sich als ein überwiegend geschichtliches Werk durch die Anführung von einer großen Zahl historischer Ereignisse aus dem 1. Jh. n. Chr. aus. Lukas zeichnet sich insbesondere dadurch aus, dass er das Jesusgeschehen und die Zeit danach, also die Zeit der Urkirche in Form von Geschichte oder, besser ausgedruckt, von Heilsgeschichte erzählt. Diese Heilsgeschichte, so wie sie von Lukas, dem „ersten christlichen Historiker" dargestellt wird, wird zugleich von Gott gelenkt und geleitet. Die Apostelgeschichte beinhaltet unter anderem wichtige Ereignisse mit großem historischen Wert: den Tod des Königs Herodes Agrippa (Apg 12,23), die Hungersnot unter Kaiser Claudius (Apg 11,28), den Missionsbesuch des Paulus in Korinth, wo Gallio als Prokonsul von Achaja regierte (Apg 18,12 ff.), die Ersetzung des römischen Statthalters Felix durch den Festus (Apg 24,27). Darüber hinaus erweckt Lukas selbst den Eindruck, ein akribischer Sammler und ein gewissenhafter Chronist zu sein.

Selbstverständlich weist die lukanische Apostelgeschichte in ihrer Berichterstattung konkrete Schwächen auf. Lukas überliefert z.B. bei wichtigen Geschehnissen der apostolischen Zeit keine deutliche Datierung. Auf der anderen Seite könnte ein Vergleich mit den Erzählungen der Paulus-Briefe auf eine gewisse Lückenhaftigkeit der Apostelgeschichte bezüglich der Berichterstattung der paulinischen Tätigkeiten aufmerksam machen. Einen charakteristischen Beleg finden wir in 2 Kor 11,23 f.: keine der 5 Verurteilungen durch jüdische Behörden zur Strafe der 39 Hiebe wird in der Apostelgeschichte erwähnt, von den 3 Auspeitschungen durch römische Behörden wird nur eine dokumentiert (Apg 16,22). Dass Paulus zur Zeit des 2 Kor bereits 3 Schiffbrüche erlitten hatte, darüber erfahren wir nichts. Ein anderes Beispiel bezieht sich auf den engen Mitarbeiter des Paulus, Titus, der in der Apostelgeschichte überhaupt nicht auftaucht. Ein weiteres Beispiel von Nichtübereinstimmung zwischen Apostelgeschichte und den paulinischen Briefen stellen die Reisen des Paulus nach Jerusalem dar. In der Apg werden drei Jerusalemreisen des Paulus erwähnt (Apg 9,26; 11,30; 15,4), während in der paulinischen Epistolographie des Neuen Testaments von zwei Reisen die Rede ist (Gal 1,18; 2,1). Die Frage nach dieser Lückenhaftigkeit der Apostelgeschichte bezüglich der paulinischen Tätigkeit könnte unterschiedlich beantwortet werden. Manche Paulus-Briefe, wie z.B. Kol und Phlm, in denen Lukas als Grüßender genannt wird, hat der Autor der Apostelgeschichte für seine Darstellung anscheinend nicht herangezogen. Andererseits scheint Lukas, von bestimmten Vorgängen keine, vielleicht auch nur keine so gute Kenntnis besessen zu haben. Darüber hinaus sollte auch die Ansicht nicht übersehen werden, dass Lukas Manches wohl nicht für erwähnenswert gehalten hat oder es nicht ausführlicher hat mitteilen wollen. Allerdings ist es doch beachtlich, dass Apg und Paulus-Briefe in sehr vielen Fällen übereinstimmen (z.B. Apg 9,24f. und 2 Kor 11,32f.) oder auch in zahlreichen anderen Fällen sich gut ergänzen (z.B. Apg 19,21f. und Röm 15,23; 1 Kor 4,17; 16,3ff.).

Diese Problematik setzt aber auch die Intention der jeweiligen Schriften voraus: Lukas hatte mit seiner Apostelgeschichte ein anderes Ziel beabsichtigt als Paulus mit seinen Briefen. Lukas hatte überhaupt nicht vor, eine ausführliche Biographie des Paulus zu verfassen. Sein Ziel war es, die Verbreitung des christlichen Evangeliums von der Mutterkirche Jerusalem bis schließlich zur Hauptstadt des Imperiums, Rom, zu zeigen. Daher werden manche Ereignisse, die in den paulinischen Briefen die Authentie des Paulus stützen und andere Aspekte der paulinischen Argumentation hervorheben mögen, in der Apostelgeschichte von Lukas ausgelassen, weil sie höchstwahrscheinlich zum eigentlichen Ziel dieser historischen Schrift nicht beitragen konnten. Auf der anderen Seite sollten wir von einer teils gewollten, aber auch teils ungewollten Unvollständigkeit der Apostelgeschichte aus historischer Sicht sprechen.

Ein zentrales historisches Ereignis, das der Apostelgeschichte und den Paulus-Briefen zwar gemeinsam ist und in beiden Schriftgruppen dennoch verschieden dargestellt wird, ist das Apostelkonzil (48/49 in Jerusalem). Bei Apg 15,1 ff. und Gal 2,1 ff. handelt es sich letztendlich um die je unter verschiedenen Gesichtspunkten gleichen gegebenen Darstellungen. Historische Momente, lebendige Debatten und scharfe Verhandlungen, wie die auf dem Apostelkonzil, können sich in der Erinnerung der verschiedenen Partner selten genau gleich widerspiegeln. Für Paulus waren sicherlich andere Momentaufnahmen wichtig als für die Jerusalemer Führer. Lukas, der sich selber dazu Informationen verschaffen und gewiss auch Paulus öfter vom Apostelkonzil erzählen hören konnte, hat sich als Geschichtsschreiber vorgenommen, diejenigen Leitgedanken herauszuarbeiten, die ihm im Rahmen seiner gesamten Darstellung und Intention nun auch am einzelnen Vorgang wichtig zu sein schienen.

Ein weiteres Beispiel der selbstständigen literarischen Arbeit des Lukas wäre die Darstellung der gesamten Rede des Petrus in Apg 15,7 ff. Darin ist zu beachten, dass die in dieser Rede kodifizierte Cornelius-Geschichte (Apg 10 f.) in einer Form angeboten wird, die zwar dem Leser der Apostelgeschichte verständlich ist, die aber niemals den auf dem Apostelkonzil Anwesenden hätte verständlich sein können. Im gleichen Zusammenhang wäre auch auf den Verzicht der genauen Wiedergabe des Einspruchs des Barnabas und Paulus in Apg 15,12 hinzuweisen, obwohl diese Berichterstattung bei einer solchen Verhandlung ein zentrales Ereignis hätte sein müssen. Der Inhalt der wichtigen Intervention von Barnabas und Paulus war allerdings dem Leser aus Kap 13 f. (besonders 13,46 f.) bereits bekannt. Erwähnenswert wäre darüber hinaus der in Apg 15,14 geschilderte Eingriff von Jakobus, der wiederum in einer nur dem Leser voll verständlichen Form auf die Cornelius-Geschichte Bezug nimmt. Was das Profil der Apostelgeschichte anbetrifft, sollte zwar mit Nachdruck betont werden, dass dieses lukanische Werk als ein Kunstwerk realer Geschichtsschreibung bezeichnet werden kann. Auf der anderen Seite sollte jedoch die im Werk enthaltene Verkündigung, das kerygmatische Element vom Geschichtlichen nicht losgelöst werden, da sonst die Gefahr lauert, dass wir zu einer einseitigen Beurteilung der Apostelgeschichte gelangen könnten. Dass man der Apostelgeschichte diesen doppelten Charakter (historisch-kerygmatisch) zuschreiben soll, könnte man beispielsweise der Beschreibung der Missionsarbeit der Urkirche entnehmen, deren Gang in der Apg, wenn auch nicht vollständig, so doch im Ganzen zutreffend geschildert wird.

Darüber hinaus wäre hier noch ein interessanter Aspekt der Apostelgeschichte, der sich aus der Kombination der historischen und theologischen Charakterzüge dieses Werkes ergibt, hervorzuheben. Unser christlicher Kalender mit den Festen „Ostern-Himmelfahrt-Pfingsten“ orientiert sich an der Ordnung bzw. der zeitlichen Vorgabe des Autors Lukas: „Vierzig Tage hindurch“ habe sich der Auferstandene den Jüngern gezeigt, um dann in den Himmel zu fahren (vgl. Apg 1,3). Ebenfalls kommt in der lukanischen Erzählung der Heilige Geist zu Pfingsten ausgerechnet 10 Tage nach der Himmelfahrt herab (vgl. Apg 2,1ff.), da dieses Fest von den Juden 50 Tage nach Ostern gefeiert wurde („Πεντηκοστή“, d.h. „Fünfzig“). Die Entfaltung des

Ostergeschehens in drei zeitlich voneinander unterschiedenen Ereignissen ist der Textstruktur der anderen Evangelisten völlig unbekannt.

Das Thema und die zentrale Inhaltsangabe des ganzen Buches können wir schließlich in Apg 1,8 zusammenfassend entdecken. Dass die Gemeinde eine missionierende Gemeinde ist, wird als Befehl des Auferstandenen aufgefasst (s. dazu auch Lk 24,47f.). Die Ausgießung des Heiligen Geistes zu Pfingsten (Apg 2,1ff.) bedeutet die Ausrüstung der Missionare auch für diese Aufgabe. Doch bedurfte es erst des äußeren Anstoßes der Verfolgung der Urgemeinde und der Zerstreuung ihrer hellenistischen Minderheit, um das Evangelium über Jerusalem und Judäa hinauszutragen. Sehr oft knüpft Lukas an diese Verfolgung an (Apg 8,4; 9,1f.31f.; 11,19), immer weiter werden die Kreise gezogen: zunächst die Mission des Philippus in Samarien, dann die des Petrus im Küstengebiet westlich von Judäa, endlich die Missionsarbeit weit im Norden im syrischen Antiochien. Selbstverständlich gibt es weitere Aspekte dieser Missionsarbeit, die man in der Apg vermisst. Von den Anfängen des Christentums in Damaskus z.B. in Apg 9,1ff. erfährt der Leser nichts; die Lage in Galiläa wird nur in 9,31 kurz berührt. Im Großen und Ganzen entsteht aber ein bewegtes und lebendiges Bild der Missionsarbeit der Urkirche. Genau hieran werden der diachronische Charakter und der geschichtlich-theologische Wert der Apostelgeschichte ersichtlich. Als christliche Schrift wird die Apostelgeschichte ihrem höchsten Ziel gerecht: mit Nachdruck auf das wichtigste Merkmal der Urkirche hinzuweisen, nämlich auf die missionarische Pflicht, die letzten Endes auf den Auftrag ihres auferstandenen Herrn (Apg 1,8) zurückgeht.

### 9.3.6. Abfassungsort und -zeit

Die einstimmige Überzeugung der Alten Kirche von der echten lukanischen Abstammung der Apostelgeschichte wie auch von der Tatsache, dass sich diese Schrift zeitlich dem Lukas-Evangelium anschließt, hat sich durch die Jahrhunderte hindurch bis in unsere Tage durchgesetzt. Nur im 19. Jh. herrschte in der protestantischen Bibelwissenschaft die Behauptung der damaligen „Tübinger-Schule" und ihres wichtigsten Vertreters, Ferdinand Christian Baur (1792–1860), vor, die Apostelgeschichte sei ein späteres Werk des 2. Jahrhunderts. Diese Forscher, die gemäß der von ihnen entfalteten „Tendenzkritik" des Neues Testaments mit einem angeblich in der Apostelgeschichte anzutreffenden idealisierten Bild der Urkirche argumentierten, konnten sich bei den modernen Kritikern dennoch kein Gehör verschaffen. Solche Meinungen können heute überhaupt nicht mehr gelten, da konkrete innere philologische, strukturelle, historische und allgemein inhaltliche Faktoren der Apostelgeschichte eindeutig zu gegenteiligen Ergebnissen führen.

Die Abfassungszeit der Apostelgeschichte könnte zuerst einmal durch die in ihr beschriebenen historischen Ereignisse, die Lukas selbst nicht immer datiert, ermittelt werden. Solche historischen Ereignisse werden selbstverständlich auch mit wichtigen historischen Personen in Verbindung gebracht: Der Tod des Königs Herodes Agrippa (Apg 12,23) ist gegen Ostern des Jahres 44 anzusetzen; die Hungersnot unter Kaiser Claudius (Apg 11,28) fand in den Jahren 49–55 statt; der Missionsbesuch des Paulus in Korinth, wo Gallio als Prokonsul von Achaia regierte (Apg 18,12ff.) ereignete sich 51–52; die Ersetzung des Statthalters Felix durch Festos (Apg 24,27) fand im Jahr 59/60 statt.

Für die Datierung des korinthischen Aufenthalts des Paulus hat sich beispielsweise eine Inschrift[36], die bei Delphi aufgefunden wurde und sich auf die 26. Ernennung des Claudius zum römischen Imperor bezieht, als enorm hilfreich erwiesen:

### Inschrift von Delphi

„Τιβέριος Κλαύδιος Καῖσαρ Σεβαστὸς Γερμανικός, ἀρχιερεὺς μέγιστος, δημαρχικῆς ἐξουσίας τὸ ιβ', αὐτοκράτωρ τὸ στ', πατὴρ πατρίδος, ὕπατος τὸ ε', τιμητής, Δελφῶν τῇ πόλει χαίρειν. Πάλαι μὲν τῇ πόλει τῶν Δελφῶν πρόθυμος ἐγενόμην ... καὶ εὔνους ἐξ ἀρχῆς, ἀεὶ δ' ἐτήρησα τὴν θρησκείαν τοῦ Ἀπόλλωνος τοῦ Πυθίου ... ὅσα δὲ νῦν λέγεται καὶ πολιτῶν ἔριδες ἐκεῖναι ... καθὼς Λούκιος Ἰούνιος Γαλλίων ὁ φίλος μου καὶ ἐνθύπατος τῆς Ἀχαΐας ἔγραψεν ... διὰ τοῦτο συγχωρῶ ὑμᾶς ἔτι ἕξειν τὸν πρότερον ...".

Aufgrund weiterer archäologischer Funde und Informationen wird diese Inschrift zwischen 25. Januar und 1. August des Jahres 52 angesetzt. Das römische Prokonsulamt dauerte in der Regel ein Jahr. Der neu ernannte Prokonsul sollte von Rom vor Mitte April abfahren. Daher gelangen wir zur Schlussfolgerung, dass das Prokonsuljahr des Gallion 51/52 oder 52/53 gewesen sein soll.

Darüber hinaus gibt es aber noch weitere hilfreiche Daten, die sich aus der inhaltlichen Struktur der Apostelgeschichte ergeben. Dabei kann das letzte 28. Kapitel der Schrift eine große Rolle spielen. Die hin und wieder vertretene

36. Zitiert in: *Joh. Karavidopoulos*, Εισαγωγή στήν Καινή Διαθήκη, Thessaloniki [2]1998, S. 257.

Auffassung des lukanischen Gesamtwerkes als einer Apologie für den in Rom gefangenen Paulus kann nur als höchst unwahrscheinlich bezeichnet werden.

Der Wortlaut von Apg 28,31 zeigt deutlich, dass Lukas erst nach Abschluss der dort erwähnten 2 Jahre seinen Text geschrieben haben kann. Wie lange danach er geschrieben hat, darüber haben wir keine genauen Informationen. Es ist außerdem ausgeschlossen, dass hinter Apg 28,31 nur noch der Tod des Paulus zu erzählen übrig geblieben wäre, Lukas jedoch aus irgendeinem Grunde den Tod selbst nicht mehr hätte erzählen wollen. Vielmehr muss Paulus aus der in Apg 28,31 abgeschlossenen Gefangenschaft freigekommen sein und hat dann nochmals sein altes Missionsgebiet in Westkleinasien und Griechenland aufgesucht. Genau in diese spätere Zeit, die kein Gegenstand der Apostelgeschichte ist, könnten dann die sogenannten Pastoralbriefe des Apostels der Völker geschrieben worden sein. Bekanntlich werden diese Briefe von der Mehrheit der westlichen Forscher als pseudoepigraph und deuteropaulinisch, bei manchen sogar als drittopaulinisch (d.h. geschrieben sogar durch die übernächste Schülergeneration des Apostels) abgewertet. Die Berichterstattung des Lukas reicht also, wenn sie mit Apg 28,31 abbricht, bei weitem nicht bis an das Lebensende des Paulus.

Lukas beschäftigt sich nicht mit weiteren Einzelheiten der paulinischen Tätigkeit, weil er sich offenbar das Ziel gesetzt hatte, die Missionsarbeit des Paulus und die Ausbreitung des Evangeliums überhaupt nur gerade einmal bis nach Rom zurückzuverfolgen (vgl. Apg 1,8 und 19,21; 23,11; 27,24). Außerdem sollten seine Leser zwar über die Geschehnisse außerhalb Roms durch die Apostelgeschichte genauere Informationen erhalten, über das auf Apg 28,31 Folgende aber selbst unterrichtet gewesen sein. Dies erhöht automatisch die hohe Wahrscheinlichkeit, dass die Apg in Rom geschrieben wurde. Rom kommt aber als Abfassungsort insofern ohnehin in Betracht, als Lukas beim Tode des Paulus vermutlich in Rom gewesen ist (2 Tim 4,11) und die Abfassung nicht allzu lange nach dessen Tod anzusetzen ist. In diesem Fall würden sich als Abfassungszeit die letzten Jahre vor oder die ersten Jahre nach 70 ergeben, was sich auch mit der Entstehungszeit des Lukas-Evangeliums durchaus verträgt.

### 9.3.7. Der doppelte Text der Apostelgeschichte

Keine andere neutestamentliche Schrift weist eine solche handschriftliche Besonderheit auf wie die Apostelgeschichte mit ihrer doppelten Vertretung auf, so dass der Eindruck entsteht, Lukas hätte seine Apg in zwei Ausgaben oder in zwei Varianten ausgehen lassen. Tatsächlich lassen sich in der handschriftlichen Überlieferung zwei erheblich voneinander abweichende Textformen der Apostelgeschichte wiederfinden: Der erste Text ist bezeugt durch die Codices Vaticanus, Sinaiticus, Alexandrinus, Ephräm, durch die Papyri 45 und 74, die alexandrinischen Kirchenväter und die Mehrzahl der übrigen Zeugen. Dieser Text ist unter der Bezeichnung „alexandrinisch“ bekannt. Die zweite Textform wird belegt durch den zweisprachigen Codex D (Beza), einige Handschriften der alten lateinischen Übersetzungen, durch die Papyri 38, 41 und 48 sowie weitere Übersetzungen und abendländische Kirchenväter. Diese zweite Version des lukanischen Textes wird als „westlich“ bezeichnet.

Großes Kopfzerbrechen bereitete den Bibelforschern diese doppelte Vertretung der Apostelgeschichte in den Handschriften, so dass viele interessante Hypothesen und Mutmaßungen zur Diskussion freigegeben wurden. Während die östliche „alexandrinische“ Variante eindeutig die meisten älteren Elemente beinhaltet, gab es größere Meinungsverschiedenheiten bezüglich der zweiten, westlichen Textform. Tatsächlich sind konkrete Lesarten des westlichen Textes aufgrund ihrer genauen Angaben beachtenswert und scheinen vielleicht ursprünglich zu sein (z.B. Apg 12,10; 19,9). Andere Stellen der westlichen Variante machen jedoch eher den Eindruck mehr oder weniger geschickter Kombination (z.B. 8,37; 15,34; 16,35.38; 18,21). Wieder andere erscheinen als ausgesprochen sekundär (z.B. 5,39; 15,20.29; 21,25). Man könnte daher den westlichen Text als Ganzes schwerlich für alt halten. Es wäre zu gewagt zu behaupten, dieser Text könne als eine von zwei aus der Feder von Lukas stammenden Fassungen gelten. Höchstens könnte der westliche Text nur als das Ergebnis einer späteren Überarbeitung des lukanischen Textes durch einen späteren Redaktor angesehen werden.

Die moderne kritische Bibelwissenschaft nimmt letztlich die „alexandrinische“ Version der Apostelgeschichte als den authentischen und zugleich älteren Text an. Genau auf diesem Text stützen sich auch die modernen kritischen Ausgaben des Neuen Testamentes, wobei die wichtigsten Abweichungen des „westlichen“ Textes im apparatus criticus angeführt werden.[37]

37. In diesem Zusammenhang sei orthodoxerseits auf die aufschlussreiche Arbeit des Thessalonicher Neutestamentlers *Johannes Karavidopoulos* verwiesen, mit dem Titel: Der Text der Apostelgeschichte im Codex Bezae (D), erschienen im Aktenband des 5. Kongresses der orthodoxen Bibelwissenschaftler, Athen 1994, S. 99–114.

# TEIL X.
# Das Johannes-Evangelium

## 10.0. Allgemeines Profil des Johannes-Evangeliums

Von Anfang an wurde das vierte Evangelium nach Johannes von den anderen drei ersten, den sogenannten „synoptischen", unterschieden. Herrscht bei den synoptischen Evangelien der starke historische Charakter der Erzählungen, so zeigt das Johannes-Evangelium eine intensivere geistliche Farbe seines Textes. Das 21 Kapitel mit 879 Versen umfassende vierte Evangelium des Neuen Testaments offenbart seinen Lesern eine den Synoptikern gegenüber höhere und geistlichere Atmosphäre.

Das Johannes-Evangelium kann auch als das jüngste Evangelium und in jeder Hinsicht als das eigenwilligste charakterisiert werden. Es unterscheidet sich in der Sprache, im schriftstellerischen Stil, in seinem Aufbau, in der Auswahl und Aneinanderreihung des Stoffes und in seiner theologischen Prägung erheblich von den drei anderen synoptischen Evangelien des Matthäus, Markus und Lukas. Auch die Wirkungsgeschichte dieses vierten Evangeliums, nämlich der Grundriss der öffentlichen Wirksamkeit Jesu, wie auch der geistliche Hintergrund der theologischen Gedanken und Bilder, aus denen der Evangelist schöpft, sind ungewöhnlich.

Genau die obigen Unterschiede drückt Klemens von Alexandrien (etwa 150–215) in seinem Werk „Hypotyposen" nach einer Information des Kirchenhistorikers Eusebios (Hist. Eccl. VI 14,7) aus. Klemens teilt uns mit, Johannes habe in der Meinung, das Äußerlich-Menschliche der Geschichte Jesu („τὰ σωματικά") sei in den älteren Evangelien zur Genüge dargestellt, auf Betreiben seiner Schüler und vom Geist erfüllt ein die geistliche Seite der Geschichte Jesu darstellendes Evangelium geschrieben („πνευματικὸν εὐαγγέλιον"). Der Text des Eusebios lautet folgendermaßen: „Τὸν μέντοι ᾿Ιωάννην ἔσχατον, συνιδόντα ὅτι τὰ σωματικὰ ἐν τοῖς εὐαγγελίοις δεδήλωται, προτραπέντα ὑπὸ τῶν γνωρίμων Πνεύματι θεοφορηθέντα πνευματικὸν ποιῆσαι εὐαγγέλιον."

Die theologische Eigenart und die ausschlaggebende Wichtigkeit des Johannes-Evangeliums liegen hauptsächlich in der ab seinem ersten Vers proklamierten Gottheit Jesu Christi. Parallel dazu wird auch die Anwesenheit des Geistes hervorgehoben, der über der Kirche weht; etwas, was auch die

Übertragung des Symbols eines Adlers auf das vierte Evangelium zu erklären vermag.[38] Wie bekannt, wird das Joh-Ev in seinem Prolog mit einem Hymnus an den präexistierenden Logos Gottes eröffnet (Joh 1,1–18), der „σὰρξ ἐγένετο καὶ ἐσκήνωσεν ἐν ἡμῖν". Durch die oder mittels der Menschwerdung haben die Menschen seine Herrlichkeit (δόξα) gekannt, die dann hauptsächlich am Kreuz, an der Auferstehung und in seinem Rückgang zum Gott-Vater vollständig offenbart wurde. Durch ihren Glauben an ihn bekommen die Menschen ewiges Leben (ζωὴν αἰώνιον).

Im ganzen Joh-Ev wird der Eindruck überdeutlich, dass die Menschwerdung des Logos ein entscheidendes Ereignis für das Verhältnis zwischen Gott und Welt darstellt. Aufgrund dessen haben die namhaften theologischen Persönlichkeiten, die Kirchenväter und die ganze Tradition der Orthodoxen Kirche seit jeher großes Gewicht auf die Theologie der Menschwerdung Jesu Christi gelegt. Dies hat darüber hinaus manchen nicht orthodoxen Theologen den Anlass gegeben, der Ostkirche die Bezeichnung „die Kirche des Evangelisten Johannes" zukommen zu lassen.

Die Stellung des vierten Evangeliums in der Reihenfolge der liturgischen Perikopen während des Kirchenjahres („lectio continua") hat auch keinen Zufallscharakter. Das Joh-Ev fungiert also in der Orthodoxen Kirche als das Evangelium der Auferstehungsperiode, indem seine Perikopen in der sog. „Pentekostarion-Periode" herrschen. Das Verlesen der johanneischen Texte beginnt bei der Auferstehungsliturgie am Ostersonntag und endet am Pfingstfest. Es ist nämlich in dieser Periode die beste Gelegenheit, damit die am Karsamstag getauften jungen Christen an allen Sonntagen, Sonnabenden und Werktagen der fünfzigtägigen Pentekostarion-Zeit ohne Unterbrechung die hohe Theologie des Evangelisten Johannes zu Gehör bekommen.

## 10.1. Altkirchliche Kommentare – Orthodoxe Kommentare – Neuere Studien

a) ***Altkirchliche Kommentare:*** *Origenes* BEP 11–12; *Ephräm der Syrer*, hrsg. von *L. Leloir*, Louvain 1954; *Johannes Chrysostomos* PG 59 (auch in EPE 42,418ff. Bd. 37.52); *Theodor von Mopsuestia*, hrsg. von *J. M. Vosté*, Louvain 1940; *Kyrill von Alexandrien* PG 73–74; *Theophylaktos*

38. Ausschlaggebend für die theologische Deutung und Entschlüsselung der Symbole der vier Lebewesen ist das Werk des altkirchlichen Theologen und Autors Irenäus, Bischofs von Lyon († 202), mit dem Titel „Adversus Haereses" (III 11,7–9); unter anderem schreibt er: „Τὸ δὲ τέταρτον ὅμοιον ἀετῷ πετωμένῳ, τὴν τοῦ Πνεύματος ἐπὶ τὴν ἐκκλησίαν ἐφιπταμένου δόσιν."

*von Bulgarien* PG 123,1128–1348. 124,9–317; *Euthymios Zigabenos* PG 129, 1105–1502; *Cramer*, Catenae II 177–413; *J. Reuss*, Johannes-Kommentare aus der griechischen Kirche, (TU 89), Berlin 1966 (kritische Edition von patristischen exegetischen Texten von Apolinarius von Laodicea bis zum Patriarch Photios, die in den Catenae von Cramer zu finden sind).

b) ***Orthodoxe Kommentare:*** *Varth. Georgiadis*, Ἑρμηνεία τῶν τεσσάρων Εὐαγγελίων, Athen 1883 ([2]1992); *Em. Zolotas*, Ὑπόμνημα εἰς τὸ κατὰ Ἰωάννην εὐαγγέλιον I, Athen 1907; *P. Komninos*, Ἑρμηνεία εἰς τὸ κατὰ Ἰωάννην ἅγιον Εὐαγγέλιον, Bd. 1: Konstantinopel 1923; Bd. 2: in: *Ὀρθοδοξία* 19 (1927); 75 (1930); *N. M. Damalas*, Ἑρμηνεία εἰς τὴν Καινὴν Διαθήκην, Bd. 4: Τὸ κατὰ Ἰωάννην εὐαγγέλιον, Athen 1940; *A. Makrakis*, Ἑρμηνεία κατὰ πλάτος καὶ βάθος εἰς τὸ κατὰ Ἰωάννην, Athen 1962; *P. Trempelas*, Ὑπόμνημα εἰς τό κατὰ Ἰωάννην Εὐαγγέλιον, Athen (1954) [4]1990; *S. Agouridis*, Ἑρμηνεία τοῦ κατά Ἰωάννην, Thessaloniki 1985; *P. Dimitrakopoulos*, Ρήματα ζωῆς αἰωνίου. Ἑρμηνευτικά σχόλια στό κατά Ἰωάννην Εὐαγγέλιο, Veroia 2002; *I. Skiadaresis*, Ερμηνεία περικοπών Ιωάννειας Γραμματείας, Thessaloniki 2008; *Ders.*, Ιωάννεια Γραμματεία, Teil 1: Κατά Ιωάννην Ευαγγέλιο; Teil 2: Αποκάλυψη του Ιωάννη, Thessaloniki 2013.

c) ***Neuere Studien:*** „Ὁ Ἰωάννης: τὰ ἐν τῇ Κ.Δ. ἔργα του καὶ ἡ θεολογική του σκέψις, Vorträge der 1. Konferenz der orthodoxen Bibelwissenschaftler, in: *Δελτίον Βιβλικῶν Μελετῶν* 4 (1976); *V. Ioannidis*, Ἡ Χριστολογία τοῦ εὐαγγελιστοῦ Ἰωάννου. Ὁ Χριστὸς Ζωὴ καὶ Φῶς τοῦ κόσμου, Athen 1958; *S. Agouridis*, Ἡ Ἀρχιερατικὴ Προσευχὴ τοῦ Ἰησοῦ, Thessaloniki 1965; *Ders.*, Πέτρος καὶ Ἰωάννης ἐν τῷ τετάρτῳ εὐαγγελίῳ, Thessaloniki 1966; *Ders.*, Χρόνος καὶ Αἰωνιότης. Ἐσχατολογία καὶ Μυστικοπάθεια ἐν τῇ θεολογικῇ διδασκαλίᾳ Ἰωάννου τοῦ Θεολόγου, Thessaloniki 1969; *V. Tsakonas*, Ἡ Χριστολογία τοῦ κατὰ Ἰωάννην Εὐαγγελίου, Athen 1969; *K. Papapetrou*, Ἡ ἀποκάλυψις τοῦ Θεοῦ καὶ ἡ γνῶσις αὐτοῦ κατὰ τὸ ὑπόμνημα τοῦ Κυρίλλου Ἀλεξανδρείας εἰς τὸ κατὰ Ἰωάννην Εὐαγγέλιον, Athen 1969; *E. Vittis*, Πτυχαὶ ἐκ τῆς ἰωαννείου ἀνθρωπολογίας, in: *Θεολογία* 44 (1973) 210–262; 606–636; *A. Apostolou*, Περιεχόμενο καὶ χρήση τοῦ ὅρου Λόγος στὸ Δ΄ Εὐαγγέλιο καὶ στὸν Ἰουστῖνο, in: *Δελτίον Βιβλικῶν Μελετῶν* Neue Reihe 1 (1979) 113–134; *Chr. Karakolis*, Ἡ θεολογική σημασία τῶν θαυμάτων στό κατά Ἰωάννην εὐαγγέλιο, Thessaloniki 1997.

## 10.2. Der Verfasser

Mit Sicherheit herrschte seit dem 2. Jh. (noch konkreter: um 180) in der Alten Kirche – und abgesehen von verschwindend geringen Ausnahmen – die feste Überzeugung, dass das vierte Evangelium ein direktes Werk des Apostels Johannes ist, eines Sohnes des Zebedäus und Jüngers Jesu aus dem Kreis seiner zwölf engen Begleiter. Die ältesten Nachrichten über das Joh-Ev, die uns Irenäus von Lyon in seiner um 180 verfassten Schrift „Gegen die Häresien“ liefert, sprechen von der Abfassung des Evangeliums vom jüngeren Bruder des Jakobus, der im hohen Alter in Ephesos weilte.

Irenäus wurde um 130–140 in Kleinasien, wohl in oder bei Smyrna geboren und amtierte seit etwa 170 als Bischof von Lyon. Im erwähnten Werk „Adversus Haereses“ III 1,1, das uns über den Kirchenhistoriker Eusebios (Hist. Eccl. V 8,4) überliefert wurde, schreibt Irenäus[39]: „Ἔπειτα ὁ ᾿Ιωάννης, ὁ μαθητὴς τοῦ Κυρίου ὁ καὶ ἐπὶ τοῦ στήθους αὐτοῦ ἀναπεσών, καὶ αὐτὸς ἐξέδωκε τὸ εὐαγγέλιον, ἐν ᾿Εφέσῳ τῆς Ἀσίας διατρίβων“ (= „danach – d.h. in der Zeit nach den von Eusebios vorher erwähnten Synoptikern – hat auch Johannes, der Jünger des Herrn, der auch an seiner Brust lag (vgl. Joh 13,23), seinerseits ein Evangelium herausgegeben, während er in Ephesos von Kleinasien weilte“). Im Folgenden wollen wir uns mit der Person jenes Jüngers Jesu mit dem Namen Johannes beschäftigen, der in der apostolischen Zeit des 1. Jahrhunderts offensichtlich ein hohes Ansehen genoss. Bevor wir uns der altkirchlichen Überzeugung zuwenden, wollen wir direkt das Neue Testament befragen, aus dem wir zweierlei Informationen schöpfen können: erstens die allgemeinen Informationen über die Person des Johannes, so wie sie in den verschiedenen neutestamentlichen Schriften verstreut sind, und zweitens die konkreten Hinweise des vierten Evangeliums selbst.

### 10.2.1. Die Person des Zebedaiden Johannes im Neuen Testament

In den Zeilen der verschiedenen neutestamentlichen Schriften können wir viele interessante Informationen über den von der altkirchlichen Tradition als Verfasser des vierten Evangeliums proklamierten Apostel Johannes, den Zebedäussohn, gewinnen. Bereits ab seiner Berufung ins Zwölferkollegium wird dieser Johannes (= vom hebräischen Jochanan, d.h. Gott ist gnädig) stets an der Seite seines Bruders Jakobus genannt. In diesem Zusammenhang sind die

39. *Irenäus*, Adv. Haer. III 1,1: „Postea et Johannes, discipulus domini, qui et supra pectus eius recumbebat, et ipse edidit evangelium, Ephesi Asiae commorans.“

synoptischen Evangelien unsere besten Informationsquellen (Mk 1,19–20; Mt 4,21–22; Lk 5,10–11).

Johannes wurde mit seinem (älteren) Bruder Jakobus als zweites Bruderpaar neben Andreas und Petrus von Jesus berufen. Weil Jakobus in den Synoptikern konsequent vor Johannes erwähnt wird (mit Ausnahme Apg 1,13, wo höchstwahrscheinlich die Bedeutung in der Urgemeinde maßgebend ist), können wir schlussfolgern, dass Jakobus gewiss der Ältere gewesen ist. Auf ihren Vater Zebedäus, der nur in Mk 1,20 direkt genannt wird, wird der Beiname der beiden Brüder Zebedäussöhne (=Zebedaiden) zurückgeführt. Außer ihrem Vater wird im Neuen Testament auch ihre Mutter, Salome, erwähnt (Mk 15,40 in Kombination mit Mt 27,56), die in der Passionsgeschichte Jesu in den Vordergrund tritt.

Das Bruderpaar Jakobus und Johannes, die Söhne des Zebedäus, wie sie im NT oft genannt werden (z.B. Mk 10,35; Mt 20,20), übten wie ihr Vater (Mt 4,21; Mk 1,20) den Fischerberuf auf dem See Genezaret aus. Wegen ihrer ungestümen Gemütsart und ihres explosionsartigen Charakters gab ihnen Jesus den Beinamen „Donnersöhne" (Mk 3,17; vgl. die damit zusammenhängende Stelle Lk 9,54). Bereits vor ihrer Berufung pflegten die beiden Brüder besondere Beziehungen zu Petrus, wie uns Lk 5,10 charakteristisch berichtet. Zusammen mit ihm bildeten sie unter den Zwölfen den Kreis der drei eng vertrauten Jünger (Mk 5,37; Lk 8,51: Auferweckung der Tochter von Jairus; Mk 9,2; Mt 17,1; Lk 9,28: Verklärung Jesu; Mk 14,33; Mt 26,36: Gebet im Ölgarten). Johannes wird selten allein genannt, wie z.B. in Mk 9,38; Lk 9,49.

Sehr interessant ist die synoptische Erzählung, nach der die beiden Brüder Jakobus und Johannes von Jesus die Ehrenplätze in seinem Reiche wünschten (Mk 10,35–40; Mt 20,20–28). Aufgrund der diesbezüglichen Reaktion und Antwort Jesu könnte der Eindruck erweckt werden, Jesus kündige den Zebedaiden hiermit ein gemeinsames Martyrium an. Da nach Apg 12,2 Jakobus im Jahre 44 in Jerusalem hingerichtet worden sei, müsse demnach auch Johannes damals den Tod gefunden haben; somit käme er als Verfasser des in viel spätere Zeit datierbaren Joh-Ev nicht mehr in Frage. Allerdings hätte ein eventueller Tod des Johannes unter Herodes Agrippa zweifellos in Apg 12,2 erwähnt werden müssen. Ein solcher Gedankengang hat also etliche Schwachstellen und hat sich in der urchristlichen Geschichte und Literatur nicht durchgesetzt. Über die weiteren Lebensschicksale des Johannes gibt uns das Neue Testament keine weiteren aufschlussreichen Informationen (wenn der in Apk 1,1.4.9; 22,8 genannte Johannes mit dem Apostel identisch ist, wäre es hier eine nennenswerte Ausnahme). In keinem patristischen oder außerkirchlichen Werk in der Literatur der ersten Jahrhunderte wird ein eventuelles Martyrium des Johannes erwähnt, nicht einmal in den apokryphen Johannes-Akten. Nach Irenäus von Lyon, Polykrates von Smyrna, Klemens von Alexandrien wie auch Tertullian hat der Evangelist und Theologe Johannes später in Kleinasien (bei Ephesos) gewirkt und ist dort um die Jahrhundertwende in hohem Alter gestorben. Wann seine Übersiedelung stattgefunden hat, ist nicht überliefert, doch wird sie höchstwahrscheinlich beim Ausbruch des jüdischen Krieges erfolgt sein.

### 10.2.2. Das Selbstzeugnis des Johannes-Evangeliums über seinen Verfasser

Die Suche nach dem Selbstzeugnis des vierten Evangeliums sollte sich direkt an den Inhalt orientieren, nicht an die Inscriptio „κατὰ ᾿Ιωάννην", die dieser Text in den Handschriften trägt. Die Überschrift „nach Johannes" ist ihm bekannterweise erst im 2. Jahrhundert bei der Zusammenstellung der vier kanonischen Evangelien vorangestellt worden und spiegelt bloß die Überzeugung der Alten Kirche wieder. Der ursprüngliche Text verfügte über keine Überschrift und im Laufe der Erzählungen nennt er so wenig wie die drei älteren synoptischen Evangelien seinen Verfasser.

Das Johannes-Evangelium enthält jedoch wenigstens indirekte Anspielungen auf seinen Verfasser. Die erste wichtigste Aussage dieser Art findet sich im Schlusskapitel 21,24. Hier wird der in den unmittelbar vorangehenden Versen 20–23 genannte „Jünger, den Jesus liebte" (μαθητήν, ὃν ἠγάπα ὁ ᾿Ιησοῦς) ausdrücklich als glaubwürdiger Gewährsmann für den Inhalt des Buches und zugleich als sein Verfasser bezeichnet. Einen identischen Ausdruck mit Joh 21,20 finden wir noch bei den Stellen Joh 19,26–27 (dieser geliebter Jünger steht als einziger von den Jüngern unter dem Kreuz und ihm wird von dem sterbenden Jesus die Mutter anvertraut) und Joh 21,7 (bei der Erscheinung des Auferstandenen am See von Tiberias erkennt er als erster vor den anderen den Herrn).[40] Außer diesem Ausdruck gibt es im vierten Evangelium noch eine andere, sich wiederholende Formulierung, die den ernsten Verdacht erweckt, hiermit spiele der Autor auf sich selbst an: „ὁ ἄλλος μαθητής" (Joh 18,15.16; 20,2.3.4.8). Interessanterweise finden sich alle oben genannten Stellen im zweiten Teil des vierten Evangeliums und beziehen sich auf seine Leidens- oder Auferstehungsgeschichte. Der erste Teil des Johannes-Evangeliums vervollständigt dieses interessante Rätsel, indem er uns noch eine andere Stelle mit der Erwähnung eines anonymen Jüngers anbietet, der

40. Siehe darüber hinaus den gleichwertigen Ausdruck in Joh 20,2: πρὸς τὸν ἄλλον μαθητὴν ὃν ἐφίλει ὁ ᾿Ιησοῦς.

überhaupt nicht charakterisiert wird. Diese Stelle findet sich im Rahmen der Berufungsgeschichten des vierten Evangeliums: der eine der beiden Johannesjünger (Joh 1,35.37), die sich als erste Jesus anschließen, ist Andreas, der Name des anderen wird verschwiegen (Joh 1,40).

Beim Versuch einer eventuellen Entschlüsselung dieser rätselhaften Ausdrücke des Johannes-Evangeliums wurden viele interessante Meinungen, aber auch zahlreiche Spekulationen und unhaltbare Hypothesen geäußert. Sicherlich dürften sich solche Formulierungen metaphorisch nicht auf die unbestimmte Gestalt des idealen Christen oder auf die Kirche der Heidenchristen beziehen, wie hie und da spekulativ behauptet wurde. Es sieht so aus, als ob es sich hierbei um eine personifizierte Gestalt der neutestamentlichen Geschichte handelt, die enge Beziehungen zu Jesus pflegte. Die von Zeit zu Zeit geäußerten Vermutungen, es gehe um Lazarus oder Johannes Markus oder Thomas, sind absolut nicht stichhaltig.

Dieser „Lieblingsjünger" dürfte ein wirklicher Jünger Jesu und zugleich ein zentrales Mitglied in der johanneischen Gemeinde gewesen sein. Eine eindrucksvolle Szene im Evangelium legt seine Bedeutung und sein besonderes Verhältnis zu Jesus offen. Das Johannes-Evangelium schildert, wie er beim letzten Abendmahl an Jesu Brust lag. Jesus Christus deutet auf seinen Verräter, der aus dem Kreis der Jünger hervorgehen sollte. Der Text fährt fort: „Einer von den Jüngern lag an der Seite Jesu; es war der, den Jesus liebte. Diesem nun winkte Simon Petrus zu und sagte zu ihm: Sprich, wer ist es, von dem er redet. Da lehnte sich dieser zurück an die Brust Jesu und fragte ihn: Herr, wer ist es?" (Joh 13,23–26). Der Lieblingsjünger wird in dieser Szene als das direkte Band mit Jesus, der authentische Empfänger, der eigentliche Exeget des Willens Jesu beschrieben. Selbst Petrus, der oft als Repräsentant der übrigen Jünger verstanden wird, muss sich erst an ihn wenden. Genau den gleichen theologischen Sachverhalt haben wir in der anderen interessanten Szene des Wettlaufs der beiden Jünger Petrus′ und „des anderen Jüngers" am Morgen des Ostersonntags zum leeren Grab (Joh 20,3–8). Der andere Jünger – so lautet übrigens die stereotype Formulierung für den Lieblingsjünger – läuft schneller und kommt als erster ans Grab. Er lässt aber respektvoll Petrus den Vortritt bei der Prüfung des Grabes. Selbstverständlich wird hier die Bedeutung des Petrus nicht heruntergespielt; allerdings werden in der Szene der spontane Glaube des Lieblingsjüngers und seine unmittelbare Erkenntnis ohne äußere Beweise in den Vordergrund gestellt.

Im vierten kanonischen Evangelium gibt es darüber hinaus weitere Indizien, die auf die Identität des Autors deuten. Nach denen begegnen wir einem Autor, der nicht bloß ein Augenzeuge der dargestellten Ereignisse, sondern ein präziser Kenner von wichtigen oder auch nebensächlichen Einzelheiten des Zwölferkreises ist. So entnehmen wir dem Evangelium interessante Nuancen, wie z.B. dass „ὥρα ἦν ὡς δεκάτη" (Joh 1,39) oder „ὥρα ἦν ὡς ἕκτη" (Joh 4,6) oder „ἦν δὲ νύξ" (Joh 13,30). Weitere erwähnenswerte Einzelheiten finden sich z.B. auch in Joh 2,6; 4,40; 6,9; 10,22; 18,10; 19,23.39; 20,4; 21,11 u.v.a.

Das vierte Evangelium im neutestamentlichen Kanon erhebt (wenn auch indirekt) eindeutig den Anspruch, von einem Augenzeugen der Wirksamkeit Jesu verfasst worden zu sein. In Joh 1,14 schließt sich der Verfasser mit anderen zusammen, und alle bezeugen in der 1. Person Plural, dass sie die Herrlichkeit des fleischgewordenen Logos geschaut haben (siehe die eindrucksvoll fast identische Erklärung in 1 Joh 1–4). Nach Joh 19,35 hat ein nicht benannter Augenzeuge das Herausströmen von Blut und Wasser aus der durch eine Lanze geöffneten Seite Jesu bezeugt. Da von den Jüngern nur der Lieblingsjünger beim Kreuz stand, so bezeugt hier der Evangelist selbst, indem er von sich in der dritten Person redet, dass er bei der Kreuzigung zugegen war. Außerdem kann man die in dieser Stelle enthaltene Bestätigung des wahrhaften Zeugnisses, die sprachlich mit der in Joh 21,24 identisch ist, nicht übersehen.

### 10.2.3. Die Meinungsverschiedenheiten über den Verfasser des Johannes-Evangeliums

Von Anfang an sollte man klarstellen, dass sich die moderne Bibelforschung (hauptsächlich des Westens) durch enorme Verwirrung und große Meinungsverschiedenheiten bei der Frage der Verfasserschaft des Johannes- Evangeliums auszeichnet. Trotz ihrer Uneinigkeit stimmen die meisten kritischen Forscher jedoch nur in der Ablehnung des apostolischen Ursprungs des Evangeliums miteinander überein. In ihren Ansichten über die Gestalt des Lieblingsjüngers und über den tatsächlichen Verfasser des Buches weichen sie aber stark voneinander ab.

Manche neutestamentlichen Forscher deuten den Lieblingsjünger als einen wirklichen Apostel des Zwölferkreises, nämlich den Zebedaiden Johannes, aber zugleich als einen idealen Apostel, der die ganze Tiefe der Offenbarung Gottes in Jesus erkannt und verstanden hat. Andere Kritiker sehen in dem Lieblingsjünger zwar eine geschichtliche Person und einen Augenzeugen der Geschichte Jesu, aber nicht ein Mitglied des Kreises der Zwölf. Nach denen stamme er aus Jerusalem, gehöre höchstwahrscheinlich einer priesterlichen Familie an (sie verweisen hierbei auf Joh 18,15: er war ein Bekannter des Erzpriesters), sei später Presbyter der jerusalemischen Kirche geworden und in der zweiten Hälfte der sechziger Jahre nach Kleinasien übergesiedelt.

Allerdings erblickt die Mehrheit der westlichen Kritiker im Lieblingsjünger nicht eine geschichtliche Gestalt, sondern eine literarische Schöpfung des Evangelisten. Manche Verfechter dieser spekulativen Meinung lassen den Autor eine unangreifbare Autorität für den so eigentümlichen und neuartigen Inhalt seiner Schrift entfalten, andere Kritiker betrachten die Figur des Lieblingsjüngers als Vertreter des Heidenchristentums, genauso wie Petrus, neben dem er in der Regel auftritt, das Judenchristentum darstellt. Unabhängig von den verschiedenen Meinungsvarianten stimmen alle westlichen Kritiker überein, dass dieses Evangelium nicht von einem Augenzeugen des Wirkens Jesu geschrieben sein kann. Erst der spätere Herausgeber des Textes und Verfasser des Nachtrags (Kap. 21) bzw. der Kreis von Personen, der V. 24 geschrieben hat, habe seine Abfassung dem Lieblingsjünger, also einem Augenzeugen, zugeschrieben.

Diejenigen kritisch ausgerichteten Bibelforscher, welche die apostolische Abstammung des vierten kanonischen Evangeliums ausschließen, suchen ihre Antworten in anderen geschichtlichen Personen. Viele Forscher erblikken demgemäß in dem von Papias (um 130 n. Chr.) erwähnten ephesinischen Presbyter Johannes den Verfasser des vierten Evangeliums. Dieser Johannes (und nicht der Zebedaide) sei als Knabe Augenzeuge der Kreuzigung Jesu gewesen (sie verweisen auf Joh 19,35). Er sei in Jerusalem später in persönliche Beziehungen zum Apostel Johannes getreten, habe ihn tief verehrt, ihn als den idealen Jünger Jesu angesehen (daher die Bezeichnung „der Jünger, den Jesus liebte“) und von ihm und aus der jerusalemischen Tradition Material bekommen, das die Grundlage seines Evangeliums bildete. Von diesem Presbyter Johannes, der in hohem Alter in Ephesos verstarb, stammen sowohl das Evangelium als auch die drei johanneischen Briefe des Neuen Testaments, die sowieso von einem gewissen „Presbyter“ geschrieben worden sind. Da der Presbyter gegen Ende des 1. Jahrhunderts in Kleinasien Autorität besessen hat, ist er schon früh mit dem gleichnamigen Apostel verwechselt worden.

Es gibt aber auch diejenigen Wissenschaftler, welche die Abstammung des vierten Evangeliums sowohl vom Apostel als auch vom Presbyter Johannes mit Nachdruck bestreiten. Stattdessen schreiben sie den Text einer anderen, gänzlich unbekannten Person zu, die in dem Jüngerkreis des ephesinischen Presbyters wiederzufinden wäre und in der Maske des Lieblingsjüngers schreibe. Im Großen und Ganzen halten es die Kritiker für aussichtslos, den Verfasser konkreter bestimmen zu wollen, und begnügen sich mit der Erklärung, dass das vierte kanonische Evangelium nicht das Werk eines Augenzeugen sein könne.

Trotz aller obengenannten Spekulationen und Meinungsverschiedenheiten der modernen Forscher steht sicherlich fest, dass seit dem letzten Drittel des 2. Jahrhunderts in der gesamten Kirche nachweisbar der Apostel Johannes als der Verfasser des vierten Evangeliums gilt. Der Widerspruch, der sich anfangs von einer beträchtlichen Minderheit gegen seine apostolische Herkunft erhebt, ist gering und verstummt bald. Die kirchliche Überlieferung wird durch innere Gründe gestützt. Diese inneren Indizien des vierten Evangeliums, die in der Alten Kirche von Anfang an erkannt wurden, lassen keinen Zweifel an der etwaigen Verbindung des Evangeliums mit dem Zebedaiden Apostel Johannes zu. Der johanneisch-apostolische Ursprung des vierten Evangeliums kann nicht außer Acht gelassen werden. Im ganzen Evangelium herrscht die nicht zu übersehende Autorität dieses Jüngers Jesu, auf den die johanneischen Werke zurückzuführen wären, auch wenn sie nicht direkt von seiner Hand stammen würden.

Interessanterweise zeigt Savvas Agouridis[41] die Bedeutung des apostolischen Ursprungs nach dem orthodoxen Verständnis durch folgenden Gedanken: „Es kann sein, dass der Apostel Johannes nicht dazu kam, sein Evangelium zu veröffentlichen; für die endgültige Gestalt des Textes ist daher die ephesinische Kirche verantwortlich."

## 10.3. Die altkirchliche Überlieferung

Die Stellung des Johannes-Evangeliums in der altkirchlichen Überlieferung ist von Anfang an nicht zu übersehen. Die Beschäftigung der Theologen und Autoren der ersten Jahrhunderte mit dem vierten Evangelium deutet zweifellos auf kritische und inhaltliche Fragen zu dieser Schrift (z.B. die Person des Verfassers, die Theologie des Textes, die Zeit und der Ort der Abfassung etc.). Mehrere wichtige Zeugnisse der apostolischen und altkirchlichen Väter befassen sich mit diesem Evangelium. **Justin der Märtyrer und Apologet** bezeichnet in seiner „Apologie" (I 66,3) die Evangelien (darunter auch das Joh-Ev) als „ἀπομνημονεύματα τῶν ἀποστόλων" (= Memorabilien der Apostel). **Irenäus von Lyon** liefert uns in seiner um 180 verfassten Schrift „Adversus Haereses" die ältesten direkten Nachrichten über das Joh-Ev. Darin spricht er davon, dass Johannes in Kleinasien bzw. Ephesos „bis zu den Zeiten Tra-

41. *Savvas Agouridis*, Εἰσαγωγή εἰς τήν Καινή Διαθήκη, Athen 1971, S. 163.

jans“ (98–117) gelebt habe[42]. In III 11,1 behauptet Irenäus, Johannes habe sein Evangelium gegen den Irrlehrer Kerinth, seinen Zeitgenossen (Eusebios, H.E. III 28), und gegen die Sekte der Nikolaiten (Eusebios, H.E. III 29; Apk 2,6.15) geschrieben. lrenäus beruft sich mehrfach auf den apostolischen Vater Polykarp von Smyrna († 155), der Johannes noch persönlich gekannt habe (z.B. Adv. Haer. III 3,4; Eusebios, H.E. III 28,6).

Zusammen mit anderen altkirchlichen Autoren bezeugt **Tertullian**, dass der Apostel und Evangelist Johannes in hohem Alter in Ephesos verstorben sei. Den Aufenthalt und Tod des Apostels in der kleinasiatischen Stadt erwähnt auch der Bischof **Polykrates** von Ephesos (um 190) in einem Brief an Bischof Viktor von Rom (189–198/99), aus dem Eusebios, H.E. III 31,2–3; V 24,3 diesen Passus anführt. Darin wird Johannes als einer „der in Asien ruhenden großen Sterne“ genannt, „der an der Brust des Herrn gelegen, der Priester wurde, wobei er die Stirnplatte getragen hat, und Zeuge und Lehrer; dieser schläft in Ephesos“.

Einer der frühen kirchlichen Autoren, denen wir gewichtige Informationen über den Apostel und Evangelisten Johannes verdanken, ist **Papias**, Bischof von Hierapolis im kleinasiatischen Phrygien, der gemäß der altkirchlichen Tradition zum Kreise des Polykarp von Smyrna gehört habe (Adv. Haer. V 33,4; Eusebios, H.E. III 39,1). Nach dem aus der Mitte des 2. Jahrhunderts stammenden **antimarkionitischen Prolog** zum Johannes-Evangelium soll Papias in seinem, an sich nicht erhaltenen Werk berichtet haben, er selbst habe nach dem Diktat des Apostels Johannes das Johannes-Evangelium niedergeschrieben. **Eusebios**, der bekannte Kirchenhistoriker, dem wir die konkreten Papias-Notizen über Mt und Mk verdanken, teilt diese Nachricht nicht mit; sie hat sich auch sonst nirgends erhalten und kann nicht als gesichert gelten[43]. Abgesehen von den oben genannten Notizen gibt es jedoch eine Information von Papias, die sich zwar nicht unmittelbar auf das Johannes-Evangelium bezieht, die zeitgenössische Forschung dennoch in große Verwirrung und Unsicherheit gebracht hat. Es handelt sich um ein längeres Zitat, das Eusebios aus dem nicht erhaltenen fünfbändigen Werk des Papias „Λογίων Κυριακῶν ἐξηγήσεις“ (= Auslegungen der Herrenworte) anführt. Darin wird außer dem bekannten Zwölfapostel Johannes ein weiterer Johannes mit der Bezeichnung „Presbyter“ erwähnt, wobei das zweimalige Vorkommen des Namens „Johannes“ in der modernen Kritik das Problem der „beiden Johannes“ hervorbrachte. Allerdings ergibt sich aus der Polemik des Eusebios immerhin,

42. *Irenäus von Lyon*, Adversus Haereses II 22, 5; III 3, 4: *Eusebios*, Hist. eccl. III 23, 3 f.
43. Zu diesem Punkt vgl. *Engelbert Gutzwenger*, The anti-Marcionite Prologues, in: *Theological Studies* 8 (1946) 393–400, besonders S. 405 f.

dass Papias doch das Johannes-Evangelium dem Zebedaiden Johannes zugeschrieben haben muss.

Das Zitat, das Eusebios, H.E. III 39,3f., aus dem Vorwort des Papias wiedergibt, lautet folgendermaßen: „Gern bin ich bereit, für dich alles, was ich damals von den Alten (Presbytern) gut gelernt und gut im Gedächtnis behalten habe, Verbindung mit den Auslegungen (sc. der Herrenworte) darzustellen, wobei ich mich für dessen Wahrheit verbürge ... Wenn aber einer, der den Alten (Presbytern) nachgefolgt war, des Weges kam, dann habe ich stets nach den Worten der Alten mich erkundigt, was Andreas oder was Petrus gesagt hat oder was Philippus oder was Thomas oder was Jakobus oder was *Johannes* oder was Matthäus oder was sonst von den Jüngern des Herrn (gesagt hat), sowie was Aristion und der *Alte Johannes*, die Jünger des Herrn, sagen. Denn ich war immer der Meinung, dass das, was aus Büchern kommt, für mich nicht von demselben Nutzen sein könnte wie das, was von lebendiger und bleibender Stimme kommt."[44]

Im Papias-Zitat bilden sich offenbar drei zeitliche Ebenen und zugleich zwei Personenlisten. Die erste Ebene bezieht sich auf die Männer der ersten Generation, die Apostel des Herrn – dafür gibt es auch die erste Personenliste –, die zweite Ebene auf die allgemein und anonym ausgeführten „Presbyter", die den Aposteln nachgefolgt sind, und die dritte Ebene hat mit der konkreten Gruppe der zwei namentlich erwähnten Personen, Aristion und der Presbyter Johannes, zu tun. Sowohl die oben erwähnten „Presbyter" als auch die zwei letzten Personen können als die Gewährsmänner des Papias bezeichnet werden. Unter diesem Aspekt ergibt es sich, dass der in der ersten Liste genannte Johannes vom Zwölferkollegium und der in der zweiten Liste genannte „Presbyter Johannes" zwei verschiedene Personen sind. Auch Eusebios macht sogar in H.E. III 39,5 darauf aufmerksam, dass Papias den Namen Johannes zweimal anführe, und deutet dies damit, dass es sich um zwei verschiedene Träger dieses Namens handeln müsse. Er betont darüber hinaus, dass Papias erkläre, diese beiden persönlich gekannt zu haben (H.E. III 39,7).

44. Eusebios, H.E. III 39,3 f.: „Οὐκ ὀκνήσω δέ σοι καὶ ὅσα ποτὲ παρὰ τῶν πρεσβυτέρων καλῶς ἔμαθον καὶ καλῶς ἐμνημόνευσα συγκατατάξαι ταῖς ἑρμηνείαις, διαβεβαιούμενος ὑπὲρ αὐτῶν ἀλήθειαν ... Εἰ δέ που παρηκολουθηκώς τις τοῖς πρεσβυτέροις ἔλθοι, τοὺς τῶν πρεσβυτέρων ἀνέκρινον λόγους, τί 'Ανδρέας ἢ τί Πέτρος εἶπεν ἢ τί Φίλιππος ἢ τί Θωμᾶς ἢ τί 'Ιάκωβος ἢ τί *'Ιωάννης* ἢ Ματθαῖος ἤ τις ἕτερος τῶν τοῦ Κυρίου μαθητῶν, ἅτε 'Αριστίων καὶ *ὁ πρεσβύτερος 'Ιωάννης* τοῦ Κυρίου μαθηταί, λέγουσιν. Οὐ γὰρ τὰ ἐκ τῶν βιβλίων τοσοῦτόν με ὠφελεῖν ὑπελάμβανον, ὅσον τὰ παρὰ ζώσης φωνῆς καὶ μενούσης."

Durch Eusebios irrtümlich angeregt, haben viele Forscher der Neuzeit vielfach überhaupt bestreiten wollen, dass der Zebedaide Johannes in Kleinasien gewirkt habe, und gemeint, die betreffenden altkirchlichen Aussagen hätten sich ursprünglich auf einen anderen Johannes, auf den sogenannten Presbyter, bezogen. Dieser Presbyter Johannes sei der Verfasser des johanneischen Schrifttums, und nur infolge späterer Verwechslung mit dem Apostel Johannes aus dem Zwölferkollegium habe man diesen als Verfasser genannt. Eine solche Vermutung kann allerdings nicht einer näheren Prüfung standhalten, da einfach Papias mit seiner Notiz, die sich tatsächlich auf zwei verschiedene „Johannes" bezieht, keine Stellung zur Verfasserfrage des Johannes-Evangeliums zu nehmen gedenkt. Auch wenn es eine weitere Persönlichkeit namens „Johannes" im Bekanntenkreis des Papias gegeben hat, heißt es nicht automatisch, dass gerade dieser Johannes das vierte Evangelium geschrieben hätte.

## 10.4. Inhaltsgliederung

1,1–18 Prolog. Die Theologie des Logos und die heilsgeschichtliche Menschwerdung

**A. 1,19–12,50 Jesu Offenbarung in der Welt durch die „Zeichen"**

**1,19–51 Vorbereitung des Wirkens Jesu**

- 1,19–34 Das Zeugnis Johannes des Täufers
- 1,35–51 Die Berufung der ersten Jünger

**2,1–4,42 Wirken Jesu in Galiläa, Jerusalem (1. Jerusalemreise) und Samaria**

- 2,1–12 Die Hochzeit zu Kana (1. Zeichen)
- 2,13–25 Die Tempelreinigung in Jerusalem
- 3,1–21 Das Nikodemusgespräch
- 3,22–36 Das letzte Zeugnis des Täufers über Jesus
- 4,1–42 Jesus in Samaria (Gespräch mit der Samariterin)

**4,43–6,71 Wirken Jesu in Galiläa, Jerusalem (2. Jerusalemreise) und am galiläischen See**

- 4,43–54 Die Heilung des Sohnes eines königlichen Beamten zu Kana (2. Zeichen)
- 5,1–18 Die Heilung des Lahmen am Teich Bethesda in Jerusalem (3. Zeichen)
- 5,19–30 Jesu Macht jetzt und am Jüngsten Tag
- 5,31–47 Die Zeugnisse für Jesus

| | |
|---|---|
| 6,1–15 | Die Speisung der Fünftausend (4. Zeichen) |
| 6,16–21 | Jesu Seewandeln (5. Zeichen) |
| 6,22–59 | Die eucharistische Rede vom Brot des Lebens |
| 6,60–71 | Die Wirkung der Rede Jesu auf die Jünger |
| **7,1–10,39** | **Wirken Jesu in Jerusalem (3. Jerusalemreise)** |
| 7,1–13 | Jesu Fortgang aus Galiläa |
| 7,14–52 | Selbstoffenbarung Jesu am Laubhüttenfest; die Juden versuchen vergebens, ihn zu verhaften |
| (7,53–8,11 | Jesus und die Ehebrecherin) |
| 8,12–20 | Jesus als Licht der Welt |
| 8,21–30 | Die schlimmen Folgen des Unglaubens |
| 8,31–38 | Der Glaube an Jesus macht frei |
| 8,39–47 | Der Teufel ist der Vater der ungläubigen Juden |
| 8,48–59 | Jesus ist größer als Abraham |
| 9,1–41 | Die Heilung eines Blindgeborenen (6. Zeichen) |
| 10,1–21 | Die Gleichnisrede vom guten Hirten |
| 10,22–39 | Die Selbstoffenbarung Jesu am Tempelweihefest |
| **10,40–12,50** | **Wirken Jesu im Ostjordanland und 4. Jerusalemreise** |
| 10,40–42 | Jesu Rückzug jenseits des Jordan |
| 11,1–44 | Die Auferweckung des Lazarus (7. Zeichen) |
| 11,45–57 | Der Todesbeschluss des Hohen Rates |
| 12,1–11 | Die Salbung Jesu in Bethanien |
| 12,12–19 | Jesu messianischer Einzug in Jerusalem |
| 12,20–36a | Jesus und die Griechen; Rede über sein Leiden |
| 12,36b–50 | Unglaube der Juden und Glaube an Jesus |

**B. 13,1–17,26 Wirken vor den Jüngern und hohepriesterliches Gebet**

| | |
|---|---|
| **13,1–38** | **Jesus und seine Jünger beim letzten Mahl** |
| 13,1–20 | Die Fußwaschung der Jünger und ihr Sinn |
| 13,21–30 | Weissagung und Entlarvung des Verrats |
| 13,31–35 | Das neue Liebesgebot |
| 13,36–38 | Vorhersage der Verleugnung des Petrus |
| **14,1–16,33** | **Die Abschiedsrede Jesu** |
| 14,1–14 | Jesus, der Weg zum Vater |
| 14,15–31 | Verheißung des Parakleten |
| 15,1–17 | Jesus, der wahre Weinstock |
| 15,18–16,4 | Der Hass der Welt gegen die Jünger |
| 16,5–15 | Der Paraklet als Lehrer der Jünger |

| | |
|---|---|
| 16,16–24 | Der Schmerz der Trennung |
| 16,25–33 | Jesus hat die Welt besiegt |

**17,1–26 Das hohepriesterliche Gebet Jesu an den Vater**

| | |
|---|---|
| 17,1–5 | Bitte um die Verherrlichung Jesu |
| 17,6–19 | Bitte um die Bewahrung und Heiligung der Jünger |
| 17,20–23 | Bitte um die Einheit der Gläubigen |
| 17,24–26 | Bitte um die jenseitige Vollendung der Gläubigen |

**C. 18,1–19,42 Die Passion Jesu**

| | |
|---|---|
| 18,1–14 | Die Verhaftung; Jesus vor Hannas und Kajaphas |
| 18,15–27 | Die Verleugnung des Petrus |
| 18,28–38a | Jesus vor Pilatus |
| 18,38b–40 | Barabbas wird Jesus vorgezogen |
| 19,1–16a | Die Verurteilung Jesu |
| 19,16b–24 | Die Kreuzigung Jesu |
| 19,25–27 | Die Mutter und der Lieblingsjünger beim Kreuz |
| 19,28–30 | Der Tod Jesu am Kreuz |
| 19,31–37 | Der Lanzenstich in die Seite Jesu |
| 19,38–42 | Die Kreuzabnahme und das Begräbnis Jesu |

**D. 20,1–21,25 Die Erscheinungen des Auferstandenen**

**20,1–31 Nach dem Tode Jesu in Jerusalem**

| | |
|---|---|
| 20,1–10 | Das leere Grab |
| 20,11–18 | Erscheinung Jesu vor Maria Magdalena |
| 20,19–23 | Der Auferstandene erscheint seinen Jüngern |
| 20,24–29 | Erscheinung Jesu vor dem ungläubigen Thomas |
| 20,30–31 | Schluss und Zweck des Buches |

**21,1–25 „Nachtrag“: Die Erscheinungen in Galiläa**

| | |
|---|---|
| 21,1–14 | Erscheinung Jesu vor seinen Jüngern am See von Tiberias (reicher Fischfang) |
| 21,15–19 | Berufung und Weissagung des Martyriums von Petrus |
| 21,20–23 | Das Schicksal des Lieblingsjüngers |
| 21,24–25 | Zweiter Schluss des Evangeliums |

## 10.5. Das Johannes-Evangelium und sein Verhältnis zu den Synoptikern

Die Frage nach dem Verhältnis des vierten Evangeliums zu den drei synoptischen Evangelien hat bereits die Alte Kirche beschäftigt. Eine grundlegende Information haben wir bereits beim Kirchenhistoriker Eusebios von Kaisareia (Hist. Eccl. IV, 14, 7), der auf die verlorene Schrift des Klemens von Alexandrien mit dem Namen „Hypotyposen" hinweist, in der eine von „den alten Presbytern" stammende Überlieferung erhalten ist. Danach habe Johannes als letzter der vier Evangelisten ein **πνευματικὸν εὐαγγέλιον** verfasst, in der Erkenntnis, dass in den älteren σωματικὰ Evangelien vorrangig die menschliche Seite Jesu behandelt sei. Dies alles tat Johannes von Freunden ermutigt und vom Heiligen Geiste inspiriert.

Die großen Unterschiede zwischen dem vierten Evangelium und den Synoptikern betreffen selbstverständlich die Darstellung der Person Jesu und konsequenterweise die Christologie. Der johanneische Jesus wird in gänzlich anderen Farben gemalt als der Jesus, dem wir bei Markus, Matthäus oder Lukas begegnen. Bei den Synoptikern ist Jesus ein Mensch, der zwar Kraft und Macht ausstrahlt, zugleich aber auch von Anfang an den anderen Menschen hilflos ausgeliefert ist. Trotz seiner Güte und Liebe zu den Menschen wird er unausweichlich zum Objekt des Hasses und der Feindschaft. In der johanneischen Version wird Jesus als ein überirdisches, himmlisches Wesen dargestellt. Er ist „von oben", er stammt „vom Himmel", bezeugt himmlische Dinge im Gegensatz zu den Menschen, die „von der Erde" abstammen (Joh 3,13–36). Er weiß deshalb alles, wie z.B. bei der Begegnung mit der Frau aus Samarien, die feststellen muss: „Er hat mir alles gesagt, was ich getan habe" (4,39; vgl. auch 1,48).

Außer diesem generellen Bild der Darstellung Jesu können wir folgende Unterschiede zur synoptischen Tradition feststellen, die sich nicht nur auf die theologischen Inhalte, sondern auch auf die Struktur und die Anordnung des johanneischen Stoffes beziehen:

a) Johannes überliefert keines von den über 50 in den synoptischen Evangelien enthaltenen Gleichnissen und darüber hinaus auch keine kleineren Einheiten oder Sammlungen von Herrenworten, so wie sie uns bei den Synoptikern bekannt sind. Stattdessen führt das vierte Evangelium längere Homilien Jesu mit einheitlicher Thematik auf.
b) Der bei den Synoptikern im Übermaß verwendete Ausdruck „ἡ βασιλεία τῶν οὐρανῶν" (= Das Reich der Himmeln) wird im Johannes-Evangelium durch die gleichbedeutende Formulierung „αἰώνιος

ζωή“ (= ewiges Leben) oder einfach „ζωή“ ersetzt. Außerdem kommt die bekannte synoptische Lehre über den gegenwärtigen Äon („παρὼν αἰών“) und den zukünftigen Äon („μέλλων αἰών“) im vierten Evangelium gar nicht vor. Die Sicht der Welt wird dabei dualistisch zum Ausdruck gebracht („diese Welt – die andere Welt“). Charakteristisch für die Unterscheidung der beiden Welten sind die Gegensatzpaare „Wahrheit – Lüge“, „oben – unten“, „Licht – Finsternis“, „Himmel – Erde“ oder „Leben – Tod“. Die Begriffe bezeichnen zwei Bereiche, einen Heilsbereich und einen Unheilsbereich, die im Kontrast zueinander stehen. Mit dem Heilsbereich ist der Bereich Gottes gemeint, zu dem selbstverständlich auch Jesus und der Paraklet, der Hl. Geist, gehören. Von diesem Bereich sind die Menschen zunächst einmal ausgeschlossen, weil sie zum unteren Bereich, dem der Finsternis, der Lüge und des Todes gehören. Durch den uranfänglichen Sündenfall ist nämlich die gute Schöpfung in den Bereich der bösen Materie herabgestürzt.

Das Johannes-Evangelium stellt jedoch die Wendemöglichkeit in Aussicht. Der Mensch könnte auf Grund des Glaubens an Jesus Christus den Wechsel vom Unheil zum Heil vollziehen. Immer wieder wird im Evangelium dieser Schritt des Menschen von dem einen zum anderen Bereich unterstrichen (Joh 5,24; vgl. auch 11,25). Damit hat der Christ die sündige Welt überwunden und muss nun ihre Feindschaft hinnehmen wie Jesus sie zuvor hinnehmen musste (vgl. Joh 15,18ff.; 16,33).

c) Im vierten Evangelium vollzieht sich ein gewisses „Gericht“ (griech.: κρίσις) bereits in der Gegenwart. Dies hängt von der Einstellung der einzelnen Menschen gegenüber Jesus Christus ab. Trotzdem scheut sich der vierte Evangelist auch nicht, sich auf das zukünftige Jüngste Gericht zu beziehen (vgl. Joh 6,44; 12,48).

d) Der zeitliche und geographische Rahmen der Wirksamkeit Jesu ist breiter als der in den synoptischen Evangelien: Das öffentliche Wirken Jesu beginnt bereits vor der Festnahme von Johannes dem Täufer (vgl. dazu Mk 1,14). Der geographische Wirkungsbereich umfasst nicht nur Galiläa, sondern bezieht Judäa sehr stark mit ein. Jesus steigt nach Jerusalem nicht nur einmal im Jahr seiner Passion hinauf, sondern unternimmt 3 bzw. 4 Jerusalemreisen am jüdischen Osterfest (Joh 2,13.23; 5,1; 7,10; 12,12). Die Kreuzigung Jesu findet am Vortag des Osterfestes statt (Joh 19,31).

e) Von den vielen Wundern Jesu, die in den synoptischen Evangelien überliefert werden, hat Johannes nur zwei übernommen (Speisung der Fünftausend: Joh 6,1–15 und Seewandeln: Joh 6,16–21). Darüber hinaus gehören zu seinem Sondergut 5 weitere Wunder, die ausschließlich „σημεῖα" (= Zeichen) und außerhalb der synoptischen Tradition zu liegen scheinen (Hochzeit zu Kana: Joh 2,1–12; Heilung des Sohnes eines königlichen Beamten: Joh 4,43–54; Heilung des Lahmen am Teich Bethesda: Joh 5,1–18; Heilung des Blinden: Joh 9,1–41 und Auferweckung des Lazarus: Joh 11,1–44).
f) Selbstverständlich stellt die Passionsgeschichte denjenigen Teil des Johannes–Evangeliums dar, der sich im größeren Maße mit der Leidensgeschichte der Synoptiker überschneidet. Trotzdem bietet uns das vierte Evangelium weiterführende Informationen an, die sich bei den älteren Evangelien nicht finden. Solche johanneischen Beiträge wären z.B. die Fußwaschung der Jünger (Joh 13,1 ff.), das Verhör Jesu durch Hannas (Joh 18,19–24), der Spruch von Pilatus „ἰδοὺ ὁ ἄνθρωπος" (Joh 19,5) oder die Worte des gekreuzigten Jesu „γύναι, ἴδε ὁ υἱός σου … ἴδε ἡ μήτηρ σου" (Joh 19,26.27), „διψῶ" (Joh 19,28) oder „τετέλεσται" (Joh 19,30).

Die vielen auffallenden Unterschiede des Johannes-Evangeliums zu den Synoptikern haben die Gegner des Christentums in den ersten Jahrhunderten in einer polemischen Weise gegen das vierte Evangelium selbst ausgenutzt. So haben z.B. die Aloger, eine häretische Gruppe, die den von Joh 1,1 verkündigten Logos nicht annahmen (Epiphanios, Panarion LI), und der römische Priester und theologische Schriftsteller Gaius von Rom das Johannes-Evangelium gänzlich verworfen. Weil seine Darstellung des Wirkens Jesu in verschiedenen wichtigen Punkten mit derjenigen der Synoptiker unvereinbar wäre, hat Gaius das Evangelium dem Häretiker und Ketzer Kerinth als Verfasser zugeschrieben.

Die Schriftsteller und Väter der Alten Kirche haben die Vorwürfe über die Widersprüchlichkeit der Evangelien durch das Argument zu entkräften versucht, dass Johannes die älteren Evangelien sowohl nach der stofflichen als nach der theologischen Seite habe ergänzen wollen. Diese Überlieferung der stofflichen und theologischen Ergänzungsbedürftigkeit der synoptischen Evangelien vertreten z.B. Klemens von Alexandrien, Eusebios von Kaisareia, Epiphanios von Salamis, Theodor von Mopsuestia oder Augustin. Die Alte Kirche hat immer wieder betont, dass in den vier Evangelien keine wirklichen

Widersprüche vorliegen, da diese Texte vier Gelegenheitsschriften sind und keinen Anspruch auf Vollständigkeit erheben.

Auch die moderne Forschung hat sich mit dieser alten Frage intensiv auseinandergesetzt, wobei sich daraus **vier verschiedene Antworten** entwickelt haben:

1. Die Kritiker, die die sogenannte ***Unabhängigkeitshypothese*** vertreten, sehen das Johannes-Evangelium als ein durchaus selbstständiges Werk, das mit eigenen Mitteln ein eigenes Ziel verfolgt. Auch wenn seine Bekanntschaft mit der synoptischen Tradition nicht in Abrede gestellt wird, stelle das vierte Evangelium eine in sich geschlossene Erzählung dar, die ohne Kenntnis der synoptischen Evangelien verständlich wäre.
2. Die protestantischen Theologen des 19. Jahrhunderts sprachen dem Johannes-Evangelium jeden apostolischen Ursprung und Geschichtswert ab und vertraten die Auffassung, dass das vierte Evangelium zur Korrektur, Erläuterung und Überbietung der synoptischen Tradition entstanden sei. Man sprach in diesem Zusammenhang von der ***Interpretations- oder Überbietungshypothese***. Der Verfasser des Evangeliums habe unter freier Benutzung des synoptischen Stoffes ein neues, höheres Christusbild, das die jüdisch-nationalen Grenzen überwunden und den griechischen Geist angenommen habe, zustande gebracht.
3. Die sogenannte ***Verdrängungshypothese*** entstand um die Jahrhundertwende. Danach wollte der vierte Evangelist seine Schrift nicht an die Seite der älteren Evangelien, sondern an deren Stelle setzen. Er beabsichtigte, sein Evangelium zum Normalevangelium der christlichen Gemeinden auf Kosten der älteren Evangelienschriften zu erheben.
4. Die aus der Alten Kirche stammende ***Ergänzungshypothese***, die an der apostolischen Herkunft des vierten Evangeliums festhält, scheint bis in die Gegenwart die am besten begründete zu sein. Demnach werden die Selbstständigkeit des vierten Evangeliums und die Geschlossenheit seines Aufbaus anerkannt. Darüber hinaus wird aber damit gerechnet, dass sein Verfasser die älteren synoptischen Evangelien als sehr bekannt und ziemlich verbreitet unter seinen Lesern voraussetze. In manchen Punkten ergänze allerdings Johannes die Synoptiker, indem er den synoptischen Bericht mit wertvollem neuem Material bereichere.

## 10.6. Zweck und Charakter des Johannes-Evangeliums

Informationen bzw. Andeutungen über die schriftstellerischen Absichten und die Adressaten des vierten kanonischen Evangeliums können wir aus dem Text selbst schöpfen. Der Verfasser nennt den Zweck seiner Evangelienschrift glasklar im ersten Schlusswort (Joh 20,30 f.). Er wendet sich an bereits getaufte Christen und will mit seinen theologischen Ausführungen ihrem Glauben an Jesus als den Messias und wesenhaften Gottessohn eine solide Grundlage verleihen. Das Johannes-Evangelium stellt sich als kein reines Geschichtswerk dar, sondern bekundet den göttlichen Jesus Christus durch sein Selbstzeugnis (vgl. Joh 21,24).

Eine weitere, tief reichende Quelle des Evangeliums ist der Hl. Geist oder der Paraklet, der zugleich die eschatologische Dimension dieses Textes am deutlichsten zum Ausdruck bringt. In mehreren Kontexten des Johannes-Evangeliums werden die verschiedenen Funktionen des Parakleten dargelegt: Er lehrt und erinnert (14,26), legt Zeugnis ab (15,26), führt zur vollen Wahrheit (16,13) etc. Nach der Himmelfahrt Christi repräsentiert er den erhöhten Herrn in der Gemeinde, indem er die Christen unterstützt und zur vollen Wahrheit führt.

Außer diesem praktischen Zweck scheint aber das Evangelium noch ein anderes theologisch-apologetisches Ziel zu verfolgen, nämlich die Bekämpfung von bestimmten im Gesichtskreis seines Verfassers existierenden Irrlehren. Dass Johannes sein Buch in einer gewissen Auseinandersetzung mit zeitgenössischen Gegnern des Christentums seiner Zeit geschrieben hat, bezeugt zweifellos die altchristliche Literatur. So schreibt z.B. Irenäus von Lyon, dass der Apostel „durch die Verkündigung seines Evangeliums den Irrtum widerlegen wollte, den Kerinth unter die Menschen gebracht hat und lange vorher die sogenannten Nikolaiten, die eine Abzweigung der fälschlich sogenannten Gnosis sind“ (Adv. Häres. III, 11, 1).

Aus dem vierten kanonischen Evangelium selber lässt sich allerdings keine eindeutige Schlussfolgerung bezüglich der in ihm bekämpften Irrlehre ziehen. Wenn wir aber der Meinung der Alten Kirche folgen, dass alle drei Johannesbriefe – und speziell der erste – vom gleichen Verfasser stammen, ungefähr zur gleichen Zeit entstanden sind und sich in ihrem theologischen Gedankengang weithin mit dem Evangelium decken, wird der Evangelist dann sicherlich die gleichen Irrlehrer der Johannesbriefe vor Augen haben. Die Irrlehrer werden also nicht mit Namen genannt. Ihr Profil wird allerdings anhand ihrer Irrtümer zusammengebastelt. Es handelt sich um Häresien, die auf dem Gebiet der Lehre, und solche, die auf dem Gebiet des sittlichen Lebens liegen.

Bezüglich des Charakters und des Profils zeichnet sich das Johannes-Evangelium durch ein weiteres interessantes Merkmal aus. Unser Evangelium befindet sich nicht nur in Abwehrstellung gegen gewisse häretische Anschauungen, sondern auch gegen übertreibende Verehrer Johannes des Täufers. Manche Forscher sprechen sogar von „der Sekte der Johannesjünger", deren Existenz noch bis ins 3. Jahrhundert nachweisbar ist. Joh. Karavidopoulos[45] betont in diesem Zusammenhang, dass es das Ziel des Evangelisten sei, die restlichen Jünger des Wüstenpredigers Johannes in den Schoß der Kirche zurückzuführen.

Die gegenüber den Synoptikern unterschiedlichen Mitteilungen des Johannes über den Vorläufer verfolgen nämlich ganz unverkennbar alle das Ziel, einer Überschätzung seiner Person und seines Wirkens entgegenzutreten. Es ist auffallend, dass der vierte Evangelist von seiner äußeren Erscheinung und Lebenshaltung wie auch von seiner Buß- und Gerichtspredigt überhaupt nichts berichtet und ihn den Lesern seines Buches nur als den Zeugen für den nach ihm kommenden Größeren vor Augen stellt. Im Prolog (Joh 1,6–8) bringt der Evangelist die dem Vorläufer von Gott zugewiesene Aufgabe auf die Formel: Er war nicht das Licht (d. h. der Offenbarer Gottes), sondern sollte nur vom Licht Zeugnis geben, damit alle durch ihn zum Glauben geführt werden. Diese Zeichnung der Täufergestalt ist nur ganz verständlich, wenn sich das Evangelium mit Leuten auseinandersetzt, die in Johannes die messianische Heilsgestalt sehen und verehren. Somit werden auch die Abweichungen des vierten Evangeliums zu den Synoptikern noch ersichtlicher.

## 10.7. Zeit und Ort der Abfassung des Johannes-Evangeliums

Nach der bereits erörterten altkirchlichen Überlieferung hat der Apostel Johannes sein Evangelium später als Matthäus, Markus und Lukas verfasst, und zwar in der kleinasiatischen Stadt Ephesos gegen Ende des 1. Jahrhunderts. Die ältesten und wichtigsten Zeugen dafür sind Irenäus von Lyon (Adv. Häres. IV, 1, 1), der gegen Markion gerichtete Prolog zum Lukas-Evangelium, das Kanonverzeichnis des Muratori, die „alten Presbyter" bei Klemens von Alexandrien (Eusebios H.E. VI, 14, 5–7), Origenes (bei Eusebios, H.E. VI, 25, 3) und Eusebios selbst (H.E. III, 24, 7). Laut dieser Überlieferung habe der Apostel den letzten Teil seines Lebens in Kleinasien verbracht und sei

45. *Joh. Karavidopoulos*, Εἰσαγωγή στήν Καινή Διαθήκη, Thessaloniki [2]1998, S. 237 f.

in Ephesos gestorben. Somit ist also auch der Ort der Entstehung des Evangeliums gegeben. Während der oben genannte antimarkionitische Prolog, Hieronymus (Schriftsteller-Katalog K. 9) und Epiphanios von Salamis (Panarion LI, 12) nur allgemein von Kleinasien sprechen, überliefert Irenäus, dass Johannes während seines Aufenthalts in Ephesos sein Evangelium herausgab (Adv. Häres. III, 1, 1).

In der altkirchlichen Tradition begegnen wir aber auch isolierten Meinungen, nach denen die Abfassung des vierten Evangeliums nach Syrien allgemein oder in das syrische Antiochien zu versetzen wäre. Ein charakteristisches Beispiel dafür bildet der syrische Kirchenvater Ephraem († 373), der sich in einem Anhang seines Kommentars zur Evangelienharmonie Tatians „Diatessaron" über die Reihenfolge und Abfassung der Evangelien äußert und die Entstehung des Johannes-Evangeliums nach Antiochien im nördlichen Syrien verlegt.

Wäre mit der Stadt Ephesos eine relativ zufriedenstellende Antwort auf die Frage nach dem Ort gegeben, so ist die Zeit der Abfassung des vierten Evangeliums noch schwieriger festzustellen. Nach Irenäus von Lyon (Adv. Häres. II, 22, 5; III, 3, 4) und Klemens von Alexandrien (Eusebios, H.E. III, 23, 5) hat Johannes bis in die Zeit Trajans (98–117) gelebt, nach Hieronymus (Schriftsteller-Katalog K. 9) ist er 68 Jahre und nach Theodor von Mopsuestia (Kommentar zu Joh 21, 20–23) 73 Jahre nach Christi Leiden gestorben. Sein Tod wird also etwa in das Jahr 100 n. Chr. hinein datiert. Nach dem antimarkionitischen Prolog, Viktorin von Pettau (Kommentar zu Apk 11, 1), Epiphanios von Salamis (Panarion LI, 12) und einigen anderen Zeugen hat der Apostel sein Evangelium erst nach seiner Rückkehr von Patmos (unter Nerva 96–98) geschrieben, nach Epiphanios noch genauer im Alter von 90 Jahren. Es ist sehr fraglich, ob hier eine glaubwürdige Überlieferung vorliegt, da andere zuverlässige Zeugen, wie Irenäus, Klemens, Origenes und Eusebios nichts darüber berichten.

Diejenigen neueren Schriftkritiker, die an der altkirchlichen und orthodoxen Überlieferung über das vierte Evangelium festhalten, setzen in der Regel seine Entstehung in die Zeit um das Jahr 90 an. Dies scheint die vernünftigste These zu sein. Manche modernen Bibelwissenschaftler, die die ursprüngliche aramäische Abfassung und die spätere griechische Übersetzung des vierten Evangeliums unterstützen, datieren die erste Schrift in Palästina in den Zeitraum 40–50. Diese Forscher bilden aber eine kleine Minderheit.

Wurde Johannes, als er zwischen 20 und 22 Jahre alt war, von Jesus berufen, so dürfte er im Jahre 90 an die 82 bis 84 Jahre alt gewesen sein. Die Vertreter der kritischen Bibelwissenschaft verlegten bis in die neueste Zeit die

Abfassung des Evangeliums meist in die ersten drei oder vier Jahrzehnte des zweiten Jahrhunderts. Diese Spätdatierung ist jedoch unhaltbar, da Ignatius von Antiochien in seinen um 110–117 verfassten Briefen wahrscheinlich das Evangelium benutzt hat und seine Verbreitung im Landesinnern Ägyptens um 120 - 125 durch im 20. Jahrhundert gefundene und im Jahre 1935 veröffentlichte Papyrusblätter mit Textteilen aus dem Johannes-Evangelium ($\mathfrak{P}^{45}$, $\mathfrak{P}^{55}$, $\mathfrak{P}^{62}$) nachgewiesen ist.

# TEIL XI.
# Die synoptische Frage der Evangelien

## 11.1. Einführendes

Wenn man heutzutage von der sogenannten „synoptischen Frage“ spricht, meint man eingeschränkt die konkreten Inhaltsverhältnisse zwischen den drei ersten Evangelien des Neuen Testaments. Die sich herauskristallisierende Bezeichnung der drei ersten Evangelisten Matthäus, Markus und Lukas als „Synoptiker“ ist auf den protestantischen Theologen Johann Jakob Griesbach (1745–1812) zurückzuführen, der im Jahre 1774 eine Synopse, also eine spaltenartige Zusammenschau der drei ersten Evangelien mit Vergleichsmöglichkeit ihrer parallelen Perikopen, als Textbuch für neutestamentliche Vorlesungen drucken ließ. Bereits die Alte Kirche hat jene Beobachtung intensiv beschäftigt, dass die ersten drei Evangelien zahlreiche Erzählungen oft in fast wörtlicher Übereinstimmung berichten. Vor allem ist die redaktionelle Anordnung der einzelnen Abschnitte im Wesentlichen dieselbe, wobei Matthäus und Lukas noch mehr Stoff als Markus dazwischen einschieben. Diese Übereinstimmung in Stoffmasse und Wortlaut machte es nötig, die Texte der ersten drei Evangelien spaltenweise nebeneinander zu stellen, um dadurch ihr wirkliches Verhältnis klarer zu machen.

Auffällig für den Vergleich der synoptischen Evangelien sind allerdings nicht nur ihre Übereinstimmungen. Berücksichtigt werden müssen sogar deutliche Unterschiede bezüglich des Inhaltes bzw. der thematischen Zusammenhänge oder der Stoffanordnung der drei Evangelisten. Es war daher von Anfang an, also bereits in den ersten christlichen Jahrhunderten selbstverständlich, dass man sich über die enge Verwandtschaft und auch die unübersehbaren Differenzen der ersten drei Evangelien Gedanken machte. Die Etablierung und die sprachliche Festlegung der Bezeichnung des bekannten „synoptischen Problems“ erfolgte jedoch erst im 18. Jh., als sich zuerst die westliche Bibelwissenschaft der Wichtigkeit des Problems bewusst geworden war.

Die Quintessenz der „synoptischen Frage“ konzentriert sich, mit anderen Worten, auf das Problem, das sich durch die einzigartige Mischung von weitgehender Übereinstimmung und starker Abweichung („concordia discors“)

der ersten drei Evangelien des Neuen Testaments ergibt. In diesem Zusammenhang sollte dennoch unterstrichen werden, dass es sich dabei nicht um die Harmonisierung der drei Evangelien handelt, sondern um die philologische und geschichtliche Erklärung ihres gegenseitigen Verhältnisses.

## 11.2. Die Frage der vier Evangelien

Bevor wir uns aber gezielt mit dem inhaltlichen und thematischen Verhältnis der ersten drei Evangelien beschäftigen, müssen wir uns einer allgemeineren Tatsache zuwenden, welche bereits in der Alten Kirche diskutiert worden ist. Von Anfang an hat es nicht speziell die Frage nach den drei synoptischen Evangelien gegeben, sondern folgende Fragestellungen in Bezug auf alle vier Evangelien:

- Warum sollte es überhaupt vier Evangelien geben?
- Worauf sind ihre Übereinstimmungen und Differenzen zurückzuführen und wie lassen sie sich erklären?

Die ältesten Informationen über die vier Evangelien sind uns durch Papias, den Bischof von Hierapolis in Phrygien (ca. 60–140) (über den Kirchenhistoriker Eusebios von Kaisareia), und später durch Irenäus von Lyon, der um 180 geschrieben hat, überliefert worden. Sowohl Papias als auch Irenäus begründen die Existenz der verschiedenen Evangelien mit Evangelisations- und Missionsnöten, mit verschiedenartigen Umständen der betriebenen Katechese und mit den unterschiedlichen mündlichen Traditionen und Zeugnissen der Augenzeugen Jesu und seiner Jünger.

Die Überlieferung und Existenz der vier verschiedenen Formen der kanonischen Evangeliumstexte sind in der Alten Kirche nie Anlass für Bedenken oder Anzweifelung ihrer Echtheit gewesen. Im Gegenteil: Die Kirchenväter und kirchlichen Autoren bezeichneten die Existenz der vier Evangelien als den höchsten Beweis der göttlichen Wahrheit. Sie argumentieren folgendermaßen: Die neutestamentlichen Autoren sind weder zusammengekommen, um sich über den Inhalt ihrer Texte zu einigen, noch haben sie zur selben Zeit und am selben Ort ihre Evangelien abgefasst. Zur Niederschrift und Tradierung der christlichen Tradition, so wie sie in den vier Evangelien bis heute erhalten ist, hat die Evangelisten der Heilige Geist erleuchtet und geführt. Ein großer Verfechter dieser altkirchlichen Überzeugung von der Existenzberechtigung der vier Evangelien ist der berühmte Kirchenvater Johannes Chrysostomos († 407), der das gegenseitige Verhältnis der vier Texte pastoral erläutert.[46] Im Grunde genommen werden in der Alten Kirche folgende Beobachtungen betont: Die vier Evangelien sind sich einig in der Berichterstattung des Wesentlichen. Alle vier verkündigen die eine Person Jesu Christi und dieselben lebenswichtigen Ereignisse des göttlichen Heilsplans, so wie sie im irdischen Leben des menschgewordenen Logos Gottes zustande gebracht wurden. Die Differenzen der Evangelien betreffen sekundäre Fragen, die sich auf den jeweiligen schriftstellerischen Stil der Autoren beziehen, wie z.B. Ortschaften, Zeitangaben oder Personen. Zusammenfassend könnte man die Stellung der Alten Kirche zum Problem der verschiedenen Evangelien folgendermaßen interpretieren: Die vier Evangelien dienen der göttlichen Offenbarung gemeinsam, indem sie sich ergänzen.

Bereits seit dem 2. Jh. unterstreicht die Alte Kirche die Einheit des „Evangeliums", der einen Frohbotschaft. Es herrscht die Überzeugung, dass das Evangelium seine Einzigkeit besitzt, obschon es in vier Gestalten überliefert worden ist. In diesem Sinne spricht Irenäus von Lyon in seinem Werk Adversus Haereses III, 11,8 vom „viergestaltigen Evangelium, das vom Einen Geist zusammengefügt wird" (τετράμορφον εὐαγγέλιον, ἑνὶ δὲ Πνεύματι συνεχόμενον). Es ist außerdem nicht zufällig, dass schon in dieser Zeit und anlässlich der vielen verfälschten und apokryphen Evangelien die Kirche die Bezeichnung der vier Evangelien prägte: „Das Evangelium nach Matthäus", „Das Evangelium nach Markus", „Das Evangelium nach Lukas", „Das Evangelium nach Johannes". Es handelt sich nämlich um das „Eine Evangelium" Jesu Christi, das auf vielfältige Weise Matthäus, Markus, Lukas und Johannes niedergeschrieben haben. Somit haben wir seit Ende des 2. Jh.s in den verschiedenen Handschriften des Neuen Testaments die Herauskristallisierung der vier Titel der bekannten Evangelien.

Die Alte Kirche hielt an der Vier-Zahl der Evangelisten von Anfang an fest. Irenäus von Lyon sieht im Tetramorphon (viergestaltigen) Evangelium die Parallele mit den vier Säulen, die, auf der ganzen Welt zerstreut, die Kirche stützen. Außerdem ist Irenäus der erste, der die Symbolisierung der vier Evangelisten mit den vier bekannten Lebewesen vorschlägt. Somit werden in der allgemeinen kirchlichen Tradition aufgrund ihres Inhaltes und ihres Charakters Matthäus als Mensch, Markus als Löwe, Lukas als Rind und Johannes als Adler wiedergegeben (s. die weiterführenden Kommentare von Irenäus in: Adversus Haereses III 11,8). Diese symbolische Überlieferung von Irenäus hat sich auch in der Ikonenmalerei der Orthodoxen Kirche etabliert.

46. *Johannes Chrysostomos*, Matthäus-Kommentar, 1. Homilie: Bibliothek der Kirchenväter, 23. Bd., Kempten und München 1915, S. 15–16.

Dementsprechend werden die vier Evangelisten mit ihren Symbolen auf den Kapitellen der vier Säulen abgebildet, welche die Kuppel tragen.

## 11.3. Die Zusammenhänge der drei Synoptiker

Als man sich von der altkirchlichen Überzeugung, die vier Evangelien seien in der Reihenfolge des neutestamentlichen Kanons entstanden, allmählich entfernte und gegen Ende des 18. Jahrhunderts auf die Verhältnisprobleme der ersten drei Evangelien ernsthafter aufmerksam wurde, setzte eine intensive Arbeit an der synoptischen Frage ein. In diesem Rahmen scheinen allerdings die inhaltlichen Zusammenhänge der drei synoptischen Evangelien von grundlegender Bedeutung zu sein.

Hierbei wäre es sinnvoll, wenn wir uns auf konkrete statistische Daten der drei Synoptiker beziehen würden, um uns damit ein globales Bild der Verhältnisse machen zu können. So werden manche Ereignisse des irdischen Lebens oder der Lehrtätigkeit Jesu von allen drei Synoptikern überliefert; andere Ereignisse jedoch finden Erwähnung bei zwei Synoptikern und weitere Ereignisse oder Berichte nur bei einem der drei Evangelisten. Diese objektive Feststellung führt dennoch automatisch zur Schlussfolgerung, dass jeder Evangelist einen gemeinsamen Stoff mit den anderen beiden aufweist, dann gemeinsames Textmaterial nur mit einem der beiden anderen und schließlich seinen eigenen Stoff, der bei keinem der anderen zu finden ist.

Das Markus-Evangelium, als das kürzeste von den synoptischen Texten, umfasst nur 677 Verse. Der weitaus größte Teil seines Stoffes findet sich auch bei Matthäus und Lukas oder doch bei einem von beiden. Wirkliches Sondergut enthält es nur in etwa 30 Versen. Für die synoptische Frage ist die Tatsache bedeutsam, dass außer diesen 30 Versen die restlichen von insgesamt 677 Versen des Markus-Evangeliums in einer gewissen sprachlichen Abänderung bei den beiden anderen Synoptikern wiederzufinden sind.

Das Matthäus-Evangelium, mit insgesamt 1071 Versen, enthält die Substanz von etwa 600 Versen des Markus-Evangeliums. Bei diesen gemeinsamen Teilen der zwei Evangelien bietet Markus dennoch kürzere Fassungen der Erzählungen. Das Sondergut des Matthäus-Evangeliums ist aufgrund seiner unterschiedlichen Quellen recht umfangreich mit etwa 350 Versen.

Das dritte kanonische Evangelium nach Lukas ist der längste Text unter den Synoptikern und umfasst insgesamt 1151 Verse. Es enthält etwas über die Hälfte des Markus-Evangeliums, also rund 350 Verse. Der Text des Hellenisten Lukas weist das meiste Sondergut auf: 548 von 1151 Versen. Lukas bietet außerdem eine beträchtliche Menge gemeinsamen Stoffes mit dem Matthäus-Evangelium an, der sich wiederum bei Markus nicht findet: ca. 240 Verse.

Was die Inhaltsmerkmale der drei synoptischen Evangelien anbetrifft, sollte auch Folgendes angemerkt werden: Während sich Markus hauptsächlich auf die Heilstaten Jesu beschränkt und ziemlich wenige Herrenworte anbietet, behandeln Matthäus und Lukas sowohl die messianische Vorgeschichte als auch eine große Zahl von Lehren und Worten Jesu. Hauptsächlich das Sondergut des Matthäus und Lukas wie auch der gemeinsame Stoff dieser beiden Synoptiker sind zum allergrößten Teil voll von Lehrworten und Logien Jesu.

Die gerade geschilderten statistischen Gegebenheiten könnten in der folgenden Liste so skizziert werden:

| | **insgesamt** | **Sondergut** | **Mk** | **Mt** | **Lk** |
|---|---|---|---|---|---|
| **Mk** | 677 | 30 | | 600 | 350 |
| **Mt** | 1071 | 350 | 600 | | 240 |
| **Lk** | 1151 | 548 | 350 | 240 | |

### 11.3.1. Die Übereinstimmung des synoptischen Stoffes

Die eindrucksvollen Übereinstimmungen lassen sich sowohl in der Auswahl des Stoffes, als auch in der Stoffanordnung wie auch im Wortlaut der gemeinsamen Texte feststellen.

1. Ein beträchtlicher ***Teil des Stoffes*** findet sich bei allen drei oder auch bei nur zwei Synoptikern und betrifft sowohl den Erzählungsstoff wie auch die Reden bzw. Homilien der drei ersten kanonischen Evangelien:
   a) Der bei weitem größte Teil der Erzählungen ist allen drei Synoptikern gemeinsam. Dabei könnte es sich um eine gemeinsame Überlieferung handeln, die höchstwahrscheinlich schon früh schriftlich fixiert war. Diese allen Evangelisten gemeinsame Vorlage scheint besonderes Interesse an den geographischen Schauplätzen der Wirksamkeit Jesu und an der zeitlichen Abfolge der Ereignisse zu zeigen. Die gemeinsame Struktur der Erzählungen sieht folgendermaßen aus: Alle drei Synoptiker skizzieren am Anfang ihrer Texte die Tätigkeit Johannes des Täufers, die Taufe Jesu und seine Versuchungen in der Wüste. Die öffentliche Tätigkeit Jesu findet

hauptsächlich in Galiläa mit dem Ausgangspunkt der Stadt Kapernaum für ungefähr drei Jahre statt. Danach begibt sich Jesus auf die Reise nach Jerusalem, indem er Samaria und Judäa durchquert. Eine dritte Phase der gemeinsamen Vorlage umfasst seine Tätigkeit in Jerusalem mit einem eindrucksvoll gemeinsamen Redestoff, weiterhin das Leiden, die Kreuzigung, die Bestattung und die Auferstehung. Diese angeblich gemeinsame Grundlage wird auch „synoptische Grundschrift" genannt und scheint, im Markus-Evangelium am wortgetreuesten erhalten zu sein.

b) Ebenfalls findet sich ein beträchtlicher Teil des Redestoffes bei allen drei synoptischen Evangelien oder im Matthäus- und Lukas-Evangelium. Dabei handelt es sich um die Gleichnis- und Parusiereden, die 5 galiläischen und die 5 jerusalemischen Streitgespräche, sowie die „Beelzebul-Rede" Jesu.

2. Auch in der ***Stoffanordnung*** bemerkt man eine weitgehende Übereinstimmung, die manchmal auch zur wortwörtlichen Identifizierung führt. Der Grundriss der irdischen Geschichte Jesu ist in allen drei Synoptikern im wesentlichen identisch. Am Anfang wird die Predigt und die Tauftätigkeit Johannes des Täufers als jenes Signal angezeigt, dem zufolge Jesus nun die Stille von Nazareth verlassen sollte. Mit der Gefangennahme des Vorläufers Johannes beginnt Jesus sein öffentliches Wirken in der galiläischen Stadt Kapernaum. In Galiläa beruft Jesus seine ersten Jünger. Nach einer geraumen Zeit des Wirkens besucht Jesus ganz kurz das angrenzende heidnische Gebiet (von Tyrus und Sidon und der Dekapolis). Nach der ersten Leidensweissagung, verbunden mit dem Messiasbekenntnis des Petrus, geht Jesus nun durch Samaria, Peräa und Jericho nach Jerusalem, wobei er dieselbe Leidensweissagung zweimal wiederholt. Die Leidenswoche in Jerusalem wird von den drei Evangelien in eindrucksvoller Übereinstimmung geschildert.

3. Auch eine große Zahl von Perikopen zeigt im ***Wortlaut*** eine weitreichende Übereinstimmung zwischen den drei Synoptikern. Die drei Evangelisten zitieren oft dieselben alttestamentlichen Texte (Mk 1,3 par), benutzen die gleichen Satzbildungen bzw. –formulierungen (Mk 2,10 par) oder wenden gemeinsam seltene und ungewöhnliche Wörter und Ausdrücke an (Mk 2, 19 par; Mt 4,5 par).

Zusammenfassend sollte man also die eindrucksvollen Übereinstimmungen im Stoff, seiner Anordnung und auch im Wortlaut unter den drei synoptischen

Evangelien feststellen. Diese Tatsache fällt besonders deutlich auf, wenn man die drei synoptischen mit dem Johannes-Evangelium direkt vergleicht. Letzteres hat nicht nur wenig Stoff mit den Synoptikern gemeinsam, insbesondere in der Passionsgeschichte, sondern zeigt auch ein anderes Profil.

### 11.3.2. Die Abweichungen unter den Synoptikern

Stellen die auffallenden Übereinstimmungen selbstverständlich den Schwerpunkt der sogenannten „synoptischen Frage“ dar, lohnt es sich dennoch, auch manche nennenswerten Abweichungen innerhalb des gemeinsamen Stoffes der drei Synoptiker ins Auge zu fassen. Solche Abweichungen bestehen in zwei Bereichen: in der Anordnung des erwähnten gemeinsamen Stoffes, wie auch im Wortlaut konkreter gemeinsamer Texte und Perikopen.

1. Auffallende Abweichungen in der Anordnung des Stoffes lassen sich hauptsächlich im dem Matthäus- und Lukas-Evangelium gemeinsamen Stoff, der ca. 240 Versen umfasst, leicht feststellen. Beim ersten kanonischen Evangelisten Matthäus ist dieser gemeinsame Stoff (auch mit weiterem matthäischen Stoff zusammen) in sechs große Redekompositionen zusammengeballt. Im Gegensatz dazu zeigt Lukas eine andere Arbeitsweise, indem er denselben gemeinsamen Stoff in einer größeren Zahl von kleineren Einheiten aufteilt. Diese Einheiten, die häufig über eine geschichtliche Einrahmung verfügen, finden sich vorwiegend zwischen den Kapiteln 3–17 zerstreut. Auf der anderen Seite sollte darauf hingewiesen werden, dass der Redestoff nicht die starke Seite des Markus-Evangeliums ist. Abgesehen von den Reden in 4,3–34 (Gleichnisrede) und 13,2–37 (eschatologische Rede über die Endzeit), überliefert der zweite kanonische Evangelist nur wenige Herrenworte, darunter keine längeren Reden matthäischer oder lukanischer Art. Die der markinischen eschatologischen Rede entsprechende „Parusierede“ wird bei Mt und Lk ausführlicher behandelt, wobei Matthäus diesen Text mit weiterem eschatologischen Stoff (Mahnungen und anderen Gleichnissen) bereichert, während Lukas denselben Stoff auf das 12., 17. Und 19. Kapitel seines Evangeliums verteilt.

   Auch bei den beliebten Gleichnissen Jesu, die im Großen und Ganzen alle drei Synoptiker überliefern, lassen sich interessante Differenzen beobachten. Das sogenannte synoptische „Parabelkapitel“ (Mt 13, Mk 4, Lk 8) zeigt eine erwähnenswerte Variante und umfasst beim ersten Evangelist Matthäus sieben Parabeln, beim zweiten

Evangelist Markus nur drei Gleichnisse und beim dritten kanonischen Evangelist Lukas gar nur eine Parabelgeschichte.

Im Rahmen der Stoffanordnung sollte hier auch die sogenannte „messianische Vorgeschichte“ erwähnt werden. Diese kennzeichnet die Anfänge von Mt und Lk, während sie bei Mk gänzlich fehlt. Etwas Ähnliches gilt auch für den sogenannten „Stammbaum“ Jesu Christi, der im zweiten kanonischen Evangelium nicht zu finden ist. Dagegen bildet dieser Text zwar einen gewissen gemeinsamen Stoff für Mt (1,1–16) und Lk (3,23–38), er wird jedoch von beiden Evangelisten in unterschiedlichen Varianten angeboten. Anordnungsgemäß wäre auch die Perikope über die Verwerfung Jesu in Nazareth von Bedeutung, da diesen Text Mt und Mk am Ende der galiläischen Wirksamkeit Jesu (Mt 13,53–58; Mk 6,1–6) bringen, während Lk ihn an den Anfang des öffentlichen Wirkens stellt (Lk 4,15–30). Darüber hinaus werden bezüglich der Auferstehung und der Erscheinungen des Herrn bei den drei Synoptikern sowohl inhaltliche wie auch stoffmäßige Abweichungen ersichtlich. Ein repräsentatives Differenzbeispiel stellt der Erscheinungsort des Auferstandenen dar, wobei Matthäus eindeutig von Galiläa, während Markus und Lukas von Ortschaften in und um Jerusalem berichten.

2. Nicht nur bezüglich der Stoffanordnung, sondern auch innerhalb der einzelnen Perikopen und ihrer Formulierungen finden sich erwähnenswerte Abweichungen. Dementsprechend stellen wir Differenzen in der Struktur des „Vaterunsers“, das bei Matthäus 7 und bei Lukas nur 5 Bitten hat, die zum Teil sogar im Wortlaut voneinander abweichen. Im selben synoptischen Stoff der Berg/Feldpredigt überliefert Mt 5,1–12 acht Seligpreisungen, während Lk 6,20–26 nur vier Seligpreisungen anbietet (und 4 Weherufe). Im gemeinsamen Wunderstoff der Synoptiker berichten auf der einen Seite Markus und Lukas von der Heilung eines Besessenen bei Gadara (Mk 5,1–20; Lk 8,26–39), eines einzigen Blinden bei Jericho (Mk 10,46–52; Lk 18,35–43), nur von einem Esel beim Einzug Jesu in Jerusalem (Mk 11,1–7; Lk 19,28–35). Interessanterweise differenziert sich der erste kanonische Evangelist von den anderen zwei Synoptikern und spricht in allen diesen Fällen von zweien. Ein weiteres Beispiel von Abweichung innerhalb derselben Perikope ist die Reihenfolge der Versuchungen Jesu, die bei Mt 4, 1–11 und Lk 4,1–13 unterschiedlich ist.

## 11.4. Lösungshypothesen der synoptischen Frage

Seit dem 18. Jahrhundert, in dem man im Rahmen der „wissenschaftlichen Theologie“ der Neuzeit auf die „synoptische Frage“ in einer systematischen Art und Weise aufmerksam geworden ist, begab man sich auf die Suche nach zufriedenstellenden Lösungen. Die Hauptbestandteile der synoptischen Forschung waren sowohl die Erklärung der Übereinstimmungen und der Differenzen zwischen den ersten drei Evangelien als auch das Herausfinden der einzelnen Quellen des gemeinsamen Stoffes wie auch des jeweiligen Sondergutes der drei synoptischen Evangelisten. Im Laufe der letzten drei Jahrhunderte und im Rahmen von fieberhaften Forschungen haben sich im Großen und Ganzen fünf Hypothesen herauskristallisiert.

### 1) Hypothese eines Urevangeliums

Bereits im 18. Jahrhundert wurde die Meinung vertreten, die synoptischen Evangelien seien nur verschiedene Übersetzungen eines geschriebenen Urevangeliums, dass allen Evangelisten als gemeinsame Vorlage zur Verfügung stand. Gotthold Ephraim Lessing[47] hatte an das von Hieronymus erwähnte Hebräer-Evangelium gedacht, während andere Vertreter dieser Hypothese an einen aramäischen Ur-Matthäus. Laut dieser Hypothese sollte das aramäische oder hebräische Urevangelium die gesamte Vita des Herrn enthalten haben.

Selbstverständlich stützte sich diese Hypothese auf die bekannte Notiz des Papias, Bischofs von Hierapolis in Phrygien (ca. 60–140), die uns mittels der Kirchengeschichte des Eusebios von Kaisareia erreicht hat. Laut Eusebios verfasste der gelehrte Bischof Papias eine fünfbändige Schrift mit dem Namen „Λογίων Κυριακῶν ἐξηγήσεις“ (Erklärungen von Herrenworten). Die neuralgische Stelle von Papias lautet: „Ματθαῖος μὲν οὖν Ἑβραΐδι διαλέκτῳ τὰ λόγια συνετάξατο, ἡρμήνευσε δ᾽ αὐτὰ ὡς ἦν δυνατὸς ἕκαστος“[48].

Diese Hypothese eines Urevangeliums wollte diese angebliche Schrift konkretisieren und hatte zwei Versionen: Erstens, es gab ein ursprüngliches Evangelium, das als einheitliche Schrift allen drei Evangelisten bekannt war. Manche Forscher sprachen vom apokryphen Evangelium der Nazarener, das bereits von Hieronymus, Klemens von Alexandrien und Origenes bezeugt wird und für das hebräische Original des Matthäusevangeliums gehalten wurde. Zweitens: Es gab zwar ein ursprüngliches aramäisches Evangelium,

47. *G. E. Lessing*, Neue Hypothese, über die Evangelisten als bloß menschliche Geschichtsschreiber 1778 (veröffentlicht im Theologischen Nachlass, Berlin 1784, S. 45ff.).

48. *Eusebios von Kaisareia*, H.E. III, 39,16: BEP 19,281,23–24: „Matthäus hat im hebräischen Dialekt die Logien zusammengestellt, es gab sie aber jeder wieder, so gut er konnte.“

das den drei Synoptikern allerdings nicht einheitlich, sondern in verschiedenen Formen bekannt war. Selbstverständlich war darin auch der Versuch zu sehen, auch die Differenzen zwischen den Synoptikern zu erklären. Unabhängig von ihren Varianten war die Hypothese von Anfang an bemüht, hauptsächlich die Übereinstimmungen zwischen den synoptischen Evangelisten zu beleuchten, ohne aber zugleich die Differenzen zu erklären. Die ganze hypothetische Konstruktion hat sich in der nachfolgenden Forschung nicht durchgesetzt und wurde als zu kompliziert bald aufgegeben. Allerdings wurde als ihr positiver Punkt die dadurch gewonnene Erkenntnis unterstrichen, dass die synoptischen Evangelien den Endpunkt einer längeren Entwicklung bildeten.

### 2) Fragmentenhypothese oder Diegesenhypothese

Im Gegensatz zur vorherigen Theorie diente für die Vertreter dieser Hypothese am Anfang nicht ein einziges Werk, ein angebliches aramäisches Urevangelium, als gemeinsame Quelle und Vorlage, sondern eine Vielfalt von verschiedenen Überlieferungen. Friedrich Schleiermacher[49] bezeichnete als die anfängliche Stufe dieser Theorie schriftliche Aufzeichnungen der einzelnen Apostel, die Augenzeugen Jesu gewesen sind; diese Aufzeichnungen seien später zu je ein bestimmtes Gebiet (Wundergeschichten, Reden, Gleichnisse, historische Erzählungen usw.) umfassenden Sammlungen erweitert worden. Genau in diesem Bereich der schriftlich fixierten Erzählungen sah man sogar auch die von Papias von Hierapolis (siehe vorherige Hypothese) überlieferten „Logien". Schleiermacher stützte sich auf die Formulierung in Lk 1,1 und nannte diese Sammlungen „Diegesen".

Die Vertreter dieser Hypothese behaupteten, dass jedem Evangelist ursprünglich eine solche Sammlung von vielfältigen Erzählungen (διηγήσεις) zur Verfügung stand. Diese Diegeseis, als die urchristlichen Glaubensindizien der mündlichen und schriftlichen Tradition, waren auf die Apostel als Augenzeugen zurückzuführen. Aus solchen systematisch gesammelten Erzählungen der urkirchlichen Tradition seien dann unabhängig voneinander die synoptischen Evangelien entstanden. Der positive Punkt dieser Hypothese, die sich nicht durchgesetzt hat, war die im Großen und Ganzen richtige Erkenntnis, dass in den Evangelien Sammelgut vorliegt, mit dem sich die spätere „Formgeschichte" ausführlich beschäftigt.

49. *Fr. Schleiermacher*, Über die Schriften des Lukas, ein kritischer Versuch I, 1807.

### 3) Hypothese der mündlichen Tradition

Die Vertreter dieser Hypothese haben vor der schriftlichen Fassung der Überlieferung, die als die wichtigste Grundlage der evangelischen Niederschrift zu gelten hat, unbedingt eine Periode mündlicher Weitergabe angenommen. Johann Karl Ludwig Gieseler[50] baute auf dieser Hypothese auf und sprach von einzelnen mündlichen Überlieferungen, die ursprünglich in der aramäischen Sprache verbreitet waren. In einem weiteren Stadium nahm man irgendeine einheitliche mündliche Gestalt dieser Überlieferungen als gegeben an, wobei man eine kompakte Gestalt des apostolischen Kerygmas oder, mit anderen Worten, eine kompakte Gestalt der Katechese der Apostel angenommen hat. Hier sei ja sogar die Rede von einem „mündlichen Urevangelium", wie Johannes Panagopoulos[51] es so nennt.

Gemäß dieser Hypothese sei das nächste Stadium das entscheidende für die Entstehung unserer Evangelien, da man im Verlauf der urchristlichen Zeit die Übersetzung des gesammelten Stoffes aus dem Aramäischen ins Griechische angenommen hat. Im Prozess der Übertragung habe sich neben der judenchristlichen Fassung eine heidenchristliche schriftliche Version dieses Stoffes herausgebildet, was wir in den endgültigen Formen der synoptischen Evangelien feststellen können: Matthäus sei der palästinensisch-jüdischen Fassung der einheitlichen mündlichen Tradition gefolgt. Markus habe dagegen selbstständig und außerhalb Palästinas geschrieben und in seinem Evangelium die römische Version derselben mündlichen Tradition aufbewahrt. Auch Lukas habe unabhängig von den anderen zwei Synoptikern dieselbe mündliche Tradition in ein paulinisches Gewand gekleidet und die antiochenische Fassung des apostolischen Kerygmas überliefert. Damit hat man sowohl die verschiedenen Profile der synoptischen Evangelien, als auch ihre unterschiedlichen Empfänger zu beleuchten versucht.

Obwohl diese Hypothese in offenem Widerspruch zur Information von Lk 1,1, dass vor ihm auch andere schriftliche Berichte (Διηγήσεις) vorhanden waren, steht, trug sie zur unzweideutigen Betonung der mündlichen Tradition bei. Allerdings waren dabei die sehr viel engeren Beziehungen, die auffallenden Übereinstimmungen bis sogar zu den einzelnen Wörtern, und selbstverständlich auch die Differenzen der synoptischen Evangelien zueinander nicht zufriedenstellend berücksichtigt.

50. *J. K. L. Gieseler*, Historisch-kritischer Vergleich über die Entstehung und die frühesten Schicksale der schriftlichen Evangelien, Lipsiae 1818.

51. *Joh. Panagopoulos*, Εἰσαγωγή στήν Καινή Διαθήκη, Athen 1995, S. 125.

## 4) Hypothese der gegenseitigen Benutzung

Diese Hypothese rechnet zum ersten Mal in der neuzeitlichen theologischen Wissenschaft mit direkten Beziehungen zwischen den drei Synoptikern. Allerdings sind die ersten Spuren dieser Hypothese bereits in der Alten Kirche zu finden, wobei Origenes der erste Autor ist, der bedenkenlos gemeint hatte, dass die synoptischen Evangelien zeitlich so entstanden sind, dass Matthäus das erste, Markus das zweite und Lukas das dritte Evangelium geschrieben hätten[52] (vgl. Augustinus, De consensu evangelistarum 1,2). Augustinus, nachdem er das philologische Verhältnis zwischen den drei Synoptikern behandelt hatte, äußerte die Meinung, Markus sei ein zusammenfassender Auszug oder eine Kompilation des Matthäus. Aus dieser altkirchlichen Sicht ergibt sich also folgende Reihenfolge der synoptischen Evangelien:

***Matthäus – Markus – Lukas***

Das Prinzip dieser altkirchlichen Hypothese der gegenseitigen Benutzung wurde auch in der neuzeitlichen Bibelwissenschaft aufgegriffen, so dass diese These von Origenes und anderen altkirchlichen Autoren über die Reihenfolge der drei Evangelien in der modernen Bibelwissenschaft nicht völlig aufgegeben wurde. Außer der oben genannten Reihenfolge wurde in der neueren Forschung auch die Reihenfolge vorgeschlagen:

***Matthäus – Lukas – Markus***

Als ein wichtiger Vertreter dieser Reihenfolge bei der Benutzungstheorie gilt Johann Jakob Griesbach[53], der darauf bestanden hatte, dass Markus sowohl das Matthäus- als auch das Lukas-Evangelium gekannt und benutzt habe. Diese These, nach der Markus als Auszug aus Matthäus und Lukas angesehen wurde, wurde einige Jahre später von der berühmten „Tübinger Schule“ unter F. Chr. Baur propagiert. Diese Lösung, bekannt als „Hypothese von Griesbach“, konnte sich auch nicht durchsetzen, weil sie praktisch nur die Übereinstimmungen der drei synoptischen Evangelien erklärt, ohne jedoch das Problem der Entnahmequellen des jeweiligen Sondergutes zu beleuchten. Außerdem schwebt weiterhin die zentrale Frage im Raum: Wenn Markus die anderen zwei Synoptiker kannte, warum fehlen bei ihm beliebte und entscheidende Ereignisse vom Leben und von der Lehre Jesu, so wie sie bei Mt und Lk zu finden sind?

---

52. *Origenes*, Zum Matthäus, Bd. 1: BEP 14, 227,7–17.
53. *J. J. Griesbach*, Commentatio qua Marci evangelium totum et Matthaei et Lucae commentariis decerptum esse demonstratur, 1789.

Die Fundamente für die heute geltende Theorie hat allerdings Carl Lachmann[54] gelegt, der die zu Griesbach entgegengesetzte Benutzungstheorie präsentierte: nicht Markus hätte Matthäus und Lukas benutzt, sondern Matthäus und Lukas seien von Markus abhängig. In diesem Zusammenhang wird darauf hingewiesen, dass Matthäus und Lukas einen breiten, mit Markus gemeinsamen Stoff miteinander eindrucksvoll übereinstimmend überliefern. Damit ergibt sich die Benutzungstheorie:

***Markus – Matthäus – Lukas***

Diese bisher geschilderten vier Lösungen haben auch späterhin mit ihren positiven Erkenntnispunkten zweifellos nachgewirkt. Allerdings wurden besonders aufgrund der vierten Benutzungshypothese die Weichen für die letzte und bis heute noch zufriedenstellende Lösung gestellt. Die im Prozess der Benutzungshypothese gewonnene Sicherheit über die entscheidende Wichtigkeit des Markus-Evangeliums wird als grundlegendes Prinzip für die Entwicklung der fünften Hypothese bezüglich der synoptischen Frage angesehen.

### 5) Die Quellentheorie

Unter diesem Namen sollten wir uns eigentlich keine einzige Theorie oder Hypothese, sondern ein breiteres Lösungsspektrum vorstellen. Dabei sind zu erwähnen: die Hypothese entweder einer Quelle (Q), oder die Zwei-Quellentheorie, oder auch die Theorie von vielen schriftlichen Quellen.

#### *5.a) Die Ein-Quellentheorie*

Nach der Ein-Quellentheorie, die keine einheitliche Version zu zeigen hat, hätten die drei Synoptiker eine einzige schriftliche Quelle benutzt. Eine erste Version dieser Hypothese wird in der oben schon geschilderten Urevangeliumshypothese präsentiert. Eine weitere Version will eine feste gemeinsame schriftliche Quelle von Logien entdeckt haben, die angeblich eine griechische Übersetzung der aramäischen „Logia" des Matthäus (laut der Notiz von Papias) darstellen sollen.

#### *5.b) Die Zwei-Quellentheorie*

Die sogenannte Zwei-Quellentheorie könnte als eine gut durchdachte Kombination zwischen der erwähnten Benutzungshypothese, also der gegenseitigen Abhängigkeit der synoptischen Evangelisten, und jener vom abhanden gekommenen Urevangelium bezeichnet werden. Wichtige Elemente dieser

54. *C. Lachmann*, De ordine narrationum in evangeliis synopticis, in: ThStKr 8. Jahrg 1835, S. 570 ff.

Theorie waren einerseits die Beobachtung, dass Mt und Lk von Mk abhängig seien, und andererseits die Einsicht, dass außerdem auch die Übereinstimmung zwischen Mt und Lk in dem nicht mit Mk gemeinsamen Stoff einer Erklärung dringend bedürfe. Heinrich Julius **Holtzmann**[55] gilt als der entscheidende Gestalter dieser Theorie, die wohl später einzelne Variationen erfahren hat.

Gemäß der Zwei-Quellentheorie benützen Matthäus und Lukas das Evangelium des Markus und eine Quelle Q, die jenes Material enthielt, was in den beiden Evangelien, nicht aber bei Markus erscheint, vor allem Worte (Logia) Jesu. Wollte man nur mit den drei uns bekannten Evangelien rechnen, käme die Priorität des Lukas schon nicht in Frage, weil unerklärlich bliebe, warum Gleichnisse wie das vom barmherzigen Samariter (Lk 10,30–37), vom verlorenen Sohn (15,11–32), vom Pharisäer und Zöllner (18,9–14), die Weihnachtsgeschichte (2,1–20) oder die Geschichte von den Emmausjüngern (24,13–35) von keinem übernommen worden wären. Hätte aber auf der anderen Seite Lukas den Matthäus gekannt, wie sollte er, abgesehen von den bei Markus fehlenden und bei Matthäus ganz anders erzählten Kindheitsgeschichten, den kompakten Aufbau der Bergpredigt (Mt 5–7) auseinandergerissen und dieselben Worte an etwa zehn verschiedenen Stellen seines Evangeliums eingeordnet haben? Der umgekehrte Vorgang, dass Matthäus sie zusammenordnet, ist leicht vorstellbar. Oder wie sollte Lukas aus Mt 10,5–16 zwei Aussendungsreden (Lk 9,2–5 und 10,1–12) konstruiert und das bei Matthäus und Markus Stehende in die eine, das nur bei Matthäus Stehende in die andere aufgenommen haben? Wieder ist umgekehrt leicht einzusehen, dass Matthäus die Version von Markus mit der entsprechenden von Q zusammenarbeitet, während Lukas beide getrennt aufführt. Diese zweite (Logien-)Quelle scheint also, eine völlig nachvollziehbare und notwendige Vorlage neben dem Markus-Evangelium gewesen zu sein.

### *5.c) Die Vier-Quellentheorie*

Bei der Vier-Quellentheorie handelt es sich um keine zusätzliche Lösungshypothese der synoptischen Frage, sondern um eine logische Fortsetzung, um eine Ergänzung und vollständigere Formulierung der Zwei-Quellentheorie. Man könnte sie auch als eine Umbenennung der Zwei-Quellentheorie bezeichnen, die sich aber in der internationalen Bibelforschung nicht durchgesetzt hat. Dabei wird nicht bloß auf zwei, sondern auf vier Quellen der synoptischen Evangelien fokussiert:

---

55. *J. Holtzmann*, Die synoptischen Evangelien. Ihr Ursprung und geschichtlicher Charakter, 1863.

**Erste Quelle:** Als das kürzeste, aber zugleich das älteste gilt in der neutestamentlichen Wissenschaft ***das Markusevangelium***. Dies lag zwar den beiden anderen Synoptikern Mt und Lk als gemeinsame Vorlage vor; die beiden hätten sich dessen jedoch unabhängig voneinander bedient. Selbstverständlich muss die Frage, ob Mt und Lk die heute uns bekannte Version oder eine angeblich ursprüngliche Form von Mk (den sog. Ur-Markus) benutzt hatten, offen bleiben.

**Zweite Quelle:** Mt und Lk stand aber darüber hinaus eine weitere schriftliche ***Quelle von Logien (Q)*** zur Verfügung. Somit wird die Existenz der 240 gemeinsamen Verse von Mt und Lk erklärt, die hauptsächlich Herrenworte enthalten haben soll, ohne sich auf die Passions-, Auferstehungs- und Erscheinungsgeschichte zu beziehen; diese letzte Tatsache stellt allerdings eine große Schwäche der Hypothese für eine urchristliche schriftliche Quelle dar. Abgesehen davon müssen wir jedoch betonen, dass bisher keine andere zufriedenstellendere Lösung vorgeschlagen worden ist.

Die angenommene Existenz dieses alten schriftlichen Textes (Q) steht auch in Übereinstimmung mit der bekannten Notiz des Papias von Hierapolis über die hebräischen Logien von Matthäus, die nach Savvas Agouridis[56] im Jahr 40 n. Chr. geschrieben worden sein sollen. Es gibt aber auch eine andere Gruppe von Kritikern, die keinen Bezug zu den matthäischen Logien sehen, sondern sich unter Q eine urchristliche, im Griechischen um das Jahr 50 abgefasste Schrift vorstellen wollen. Nichtsdestotrotz bleibt als eine unbezweifelbare Tatsache, dass man anhand des gemeinsamen matthäischen und lukanischen Stoffes die Logien der Quelle Q in ihrer autonomen ursprünglichen Form nicht rekonstruieren kann. Nur manche grobe Züge der Logien können wir uns vorstellen.

Der gemeinsame Stoff zwischen Mt und Lk, der zugleich Inhalt von der Quelle Q gewesen sein sollte, ist folgender:

## Die Quelle Q bei Lk und Mt

**Erzählungen:**

- Die Predigt von Johannes dem Täufer (Lk 3,7–9.16–17; Mt 3,7–12)
- Die Versuchungen Jesu (Lk 4,1–13; Mt 4,1–11)
- Heilung des Dieners des Centurio (Lk 7,1–10; Mt 7,28a; 8,5–10.13)
- Die Frage des Täufers (Lk 7,18–23; Mt 11,2–6)
- Die Erwiderung Jesu (Lk 7,22–35; Mt 11,4–19)

56. *S. Agouridis*, Εἰσαγωγὴ εἰς τὴν Καινὴν Διαθήκην, Athen 1971, S. 109.

**Logien der Bergpredigt:**

- Seligpreisungen (Lk 6,20b–23; Mt 5,3–4.6.11–12)
- Die Liebe zu den Feinden (Lk 6,27–42; Mt 5,38–48; 7,12)
- Vom Haus auf dem Felsen (Lk 6,47–49; Mt 7,24–27)

**Verschiedene Logien:**

- Von der Nachfolge (Lk 9,57–60; Mt 8,19–22)
- Die Aussendung der Jünger (Lk 10,2–12; Mt 9,37–38; 10,7–16)
- Weherufe gegen die galiläischen Städte (Lk 10,13–15; Mt 11,21–24)
- Das Herrengebet (Lk 11,2–4; Mt 6,9–13)
- Vom Vertrauen beim Beten (Lk 11,9–13; Mt 7,7–11)
- Die Rede von Beelzebul (Lk 11,14–22; Mt 12,22–30)
- Die Verweigerung eines Zeichens (Lk 11,29–32; Mt 12,32–42)
- Vom Licht und vom Auge (Lk 11,33–36; Mt 5,15; 6,22–23)
- Weherufe gegen die Pharisäer und Schriftgelehrten (Lk 11,37–12,1; Mt 23,1–36)
- Vertrauen und Bekenntnis zu Gott (Lk 12,2–12; Mt 10,19–20.26–33)
- Die falsche und rechte Sorge (Lk 12,22–34; Mt 6,19–21.25–33)
- Von der Wachsamkeit (Lk 12,39–46; Mt 24,43–51)
- Von den Zeichen der Zeit (Lk 12,51–56; Mt 10,34–36; 16,2–3)
- Von der Versöhnung (Lk 12,57–59; Mt 5,25–26)
- Gleichnis vom Senfkorn und Sauerteig (Lk 13,18–21; Mt 13,31–33)
- Die neue Ordnung im Reich Gottes (Lk 13,23–30; Mt 7,13–14. 18,11–12; 25,10–12)
- Die Klage über Jerusalem (Lk 13,34–35; Mt 23,37–39)
- Vom Ernst der Nachfolge (Lk 14,26–35; Mt 10,37–38; 5,13)
- Das Dienen von zwei Herren (Lk 16,13; Mt 6,24)
- Das Drängen ins Reich Gottes (Lk 16,16; Mt 11,12–13)
- Vom Ehebruch (Lk 16,18; Mt 5,32)
- Kommen des Menschensohnes (Lk 17,22–27.33–37; Mt 24,26–28.37–39)

Bei der obigen Auflistung des Stoffes der Quelle Q wurden zuerst die lukanischen Stellen angeführt, weil in der allgemeinen Forschung die Überzeugung gilt, dass Lukas am wortgetreuesten die Anordnung des Inhaltes der Logienquelle Q beibehalten hat. Matthäus hat im Gegensatz dazu zwar eine Neu- bzw. Umordnung dieses Q-Stoffes, aber zugleich den besseren Wortlaut der Texte angeboten. [57]

---

57. Vgl. *M. Ebner – St. Schreiber (Hgg.)*, Einleitung in das Neue Testament, Stuttgart 2008, S. 85.

**Dritte Quelle:** Weder durch das Mk-Evangelium noch aufgrund der besonderen Logien-Quelle Q lässt sich die Existenz des matthäischen Sondergutes erklären, das 350 Verse umfasst. Somit steht automatisch eine weitere ***besondere Quelle (M)*** zur Diskussion, derer sich Matthäus bedient hatte.

**Vierte Quelle:** Das lukanische Sondergut, das mit 548 Versen umfassendste aller drei Synoptiker, verlangt auch seinerseits nach einer ***besonderen Quelle (L)*** für den dritten Evangelisten.

Selbstverständlich ist es nicht so ganz einfach, uns über die Form und Gestalt der beiden letzten besonderen Quellen M und L zu äußern. Man sollte sich diese tatsächlich existierenden Quellen entweder in schriftlicher oder mündlicher Form oder in beiden Formen vorstellen. Diesbezüglich gibt es viele Meinungen, die ziemlich von einander abweichen. In diesem Zusammenhang wären nun folgende einfache Überlegungen hilfreich: Zweifellos weist der gesamte lukanische Stoff eine deutliche Einheit sowohl in der Anordnung des Materials als auch in der theologischen Betrachtung des Inhaltes auf. Diese Tatsache könnte also die Vermutung stützen, Lukas sei im Fall der Quelle L auf eine schriftliche oder mehrere schriftliche Quellen angewiesen gewesen. Dasselbe Phänomen der inhaltlichen Einheit zeichnet aber das Matthäus-Evangelium nur teilweise aus. Daher wäre es angebracht, wenn wir uns für Mt zugleich mehr als eine schriftliche oder mündliche Tradition vorstellen. Interessanterweise bezeichnet Joh. Karavidopoulos[58] die beiden besonderen Quellen M und L als Arbeitshypothesen der Bibelwissenschaftler, die mehr oder weniger eine theoretische Notwendigkeit bedeuten und deren reale Existenz nicht bewiesen worden ist. Aus diesem Grund spricht Karavidopoulos nicht von Quellen, sondern von der Tradition, im Rahmen derer Mt oder Lk lebten. Genau diese Tradition hätten die zwei Synoptiker bei der Abfassung ihrer Evangelien niederschrieben.

Aus dem bereits Gesagten bilden sich folgende vier Quellen, die ihrerseits zum Verständnis der synoptischen Verhältnisse beitragen wollen:

**Markus** **Logien (Q)** **(M)** **(L)**

Aufgrund der vier oben erwähnten und vorgestellten Quellen der synoptischen Evangelien ergibt sich folgende ***Theorie der vier Quellen***, die sich offensichtlich auf die Benutzungstheorie stützt:

| | |
|---|---|
| **Markus**: | Eventuelle schriftliche Quellen/Tradition (Petrus) |
| **Matthäus**: | Markus + Logien (Q) + M/Tradition |
| **Lukas**: | Markus + Logien (Q) + L/Tradition |

58. *Joh. Karavidopoulos*, Εἰσαγωγή στήν Καινή Διαθήκη, Thessaloniki $^{2}$1998, S. 215f.

## 11.5. Abschließende Worte

Die im Rahmen der westlichen Exegese streng wissenschaftlich angewandte historisch-kritische Methode hat heute zur Festlegung konkreter exegetischer Prinzipien geführt, die für die überwiegende Zahl der westlichen Neutestamentler unverzichtbar zu sein scheinen. Folgende Prämissen, die inzwischen auch von der orthodoxen Hermeneutik wahrgenommen werden, sind in der westlichen Exegese eine Selbstverständlichkeit geworden:

- Bei der Exegese der Evangelien wird sehr genau zwischen vorösterlichen Traditionen und der Integration nachösterlicher Glaubenserkenntnis unterschieden. Die Betonung dieser starken Unterscheidung, die im Grunde genommen zum Erlangen praktischer exegetischer Ergebnisse tatsächlich hilfreich sein kann, wird allerdings bei den Orthodoxen aus theologiebedingten Gründen eher vermieden. Infolge des obigen Prinzips lässt die westliche Exegese die unreflektierte Inanspruchnahme von für nachösterlich gehaltenen Texten für die Zeit des Lebens und Wirkens Jesu nicht zu. Dies gilt schon für die synoptischen Evangelien, verstärkt aber für die johanneische Konzeption.
- Klarer als in der herkömmlichen Exegese im Osten wie im Westen gibt es bei der modernen kritischen Auslegungsmethode der evangelischen, aber in den letzten Jahrzehnten zunehmend auch der römisch-katholischen Hermeneutik die begründete Tendenz, zwischen der ursprünglichen Intention der neutestamentlichen Aussagen und deren Verständnis in der Alten Kirche deutlich zu unterscheiden[59]. Hinzuweisen wäre in diesem Zusammenhang auf den entscheidenden Unterschied zwischen den anfänglichen Texten des Neuen Testaments (z.B. die vermutlich genuinen Worte Jesu), die in der Kontinuität der hebräischen Denkweise stehen, und deren Rezeption in der späteren Zeit, die verstärkt in den Einflussbereich des griechischen Denkens fällt.

59. Am Rande der Ausführung dieses Prinzips sei der interessante Hinweis des Engländers *John Bowden*, Great Expectations? The New Testament Critic and his Audience, in: *M. Hooker – C. Hickling (Hgg.)*, What About the New Testament?, Essays in Honour of *Christopher Evans*, London 1975, S. 9, erwähnt, der sich in die entgegengesetzte Richtung bewegt: „And because the New Testament is not just a history book, but contains a great deal of material which requires more than strictly historical understanding, it is important that the New Testament critic should be open to the later use of the New Testament in the church."

Obwohl heutzutage nicht alle dunklen Seiten der synoptischen Frage beleuchtet worden sind, können wir zweifellos behaupten, dass durch die wissenschaftliche Beschäftigung mit den drei Evangelien durch die letzten Jahrhunderte hindurch zahlreiche neue aufschlussreiche Kenntnisse gewonnen wurden. Eine relative Übersicht bezüglich der Entnahmequellen der Evangelisten konnte sicherlich geschaffen werden. Auf der anderen Seite ist es eindeutig, dass jeder Evangelist seinen persönlichen (sprachlichen oder auch theologischen) Stempel in den Texten hinterlassen hat; ein Stempel, der zum vorher existierenden Traditionsgut der Urkirche zusätzlich aufgedrückt wurde.

Das Gemeinsame aber auch das Eigene der Synoptiker kommt wunderbar in einem Zitat des Dionysios von Alexandrien, des Großen († 264/65), zum Ausdruck, in dem er ausführt: „Τὸ Πνεῦμα τὸ ἅγιον εἰς τοὺς εὐαγγελιστὰς κατανεμηθὲν τὴν πᾶσαν τοῦ Σωτῆρος ἡμῶν διάθεσιν ἐκ τῆς ἑκάστου φωνῆς συντίθησιν“ (= Nachdem der Hl. Geist den Evangelisten zugeteilt wurde, bringt er das ganze Material über unseren Erlöser durch die eigene Stimme von jedem in Ordnung)[60]. Aufgrund dessen könnten wir mit Savvas Agouridis[61] abschließend nachdrücklich betonen, dass Autor der Evangelien nicht bloß Matthäus, Markus oder Lukas gewesen sind, sondern die gesamte, vom Hl. Geist geführte Kirche.

60. PG 10,1589.

61. *S. Agouridis*, Εἰσαγωγὴ εἰς τὴν Καινὴν Διαθήκην, Athen 1971, S. 126.

# TEIL XII.
# Das paulinische Schrifttum

## 12.0. Einführendes

### 12.0.1. Proömium

„Von keinem aus der Zeit des Neuen Testaments wissen wir so viel wie von Paulus. Nicht nur wird sein Wirken in der Apostelgeschichte ausführlich erzählt, wir besitzen auch eine Reihe seiner Briefe, während Jesus nichts Schriftliches hinterlassen hat. Dennoch gibt es eine ganze Anzahl ungelöster Fragen, nicht nur zu den Daten seines Lebens, sondern auch zu seiner Botschaft." Mit diesen charakteristischen Worten bezieht sich *Eduard Schweizer*[62] auf die Person des Völkerapostels, den heiligen Paulus, indem er sowohl auf seine umfangreichen pastoralen Tätigkeiten als auch auf seinen großen Beitrag im Rahmen der urchristlichen Literatur hinweisen will. Es ist wohl an dieser Stelle sicherlich nicht zu vergessen, dass fast die Hälfte, also 13 oder mit dem Hebräerbrief 14 von den 27 Schriften des Neuen Testaments mit dem Namen des Apostels Paulus in Verbindung gebracht werden.

Die Briefe des großen Apostels Paulus, der „Corpus paulinum", sind zweifelsohne zu den ältesten Texten des Neuen Testaments zu zählen und bilden keine systematischen, sondern vielmehr Gelegenheitsschriften. Sie wurden verfasst, nicht um ein bestimmtes Thema theologisch-systematisch-pastoral zu erörtern, sondern um konkrete Antworten auf vielfältige Schwierigkeiten und andere Probleme der urchristlichen Gemeinden und Christen zu geben.

### 12.0.2. Die wichtigsten Lebensdaten des Paulus

Durch Sammeln und Rekonstruieren des vielfältigen neutestamentlichen Materials können wir zu einem ziemlich zuverlässigen Bild des Lebens und Werkes des Paulus gelangen. Solche wichtige Informationen finden sich verstreut einerseits in der Apostelgeschichte und andererseits in den paulinischen Briefen, hauptsächlich im Galaterbrief und in den beiden Korintherbriefen,

62. *Eduard Schweizer*, Theologische Einleitung in das Neue Testament (Grundrisse zum Neuen Testament 2), Göttingen 1989, S. 53.

allerdings in einer unsystematischen Art und Weise (wie z.B. Gal 1,11–2,14; 1 Kor 15,8–9; 2 Kor 11,22–12,12; Röm 11,1; Phil 3,4–6; 1 Tim 1,12–16; 2 Tim 3,10–11).

Paulus wurde Anfang des 1. Jh.s n. Chr. in Tarsus von Kilikien geboren (Apg 22,3)[63]. Hieronymus überliefert, dass die Eltern von Paulus aus Galiläa stammten. Sie waren Juden aus dem Geschlecht Benjamin (Phil 3,5), die dennoch gleichzeitig das römische Bürgerrecht hatten (vgl. 2 Kor 11,22; Apg 22,28). Nur Lukas spricht in seiner Apostelgeschichte vom Beruf des Paulus als Zeltmacher (Apg 18,3: σκηνοποιός), von seinem Aufwachsen in Tarsus (Apg 22,3: ἀνατεθραμμένος ἐν τῇ πόλει ταύτῃ) samt Studium als Pharisäer unter Gamaliel in Jerusalem (Apg 22,3: παρὰ τοὺς πόδας Γαμαλιήλ; Apg 26,5: ἔζησα Φαρισαῖος). Allerdings fügen sich diese Angaben den anderen Daten bedenkenlos ein (vgl. 1 Kor 4,12: ἐργαζόμενοι ταῖς ἰδίαις χερσίν; 9,12–15: οὐκ ἐχρησάμεθα τῇ ἐξουσίᾳ ταύτῃ…; 1 Thess 2,9: νυκτὸς καὶ ἡμέρας ἐργαζόμενοι; Phil 3,5: περιτομῇ ὀκταήμερος).

Die Kombination neutestamentlicher und weiterer urchristlicher bzw. profaner Informationen kann zu mehreren gesicherten biographischen Angaben samt zeitlicher Einordnung führen. Die Verfolgung der urchristlichen Gemeinden durch den in der Gesetzesgerechtigkeit untadeligen Paulus (Phil 3,6) in oder um Jerusalem (Apg 7,58; 8,1) bleibt eine gesicherte Tatsache. Unumstrittenes Ereignis ist dann die Berufung des Paulus bei Damaskus im Jahre 31/32 (Gal 1,13–16; 1 Kor 15,8; Phil 3,12; Eph 3,3 und Apg 9,1–22; 22,3–21; 26,9–20). Als gesichert gelten ebenfalls sein Aufenthalt in der Arabia für zwei bis drei Jahre (Gal 1, 17–18) und sein sich anschließender Besuch in Jerusalem bei Petrus und dem Herrenbruder Jakobus (34/35). Etwa 13 Jahren danach fand mutmaßlich das Apostelkonzil statt (48/49).

Die erste Missionsreise des Paulus durch Zypern und Kilikien (Apg 13–14) fand vor dem Apostelkonzil statt (46–47). Nachher folgte die zweite große Reise durch ganz Kleinasien und Makedonien nach Athen und Korinth (48/49–51/52), wo Paulus eineinhalb Jahre blieb (Apg 18,11). Lukas erwähnt in seiner Apostelgeschichte 18,12 bei diesem ersten Aufenthalt des Paulus in Korinth Gallio als römischen Statthalter. Als wertvoll zur genauen Datierung dieser Zeitperiode erweist sich ein profanes Dokument, die sogenannte „Inschrift von Delphi", die sich unter anderem auch auf den Statthalter Gallio bezieht. Der vollständige Wortlaut dieses wichtigen Dokumentes wurde im Kapitel 9.3.6. über den Abfassungsort und –zeit der Apostelgeschichte bereits präsentiert.

63. Vgl. auch Apg 21,39: „οὐκ ἀσήμου πόλεως πολίτης".

Aus dem gesamten Kontext dieser Inschrift, die von den Archäologen und Historikern in die Zeit zwischen dem 25. Januar und 1. August 52 datiert wird, ergibt sich, dass Gallio zwischen dem Frühjahr 51 und dem Frühjahr 52 im Amt gewesen ist. Das passt wiederum gut zur Notiz Suetons, dass die Juden, vielleicht nur die Judenchristen und ihre hitzigsten Gegner, aus Rom vertrieben wurden, falls dies wirklich im Jahr 49 geschah, wie erst um 400 herum präzisiert wird. Das könnte erklären, dass Paulus in Korinth bei den schon in Rom Christen gewordenen Aquila und Priszilla (1 Kor 16,19) Aufnahme fand. Wenn man also von diesem gesicherten Datum ausgeht und vom ersten Aufenthalt in Korinth 51/52 zurückrechnet, muss man die Berufung des Paulus etwa auf 31/32, spätestens 35 n. Chr. festlegen; das wären nur 2–5 Jahre nach dem wahrscheinlichen Todesdatum Jesu im Jahr 30.

Auf der letzten uns sicher bekannten Reise, seiner dritten Missionsreise (53/54–56/57), blieb Paulus nach Apg 19,8.10.22; 20,31 zwei bis drei Jahre in Ephesos. Dazu stimmen die Nachrichten in 2 Kor 12,14; 13,1 (vgl. auch 2,1), wonach Paulus von dorther einmal zu einem Zwischenbesuch nach Korinth fuhr, und zwar später als 1 Kor 16,1–9, wo erst von einem Aufenthalt die Rede ist. Nach Apg 28,30 wirkte Paulus nach seiner Verhaftung in Jerusalem (57/58), Gerichtsverfahren und Reise nach Rom (60/61) noch zwei Jahre in der Hauptstadt des Reiches. An diesem Punkt enden die Informationen über Paulus im lukanischen Buch der Apostelgeschichte. Nach seiner Freisprechung hat er wahrscheinlich eine erneute Missionsreise vielleicht nach Spanien (?), sicherlich jedoch in die griechischen Gemeinden unternommen. Auf dieser Reise hat er Timotheos als Bischof von Ephesos und Titos als Bischof von Kreta eingesetzt. Anspielungen auf und Deutungen über diese letzte Reise von Paulus haben wir in den Pastoralbriefen und in der tradierten Überlieferung der frühen Kirche. Offenbar ist er in Rom während der neronischen Verfolgung hingerichtet worden (67 n. Chr.). Sein Martyrium wird 95 n. Chr. in 1 Klem 5 erwähnt. Die Kirche im Osten und Westen gedenkt seines Märtyrertodes am 29. Juni.

### 12.0.3. Orthodoxe Bibliographie über Paulus (chronologische Reihenfolge)

**Nikolaos Louvaris**, Εἰσαγωγὴ εἰς τὰς περὶ Παῦλον σπουδάς, Athen ²1960

**Gerasimos Konidaris**, Παῦλος ἀπόστολος Ἰησοῦ Χριστοῦ. Ὁ πρῶτος μετὰ τὸν Ἕνα, Athen 1962

**Athanasije Jevtić**, Ἡ ἐκκλησιολογία τοῦ Ἀποστόλου Παύλου κατὰ τὸν ἱερὸν Χρυσόστομον, Athen 1967

**Vassilios Stogiannos**, Πέτρος παρὰ Παύλῳ, Thessaloniki 1968
**Ioannis Karavidopoulos**, Ἡ ἁμαρτία κατὰ τὸν Ἀπόστολον Παῦλον, Thessaloniki 1968
**Vassilios Tsakonas**, Ἡ περὶ συνειδήσεως διδασκαλία τοῦ Ἀποστόλου Παύλου, Athen 1968
**Panagiotis Andriopoulos**, Ὁ ἄνθρωπος τῆς ἁμαρτίας καὶ τῆς χάριτος κατὰ τὸν Απόστολον Παῦλον, Athen 1969
**Savvas Agouridis**, Χριστός (Ἑρμηνεία τοῦ Προσώπου του στήν Καινή Διαθήκη) – Παῦλος (Σκιαγράφημα τῆς ζωῆς, τοῦ ἔργου καί τῆς διδασκαλίας του), Athen 1977
**Georgios Galitis**, Παῦλος ὁ Ἀπόστολος τῶν Ἑλλήνων. Ὁδοιπορικὸ στὴν Ἑλλάδα καὶ στὴν Κύπρο, Athen 2000
**Dionisie Stamatoiu**, Complexitatea unei personalităţi, Sfântul Apostat Pavel, Mitropolia Moldovei şi Sucevei 53: 1–4/2002, S. 16–44
**Konstantinos I. Belezos**, Χρυσόστομος καί Ἀπόστολος Παῦλος. Ἡ χρονολογική ταξινόμηση τῶν παύλειων ἐπιστολῶν, Athen 2005

### 12.0.4. Sprachliche Eigentümlichkeiten der paulinischen Briefe

Bei Paulus, der ein ausgezeichneter Kenner sowohl der griechischen als auch der hebräischen Sprache war, tauchen große Schwankungen in der Sprache seiner Briefe auf. Es gibt Stellen, an denen seine schriftstellerische Fähigkeit sichtbar wird, indem er eine richtige Sprache mit rhetorischem Stil und bewährten Ausdrücken benutzt. Es gibt aber auch Stellen, an denen er nicht an der endgültigen syntaktischen Formulierung interessiert ist, da er Wiederholungen, zusammenhanglose Figuren und Anakoluthe verwendet. Die paulinische Sprache berührt weder die apokalyptische noch die Volkssprache an sich. Frei vom rabbinischen Stil bildet sie eine ausschließlich persönliche Sprache in einem streng persönlichen Stil. Charakteristisch sind sogar ihre sprachlichen Eigentümlichkeiten, die in fast allen Paulusbriefen zu finden sind. Nicht zuletzt soll erwähnt werden, dass der Völkerapostel durch seine Schriften eine sprachliche Fähigkeit zeigt, die von seiner persönlichen wie auch theologischen Denkweise und Weisheit geprägt ist.

### 12.0.5. Antike Epistolographie: Die Gattungen „Brief" und Epistel"[64]

Für die Bezeichnung der antiken Epistolographie werden zwei interessante Begriffe angewandt, die von einander nur technisch unterschieden werden. Mit dem Terminus „Brief" meint man jenen Text, der bei räumlicher Trennung zu Verbindung und Gedankenaustausch zwischen Absender und Empfänger beiträgt. Der Brief stellt also die direkte persönliche Verbindung zwischen Schreiber und Adressaten dar. Er entsteht jeweils aus einer bestimmten Situation, bezieht sich auf konkrete Fragestellungen und spricht in eine bestimmte Lage der Adressaten hinein. Anders verhält es sich bei der „Epistel". Es handelt sich dabei um ein Schriftstück, das nicht an bestimmte Empfänger gerichtet ist, sondern ein allgemeines Traktat einem größeren Leserkreis nahebringen will. Obwohl diese Terminologie weithin gebräuchlich ist, sollte man trotzdem klarstellen, dass es bei der „Epistel", die etymologisch den gesendeten Brief bedeutet (ἐπιστολή > ἀποστέλλω), um eine reine Kunstform geht.

Auf die Frage, ob die neutestamentlichen Briefe eigentliche Briefe oder Episteln sind, die theologische Traktate darbieten, könnte man nicht überall eine eindeutige Antwort geben. Sicherlich nimmt der Apostel Paulus in seinen Schriften auf konkrete Gemeindeverhältnisse und problematische Situationen Bezug; deshalb kann zuerst einmal kein Zweifel darüber bestehen, dass sie als wirkliche Briefe zu bezeichnen sind. Manchmal ist allerdings durch ihren Inhalt die Form eines formellen Briefes überschritten und praktisch nicht mehr gegeben. Solche Texte werden durch Paränesen, Bekenntnisse, urchristliche Hymnen, predigtartige Verkündigungen, Schriftauslegung und weitere theologische Abhandlungen bereichert. Trotzdem dient der gesamte Inhalt der Briefe der unmittelbaren Belehrung der Gemeinde, für die sich der Apostel auch der antiken Rhetorik bedient. Ob unter den paulinischen und den anderen Briefen des Neuen Testaments weiterhin „Episteln" zu finden sind, ist von Fall zu Fall zu prüfen. Auf der einen Seite beinhalten viele neutestamentliche Briefe epistelartige Traktate (wie z.B. der Epheser-, 1 Johannes- und Hebräerbrief), während auf der anderen Seite ganze Schriften, wie z.B. der Jakobusbrief, einem Traktat recht nah kommen. Da die Paulusbriefe aber aus einer bestimmten Lage des Apostels in eine bestimmte Lage der Gemeinde bzw. der angeredeten Personen/Empfänger hineinsprechen, steht außer Zweifel, dass sie als wirkliche Briefe zu bezeichnen sind.

64. Weiterführende Literatur: *Hans-Josef Klauck*, Die antike Briefliteratur und das Neue Testament, Stuttgart 1998.

### 12.0.6. Der literarische Charakter der neutestamentlichen Briefe

Es ist bemerkenswert, dass unter den 27 neutestamentlichen Schriften 21 Briefe in den entsprechenden Kanon aufgenommen wurden. Diese briefliche Literatur des Neuen Testaments befindet sich zwar nach den Evangelien, die im 2. Jahrhundert (um ca. 180) von den Christen als „Die Schrift“ oder „Die Bücher“ charakterisiert werden, weil die Gemeinde darin den gelegten Grundstein findet, Jesus Christus (1 Kor 3,11). Aber schon die Tatsache einer solch breiten Briefsammlung beweist die darin enthaltene Intention der Urchristen, dass es sich nämlich im Neuen Testament nicht nur um Informationen über vergangene (und in ihrer Nachwirkung noch lebendige) Ereignisse handelt, sondern viel mehr um Zuspruch des Erzählten als Botschaft in die konkrete Gegenwart hinein. Das Wesen des Neuen Testaments, die Botschaft von Jesus Christus wird also neben den Evangelien auch durch den lebendigen Kontakt der geschriebenen Korrespondenz, der brieflichen Literatur vermittelt.

In den neutestamentlichen Briefen geht es den Autoren um sehr konkret Gegenwärtiges, um eine ganz bestimmte Situation, in die hinein sie geschrieben sind, schon bevor das erste Evangelium geschrieben wurde, und so zugleich, dass „das Wort Fleisch geworden ist“ (Joh 1,14) und nur so gehört werden kann, dass es in die jeweilige menschliche Situation eingeht. Die Form des neutestamentlichen Briefes stellt also eine konkrete Zuwendung des Absenders an den Empfänger in seiner besonderen Situation dar, so dass damit aber zugleich die Botschaft des Evangeliums in ihren unterschiedlichen Aspekten vermittelt werden kann.

### 12.0.7. Abfassungstechnik der urchristlichen Briefe

Da auch die Paulusbriefe zur großen Gattung der antiken Epistolographie gehören, könnten allgemeine Kenntnisse der Abfassungstechnik eines antiken Briefes durchaus zu einem besseren Verständnis der paulinischen Literatur führen. Antike Briefe waren in der Regel sehr kurz gehalten. Ihre Länge umfasste höchstens 250 Wörter, so dass das ganze Schreiben auf ein einziges Papyrus- oder Pergamentblatt aufgetragen werden konnte. Selbst im Neuen Testament haben wir einige exzellente Beispiele antiker Briefe, wie z.B. den Brief, der nur 5 Verse lang ist und nach dem Zeugnis des Lukas in Apg 23,26–30 vom römischen Offizier Claudius Lysias an den Statthalter Felix geschickt wird. Dieser Umfang entspricht der gewöhnlichen Länge eines griechischen Privatbriefes.

Antike Briefe im Orient haben ein einheitliches Formular aufzuweisen. Man schrieb sie eigenhändig, zumal professionelle Schreiber ziemlich teuer bezahlt werden mussten. Den Brief leitete man mit einem zwei Teile umfassenden Formular ein, indem man zuerst den Namen des Absenders und den des Adressaten angab. Dann folgte der Gruß in Form der Anrede: „Friede sei mit euch/dir!" In den christlichen Briefen tauchen außer „Friede" entsprechend weitere Grußelemente auf, wie z.B. „Gnade" oder „Erbarmen". In Briefen profaner Natur stellen wir als feste Elemente beim Briefeingang die Namen von Absender und Empfänger sowie den Gruß „χαῖρε" oder „χαίρειν" und beim Briefschluss den Wunsch „ἔρρωσο" (= sei stark, d.h. gesund) fest.

In der antiken Epistolographie wurde Wichtiges auf Pergament geschrieben, während man für kurze Briefe meist Papyrus verwendete. Als Tinte diente eine dickflüssige Tusche. Die Buchstaben wurden mit einer Rohrfeder in scriptio continua (fortlaufende Schreibtechnik) aufgetragen. Nach der Niederschrift wurde das Blatt zusammengerollt, verschnürt und versiegelt. Auf der Außenseite des Blattes wurde die Anschrift des Empfängers notiert; dann wurde der Brief einem Boten übergeben.[65]

Paulus, der große Verfasser antiker Briefe, hat fast alle seiner Briefe höchstwahrscheinlich diktiert und im entsprechenden Briefschluss nur den Gruß selbst zugefügt. Den kurzen Brief an Philemon hat der Heidenapostel vermutlich eigenhändig geschrieben. Paulus korrigiert sich beim Diktat öfters (1 Kor 1,16) und vermeidet auf keinen Fall Satzbrüche (Röm 2,17/21; 3,8; 5,6–8.12/15; 9,22–24; Gal 2,4–6). Interessanterweise gibt der Schreiber des Römerbriefes, Tertios, in Röm 16,22 seinen Namen an, um die Gemeinde zu grüßen. Wenn ein Brief also wörtlich diktiert wurde, so dauerte die Abfassung entsprechend lange. Umfangreiche Schreiben wie der Römerbrief oder die beiden Korintherbriefe brauchten offensichtlich mehrere Diktattage. Neben dem wörtlichen Diktat kannte man in der Antike jedoch noch ein anderes Verfahren. Ein Schreiber notierte auf einer Wachstafel Stichworte, nach

65. An dieser Stelle sei als typisches Beispiel ein persönlicher Brief eines Sohnes an seine Mutter angeführt (auf Papyrusblatt, aufgefunden in Fajjum, 2. Jh. n. Chr.): „Σεπρώνιος Σατουρνίλα τῇ μητρεὶ καὶ κυρία πλεῖστα χαίρειν. πρὸ τῶν ὅλων ἐρρῶσθέ σε εὔχομαι μετὰ καὶ τῶν ἀβασκάντων μου ἀδελφῶν. ἅμα δὲ καὶ τὸ προσκύνημα ὑμῶν ποιοῦμε ἡμερησίως παρὰ τῷ κυρίῳ Σεράπιδι. τοσαύτας ὑμεῖν ἐπιστολὰς διεπεμψάμην κοὐδεμείαν μοι ἀντεγράψαται, τοσούτων καταπλευσάντων. Ἐρωτηθείς, ἡ κυρία μου, ἀνόκνως μοι γράφειν περὶ τῆς σωτηρίας ὑμῶν ἵνα κἀγὼ ἀμεριμνότερα διάγω. τοῦτό μοι γὰρ εὐκτέον ἐστὶν διαπαντός. ἀσπάζομαι Μάξιμον καὶ τὴν σύμβιον αὐτοῦ καὶ Σατουρνῖλον καὶ Γέμελλον καὶ Ἑλένην καὶ τοὺς αὐτῆς. μετάδος αὐτῇ ὅτι ἐκομεισάμην Σεμπρωνίου ἐπιστολὴν ἀπὸ Καππαδοκίας. ἀσπάζομαι Ἰούλιον καὶ τοῦς αὐτοῦ κατ᾽ ὄνομα καὶ Σκυθικὸν καὶ Θερμοῦθιν καὶ τὰ πεδία αὐτῆς. ἀσπάζετε ὑμᾶς Γέμελλος. ἔρρωσό μοι, ἡ κυρία μου, διαπαντός." (Aus: *Georgios Galitis*, Ἑρμηνευτικά τῆς Καινῆς Διαθήκης, Thessaloniki $^{3}$1980, S. 71–72)

denen er dann den Brief aufsetzte. Den Schluss des Briefes zeichnete dann der Absender eigenhändig auf, damit die Empfänger erkennen konnten, wer der Verfasser bzw. Urheber des Briefes war. Trotz des offensichtlichen Sekretärs steht es also auf jeden Fall außer Zweifel, dass für den Kern des Inhalts aller paulinischen Briefe allein Paulus selbst verantwortlich ist. In diesem Sinne können und dürfen alle Briefe, die dem Völkerapostel Paulus zugeschrieben werden, als paulinisch bezeichnet werden, da sie alle Träger seiner Theologie sind.

### 12.0.8. Die Frage nach der Authentizität und Pseudonymität der Briefe

In der neutestamentlichen Briefliteratur gibt es neben den paulinischen Briefen und der Johannes-Apokalypse, die den Namen der Verfasser eindeutig angeben, dennoch weitere Schriften, die keinen Namen eines Verfassers anführen und auch keinerlei Hinweis enthalten, aus dem auf den Autor geschlossen werden könnte. Solchen Texten, wie beispielsweise den vier Evangelien, dem Hebräerbrief oder dem 1 Johannesbrief, sind erst in der späteren kirchlichen Überlieferung des 2. Jh.s bestimmte Autoren zugewiesen worden.

Die urchristliche wie allgemein die antike Literatur kennen auch konkrete Schriften, für die von Anfang an ein pseudonymer Verfassername genannt wird. Unechte, auch bewusst gefälschte Briefe sind in der Antike relativ häufig.[66] Ein Jeremiasbrief, der sicher erst viel später verfasst wurde, findet sich in der Septuaginta, der griechischen Übersetzung des Alten Testaments. Viele Texte sind im Laufe der christlichen Überlieferung verändert oder ergänzt worden.

Pseudonyme Schriften tauchen auch in der frühen Christenheit auf. So steht es z.B. in der Bibelwissenschaft außer Zweifel, dass der 2 Petrusbrief literarisch vom Judasbrief abhängig ist. Der Autor des 2 Petr verbirgt seinen eigenen Namen hinter dem eines anderen, des Koryphäen der Zwölf, der im Kreis der Leser unumstrittene Anerkennung genießt. Wer eine Schrift verfasste, für die er die kirchliche Anerkennung gewinnen wollte, musste den Namen eines Apostels an den Anfang der Schrift stellen. Dabei wirkten die Paulusbriefe

66. An diesem Thema weiter Interessenten kann folgende Literatur empfohlen werden: *H. R. Balz*, Anonymität und Pseudepigraphie im Urchristentum, ZThK 66 (1969) 403–436. *K. Aland*, Falsche Verfasserangaben? Zur Pseudonymität im frühchristlichen Schrifttum, Theol. Revue 75 (1979) 1–10. *Ders.*, Das Problem der Anonymität und Pseudonymität in der christlichen Literatur der ersten beiden Jahrhunderte, in: Pietas, Festschrift für *B. Kötting*, 1980, S. 129–139.

als bestimmendes Vorbild. Sie alle zeigen ein bestimmtes einheitliches Profil: Paulus stellt an den Anfang seiner Briefe mit betontem Nachdruck seinen Namen, den er mit dem Anspruch verbindet, beauftragter Apostel des Herrn Jesus Christus zu sein. Mit seinem Namen tritt er für die Wahrheit „seines Evangeliums" ein.

Die dreizehn in der altkirchlichen und orthodoxen Tradition dem Apostel Paulus zugeschriebenen Briefe und der Hebräerbrief, wo die Nennung des Timotheus 13,23 eventuell auf Paulus als den Absender hinweisen will, sind nach ihren Empfängern benannt. Sicherlich hat Paulus aber weitere Briefe verfasst, die leider abhandengekommen sind. Außer dem ersten und dritten Brief nach Korinth (1 Kor 5,9; 2 Kor 2,4) ist auch der in Kol 4,16 erwähnte Laodicenerbrief verloren gegangen.

In der neutestamentlichen Wissenschaft wird von vielen Forschern sehr oft angenommen, dass bei den meisten uns erhaltenen Paulusbriefen mehrere Schreiben zu einem umgearbeitet worden sind. Beim zweiten Korintherbrief sollte man wahrscheinlich sogar mit mindestens zwei zusammengefügten Briefen rechnen. Gewiss sind in alttestamentlichen prophetischen Büchern Abschnitte aus verschiedenen Zeiten und von verschiedenen Verfassern zusammengestellt worden, und die Evangelien enthalten Material aus sehr unterschiedlichen Quellen, aber beide Fälle liegen doch sehr anders, denn am Anfang stand kein geschlossenes Ganzes, wie es ein Apostelbrief war. Außerdem sollte berücksichtigt werden, dass die paulinischen Briefe als „heilige Schrift" empfunden und zu liturgischen Zwecken häufiger als andere Texte kopiert wurden.

Es gilt in der westlichen Bibelwissenschaft als eine feststehende Tatsache, dass die Briefe 2 Thess, Eph, 1/2 Tim und Tit fast sicher von Paulusschülern geschrieben worden seien. Daher sollten sie als pseudonym bezeichnet werden und sind sowieso als **„deuteropaulinische Briefe"** bekannt. Der Hebräerbrief wird auf der anderen Seite nur ganz vereinzelt und sehr spät dem Paulus zugeschrieben. Damals haben Schüler oft ihre Schriften im Namen ihres Lehrers herausgegeben, um damit auszudrücken, dass sie all das von ihm gelernt hätten. Der Begriff der „geistigen Rechte" bzw. des „geistigen Eigentums" galt so, wie wir ihn heute kennen und anwenden, nicht. Dazu kommt, dass die Gemeinde überzeugt war, dass in der Kraft des Heiligen Geistes das Wort des Apostels noch immer unter ihnen lebendig sei und direkt in ihre Probleme hineinspreche. Wo einer, der keine anerkannte Stellung hatte, im Namen des Paulus gegen eine gefährliche Strömung ankämpfen wollte, musste er ja Paulus selbst reden lassen, um gehört zu werden.

Wie bereits erwähnt, schreibt die kirchliche Tradition die dreizehn im Neuen Testament enthaltenen Briefe mit aller Deutlichkeit dem Apostel Paulus zu. Im Laufe der Jahrhunderte wurde die Echtheit des Hebräerbriefes verschiedenartig bestritten. In den bis heute noch gültigen Kanon der christlichen Kirche wurden nur jene Briefe aufgenommen, welche sich nach dem altkirchlichen Verständnis im Rahmen des richtigen Glaubens und der unverfälschten Tradition der Kirche bewegen. Bei der nachfolgenden Untersuchung der paulinischen Briefe in manchen wichtigen Einführungsaspekten werden wir die im altkirchlichen Kanon überlieferte Reihenfolge berücksichtigen. Es ist nämlich bekannt, dass bei vielen modernen „Einführungen ins Neue Testament" diejenige Reihenordnung bevorzugt wird, die von der Frage der Echtheit – sicherlich nach modernen Maßstäben – bedingt ist. Somit kommen zuerst die als genuin paulinisch gehaltenen Briefe und an zweiter Stelle die sogenannten Deuteropaulinischen.

Die von alters her überlieferte kanonische Reihenfolge der neutestamentlichen Briefe, die wir vor Augen haben werden, hängt nicht so sehr von der endgültig gelösten Frage der paulinischen Verfasserschaft oder von ihrer Abfassungszeit ab, sondern ihr liegt mehr oder minder ihre Textlänge zugrunde. Die Orthodoxen bleiben sowieso nicht bei der Frage der Echtheit stehen, sondern betrachten die überlieferte Kanonizität als einen entscheidenden Faktor für den authentischen kirchlichen Glaubensrahmen dieser Schriften.

## 12.1. Der Brief an die Römer

Der Brief an die Römer, der 16 Kapitel mit insgesamt 433 Versen umfasst, stellt einen der längsten Briefe des Paulus dar. Die Echtheit des Römerbriefes ist weder im Osten noch im Westen kaum angezweifelt worden. Die frühesten Erwähnungen von Stellen des Röm finden sich im 1 Klem 35,6, wo Röm 1,32, und im Polykarpbrief 6,2, wo Röm 14,10.12 benutzt werden.

a) ***Altkirchliche Kommentare:*** *Origenes* PG 14 (lateinische Übersetzung); *Johannes Chrysostomos* PG 60; *Theodor von Mopsuestia* PG 66; *Kyrill von Alexandrien* PG 74; *Theodoret von Cyrrus* PG 82; *Johannes Damaskenos* PG 95; *Oikumenios* PG 118; *Theophylaktos von Bulgarien* PG 124.
b) ***Orthodoxe Kommentare:*** *P. Komninos*, Ἑρμηνεία εἰς τὰ πέντε (ιβʹ – ιστʹ) τελευταῖα κεφάλαια τῆς πρὸς Ρωμαίους Ἐπιστολῆς τοῦ Ἀποστόλου Παύλου, Konstantinopel 1911; *Th. Zografos*, Ἑρμηνεία εἰς τὴν πρὸς Ρωμαίους, Volos 1932; *P. Trempelas*, Ὑπόμνημα εἰς τὰς

Ἐπιστολὰς τῆς Καινῆς Διαθήκης, Bd. 1: S. 27–228, Athen 1956; *V. Tsakonas*, Ὑπόμνημα εἰς τήν πρός Ρωμαίους Ἐπιστολήν τοῦ Ἀποστόλου Παύλου, Teil I: 1,1–3,20, Athen 1986.

## Inhaltsgliederung

| | |
|---|---|
| 1,1–15 | Briefeingang |

### I. Teil dogmatisch (1,16–11,36)

**a. Die Glaubensgerechtigkeit „ἐκ πίστεως" (1,16–8,39)**

| | |
|---|---|
| 1,16–17 | Einleitung ins Hauptthema |
| 1,18–32 | Das Heidentum ohne die Offenbarung der Gottesgerechtigkeit |
| 2,1–3,8 | Sündhaftigkeit Aller, auch der Juden |
| 3,9–20 | Die gesamte Menschheit ohne Gerechtigkeit vor Gott |
| 3,21–31 | Die Offenbarung der Gottesgerechtigkeit in Christus |
| 4,1–25 | Abraham als Beispiel der Glaubensgerechtigkeit |
| 5,1–21 | Adam und Christus: Sünde und Gnade |
| 6,1–23 | Befreiung des getauften Gläubigen von Tod und Sünde |
| 7,1–25 | Die Sünde und die Befreiung vom Gesetz |
| 8,1–30 | Das neue Leben im Geiste als Vorwegnahme der künftigen Herrlichkeit |
| 8,31–39 | Hymnus an die Liebe Gottes in Christus Jesus |

**b. Die Zukunft des jüdischen Volkes (Kap. 9–11)**

| | |
|---|---|
| 9,1–11,36 | Die endgültige Rettung von Israel, das Christus vorläufig ablehnte; damit fanden aber auch die Heiden Eingang in die Kirche |

### II. Teil ethisch-praktisch (12,1–16,27)

**a. Ethische Anforderungen der Gottesgerechtigkeit (12,1–15,13)**

| | |
|---|---|
| 12,1–21 | Allgemeine Mahnungen |
| 13,1–7 | Ermahnung zum Gehorsam gegen die staatlichen Obrigkeiten |
| 13,8–14 | Die Liebe als „Pleroma" des Gesetzes Gottes |
| 14,1–15,13 | Besondere Mahnung an die Starken und Schwachen |

**b. Missionspläne des Paulus (15,14–33)**

| | |
|---|---|
| 16,1–23 | Grüße, Empfehlungen und Mahnungen |
| 16,24–27 | Doxologie |

## Abfassungsort und -zeit

Bekanntlich fehlt die Ortsangabe „in Rom" (1,7) in einigen wenigen Handschriften; vermutlich ist sie ausgelassen worden, damit gezeigt wird, dass dieser Brief als allgemeines Rundschreiben für alle Christen gelte. Aufgrund seines universellen thematischen Charakters und der Bemühungen des Heidenapostels, die Judenchristen und die Heidenchristen zu gegenseitigem Respekt und zu gegenseitiger Annahme zu bewegen, wurde der Römerbrief des Paulus von manchen Exegeten interessanterweise als „ökumenischer Brief" bezeichnet. Typisch und zentral für die Hauptbotschaft des Briefes ist die Stelle Röm 15,7 im abschließenden Teil des Textes: „Διὸ προσλαμβάνεσθε ἀλλήλους, καθὼς καὶ ὁ Χριστὸς προσελάβετο ὑμᾶς εἰς δόξαν τοῦ θεοῦ" (= Darum nehmt einander an, wie auch Christus euch angenommen hat, zur Ehre Gottes).

Zur Datierung des Römerbriefes könnten einige „interne Zeugnisse" des Textes durchaus beitragen. Nach Röm 15,25–29 ist Paulus im Begriff, mit der Kollekte, welche die Christen Makedoniens und Achaiens gesammelt hatten, nach Jerusalem zu reisen und von dort über Rom nach Spanien. Parallel dazu wird in Apg 20,3–21,17 die Reise von Korinth über Makedonien und Kleinasien nach Jerusalem beschrieben. Nach den Informationen in Röm 16,1–2 schreibt Paulus an die Römer von Korinth aus, wobei Kenchreae sein Hafenquartier zu sein scheint. In Röm 16,1–2 wird sogar Phöbe, eine Diakonissin der Gemeinde von Kenchreae, empfohlen; sie sollte als Botin den Brief der römischen Gemeinde überbringen. Höchstwahrscheinlich schreibt also Paulus den Römerbrief gegen Ende seiner dritten Missionsreise in Korinth im Jahre 57.

## Theologische Schwerpunkte des Römerbriefes

Bekanntlich wurde die christliche Gemeinde Roms nicht direkt von Paulus gegründet. Trotzdem richtet der Heidenapostel an diese Gemeinde einen seiner theologisch inhaltsreichsten Briefe. Er wird von vielen Forschern als das „Evangelium des Apostels Paulus" bezeichnet. Jedoch umfasst der Römerbrief keine Synopse der ganzen paulinischen Theologie, sondern hebt einen grundlegenden Aspekt der paulinischen Botschaft hervor: Die Erlösung oder Rechtfertigung des sündigen Menschen allein durch die Gnade Gottes und den persönlichen Glauben des Menschen und nicht durch die Werke des Gesetzes. Interessanterweise behandelt Paulus genau die gleiche Thematik – aber in einem relativ polemischen Ton – ebenfalls im Galaterbrief, den er etwa zwei bis drei Jahre vor dem Römerbrief geschrieben hatte.

Theologisch gesehen, stellt der Römerbrief im Grunde genommen eine Kontrolle und eine Erwiderung des Paulus den jüdischen Ansichten gegenüber dar, nach denen das Gesetz des Alten Testaments und besonders die Werke des Gesetzes für die Rettung des Menschen ausreichen. Es sollte mit allem Nachdruck betont werden, dass der Römerbrief nicht den strengen Charakter eines „Briefes" hat, da er sich nicht auf eigene Probleme der Kirche in Rom bezieht. Auf der anderen Seite handelt es sich nicht um ein theologisches Traktat, wie manche protestantische Exegeten behaupten, sondern vielmehr um ein didaktisches oder erzieherisches Werk („διδασκαλικὸν ἔργον"), wie der Röm auch von den Vätern der Ostkirche genannt wird.

Der Römerbrief des Paulus wurde sowohl in der östlichen als auch in der westlichen Theologie und Exegese sehr ernst genommen. Er wurde von vielen altkirchlichen Autoren[67] kommentiert und in mehreren theologischen Werken weiterhin benutzt. Besonders von den Reformatoren Luther, Calvin und Melanchthon wurde der Röm wegen seiner Lehre über den Glauben verhältnismäßig oft in Betracht gezogen. Erwähnenswert für die neutestamentliche Hermeneutik des 20. Jh.s ist zuletzt auch der 1919 erschienene Kommentar des dialektischen Theologen Karl Barth mit dem Titel „Der Römerbrief", der die Aufmerksamkeit der Theologie auf die geistigeren Ebenen der Forschung hin gelenkt hat

Schließlich muss ein weiterer theologischer Höhepunkt des Römerbriefes betont werden. Es handelt sich um die Proklamierung des soteriologischen Optimismus: Dort wo früher der Tod, die Sünde und das Gesetz herrschten, sind nun durch Jesus Christus das Leben, die Heiligkeit und die Gnade im Überfluss vorhanden („οὗ δὲ ἐπλεόνασεν ἡ ἁμαρτία, ὑπερεπερίσσευσεν ἡ χάρις", Röm 5,20).

### Das Problem der Einheitlichkeit bzw. des 16. Kapitels in der Forschung

Die Einheitlichkeit des Römerbriefes wurde hauptsächlich in der modernen westlichen Forschung hie und da angefochten. Ein typisches Beispiel dafür bildet der Abschnitt Röm 13,1–7, der mit seiner angeblich aus der jüdischen Tradition übernommenen positiven Wertung der staatlichen Ordnungsmacht von manchen Kritikern als späterer Nachtrag gesehen wird. Allerdings

67. In diesem Zusammenhang sei auf das für die ostkirchliche Auslegung als interessant eingeschätzte Buch von *K. H. Schelkle*, Paulus. Lehrer der Väter. Die altkirchliche Auslegung von Röm 1–11, Düsseldorf 1956, hingewiesen. Darin werden die verschiedenen Auslegungen der ersten 11 Kapitel des Röm seitens der östlichen und westlichen Kirchenväter vorgestellt.

ist eine solche Annahme angesichts der starken Wortverbindungen aus dem Kontext („das Gute/Böse“ 12,2.17.21; 13,3.4.10; „Zorn“, „Rache“ 12,19; 13,4; „Ehre“ 12,10; 13,7) und angesichts des einheitlichen und homogenen paulinischen Stils schwer vermittelbar.

Eine andere, von der modernen Forschung häufig gestellte Frage bezieht sich auf die Problematik über das Kap. 16, das in manchem tatsächlich merkwürdig ist. Mehrere protestantische Exegeten sprechen z.B. dem Abschnitt 16,25–27, der in einer Reihe von Handschriften nach 14,23 oder 15,33 statt am Ende des Briefes eingefügt ist oder ganz fehlt, seine paulinische Abstammung ab. Nach ihrer Meinung seien Wortschatz, Stil und Inhalt unpaulinisch. Auch V. 24 fehlt in vielen Handschriften. Er ist aber fast identisch mit dem Schluss von V. 20 und findet sich nur dort, wo entweder das Ende von V. 20 ausgelassen wurde oder wo die Verse 25–27 schon nach 14,23 stehen. Es handelt sich also um eine zwar bekannte Formulierung, die aber vermutlich erst im Laufe der Tradition zugefügt worden ist.

Bezüglich der eindrucksvollen Zusammensetzung dieses 16. Kapitels stellen sich außerdem weitere Fragen. Man kann sich beispielsweise fragen, wieso Paulus so viele Menschen in Rom kennt, wo er bis zu jenem Zeitpunkt nie gewesen war, sie sogar als seine Mitarbeiter und eine bestimmte Frau noch dazu als seine „Mutter“ bezeichnet (Röm 16,13). Darüber hinaus richtet der Absender des Briefes an die römische Gemeinde Grüße von acht bei Paulus weilenden Personen aus (Röm 16,21–23). Wieso sind darüber hinaus Priska und Aquila und ihre ganze Hausgemeinde, die etwa zwei Jahre vorher noch in Ephesos weilten (1 Kor 16,19; Apg 18,19), jetzt in Rom? Außerdem passt die Formulierung für Epainetos als den „Erstbekehrten von Asia“ (= das Vordere Kleinasien) besser nach Ephesos als nach Rom (Röm 16,5). Vor allem ist im Teil Röm 16,17–18 die Rede von Irrlehrern, von denen an keiner weiteren Stelle im Brief etwas angedeutet ist. Diese merkwürdigen Elemente haben viele moderne Exegeten die Schlussfolgerung ziehen lassen, dass Kap. 16 ursprünglich an die christliche Gemeinde in Ephesos und nicht in Rom gerichtet war. Darüber hinaus behauptete man, vielleicht reiste die in Röm 16,1–2 empfohlene Phöbe mit dem Römerbrief und dem sie empfehlenden Grußbrief auf dem Seeweg über Ephesos nach Rom. Nach einer solchen Version wäre dann der Römerbrief auch zur Vorlesung in Ephesos bestimmt gewesen und dort abgeschrieben und mit der zusätzlichen Grußliste aufbewahrt worden.

Unabhängig von allen diesen interessanten Bemerkungen und Eigentümlichkeiten des Kap. 16 lässt sich dieser Schlussteil des Römerbriefes schwerlich als vollständiger Brief denken. Die Frage, wer zwei Briefe so auseinandergerissen bzw. zusammengestückelt haben könnte, lässt sich unmöglich beantworten. Die andere denkbare Alternative wäre nämlich die, dass Kap. 16,1–23 (oder 24) ursprünglich doch zum Römerbrief gehört. Wir sollten nicht vergessen, dass der Verkehr von der Hauptstadt in die Provinz rege war. Aquila und Priska wie vielleicht auch eine ganze Reihe der von Paulus Gegrüßten kamen ursprünglich aus Rom (Apg 18,2) und konnten nach dem Ende der römischen Judenverfolgung (Edikt ca. 49 n. Chr.) und vermutlich nach dem Tod des Kaisers Claudius (54 n. Chr.) wieder nach Rom zurückkehren. Diese Version scheint die einleuchtendste zu sein.

### Eindrucksvolle Parallelitäten zum Galaterbrief

Von Anfang an ist den Exegeten aufgefallen, dass der Hauptteil des Galaterbriefes eindrucksvolle Parallelen im Römerbrief hat. Selbstverständlich fehlt zwar im Römerbrief der Bericht über den Werdegang des Paulus (Gal 1,10–2,14), da der Röm im Gegensatz zum Gal keine biographischen Charakterzüge des Heidenapostels darzulegen beabsichtigt. Stattdessen findet man dennoch den in Gal 1 fehlenden Lobpreis Gottes, der auch einen kurzen Bericht über die Reisepläne des Apostels einschließt (Röm 1,8–13), und vor allem die ausführliche Darlegung der Schuld aller, der Heiden wie der Juden (Röm 1,18–3,20).

Eine der eindrucksvoll parallelen theologischen Inhalte wäre die These von der Rechtfertigung aus Gnade (Gal 2,15–21), die nicht nur Juden, sondern auch Heiden gilt (Gal 3,6–29), weil Gott seinen Sohn sandte und uns durch ihn zu Kindern gemacht hat (Gal 4,1–7). Diese These entspricht den Abschnitten Röm 3,19–28; 4,1–25; 8,1–16, deren Inhalt durch das Stichwort „Gerechtigkeit Gottes“ geprägt ist. In beiden Briefen kommt auch die Paränese gemeinsam vor, wobei die Verwandtschaft von Gal 5,13–15 mit Röm 13,8–10 besonders auffällt. Interessanterweise fehlen im Römerbrief die Rückführung des Gesetzes auf Engel (3,19–20) wie auch die typologische Hagar-Sara-Allegorese, die das „jetzige Jerusalem“ stark abwertet (4,21–31). Solche theologischen Ausführungen des Gal sind im Röm durch eine längere Abhandlung, die über die positive Rolle des Gesetzes im Heilsplan Gottes nachdenkt (Röm 5,12–7,25), und die Darstellung des Handelns Gottes an Israel bis hin zur letzten Erfüllung (Röm 9–11) ersetzt.

Paulus kombiniert im Römerbrief offenbar die traditionelle Missionsverkündigung mit der katechetischen Tradition seiner Zeit, die mit der Verkündigung von Tod und Auferstehung Jesu, also seinem „Evangelium“, einsetzt und die daraus folgende Paränese anschließt. Ohne Zweifel entfaltet Paulus im Römerbrief mehr theologisch begründet, was er schon im Galaterbrief darlegte. Ganz parallel ist in beiden Briefen die Aufeinanderfolge von (dogmatischer) Verkündigung des Evangeliums und (ethischer) Entfaltung in den Mahnungen, wobei die Verkündigung schon im Galaterbrief, dann im Römerbrief entfaltet, die unzweideutige Geltung des Heilsangebots für die Heiden über die Grenzen Israels hinaus zur Sprache bringt. Deren entsprechender Rahmen ist jeweils im Angriff auf die paulinische Autorität in Galatien (Galaterbrief) und in den theologischen Ausführungen über den Zorn Gottes (Römerbrief) gegeben.

## 12.2. Der erste und zweite Brief an die Korinther

Während der erste Brief an die Korinther 16 Kapitel mit insgesamt 437 Versen umfasst, besteht der zweite Korintherbrief aus 13 Kapiteln mit 256 Versen. An der Echtheit beider Korintherbriefe ist kaum je gezweifelt worden, wohl aber – hauptsächlich im Westen – an der Unversehrtheit bzw. Einheitlichkeit der Briefe, insbesondere des zweiten. Damit hat man zum Teil Abschnitte des 2 Kor dem 1 Kor zuweisen wollen (z.B. 6,14–7,1). Vor allem hat es aber an Versuchen nicht gefehlt, den in 1 Kor 5,9 genannten Vor-Brief und den sogenannten Zwischen-Brief oder „Tränenbrief" (vgl. 2 Kor 2,4 und 7–8,9; siehe weiter 2 Kor 2,9; 7,12), den Paulus durch Titus den Korinthern zuschicken ließ, innerhalb des 1 Kor (und auch des 2 Kor) wiederzufinden. Es ist jedoch selbstverständlich und natürlich, dass man bei so einem umfangreichen Brief, wie dem 1 Kor, der so verschiedene Themen nacheinander behandelt, auch Umstellungen, Einschaltungen, Auslassungen oder auch inhaltliche Inkonsequenzen bemerkt. Darüber hinaus muss auch angemerkt werden, dass der 2 Kor mit vielen Emotionen behaftet ist.

Die früheste Erwähnung des 1. Korintherbriefes des Paulus findet sich bereits im 1 Klem 47,1 ff. Er ist ebenfalls Ignatios, dem Hirten von Hermas wie auch den Apologeten (Justin, Athenagoras) und Irenäus von Lyon bekannt. Im Polykarpbrief 11,2 wird die Stelle 1 Kor 6,2 wörtlich zitiert. Der Häretiker Markion ist der erste, durch den wir vom Vorhandensein des 2 Kor erfahren.

a) ***Altkirchliche Kommentare:*** *Origenes* (zum 1 Kor) JThS 6,1905. 9,1908. 10,1909; *Johannes Chrysostomos* PG 61, 321–368; *Didymos der Blinde* BEP 49, 60–100; *Kyrill von Alexandrien* PG 74, 856–916.916–952; *Theodoret von Cyrrus* PG 82, 348–369; *Johannes Damaskenos* PG 95, 569–705. 705–776; *Oikumenios* PG 118, 636–905; *Theophylaktos von Bulgarien* PG 124, 560–793. 796–952.
b) ***Orthodoxe Kommentare:*** *M. Sporidis*, Ἑρμηνεία εἰς τὴν πρὸς Κορινθίους Α΄ Ἐπιστολὴν τοῦ Ἀποστόλου Παύλου, Athen 1884;

*Th. Zografos*, Ἑρμηνεία εἰς τὴν Α΄ καὶ Β΄ Κορινθίους, Volos 1932; *P. Trempelas*, Ὑπόμνημα εἰς τὰς Ἐπιστολὰς τῆς Καινῆς Διαθήκης, Bd. 1, Athen 1956, S. 228–429 und 430–560; *S. Agouridis*, Ἀποστόλου Παύλου Πρώτη πρός Κορινθίους Ἐπιστολή, (ΕΚΔ 7), Thessaloniki 1982.

## Erster Korintherbrief – Inhaltsgliederung

| | |
|---|---|
| **1,1–3** | **Briefeingang** |
| **1,4–9** | **Danksagung** |
| **1,10–4,21** | **Gegen die Gruppenbildung und somit die Zerteilung der Gemeinde** |
| 1,10–17 | Mahnung, die Gruppenbildung zu überwinden |
| 1,18–25 | Das Kreuz gegenüber der weltlichen Weisheit |
| 1,26–31 | Die Kreuzespredigt in der korinthischen Gemeinde |
| 2,1–16 | Die Predigt des Apostels und die Rolle des Hl. Geistes für die Aneignung der göttlichen Weisheit |
| 3,1–23 | Das Verhältnis der Missionare zur Gemeind |
| 4,1–21 | Die Stellung der Apostel und des Paulus in der Welt und der Gemeinde |
| **5,1–6,20** | **Vorkommende Missstände in der Gemeinde** |
| 5,1–13 | Gegen Unzucht und Forderung nach ethischer Reinheit |
| 6,1–11 | Gegen das Prozessieren vor heidnischen Gerichten |
| 6,12–20 | Warnung vor dem Verkehr mit Dirnen |
| **7,1–11,1** | **Beantworten von Anfragen aus der Gemeinde** |
| 7,1–40 | Über Ehe und Ehelosigkeit |
| 8,1–13 | Über das Essen von Götzenopferfleisch |
| 9,1–27 | Verzicht des Apostels auf ihm zustehende Rechte |
| 10,1–22 | Warnung vor dem Götzendienst und die Bestrafung Israels |
| 10,23–11,1 | Das rechte Verhalten „zur Herrlichkeit Gottes“ |
| **11,2–14,40** | **Einzelthemen des gottesdienstlichen Lebens** |
| 11,2–16 | Die Verschleierung der Frau beim Gottesdienst |
| 11,17–34 | Über die rechte Feier des Herrenmahles |
| 12,1–31 | Die besonderen Geistesgaben |
| 13,1–13 | Das Hohelied der Liebe |
| 14,1–40 | Prophetie, Glossolalie, Lehre im Dienst der Gemeinde |
| **15,1–58** | **Die Auferstehung der Toten** |

**16,1–24** **Briefschluss: Die Kollekte, Reisepläne, Ermahnungen, Grüße**

## Theologische und praktische Charakterzüge des 1 Kor

Der erste Korintherbrief zeichnet sich dadurch aus, dass er das Eingehen der theologischen Botschaft in das konkrete Leben der Gemeinde so stark wie sonst kein anderer Brief des Neuen Testaments zeigt. Beides ist in diesem Brief entscheidend: theologische Theorie und liturgische Praxis. Auf der einen Seite geht es dem Heidenapostel um die Formulierung seiner zentralen Botschaft von Jesus Christus dem Gekreuzigten und Auferstandenen. Auf der anderen Seite mündet diese theologische Grundlage in keine zeit- bzw. situationslosen Sätze, sondern sie wird in sehr praktischen und in allen das Leben gestaltenden Situationen angewandt. Seine konzentrierte Kreuzestheologie findet sich in 1 Kor 1,18–2,16, während sich das Kapitel 13 auf die im Glauben gelebte Liebe bezieht. Im Kapitel 15 verkündet Paulus wiederum die Auferstehung Jesu und damit auch die Auferstehung der Toten überhaupt als das Ereignis, ohne das der ganze Glaube sinnlos wäre (1 Kor 15,14). Das Leben der Christen wird durch das Kreuz und die Auferstehung bestimmt, und der Bezug auf die Liebe ist praktisch der Aufruf zum Leben „im" gekreuzigten und auferstandenen Christus. In all diesen Sätzen und theologischen Ausführungen kann man zweifellos den typisch paulinischen Dreiklang von Glauben – Liebe – Hoffnung von 1 Thess 1,3 wiederfinden.

## Die Frage nach der Einheitlichkeit des 1 Kor

In mehreren Kommentaren der Neuzeit wird seit langem vermutet, dass Teile des in 1 Kor 5,9 erwähnten Briefes oder sogar, abgesehen von Briefeingang und -schluss, dieser ganze Brief in 1 Korintherbrief eingearbeitet worden sind. Diese Schlussfolgerung liegt hier besonders nahe, weil jedenfalls beim zweiten Korintherbrief die Verteidigung seiner Einheitlichkeit viel schwieriger zu sein scheint. Die Abschnitte vom 1 Kor, deren Homogenität angezweifelt wird, sind in der Regel 5,1–8; 6,1–20; 9,24–10,22; 11,2–34; doch sind sehr verschiedene Vorschläge vorgelegt worden, so dass kein Lösungsvorschlag sich hat durchsetzen können. Obwohl eine ursprüngliche Zusammensetzung unseres 1 Kor aus zwei, drei oder noch mehr Briefen heute weithin angenommen wird, bleibt alles im Bereich der reinen Spekulation.

## Zweiter Korintherbrief – Inhaltsgliederung

**1,1–2** **Briefeingang**

**1,3–11** **Danksagung**

| | |
|---|---|
| **1,12–7,16** | **Das Verhältnis des Paulus zur korinthischen Gemeinde** |
| 1,12–2,13 | Beziehungen in der Zeit vor dem Brief |
| 2,14–4,6 | Das Apostelamt und die Wichtigkeit des apostolischen Dienstes des Neuen Bundes |
| 4,7–5,10 | Die Bedrängnisse des apostolischen Dienstes und die Erwartung der Heimkehr zu Christus |
| 5,11–21 | Die Botschaft von der Versöhnung |
| 6,1–13 | Die Bewährung des Apostels im Leiden |
| 6,14–7,16 | Wiederhergestelltes Vertrauensverhältnis zwischen Apostel und Gemeinde |
| **8,1–9,15** | **Die Liebesgabe („λογεία") für die Urgemeinde in Jerusalem** |
| **10,1–13,10** | **Apologie des Paulus seinen Gegnern gegenüber** |
| 10,1–11,15 | Abwehr von Verleumdungen |
| 11,16–33 | Das missionarische Leiden als Ruhm |
| 12,1–18 | Himmlische Visionen und schweres körperliches Leiden |
| 12,19–13,10 | Der bevorstehende Besuch des Paulus bei der Gemeinde |
| **13,11–13** | **Briefschluss** |

### Die Frage nach der Einheitlichkeit des 2 Kor

Im Gegensatz zu 1 Kor scheint die Frage nach der Einheitlichkeit des 2 Kor viel komplizierter zu sein. So kann man nämlich nicht um die Vermutung herum kommen, dass hier verschiedene Briefe zusammengefügt sind. In 2 Kor 7,16 schreibt Paulus: „Ich freue mich, dass ich mich in allem auf euch verlassen kann" (vgl. auch 7, 11.13). Hingegen ist später die Rede von „falschen Aposteln, betrügerischen Arbeitern" (2 Kor 11,13–14), und konsequenterweise sieht sich Paulus gezwungen zu schreiben: „Ich fürchte, euch bei meinem Kommen nicht so zu finden, wie ich möchte, und von euch nicht so gefunden zu werden, wie ihr es möchtet", so dass Hass, Verleumdungen und Streit entstehen werden (2 Kor 12,20). Da sich solche Situationen nicht gleichzeitig haben ergeben können, wäre es schwer vorstellbar, dass ähnliche Sätze gleichzeitig geschrieben worden seien. Auf der anderen Seite behandeln die Kap. 8 und 9 dasselbe Thema, nämlich die Kollekte, wobei jedes Schreiben mehr oder weniger in sich abgeschlossen zu sein scheint.

Höchstwahrscheinlich behandelt der 2 Kor, so wie wir ihn kennen, verschiedene Situationen, Umstände und Geschehnisse, die sich jedoch in größeren zeitlichen Abständen von einander ereigneten. Während 2 Kor 12,18 z.B. auf einen Besuch des Titus und eines anderen Bruders in Korinth zurückblickt, kündigt Paulus in 2 Kor 8,6 die Sendung von Titus nach Korinth an, der früher schon angefangen habe, bei ihnen die Kollekte zu organisieren, und sie jetzt zum Abschluss bringen soll. Auf der anderen Seite ist Titus nach 2 Kor 2,13 und 7,5–9 gerade von Korinth zurückgekommen und hat gute Nachricht gebracht. Paulus hat seinen Schüler Titus voller Unruhe in Makedonien erwartet, weil er (durch ihn) einen scharf gehaltenen Brief (2 Kor 7,8) nach Korinth geschickt hatte und vor der Rückkehr des Titus nicht wusste, wie die Gemeinde das aufgenommen hat. Alle diese Situationen lassen also mindestens drei Reisen des Titus nach Korinth annehmen, die erste für den Beginn einer Kollekte, die zweite mit dem scharfen Brief des Paulus, eine dritte, um die Kollekte zum Abschluss zu bringen.

Alle diese inhaltlichen und literarischen Eigentümlichkeiten des 2 Kor haben die meisten Exegeten der Neuzeit zu der Ansicht gelangen lassen, dem Brief die Einheitlichkeit abzusprechen und ihn als eine Kombination verschiedener Schreiben (zwei oder drei) zu betrachten. Die vermutliche Aneinanderreihung oder der eventuell nachträgliche Einschub von einzelnen Abschnitten (z.B. 2 Kor 6,14–7,2) hätte allerdings in der Zufügung des zweiten und dritten Jesaja an Jes 1–39 seine Parallele, wohl auch im Anschluss von Joh 21 an das vierte Evangelium. Einen solchen Prozess könnte man sich also folgendermaßen vorstellen: Nach dem Tod des Apostels Paulus hat man seine Briefe nicht mehr als Gelegenheitsschreiben zu einer bestimmten Zeit und in einer bestimmten Situation angesehen, sondern als wertvolle und diachrone Dokumente, die für ein breiteres Publikum vom geistlichen Nutzen sein könnten. Darum könnte man solche Texte zum gleichen Thema zusammengestellt haben (wie z.B. Kap. 8 und 9). Die angeblich am Anfang autonomen Kap. 10–13 könnte man dann ans Ende des ganzen Textes stellen, weil die dort angesprochenen Gefahren auch die Gefahren der nachapostolischen Zeit sind. Außerdem könnte es sein, dass man eventuell nicht mehr wusste, welches Schreiben zeitlich der frühere, welches der spätere Brief war. Unabhängig von einer solchen Theorie über eine mutmaßliche Zusammenfügung mehrerer Schreiben im 2 Kor kann man jedenfalls die Tatsache nicht verneinen, dass der ganze Brief verschiedene, zeitlich auseinander liegende und manchmal zusammenhanglose Ereignisse behandelt.

### Abfassungsort und -zeit des 1 und 2 Kor

Hilfreiche Orientierungsinformationen zur Abfassung des Textes finden sich jedenfalls im 1 Korintherbrief und entsprechend in der Apostelgeschichte. Nach 1 Kor 16,5.8 (vgl. auch Apg 19,21) weilt Paulus bei der Abfassung des Briefes in Ephesos, wo er noch bis Pfingsten bleiben will, um dann über

Makedonien nach Achaia zu reisen. Dazu sollten auch die Zeitangaben von Apg 20,3.6 berücksichtigt werden, wonach Paulus Griechenland nach einem Aufenthalt von drei Monaten kurz nach Ostern wieder verlassen hat. Dementsprechend muss Paulus seinen 1 Kor ohne Zweifel von Ephesos aus gegen Ende seines dreijährigen Aufenthaltes und bereits nach der Abreise des Timotheos geschrieben haben. Nach den Angaben von Apg 19,21 befinden wir uns im Frühjahr 55. Da Paulus in 1 Kor 16,8 das Pfingstfest als den nächsten Termin des jüdischen Festkalenders nennt, ergibt sich, dass 1 Kor um Ostern 55 geschrieben sein sollte.

Da es im 2 Kor keine inhaltlichen Berührungspunkte zum 1 Kor gibt, können wir zur Schlussfolgerung gelangen, dass der zweite Korintherbrief dem ersten nicht unmittelbar nachfolgte. Der 2 Kor sollte von Makedonien aus nach dem Zusammentreffen mit Titos geschrieben worden sein. In 2 Kor 8,10 haben die Korinther „seit dem Vorjahr" (ἀπὸ πέρυσι) angefangen, die Kollekte für die bedürftigen Christen in Jerusalem durchzuführen. Es handelte sich offenbar um eine Periode erhöhter Sammeltätigkeit, die nach dem 1 Kor 16,1 f. nach dem Muster von Galatien in Korinth zunächst eingesetzt haben dürfte. Deshalb sollten wir mit Recht annehmen, dass zwischen beiden Korintherbriefen ein Kalenderwechsel liegen müsste. Daher sollte der 2 Kor entweder im Herbst 55 (der orientalisch-julianische und der jüdische Kalender haben Neujahr bekanntlich im Herbst) oder Anfang des Jahres 56 geschrieben worden sein.

## Beide Korintherbriefe in der modernen Forschung

Beiden Briefen wurde aufgrund der in ihnen vorhandenen vielfältigen Themen und der zahlreichen Anspielungen auf eine breitere Korrespondenz des Paulus mit Korinth enorme Beachtung seitens der modernen Bibelforschung geschenkt. Außer den vielen analytischen Studien zu den einzelnen Briefversen wurden auch folgende neue Bereiche Gegenstand der Forschung:

1. Ein großes Interesse an der Einordnung der beiden Korintherbriefe in die sozialen, gesellschaftlichen und anthropologischen Gegebenheiten der griechisch-römischen Welt im 1. Jh. n. Chr.
2. Besonders aufgrund des Abschnittes 1 Kor 12–14 wurden zahlreiche Arbeiten geschrieben über das sog. „charismatische Phänomen", über das Wesen der Prophetie, die Gaben und die Theologie des Heiligen Geistes.
3. Anlässlich der Entstehung mehrerer Frauenbewegungen und feministischer Tendenzen in der Theologie des Westens wurden viele

einschlägige exegetische Analysen der Abschnitte 1 Kor 11,3–16 und 14,33–36 verfasst.

4. Das 7. Kapitel des 1 Kor hat Anlass dazu gegeben, dass in den letzten Jahrzehnten auf mehrere Fragestellungen in Bezug auf die Ehe und die Ehelosigkeit eingegangen worden ist.

## 12.3. Der Brief an die Galater

Der Galaterbrief, der 6 Kapitel mit 149 Versen umfasst, hat einen unschätzbaren historischen Wert. Er ist der einzige neutestamentliche Brief, der uns bedeutende Informationen über die Urkirche und ihren Kampf gegen manche judaisierende Ansichten und auch so viele biographische Einzelheiten über Paulus überliefert.

Im Galaterbrief legt Paulus in einem gewissen polemischen (und mancherorts auch ironischen) Ton und auf systematische Weise sein „Evangelium" dar, wie bereits Gal 1,11 anführt. Der Inhalt dieses „Evangeliums", das sich gegen die irreführenden Ansichten mancher christlicher Judaisten Galatiens richtet, betrifft die von Christus gewährte Befreiung vom mosaischen Gesetz und die Rechtfertigung des Menschen durch den Glauben (Gal 2,16). Das zentrale Thema des Gal „die Freiheit in Christus" wird durch die Gegenüberstellung der Paare „Gesetz und Glauben" (νόμος – πίστις) oder „Fleisch und Geist" (σάρξ – πνεῦμα) beleuchtet.

Die Wichtigkeit des Galaterbriefes ist sehr früh von der Alten Kirche anerkannt worden. Auch ist später im Westen seine Echtheit nur sehr selten (erst im 19. Jh.) angezweifelt worden. Die früheste Bezeugung findet sich bei Ignatios (vgl. Philad 1,1 mit Gal 1,1). Im Polykarpbrief (3,3; 5,1; 12,2) finden wir wörtliche Berührungen bzw. Übereinstimmungen mit Gal 4,26; 6,7 und 1,1. Markions Version des Galatertextes ist auch gut rekonstruierbar. Die Einheitlichkeit des Galaterbriefes ist im Großen und Ganzen nicht angefochten worden.

a) ***Altkirchliche Kommentare:*** *Johannes Chrysostomos* PG 61, 611–682; *Theodor von Mopsuestia* PG 66, 897–912; *Theodoret von Cyrrus* PG 82, 459–504; *Johannes Damaskenos* PG 95, 775–822; *Oikumenios* PG 118, 1089–1165; *Theophylaktos von Bulgarien* PG 124, 951–1032; *Gennadios von Konstantinopel* PG 85, 1729–1732 (auszugsweise).

b) **Orthodoxe Kommentare**: *Em. Zolotas*, Ὑπόμνημα εἰς τὴν πρὸς Γαλάτας, Athen 1904; *Th. Zografos*, Ἑρμηνεία εἰς τὴν πρὸς Γαλάτας

Ἐπιστολήν, Volos 1936; *P. Trempelas*, Ὑπόμνημα εἰς τὰς Ἐπιστολὰς τῆς Καινῆς Διαθήκης, Bd. 2, Athen 1956, S. 5–79.

## Inhaltsgliederung

| | |
|---|---|
| **1,1–5** | **Briefeingang** |
| **1,6–9** | **Befremden des Paulus über den Abfall der Galater** |
| **1,10-2,21** | **Unabhängigkeit von menschlichen Autoritäten und Gleichberechtigung der gesetzesfreien Verkündigung** |
| 1,10–24 | Der Lebensweg des Paulus |
| 2,1–10 | Die Wahrung der Selbstständigkeit auf dem Apostelkonzil |
| 2,11–14 | Verteidigung der heidenchristlichen Freiheit vom Gesetz gegenüber Petrus in Antiochien |
| 2,15–21 | Persönliche Stellung zur Erlösung durch den Glauben in Christus und nicht durch die Werke des Gesetzes |
| **3,1–5** | **Mahnung an die galatischen Christen, an ihre eigenen Erfahrungen zu denken** |
| **3,6–4,31** | **Biblische Begründung des paulinischen Evangeliums** |
| 3,6–18 | Die Abraham gegebene Verheißung und ihre Erben |
| 3,19–29 | Eingeschränkte Bedeutung des Gesetzes und Abschaffung der Diskriminierungen im Bereich des Glaubens |
| 4,1–20 | Befreiung von der Knechtschaft des Gesetzes und Einsetzung der gnadenhaften Gotteskindschaft |
| 4,21–31 | Typologische Auslegung von Hagar und Sarra |
| **5,1–6,10** | **Die Freiheit in Christus** |
| 5,1–12 | Appell an die Galater, an der Freiheit festzuhalten |
| 5,13–6,10 | Die Früchte des Geistes und Aufruf zum Wandel nach dem Geist |
| **6,11–18** | **Eigenhändig verfasster Briefschluss und Rekapitulation der angesprochenen Themen** |

## Adressaten und geographische Gegebenheiten

In der Forschung herrscht eine gewisse Unsicherheit bezüglich des Namens „Galatien“. Da Paulus in seinen Briefen ziemlich flexibel ist und einmal die Provinznamen (vgl. Röm 15,26: Makedonia, Achaia), während woanders die Landschaftsnamen (vgl. Gal 1,21: Syria und Kilikia) verwendet, sollten wir zwei Alternativen in Erwägung ziehen. Eine erste Möglichkeit wäre, an die römische Provinz Galatien zu denken, die auch die Gebiete im Süden des Inneren Kleinasiens umfasste. Diese Teile hatte Paulus zusammen mit Barnabas auf seiner ersten Missionsreise besucht (vgl. Apg 13–14; Gal 2,1.9). Wären die Adressaten des Galaterbriefes dort zu suchen, könnte der Brief auf der zweiten „Missionsreise", z.B. in Makedonien in den Jahren 48–49 geschrieben worden sein und noch älter sein als der erste Thessalonicherbrief, wovon manche altkirchliche Exegeten tatsächlich ausgehen.

Hingegen machen mehrere starke Argumente eine zweite Möglichkeit wahrscheinlicher. Auf der einen Seite wird im Galaterbrief die Provinz nur abgekürzt als Galatien bezeichnet, während offiziell sonst immer alle Einzelgebiete aufgezählt werden. Auf der anderen Seite verwendet die Apostelgeschichte (18,23) den Namen „Galatien" für die im nördlichen Inneren Kleinasiens liegende Landschaft, die Paulus auf der zweiten und dritten „Missionsreise" sowieso besuchte (Apg 16,6; 18,23), und diese Angabe auch für 1 Petr 1,1 zu gelten scheint. Da außerdem Paulus die Adressaten seines Briefes als „ihr Galater" (Gal 3,1) anredet, ist fast sicher an das eigentliche Land Galatien und seine Bewohner zu denken. Es geht also um jene Landschaft, die sich zwischen Pontus am Schwarzen Meer und Kappadokien im (östlichen) Inneren Kleinasiens befindet.

## Ort und Datum der Abfassung

Gewisse innere Hinweise und Zeugnisse des Galaterbiefes selbst könnten für seine genauere Datierung aufschlussreich sein. Nach Gal 4,13 scheint Paulus schon zweimal bei den Adressaten gewesen zu sein, da das in diesem Zusammenhang verwendete griechische Wort (τὸ πρότερον) „das erste Mal (von zweien)" bedeutet. Hinzu kommt, dass in Gal 4,13 Barnabas nicht als Begleiter des Paulus genannt wird, was besser zur zweiten paulinischen „Missionsreise" passt (vgl. Apg 15,36–39; Gal 2,13).

Zwei weitere inhaltliche Tatsachen könnten uns bei der Datierung des Galaterbriefes noch hilfreich sein: Der Galaterbrief hat beeindruckende thematische Parallelen mit dem Römerbrief, der in das Jahr 57 datiert wird. Darüber hinaus erinnert die Bekämpfung der judaisierenden Christen Galatiens an den zweiten Korintherbrief, der um das Jahr 56 geschrieben sein sollte. Daher dürften wir die Abfassung des Gal von Ephesos her mit dem Jahr 54/55 ansetzen, also während der dritten Missionsreise des Paulus und am Ende seines dreijährigen Aufenthaltes in der kleinasiatischen Stadt.

## 12.4. Die Gefangenschaftsbriefe des Paulus

Die Briefe des Apostels Paulus an die *Epheser*, an die *Philipper*, an die *Kolosser* und an *Philemon* werden als **„Gefangenschaftsbriefe"** bezeichnet, weil der Apostel offenbar im Gefängnis festgehalten wurde, als er diese Briefe abfasste. Das bezeugt er selbst (Eph 3,1; 4,1; 6,20; Phil 1,7.13.14.17; Kol 1,24; 4,3.10.18; Phlm 1.9.10.13.22.23), ohne aber den Ort seiner Gefangenschaft zu nennen.

Zur Einordnung der einschlägigen historischen Situation des Heidenapostels sind auch weitere paulinische Briefe, aber insbesondere die lukanische Apostelgeschichte aufschlussreich. In der Apg sind uns nur drei Inhaftierungen des Paulus überliefert: a) in der makedonischen Stadt Philippi für eine Nacht (Apg 16,23–40); b) in Kaisareia von Palästina für zwei Jahre, höchstwahrscheinlich in der Zeit 58–60, (Apg 23,33–26,32) und c) in Rom (Apg 28,16.30). Trotz dieser ausdrücklich von Lukas erwähnten Festnahmen und Inhaftierungen des Paulus steht fest, dass er noch weitere Male in den Kerker eingesperrt wurde. Von seinem Inhalt her könnte auch 2 Tim durchaus zu den Gefangenschaftsbriefen zählen, da er aus einer zweiten Gefangenschaft in Rom stammt; jedoch gehört dieser Brief zu den *Pastoralbriefen*. Darüber hinaus zeugen auch die Stellen in 2 Kor 6,5 und 11,23 (ἐν φυλακαῖς περισσοτέρως) von mehreren Gefangenschaften des Apostels Paulus. Aufgrund einschlägiger Überlegungen und Informationskombinationen aus den betroffenen Briefen gilt heutzutage die Meinung, dass die Gefangenschaftsbriefe höchstwahrscheinlich in Ephesos geschrieben wurden. Dort hielt sich Paulus bekanntermaßen ungefähr drei Jahre lang auf und wurde von den lokalen Behörden festgenommen (vgl. 1 Kor 15,32). Die Briefe müssten im Winter des Jahres 54/55 geschrieben worden sein, angenommen, dass die ephessinische Gefangenschaft vor Ostern des Jahres 55, als 1 Kor verfasst wurde, zu Ende ging.

### 12.4.1. Der Brief an die Epheser

Der Brief an die Epheser mit seinen 6 Kapiteln und 155 Versen stellt ein schwerwiegendes theologisches Traktat dar, in dem „das von Ewigkeit her in Gott verborgene Geheimnis" enthüllt wird (Eph 3,9). Die Tatsache, dass es sich um ein für alle Gemeinden interessantes allgemeines Thema handelt, und dass zusätzlich in den ältesten Handschriften der Ausdruck „in Ephesos" (1,1) fehlt, wie auch im Brief etliche persönliche Grüße nicht vorhanden sind, haben die Exegeten zu der Annahme geführt, dass wir mit dem Epheserbrief eigentlich ein urkirchliches „Rundschreiben" vor uns liegen haben. Diese paulinische „Enzyklika" sollte Tychikos zum Vorlesen verschiedenen Kirchen herum gereicht haben. Wahrscheinlich wurde eine Abschrift dieses

Rundschreibens auch an die Kirche von Laodicea überreicht, wie in Kol 4,16 darauf angespielt wird.

Die altkirchliche Bezeugung des Epheserbriefes ist recht gut und deutlich. Einen Bezug auf Eph 1,18 zeigt 1 Klem 59,3. Auch in demselben 1 Klem 46,6 kommt klar zum Ausdruck, dass Klemens von Rom den Abschnitt Eph 4,4–6 gekannt haben muss. Im Polykarpbrief bezieht sich 1,3 unmissverständlich auf Eph 2,8 f. Ähnliches gilt für weitere Stellen des Polykarpbriefes: vgl. beispielsweise 10,2; 12,3 mit Eph 5,21; 6,18 sowie 12,1 mit Eph 4,26b.

a) ***Altkirchliche Kommentare:*** *Johannes Chrysostomos* PG 62, 9–117; *Theodor von Mopsuestia* PG 66, 91 ff. (auszugsweise); *Theodoret von Cyrrus* PG 82, 505–558; *Johannes Damaskenos* PG 95, 822–856; *Oikumenios* PG 118, 1165–1256; *Theophylaktos von Bulgarien* PG 124, 1033–1138.
b) ***Orthodoxe Kommentare:*** *G. M. Arambatzoglou*, Ἐξήγησις δυσνοήτων τινῶν χωρίων ἐκ τῆς πρὸς Ἐφεσίους Ἐπιστολῆς τοῦ Ἀποστόλου Παύλου, in: *Orthodoxia* 9 (1934) 439–445. 461–468; *Th. Zografos*, Ἑρμηνεία εἰς τὴν πρὸς Ἐφεσίους, Volos 1936; *P. Trempelas*, Ὑπόμνημα εἰς τὰς Ἐπιστολὰς τῆς Καινῆς Διαθήκης, Bd. 2, Athen 1956, S. 80–163; *Joh. Karavidopoulos*, Ἀποστόλου Παύλου Ἐπιστολές πρός Ἐφεσίους, Φιλιππησίους, Κολοσσαεῖς, Φιλήμονα (ΕΚΔ 10), Thessaloniki 1981, S. 63–240; *Justin Popovic*, Kommentar zum Sendschreiben an die Epheser (Epheserbrief), in: *Der Bote* 2003, ab Heft 5, S. 2 ff. (in Fortsetzungen).

## Inhaltsgliederung

| | |
|---|---|
| **1,1–2** | **Briefeingang** |
| **1,3–3,21** | **Teil I: Das Geheimnis des göttlichen Heilsplanes und seine Verwirklichung in der Kirche Christi** |
| 1,3–14 | Lobpreis des dreieinigen Gottes |
| 1,15–23 | Danksagung und Fürbitte für die Leser |
| 2,1–10 | Die Rettung durch die Liebe und Gnade Gottes in Christus |
| 2,11–22 | Die Vereinigung von Israel und den Heiden durch die Versöhnungstat Christi, nämlich seinen Tod |
| 3,1–13 | Das Geheimnis der Gleichberechtigung der Heiden |
| 3,14–21 | Fürbitte für die Leser und Doxologie Gottes |
| **4,1–6,20** | **Teil II: Das Erleben des göttlichen Geheimnisses seitens der Glieder des Leibes Christi – Paränesen** |

| | |
|---|---|
| 4,1–16 | Aufruf zur Einigkeit im Glauben und in der Liebe |
| 4,17–24 | Ermahnung: Der alte und der neue Mensch |
| 4,25–5,21 | Einzelmahnungen zum rechten christlichen Lebenswandel |
| 5,22–6,9 | Haustafel: das Verhältnis unter den Eheleuten, zwischen Eltern und Kindern, zwischen Herren und Dienern |
| 6,10–20 | Schlussmahnung: Die geistliche Waffenrüstung des Christen im Kampf gegen den Teufel |
| **6,21–24** | **Briefschluss: Empfehlung des Briefüberbringers Tychikos und Segnung der Leser** |

### Das Profil des Epheserbriefes und sein Verhältnis zum Kolosserbrief

Konkrete Merkmale des Epheserbriefes, wie z.B. die handschriftlich unsichere Erwähnung von „Ephesos" im Präskript, das Fehlen von namentlichen Grüßen, der völlig unpersönliche Stil des Briefes oder die Suche nach dem verschollenen Brief des Paulus an die Laodicener, haben zu mehreren Mutmaßungen geführt. Bereits in der Mitte des 2. Jh.s hat der Häretiker Markion diesen Brief als Laodicenerbrief gekannt. So hat man auch in den nachfolgenden Jahrhunderten damit spekuliert und dem Brief ein anderes Profil als das bekannte ephesinische zu vergeben versucht. Dementsprechend wurde eventuell die ursprüngliche Adresse aus irgendeinem Grund getilgt und dann durch „Ephesos" (vgl. 2 Tim 4,12) als die bekannteste oder durch „Laodicea" als die in Kol 4,16 erwähnte Gemeinde ersetzt.

Im Rahmen der Analyse und Kommentierung des Epheserbriefes hat von Anfang an seine inhaltliche und literarische Verwandschaft mit dem Kolosserbrief eine wichtige Rolle gespielt. Abgesehen von der im Epheserbrief fehlenden Auseinandersetzung mit den häretischen Pseudolehrern stimmt vieles formal (Aufbau beider Briefe), sachlich (Christus als Haupt, Haustafeln) und wörtlich (Sendung des Tychikos, 6,21–22) mit dem Kolosserbrief überein. Beim Vergleich beider Briefe miteinander entsteht der Eindruck, dass der Kolosserbrief die ursprünglicheren Formulierungen beinhaltet. Das belegt zwar nicht, dass der Kolosserbrief früher geschrieben worden ist, macht es aber wahrscheinlich.

### Die Frage nach der Echtheit des Epheserbriefes

Galt der Epheserbrief in der Alten Kirche und im Osten und Westen bis zum 18. Jh. als echt paulinisch, so bestreitet die Mehrheit der westlichen Exegeten in den letzten Jahrhunderten die Echtheit des Eph und bezeichnet ihn als deuteropaulinisch. Unter den Bestreitern seiner paulinischen Echtheit zeichnen sich grundsätzlich zwei Tendenzen ab. Die eine Gruppe stützt sich auf die eindrucksvollen Ähnlichkeiten zwischen dem Epheser- und dem Kolosserbrief und vertritt die Verfasserschaft des Eph von einem Schüler des Paulus, der den Kol als Muster benutzt hätte.

Die andere westliche Exegetengruppe hält auch den Kolosserbrief für nicht paulinisch und behauptet, der Epheserbrief könnte weder von Paulus noch vom Verfasser des Kolosserbriefes stammen. Inhaltliche, aber hauptsächlich stilistische Beobachtungen sind die Hauptargumente dieser Exegeten. Hinzu käme auch die nahe Verwandtschaft mit dem 1. Petrusbrief, die wiederum zeige, dass beide Briefe gemeinsame liturgische und katechetische Tradition berücksichtigten. Wahrscheinlich, so die Meinung dieser Exegeten, hätte also ein Schüler nach dem Tod des Paulus den Epheserbrief geschrieben.

Die östliche Hermeneutik schreibt beide Briefe dem Apostel Paulus zu,[68] auch wenn Paulus sie wegen der schwierigen Umstände im Gefängnis wahrscheinlich nicht eigenhändig geschrieben haben könnte. Dass allerdings Paulus seine Briefe in der Regel nicht selber schrieb, viellmehr aber dem angefertigten Text seinen eigenhändigen Gruß hinzufügte, informiert er selber seine Leser gelegentlich darüber (vgl. Röm 16,11; 1 Kor 16,21; Gal 6,11, Kol 4,18; 2 Thess 3,17). Die beiden Briefe an Kol und Eph wurden höchstwahrscheinlich in kleinen zeitlichen Abständen voneinander geschrieben und behandeln viele gemeinsame Fragestellungen, aber für jeweils unterschiedliche Zwecke. Während im Kol Paulus gegen konkrete Häretiker kämpft und in diesem Brief einen deutlich polemischen Ton verwendet, äußert er sich im Eph über die gleichen Themen in einem ruhigeren Ton aus. Der Kol muss zuerst und der Eph danach geschrieben worden sein. Damit lässt sich auch erklären, dass manche Lehren, die im Kol kurz angeführt werden, im Eph ausführlich dargelegt werden.

### 12.4.2. Der Brief an die Kolosser

Der aus 4 Kapiteln mit 95 Versen bestehende Brief an die Kolosser richtet sich an eine dem Paulus unbekannte heidenchristliche Gemeinde, die durch seinen Mitarbeiter Epaphras gegründet wurde. Der Hauptanlass zur Abfassung des Kolosserbriefes war sicher der Besuch des Epaphras beim eingekerkerten Paulus. Der Heidenapostel erhielt durch Epaphras über die Lage in der Ge-

68. Vgl. diesbezüglich die interessante Argumentation von *Joh. Karavidopoulos*, Ἀποστόλου Παύλου Ἐπιστολὲς πρὸς Ἐφεσίους, Φιλιππησίους, Κολοσσαεῖς, Φιλήμονα (ΕΚΔ 10), Thessaloniki 1981, S. 52–55.

meinde genauen Bericht, einerseits über den trefflichen Zustand der Gemeinde in Kolossä (Kol 1,3 ff.), andererseits über ihre schwere Gefährdung durch eine pythagoreische Züge tragende „Philosophie". Hierbei sollte betont werden, dass diese Irrlehre keine Parallelen unter den Irrlehren hat, mit denen sich Paulus in anderen Briefen auseinandersetzt. Wahrscheinlich handelt es sich um eine spezifische kolossische Erscheinung. Paulus schaltet sich selbst ein, um die Christen in Kolossä in ihrem Glauben zu unterstützen und die Unvereinbarkeit der häretischen „Philosophie" und des „leeren Schwindels" (Kol 2,8) mit „dem Wort der Wahrheit" (Kol 1,5) zu unterstreichen.

Die altkirchliche Bezeugung des Kolosserbriefes scheint ziemlich reichhaltig zu sein. Mit großer Sicherheit ist der Kol erst durch den Märtyrer und Philosophen Justin bezeugt, der mehrmals auf 1,15 Bezug nimmt (Dialogus 46,6; 85,8; 138,6). Weitere Ankläge von Kol 3,14 finden sich im 1 Klem 49,2. In den Briefen des Ignatios an die Trallianer 5,2 und an die Römer 5,3 gibt es offensichtlich eine Anspielung auf Kol 1,16. Die Formulierung im Barnabasbrief 12,7 erinnert ebenfalls an Kol 1,16.

a) ***Altkirchliche Kommentare:*** *Johannes Chrysostomos* PG 62, 299–392; *Theodor von Mopsuestia* PG 66, 925–932 (auszugsweise); *Theodoret von Cyrrus* PG 82, 591–628; *Johannes Damaskenos* PG 95, 883–904; *Oikumenios* PG 119, 9–56, *Theophylaktos von Bulgarien* PG 124, 1205–1278.

b) ***Orthodoxe Kommentare:*** *N. Louvaris*, Ὑπόμνημα εἰς τὴν πρὸς Κολοσσαεῖς Ἐπιστολήν, Athen 1920; *Th. Zografos*, Ἑρμηνεία εἰς τὴν πρὸς Φιλιππησίους, Κολοσσαεῖς, Φιλήμονα, Volos 1932; *P. Trempelas*, Ὑπόμνημα εἰς τὰς Ἐπιστολὰς τῆς Καινῆς Διαθήκης, Bd. 2, Athen 1956, S. 222–271; *V. Tsakonas*, Ἑρμηνεία εἰς τὴν πρὸς Κολοσσαεῖς Ἐπιστολὴν τοῦ Ἀποστόλου Παύλου, Athen 1975; *Joh. Karavidopoulos*, Ἀποστόλου Παύλου Ἐπιστολές πρός Ἐφεσίους, Φιλιππησίους, Κολοσσαεῖς, Φιλήμονα (ΕΚΔ 10), Thessaloniki 1981, S. 393–534.

## Inhaltsgliederung

| | |
|---|---|
| **1,1–2** | **Briefeingang** |
| **1,3–8** | **Danksagung** |
| **1,9–11** | **Fürbitte für die Leser** |
| **1,12–2,23** | **Theoretisch-theologischer Teil: Überlegenheit und Herrschaft Christi über die ganze Schöpfung** |
| 1,12–23 | Lobpreis Christi |

| | |
|---|---|
| 1,24–2,7 | Das Verhältnis des Apostels zu der ihm unbekannten Gemeinde |
| 2,8–15 | Bekämpfung der „Philosophie" – Überlegenheit Christi über die Weltelemente |
| 2,16–23 | Gegen die Irrlehrer: Engeldienst, häretische Bräuche, „philosophische Satzungen" |
| **3,1–4,6** | **Paränetischer Teil: Ermahnungen** |
| 3,1–17 | Lebenshaltung des neuen Menschen in Christus |
| 3,18–4,1 | Haustafel: Häusliche Vorschriften für Eheleute, Eltern- Kinder, Herren-Diener |
| 4,2–6 | Letzte Mahnungen |
| **4,7–18** | **Briefschluss** |
| 4,7–9 | Erwähnung der Briefüberbringer Tychikos und Onesimos |
| 4,10–17 | Persönliche Grüße und Aufträge |
| 4,18 | Eigenhändiger Segenswunsch |

## Die Frage nach dem Verfasser und der Echtheit des Kolosserbriefes

An der echten paulinischen Abstammung des Kolosserbriefes hat die Alte und Orthodoxe Kirche nie gezweifelt. Im Westen sind hingegen die Exegeten gespalten, wobei sich die Gegner der Echtheit des Kol nicht haben durchsetzen können. Die Echtheitsindizien sind im Brief selbst überwältigend. Die Erwähnung der Gefangenschaft des Paulus und die im Kol angeführten Namen der Grüßenden stimmen mit dem Philemonbrief überein. Die Stellen Kol 1,23 und 4,18 beziehen sich namentlich auf den Heidenapostel als den Verfasser, während in Kol 1,1 Paulus und Timotheus als Absender angeführt werden. Der Aufbau des ganzen Briefes, bestimmte Ausdrücke und sein gesamtes schriftstellerisches Profil erinnern an Paulus. Auch die unübersehbare stilistische und thematische Verwandtschaft mit dem Epheserbrief zeugen von der paulinischen Abstammung des Kolosserbriefes.

Auf der anderen Seite stützen sich die westlichen Bezweifler auf Stiluntersuchungen von Wörtern und Satzkonstruktionen, wobei sie markante Unterschiede zu Paulus entdeckt haben wollen. Bei aller Anlehnung an Paulus sehen diese Exegeten einen Verfasser, der völlig anders als der Apostel Paulus seine theologischen Gedanken entwickelt. Dazu trüge auch das in Kol fast völlige Fehlen von Aussagen über den Geist Gottes bei, was nicht zu den Charakteristika des Paulus gehört. Alle diese Argumente gegen die Echtheit des Kol münden in verschiedenen Spekulationen über den eventuellen Verfasser.

Er könnte z.B. ein Paulusschüler gewesen sein, der im Zuge seines Kampfes gegen eine gefährliche Strömung sich gezwungen sieht, auf die Autorität des Paulus zurückzugreifen. Eine andere Variation sieht im Kol einen ursprünglich echten Brief, der nachträglich stark überarbeitet worden sei. Erwähnenswert wäre hier die weitere Meinung, nach der Timotheos „der Bruder" (Kol 1,1) den Brief geschrieben und Paulus ihn nur signiert hätte, was ungefähr der Überzeugung der modernen orthodoxen Exegeten entspricht. Jedenfalls kann die Existenz der paulinischen Theologie und Autorität hinter dem Geist des Kolosserbriefes nicht so einfach angezweifelt werden.

### 12.4.3. Der Brief an die Philipper

Der Brief des Apostels Paulus an die Philipper, bestehend aus 4 Kapiteln mit insgesamt 104 Versen, wird an eine Stadt gerichtet, die auf europäischem Boden als erste den Samen der christlichen Botschaft durch Paulus aufgenommen hat. Aus dem Schreibstil des Briefes ergibt sich, dass zwischen Paulus und der philippischen Gemeinde ein besonders freundliches Verhältnis bestand, indem der Philipperbrief sich durch seinen rein persönlichen, gefühlvollen und sogar zärtlichen Charakter auszeichnet.

Dieses Schreiben an die Philipper könnte als *„Brief der Freude"* bezeichnet werden aufgrund des vorherrschenden Themas der Freude und des andauernden Anspornens des Paulus an die Philipper, sich zu freuen (z.B. Phil 1,4.18.25; 2,2.17.18.28.29; 3,1; 4,1.4). Er könnte aber auch als *„Brief der Demut oder der Kenose"* charakterisiert werden aufgrund der Demut, die überall zu spüren ist, mit dem wunderbaren Hymnus an den erniedrigten und die Gestalt eines Knechten annehmenden Christus (Phil 2,6–11) als Höhepunkt.

a) ***Altkirchliche Kommentare:*** *Johannes Chrysostomos* PG 62, 177–299; *Theodoret von Cyrrus* PG 82, 557–590; *Johannes Damaskenos* PG 95, 855–884; *Oikumenios* PG 118, 1255–1326; *Theophylaktos von Bulgarien* PG 124, 1139–1204.
b) ***Orthodoxe Kommentare:*** *Th. Zografos*, Ἑρμηνεία εἰς τὴν πρὸς Φιλιππησίους, Κολοσσαεῖς, Φιλήμονα, Volos 1932; *P. Trempelas*, Ὑπόμνημα εἰς τὰς Ἐπιστολὰς τῆς Καινῆς Διαθήκης, Bd. 2, Athen 1956, S. 164–221; *V. Ioannidis*, Ἑρμηνεία τῆς πρὸς Φιλιππησίους Ἐπιστολῆς, Athen 1963; *Joh. Karavidopoulos*, Ἀποστόλου Παύλου Ἐπιστολές πρός Ἐφεσίους, Φιλιππησίους, Κολοσσαεῖς, Φιλήμονα (ΕΚΔ 10), Thessaloniki 1981, S. 241–391.

## Inhaltsgliederung

| | |
|---|---|
| **1,1–2** | **Briefeingang** |
| **1,3–11** | **Danksagung, Fürbitte und Doxologie** |
| **1,12–2,30** | **Die Verkündigung des Evangeliums und die Lage des Apostels und der Gemeinde** |
| 1,12–26 | Die Abenteuer und das künftige Geschick des Paulus |
| 1,27–30 | Das im Namen Christi sich bewährende Leben |
| 2,1–5 | Mahnung zur Einigkeit und Demut |
| 2,6–11 | Der Christus-Hymnus |
| 2,12–18 | Die Christen als Lichter der Welt |
| 2,19–30 | Reisepläne von Timotheos und Epaphroditos |
| **3,1–4,9** | **Warnungen und Ermahnungen** |
| 3,1–4,1 | Gegen jüdische Selbstgerechtigkeit; über die Feinde des Kreuzes Christi |
| 4,2–9 | Allgemeine und besondere Mahnungen |
| **4,10–20** | **Dank für die Gaben der Philipper** |
| **4,21–23** | **Briefschluss (Grüße und Segenswunsch)** |

## Das Profil des Philipperbriefes

Trotz der für alle Christen geltenden theologischen Wahrheiten und praktischen Mahnungen, die im Philipperbrief enthalten sind, ist der Ton des Textes überall außergewöhnlich persönlich. Sogar im polemischen Abschnitt, wo Paulus in Phil 3,12–14 von seinen Christuserfahrungen und in Phil 4,1 von seiner tiefen Sehnsucht nach den Adressaten und seiner Freude an ihnen schreibt, bleibt der Ton persönlich und intim. Der Heidenapostel dankt für die Gabe der Philipper und alle schon seit Jahren erfahrene Treue (Phil 4,10–20) in einer fast zärtlichen Sprache. Paulus führt seine Gefangenschaft, seine Stimmungen und Erfahrungen (Phil 1,19–26; 2,17–18) in einem vertrauensvollen Ton an. Vor allem ist ihm aber die Verkündigung des Evangeliums und die Festigung des damit verbundenen Glaubens am Ort seiner Inhaftierung und in Philippi enorm wichtig (Phil 1,12–18.27–30; 2,12–16; 4,2–9). Daher ruft er seine geistigen Kinder immer wieder zur Freude auf. Im selben gedanklichen Zusammenhang weist er auch auf die Möglichkeit einer Hinrichtung hin und freut sich schon auf das „Sein mit Christus" (Phil 1,23).

## Die Frage nach dem Verfasser und der Einheitlichkeit

Trotz der Tatsache, dass bei den Gefangenschaftsbriefen Kol, Eph und 2 Tim die paulinische Verfasserschaft von manchen modernen Exegeten angezweifelt wurde, hat es für den Philipperbrief und die in ihm geschilderten Gefängnissituation keine ernsthaften Bedenken gegeben. Interessanterweise führt der Philipperbrief (wie auch der Kolosserbrief) am Anfang die Namen von Paulus und Timotheus als Mitabsender an (Phil 1,1). Eine sorgfältige Studie seines Inhaltes zeigt jedoch eindeutig, dass sich Timotheus nicht an seiner Gestaltung beteiligt hat. Ein Beleg dafür wäre Phil 2,19–24, wo Timotheus mit so großartigen Ausdrücken als zuverlässiger Helfer des Apostels der Gemeinde empfohlen wird, dass man ein solches Selbstlob Timotheus auf keinen Fall zuschreiben dürfte.

Gilt die paulinische Abstammung des Philipperbriefes in der Regel als unbestritten, so sind in der modernen Kritik schwerwiegende Bedenken bezüglich der Einheitlichkeit des Briefes geäußert worden. Gestützt auf die verschiedenen, im Phil vorkommenden Situationen, haben verschiedene Forscher vermutet, dass der Philipperbrief aus drei Schreiben zusammengesetzt sein könnte. Die geschichtlichen Voraussetzungen für diese Schreiben haben sich diese Forscher folgendermaßen vorgestellt: Paulus hätte unmittelbar nach Erhalt der Gabe aus Philippi ein kurzes Danksagungsschreiben verfasst (Phil 4,10–23 = erster Brief). Nachdem sein Mitarbeiter Epaphroditos von seiner Krankheit genesen war, hätte der Heidenapostel ihn mit einem ausführlichen Bericht über seine Lage zurückgeschickt (Phil 1,1–3,1 + 4,4–7 = zweiter Brief). Der polemische Teil unseres Briefes ließe sich dann folgendermaßen erklären: Als Paulus nach seiner Freilassung erfuhr, dass der in Korinth und anderswo ausgebrochene Kampf mit judaistischen Gegnern auch Nordgriechenland erreicht habe, hätte er an die Gemeinde von Philippi geschrieben (Phil 3,2–4,3 + 4,8–9 = dritter Brief).

So interessant die Teilungshypothese sein mag, konnte sie sich in der Bibelwissenschaft nicht ernsthaft durchsetzen, zumal folgende Argumente gegen sie sprechen: a) Die besonderen Gefangenschaftsumstände rechtfertigen die gefühlsvollen Änderungen des Sprachstils und die Erscheinung eines uneinheitlichen Textprofils. b) Aufgrund der Ernsthaftigkeit des Kampfes mit den Gegnern könnte Paulus manche Teile des Phil einem Sekretär diktiert haben; Paulus selbst könnte dann mit seinem persönlich polemischen Stil dem Teil über die Irrlehre seinen Stempel aufgedrückt haben. c) Man sollte nicht übertreiben und nur von im Phil existierenden uneinheitlichen Elementen sprechen. Manche zentralen Themen, wie z.B. die Freude, die Demut, die Vertrautheit mit der Gemeinde und der Gehorsam dem Willen Gottes gegenüber, finden sich gleichfalls in all den drei Teilen des Briefes.

### Abfassungsort und -datum des Phil

Die im Philipperbrief angesprochene Gefangenschaft sollte mit der kleinasiatischen Stadt Ephesos in Verbindung gebracht werden. Die Apostelgeschichte erwähnt sie zwar nicht. Dennoch zeugen die Stellen 2 Kor 11,23 und 6,5 von mehreren Gefängnisaufenthalten, dazu erwähnt 2 Kor 1,8–11 eine tödliche Bedrohung in Kleinasien, also höchstwahrscheinlich in Ephesos, kurz vor dem Aufbruch nach Makedonien. Aber auch der geschichtliche Hintergrund des Phil könnte für den Ort und die Zeit seiner Abfassung hilfreich sein. Nachdem die Christen in Philippi vom Aufenthaltsort des Paulus und sicher von seiner Verhaftung erfahren hatten, schickten sie daraufhin Epaphroditus zu Paulus. Auf der anderen Seite wollte der Heidenapostel außer Epaphroditus auch Timotheus nach Philippi schicken, damit ihm sein Mitarbeiter dann einen Bericht über die Gemeinde (Phil 2,19–30) vorlegt. Eine solche Situation – auch angesichts des angekündigten Besuches des Apostels (Phil 1,25–27; 2,24) – lässt Rom oder Kaisareia als Ausgangsort nur schwer zu. So scheint auf alle Fälle Ephesos der wahrscheinlichste Ort des Absenders gewesen zu sein. In diesem Fall ist der Brief etwa zwischen dem ersten und dem zweiten Korintherbrief abgefasst worden (54/55).

## 12.4.4. Der Brief an Philemon

Der aus einem Kapitel mit 25 Versen bestehende Brief des Paulus an Philemon stellt den kürzesten Brief des Heidenapostels dar. Er wird gewöhnlich als ein Privatbrief des Apostels an Philemon bezeichnet, der damit gebeten wird, seinen geflüchteten Sklaven Onesimos wieder als christlichen Bruderaufzunehmen. Aufgrund seines inhaltlichen Charakters könnte er auch „Brief des Herzens" genannt werden.

Der Brief ist sehr kurz und zu persönlich, so dass man in der Literatur des 2. Jh.s keine Zitate oder auch nur Anspielungen erwarten darf. Immerhin hat er schon zum Kanon Markions (2. Jh.) unter den insgesamt zehn paulinischen Briefen gehört. Auch der Redaktor des Kanons von Muratori (Reihe 59–63) hat ihn zu den kanonischen Büchern des Neuen Testaments hinzugezählt.

a) ***Altkirchliche Kommentare:*** *Johannes Chrysostomos* PG 62, 701–720; *Theodor von Mopsuestia* PG 66, 952 ff.; *Theodoret von Cyrrus* PG 82, 871–878; *Johannes Damaskenos* PG 95, 1029–1034; *Oikumenios* PG 119, 261–272; *Theophylaktos von Bulgarien* PG 125, 171–184.
b) ***Orthodoxe Kommentare:*** *Chr. Papadopoulos*, Αἱ Ποιμαντικαὶ καὶ ἡ πρὸς Φιλήμονα Ἐπιστολαὶ τοῦ Ἀποστόλου Παύλου, Alexandria 1912;

*P. Bratsiotis*, Ὑπόμνημα εἰς τὴν πρὸς Φιλήμονα Ἐπιστολὴν Παύλου τοῦ Ἀποστόλου. Μετὰ παραρτήματος περὶ τοῦ τῆς δουλείας θεσμοῦ ἔν τε τῇ ἀρχαιότητι καὶ τῇ Καινῇ Διαθήκῃ, Athen 1923; *Th. Zografos*, Ἑρμηνεία εἰς τὴν πρὸς Φιλιππησίους, Κολοσσαεῖς, Φιλήμονα, Volos 1932; *P. Trempelas*, Ὑπόμνημα εἰς τὰς Ἐπιστολὰς τῆς Καινῆς Διαθήκης, Bd. 2, Athen 1956, S. 446–456; *Joh. Karavidopoulos*, Ἀποστόλου Παύλου Ἐπιστολές πρός Ἐφεσίους, Φιλιππησίους, Κολοσσαεῖς, Φιλήμονα (ΕΚΔ 10), Thessaloniki 1981, S. 537–595.

## Inhaltsgliederung

| | |
|---|---|
| 1–3 | Eingangsgruß |
| 4–7 | Dank an Philemon für seine Liebe und seinen Glauben – Fürbitte |
| 8–20 | Hauptteil: Bitte an Philemon, dem Sklaven Onesimos zu verzeihen und ihn als christlichen Bruder wieder aufzunehmen |
| 21–22 | Ankündigung des Paulus, selbst Philemon zu besuchen |
| 23–24 | Grüße |
| 25 | Segenswunsch |

## Theologisches Profil des Philemonbriefes

In diesem kurzen, aber für die christlichen Standards wertvollen Schreiben belehrt uns der große Apostel Paulus, wie sehr Theologie und Leben miteinander verbunden sind. Jede praktische Frage des täglichen Lebens mündet sofort in theologisch zu durchdenkende Tiefen. Das Leben, für das es anfangs Gott selbst zu danken gilt (Phlm 4 f.), wird erst an der Erkenntnis und im Glauben an Christus volles und wirkliches Leben (Phlm 6 f.). Dabei handelt es sich um eine der charakteristischsten Binsenwahrheiten der paulinischen Theologie (vgl. 1 Kor 1,4 f.). Selbst die apostolische Autorität drückt sich auf der anderen Seite nur in der Liebesgemeinschaft aus, mit anderen Worten im Verzicht auf Rechte und Macht, wie es Paulus für sich selbst betont (Phlm 8–14). Ihrerseits wird Onesimus zum einen aufgerufen, zu seinem Herrn und zugleich Bruder im Glauben zurückzukehren (V. 12), und Philemon zum anderen, in voller Freiheit und christlicher Nächstenliebe den Flüchtling aufzunehmen (V. 15–17). Die zentrale Formulierung „was ´im Herrn´ gilt, sollte auch ´im Fleisch´ gelebt werden“ (V. 16) erinnert direkt an den in Phil 2,5 ausgedrückten Gedanken.

### Zur Frage nach dem Ort und der Zeit der Abfassung

Diesen Brief schreibt Paulus in stark persönlich gefärbtem Stil, verleiht ihm einen eindeutigen privaten Charakter und spielt interessanterweise mit der etymologischen Wurzel des Namens Onesimus („nützlich“, V. 11). Höflich wendet sich der Heidenapostel an den reichen Philemon und bittet ihn für den entflohenen Sklaven. Obwohl Paulus ihm verschiedene Möglichkeiten des „Aufnehmens“ offen lässt, verwendet der Apostel einen eindrucksvollen rhetorischen Trick und „unterzeichnet“, eher humorvoll, einen Schuldschein für denjenigen, der ja sich selbst dem Apostel verdankt (V. 19).

Für die Entdeckung des Abfassungsortes des Philemonbriefes scheint der Kolosserbrief unentbehrlich zu sein. Nach der Formulierung in Kol 4,9.17 wohnen zwei zentrale Personen des Philemonbriefes, Onesimus und Archippus, in der Stadt Kolossä. Darüber hinaus kommen außer den Adressaten Philemon und Apphia alle im Phlm genannten Personen auch im Kolosserbrief vor. Beide Briefe gehören zu den Gefangenschaftsbriefen, da sie Paulus als Inhaftierter schreibt. Beide Briefe sind also ungefähr zur selben Zeit (54/55) geschrieben, wobei auch der Philemonbrief nach Kolossä oder eventuell in das nicht weit entfernte Laodiea gesandt wurde. Höchstwahrscheinlich wäre dann an die Gefangenschaft in dem etwa 200 km entfernten Ephesos zu denken. Spätere Hypothesen, wie z.B. Pergamon oder Rom als Wohnorte des Philemon, scheinen eher unhaltbar zu sein.

## 12.5. Die beiden Briefe an die Thessalonicher

Die zwei Briefe des Apostels Paulus an die Thessalonicher stellen die ältesten literarischen Denkmäler dar, die am Anfang der Geschichte der Urkirche geschrieben worden sind. Beide Briefe sind bereits in den apostolischen Jahren bezeugt und zusammen in den neutestamentlichen Kanon aufgenommen worden. Erwähnenswert sind die Bezeugung des 1 Thess im Kanon vom Häretiker Markion und die Anspielung des Polykarpbriefes an die Philipper (11,4) auf 2 Thess 3,15.

a) ***Altkirchliche Kommentare:*** *Johannes Chrysostomos* PG 62, 391–467. 467–501; *Theodor von Mopsuestia* PG 66, 832–936; *Theodoret von Cyrrus* PG 82, 627–656. 657–674; *Johannes Damaskenos* PG 95, 905–917. 917–929; *Oikumenios* PG 119, 57–134; *Theophylaktos von Bulgarien* PG 124, 1279–1358.
b) ***Orthodoxe Kommentare:*** *Th. Zografos*, Ἑρμηνεία εἰς τὴν Α΄ καὶ Β΄ πρὸς Θεσσαλονικεῖς, Volos 1932; *P. Trempelas*, Ὑπόμνημα εἰς τὰς

Ἐπιστολὰς τῆς Καινῆς Διαθήκης, Bd. 2, Athen 1956, S. 272–315; 316–336; *Joh. Galanis*, Ἡ Πρώτη Ἐπιστολή τοῦ Ἀποστόλου Παύλου πρός Θεσσαλονικεῖς (ΕΚΔ 11α), Thessaloniki 1985; *Ders.*, Ἡ Δευτέρα Ἐπιστολή τοῦ Ἀποστόλου Παύλου πρός Θεσσαλονικεῖς (ΕΚΔ 11β), Thessaloniki 1989.

### 12.5.1. Der erste Brief an die Thessalonicher

Dieser aus 5 Kapiteln mit 89 Versen bestehende erste Brief an die Thessalonicher ist aufgrund gewisser Anlässe geschrieben worden, die Paulus von Timotheos erfahren hatte. Solche Probleme waren:

- Manche Heidenchristen lebten weiter in Unzucht (1 Thess 4,3).
- Andere Gläubige machten sich Sorgen um ihre verstorbenen Verwandten und wollten sich nach der genauen Zeit der zweiten Parusie erkundigen (1 Thess 4,15 ff. & 5,1 ff.).
- Es gab eine Lockerung des sozialen Bewusstseins von manchen Gläubigen, die provokativ und absichtlich ohne Arbeit und Solidarität für die anderen Brüder lebten (1 Thess 4,9–11; 5,14).

#### Missionarisches Profil und paulinische Verkündigung

Der erste Thessalonicherbrief weist eindeutige Spuren seiner Ursprünglichkeit und zeitlichen Priorität den anderen paulinischen Briefen gegenüber auf. Ein solches wichtiges Indiz bildet die in 1 Thess 1,9–10 formulierte Missionsverkündigung des Heidenapostels Paulus, die einerseits die Verkündigung des einen „lebendigen und wahren" Gottes und andererseits die Lösung von den Götzen beinhaltet. Diese Tatsache ist deswegen hochinteressant, weil beide Elemente sonst kaum in den Paulusbriefen vorkommen, sondern dort einfach vorausgesetzt werden. Weitere ursprüngliche Missionselemente, die zur Erstverkündigung gehören, sind beispielsweise die Verkündigung von Gott als jenem, der Jesus auferweckt hat (1 Thess 1,10) oder die Ankündigung des Jüngsten Gerichts als des Orts der Begegnung mit dem rettenden Jesus (1 Thess 4,14–17). In der Stelle 4,14 hat sogar die verwendete formelhafte Sprache über „Jesu Sterben und Auferstehen" manche westliche Exegeten dazu verführt, die Formulierung als nicht paulinisch zu betrachten (ihre Argumentation: Paulus selbst hätte formuliert „gekreuzigt- und auferweckt werden"). Ohne Zweifel ist jedenfalls die Verkündigung vom Tod und von der Auferweckung Jesu zentrale Grundlage der paulinischen Verkündigung, wie es genau 1 Kor 15,3 bezeugt.

## Die Problematik der Naherwartung der Parusie

Im ersten Brief an die Thessalonicher nimmt darüber hinaus die Zukunftserwartung einen wichtigen Platz ein, da offensichtlich Gemeindemitglieder gestorben waren und die Thessalonicher unsicher wurden, ob diese nicht der Hoffnung auf die Wiederkunft Christi verlustig gingen. Wenn der Gebrauch der paulinischen 1. Person in Plural (1 Thess 4,15 ff.: ἡμεῖς οἱ ζῶντες ... οὐ μὴ φθάσωμεν τοὺς κοιμηθέντας ... ἁρπαγησόμεθα ἐν νεφέλαις etc.) streng wortwörtlich genommen werden würde, kämen wir zu manchen Schlussfolgerungen, die nicht unbedingt von vornherein die exegetische Meinung der Kirchenväter wiedergäben. Auf jeden Fall ist die Stellungnahme des Apostels dennoch wichtig, weil sie die noch immer vorausgesetzte Naherwartung doch relativiert; denn, ob sich diese zu unseren Lebzeiten oder nach unserem Tod erfüllt, ist nebensächlich, weil das Leben „in Christus" durch den Tod nicht aufgehoben wird, sondern bei allen zum endgültigen Sein „mit Christus" führt (1 Thess 4,16–17). Damit hängt selbstverständlich zusammen, dass Paulus hier noch schlicht und einfach von „Geist, Seele und Leib" spricht (1 Thess 5,23) und sich noch keine Gedanken über Gottes (auch im Glaubenden wirkenden) Geist macht, der, wie es dann in 1 Kor 15,44–45.50 ausgeführt wird, im Gegensatz zu „Fleisch und Blut", ja zum „Seelischen" steht.

### Inhaltsgliederung

| | |
|---|---|
| **1,1** | **Briefeingang** |
| **1,2–10** | **Danksagung für den vorbildlichen Glauben der Leser** |
| **2,1–3,13** | **Das Interesse des Apostels für die Gemeinde und ihre gegenwärtige Lage** |
| 2,1–12 | Die Wirksamkeit des Paulus in Thessalonich |
| 2,13–16 | Danksagung für die Haltung der Gemeinde in der Zwischenzeit |
| 2,17–3,13 | Die Beziehungen zwischen Apostel und Gemeinde in der Zwischenzeit |
| **4,1–5,24** | **Ermahnender Teil** |
| 4,1–12 | Mahnungen zur ethischen Reinheit und Nächstenliebe |
| 4,13–18 | Die Auferstehung der entschlafenen Christen vor der Parusie des Herrn |
| 5,1–11 | Wachsamkeit im Blick auf den Jüngsten Tag |
| 5,12–24 | Abschließende Ermahnungen |
| **5,25–28** | **Briefschluss** |

### Über Einheitlichkeit, Ort und Datum der Abfassung

Konkrete sprachliche und stilistische Formulierungen des 1 Thessalonicherbriefes haben manche moderne Exegeten dazu veranlasst, die Einheitlichkeit des Textes in Frage zu stellen. Man kann beispielsweise bei den Stellen 1,2–5 und 2,13 zwei parallele Danksagungen sehen, die an zwei verschiedene Briefeingänge erinnern könnten, und bei den Stellen 3,11–13 und 5,23–28 haben wir zwei ähnlich konstruierte Abschnitte, die ebenfalls auf zwei verschiedene Briefschlüsse hindeuten könnten. Dementsprechend wird vermutet, dass aufgrund der verschiedenen Situationen in 2,17–3,4 und 3,6–10 ein Timotheus mitgegebener Empfehlungsbrief (etwa 2,1–3,4 [eventuell ohne die Verse 2,15–16]; 3,11–4,8) und ein nach seiner Rückkehr geschriebener Brief (etwa 1,1–10; 3,6–10; 4,9–5,28 [eventuell ohne die Stellen 4,18; 5,27]) im nachhinein zusammengefügt wurden. Das wäre auf theoretischer Basis zwar möglich, aber ist praktisch schwer vorstellbar.

Für unsere zeitliche Einordnung kann der Text des Briefes selbst ziemlich hilfreich sein. Nach den Formulierungen in 1 Thess ist der von Paulus aus Athen nach Thessalonich geschickte Timotheus (1 Thess 3,1–2) zu ihm (wahrscheinlich wieder nach Korinth) zurückgekehrt (1 Thess 3,6). Das ist wohl die in Apg 18,5 geschilderte Situation des ersten Besuchs des Paulus in Korinth, so dass wir den 1 Thess bedenkenlos in das Jahr 51 n. Chr. datieren können. Es handelt sich also um den ältesten uns erhaltenen Paulusbrief überhaupt.

## 12.5.2. Der zweite Brief an die Thessalonicher

Der zweite Brief an die Thessalonicher mit seinen 3 Kapiteln und den insgesamt 46 Versen wird in der altkirchlichen und orthodoxen Tradition für eine inhaltliche Fortsetzung und Verdeutlichung des ersten Thessalonicherbriefes gehalten. Er muss kurze Zeit nach dem ersten Brief geschrieben worden sein.

Es ist höchst wahrscheinlich, dass das im 1 Thess Gesagte über die plötzliche Ankunft „des Tages des Herrn“ (1 Thess 5,2 ff.) von den christlichen Mitgliedern der thessalonischen Gemeinde missverstanden worden war. Sie hatten vom Tag zu Tag gespannt auf dieses Ereignis gewartet, so dass sie keinen anderen Sinn in ihrem Leben fanden, auch nicht zum Arbeiten. Zur Klarstellung seiner Botschaft und zur Verdeutlichung der Ausführungen über den Jüngsten Tag schrieb Paulus diesen zweiten Brief an die nordgriechische Gemeinde in Thessalonich.

## Inhaltsgliederung

| | |
|---|---|
| **1,1–2** | **Briefeingang** |
| **1,3–2,17** | **Der Tag des Herrn – Das nahe Ende** |
| 1,3–12 | Danksagung und Hinweis auf die Parusie des Herrn |
| 2,1–12 | Warnung vor übereilten Erwartungen des Jüngsten Tages |
| 2,13–17 | Danksagung und Fürbitte |
| **3,1–16** | **Abschließende Ermahnungen** |
| **3,17–18** | **Eigenhändiger Gruß – Briefschluss** |

## Theologisches Profil: Naherwartung in schwierigen Verfolgungszeiten

Der zweite Thessalonicherbrief gibt einen interessanten Eindruck von den die junge Christenheit bedrohenden Gefahren durch Verfolgungen. In einer solchen Situation wuchs die Hoffnung auf die baldige zweite Parusie Jesu zum Gericht und zur Errichtung des ewigen Gottesreiches (2 Thess 1,3–10). Auch der Abschnitt 1 Thess 4,13–5,11, der für die Formulierungen in 2 Thess vorausgesetzt wird, spricht besonders deutlich vom Kommen Jesu. Interessanterweise bedeutet der Satz in 2 Thess 2,2 eigentlich, der Tag sei schon da; aber die Fortsetzung zeigt, dass an ein unmittelbares Bevorstehen gedacht ist, nicht etwa an eine rein geistig gedachte Wiederkunft Christi in der Gemeinde.

Das theologische Profil des zweiten Thessalonicherbriefes weist bezüglich der Behandlung der Naherwartung Besonderheiten auf. Die Erwartung des nahen Weltendes förderte in der damaligen Gemeinde einen Glauben, der vor lauter Geistlichkeit diese Erde und ihre Alltagsarbeit beiseite schob und in der in Bälde erwarteten herrlichen Zukunft lebte. Die im Schreiben vorkommenden Argumente gegen eine solch völlig missverstandene Situation entstammen der uns bekannten paulinischen Argumentation. Die Nüchternheit, mit der der Apostel selbst als Beispiel für das Ernstnehmen der irdischen Aufgaben, z.B. des Verdienens des Lebensunterhalts, herangezogen wird (2 Thess 3,6–13), ist durchaus paulinisch.

## Verfasser, Ort und Zeit der Abfassung

Aufgrund konkreter thematischer Einheiten, die nicht viel gemeinsam mit dem 1 Thess zu haben scheinen, vertritt die Mehrheit der westlichen Forscher die Meinung, der 2 Thess sei ein pseudonymer deuteropaulinischer Brief. Die Argumente dieser Wissenschaftler sind weniger literarischer, als eher theologisch-inhaltlicher Natur. In 2 Thess 1,12 wird beispielsweise Jesus streng genommen als Gott bezeichnet (die über nur ein Artikel verfügende Formulierung, die sich eigentlich mit der paulinischen Theologie durchaus enharmonisieren lässt, ist eindeutig: „unseres Gottes und Herrn Jesus Christus“); dies weist, nach diesen Wissenschaftlern, angeblich auf eine nachlässige Formulierung hin.

Wenn wir jedoch beide Thessalonicherbriefe sorgfältig studieren, werden wir tatsächlich große Ähnlichkeiten paulinischen Charakters entdecken können. Außer in 2 Thess 2,1–12, dem einzigen Abschnitt, der inhaltlich Neues enthält, werden durchwegs ganze Satzteile des zweiten fast wörtlich aus dem ersten Thessalonicherbrief wiederholt. In 2 Thess 2,16 und 3,16 tritt „der Herr (Jesus Christus)“ neben oder anstelle von „Gott“ auf, wie in den ähnlich lautenden Sätzen von 1 Thess 3,11; 5,23. Nichts also spricht dagegen, dass auch der zweite Brief an die Thessalonicher von Paulus stammt, den er fast gleichzeitig mit diesem von Korinth aus geschrieben haben kann, d.h. Ende 51, Anfang 52 n. Chr.

## 12.6. Die „Pastoralbriefe“ an Timotheus und Titus

Erstmals im Jahre 1703 wurden der Titusbrief und dann Mitte des 18. Jh.s (1753–55) auch die beiden Timotheusbriefe als „Pastoralbriefe“ (Ποιμαντικαὶ ἐπιστολαί) bezeichnet, weil alle drei Texte pastorale Themen behandeln und sich an Hirten (ποιμένες) der Kirche richten. Zwei Briefe haben als Empfänger Timotheus, den Bischof von Ephesos, und der dritte richtet sich an Titus, den Bischof von Kreta.

Aufgrund ihres Inhaltes wurden diese drei Briefe von manchen Forschern als „*Das kanonische Recht*“ des Paulus bezeichnet. Trotzdem muss erwähnt werden, dass die Pastoralbriefe nicht die ganze Palette pastoraler Themen erschöpfen, die sich auf das Kirchenleben und die kirchliche Disziplin beziehen. Die Pastoralbriefe erweisen sich im Rahmen der neutestamentlichen Literatur sicherlich als wertvoll, zumal sie uns die Besorgnisse des Verfassers vor denjenigen Gefahren beschreiben, durch welche die damaligen Christen von den Häretikern bedroht wurden.

Alle drei Briefe haben mehrere Gemeinsamkeiten in Bezug auf den Inhalt und die sprachliche Struktur der Abfassung und heben sich als eine eigenständige Gruppe von den anderen paulinischen Briefen deutlich ab. Die Pastoralbriefe sind die einzigen Briefe, die sich an Mitarbeiter und Begleiter des Paulus richten, ohne aber eine Art Privattexte darzustellen, weil sie gleichzeitig auch den Charakter von Rundschreiben haben. Alle drei enden mit dem Gruß „Die Gnade mit euch allen“. Nur der 2 Timotheusbrief beinhaltet persönliche Nachrichten und eine Art „Testament" des Paulus, der sich seinem Lebensende zu nähern scheint.

Laut den inneren Zeugnissen und Informationen der Briefe können wir den 1 Tim zeitlich als ersten ansetzen, dann den Tit und zuletzt den 2 Tim.

a) ***Altkirchliche Kommentare:*** *Johannes Chrysostomos* PG 62, 501–700; *Theodor von Mopsuestia* PG 66, 936–949 (auszugsweise); *Theodoret von Cyrrus* PG 82, 788–870; *Johannes Damaskenos* PG 95, 997–1030; *Oikumenios* PG 119, 133–262; *Theophylaktos von Bulgarien* PG 125, 9–172.

b) ***Orthodoxe Kommentare:*** *Chr. Papadopoulos*, Αἱ Ποιμαντικαὶ καὶ ἡ πρὸς Φιλήμονα Ἐπιστολαὶ τοῦ Ἀποστόλου Παύλου, Alexandrien 1912; *Th. Zografos*, Ἑρμηνεία εἰς τὴν Α΄ Τιμ., Β΄ Τιμ., Τιτ., Volos 1932; *P. Trempelas*, Ὑπόμνημα εἰς τὰς Ἐπιστολὰς τῆς Καινῆς Διαθήκης, Bd. 2, Athen 1956, S. 337–445; *L. Filippidis*, Ἡ Α΄ πρὸς Τιμόθεον ποιμαντικὴ ἐπιστολὴ τοῦ Ἀποστόλου Παύλου, Athen [2]1973; *G. Galitis*, Ἡ πρὸς Τίτον ἐπιστολὴ τοῦ Ἀποστόλου Παύλου. Εἰσαγωγή – Ὑπόμνημα, Thessaloniki 1978 (= ΕΚΔ 12γ, [3]1992).

### Der erste Timotheusbrief – Inhaltsgliederung

| | |
|---|---|
| **1,1–2** | **Briefeingang** |
| **1,3–20** | **Warnung vor den Häretikern und Mahnung an Timotheus, der gesunden Botschaft des Evangeliums treu zu bleiben** |
| **2,1–3,16** | **Fragen des Kultus und des Gemeindelebens** |
| 2,1–15 | Anweisungen über gottesdienstliche Fragen |
| 3,1–16 | Anweisungen über die Episkopen und Diakone |
| **4,1–16** | **Warnung vor Irrlehrern und Mahnung an Timotheus, der Gemeinde ein Vorbild zu sein** |
| **5,1–6,2a** | **Weitere Fragen des Gemeindelebens** |
| 5,1–2 | Anweisung über die Presbyter |
| 5,3–16 | Anweisungen über die Witwen |
| 5,17–22 | Weitere Anweisungen über die Ältesten |
| 5,23–25 | Mahnung an Timotheus |
| 6,1–2a | Anweisung über die Sklaven |
| **6,2b–19** | **Nochmalige Warnung vor Irrlehre und Mahnungen an Timotheus** |

| | |
|---|---|
| 6,2b–10 | Warnung vor Pseudolehrern und Habgier und ihren Folgen |
| 6,11–16 | Mahnung an Timotheus, ein untadeliges Leben zu führen |
| 6,17–19 | Anweisung über die Reichen |
| **6,20–21** | **Briefschluss mit Mahnung und Segenswunsch** |

## Der zweite Timotheusbrief – Inhaltsgliederung

| | |
|---|---|
| **1,1–2** | **Briefeingang** |
| **1,3–4,88** | **Ermahnungen an Timotheus zu rechter Führung seines Amtes** |
| 1,3–18 | Mahnung an Timotheus, auch im Leiden das anvertraute Gut zu bewahren |
| 2,1–13 | Mahnung an Timotheus, auch im Kampf auszuharren |
| 2,14–26 | Mahnung an Timotheus, den Versuchungen nicht nachzugeben |
| 3,1–9 | Die Sünden der Endzeit |
| 3,10–4,5 | Mahnung an Timotheus, das Leiden des Paulus und seine eigene biblische Erziehung vor Augen zu haben |
| 4,6–8 | Bilanz des missionarischen Werkes von Paulus |
| **4,9–22** | **Briefschluss** |
| 4,9–18 | Vorschlag an Timotheus, ihn zusammen mit Markus zu besuchen |
| 4,19–22 | Namentliche Grußwünsche – Segenswunsch |

## Der Titusbrief – Inhaltsgliederung

| | |
|---|---|
| **1,1–4** | **Briefeingang** |
| **1,5–3,11** | **Anweisungen, Mahnungen, Warnungen** |
| 1,5–9 | Anweisung über die Presbyter |
| 1,10–16 | Warnung vor Unruhestiftern und Pseudolehrern |
| 2,1–10 | Haustafel (Presbyter, Presbyterinnen, Jugend, Sklaven) |
| 2,11–15 | Die Gnade Gottes als Ansporn zu rechtem Lebenswandel |
| 3,1–7 | Anweisung über das Verhalten zur Obrigkeit und zu allen Mitmenschen |
| 3,8–11 | Schlussmahnung, auf die guten Werke zu bestehen und die Häretiker zu meiden |
| **3,12–15** | **Briefschluss** |

3,12–14 Reisepläne
3,15 Gruß- und Segenswunsch

## Altkirchliche Bezeugung

Die Pastoralbriefe werden sehr früh in der Kirche bezeugt. Von den kirchlichen Schriftstellern und apostolischen Vätern, welche die drei Briefe gekannt und erwähnt haben, seien hier angeführt: Klemens von Rom, Polykarp von Smyrna, Ignatios von Antiochien. Alle drei sind ebenso im altkirchlichen Kanonverzeichnis von Muratori (um 200 n. Chr.) enthalten. An ungefähr vierzig Stellen zitiert darüber hinaus Klemens von Alexandrien aus den Pastoralbriefen, die er dem Paulus zuschreibt.

## Die Frage nach der Echtheit und dem Verfasser

Die orthodoxe Bibelwissenschaft erkennt in den drei Pastoralbriefen eindeutige inhaltliche Züge des Apostels Paulus wieder und ordnet sie der paulinischen Brieffamilie zu. Seit den Anfängen des 19. Jh.s wird aber zuerst im Westen ihre paulinische Echtheit in Zweifel gezogen. Dabei spielen eher literarisch-philologische Argumente, über die die Exegeten bis heute noch streiten, eine entscheidende Rolle. Die wichtigsten Argumente, die sich gegen die paulinische Abstammung der Pastoralbriefe richten und für ihren Verfasser einen Schüler des Paulus halten, lauten folgendermaßen:

1. *Der Wortschatz und der Sprachstil der Pastoralbriefe unterscheiden sich deutlich von denen der anderen Briefe.* Wenn man die Formulierungen der Pastoralbriefe mit den anderen Paulusbriefen vergleicht, stellt man fest, dass alles blasser und kraftloser klingt als bei dem „echten" Paulus. Der schwerwiegende Begriff „Glaube" wird zur („gesunden") Lehre (1 Tim 1,10 [vgl. 4,6]; 2 Tim 4,3; Tit 1,9.13; 2,1–2). Typisch paulinische Begriffe fehlen, dafür kommen neue auf: statt der „Wiederkunft" (παρουσία) wird die „Erscheinung" (ἐπιφάνεια) Jesu angekündigt, die auch seine Menschwerdung bezeichnen kann (z.B. 2 Tim 1,10; 4,1).
2. *In dem aus der Apostelgeschichte uns bekannten Leben des Paulus gibt es keine Situation, in die man die Briefe einordnen könnte.* Selbstverständlich wissen wir nicht, ob er aus seiner Gefangenschaft in Rom nochmals freigelassen wurde und statt nach Spanien (Röm 15,28, oder nach einer Spanienreise) nochmals in den Osten zog.
3. *Die in den Pastoralbriefen erwähnten Häretiker erinnern an die Gnostiker des 2. Jh.s.* Hinzu kommt, dass die in 2 Tim 3,1–5 für die Zukunft

vorausgesagte Irrlehre nach V. 6–9 schon da ist und keine Fortschritte mehr machen wird.

4. *Die drei Briefe setzen eine nachpaulinische organisierte Strukturierung der Kirche (Episkopen, Presbyter, Diakone etc.) voraus.* Auch die beschriebene Tatsache, dass Paulus selbst bald nach Ephesos kommen will und trotzdem ausführliche Anordnungen für die Strukturen der Kirche gibt (1 Tim 3,14–15), wirkt nicht so natürlich und recht überzeugend.

## Die Sekretärshypothese

Die meisten orthodoxen Neutestamentler sind der Meinung, dass die Pastoralbriefe ihrem Inhalt nach dem paulinischen Geist, kurz dem Paulus, zuzuschreiben wären. Verfasst wurden sie aber mit der Hilfe eines Sekretärs, der sich nicht nur auf die sprachliche Gestaltung des paulinischen Inhaltes beschränkte. Es geht um die sogenannte „Sekretärshypothese", die zuerst 1830 von H. A. Schott vertreten wurde.

Bei der Suche dieses eventuellen Sekretärs sind in der Forschung mehrere Namen vorgeschlagen worden. Meist hatte Timotheus als Sekretär zur Verfügung gestanden, bei den Pastoralbriefen aber müsse es ein anderer gewesen sein, so dass sich von daher die sprachlichen und stilistischen Unterschiede zu den übrigen Paulusbriefen erklärten. Von den meisten Exegeten wird Lukas und von anderen Tychikos vorgeschlagen.

## Ort und Zeit der Abfassung

Diejenigen Forscher, die die Abfassung der Briefe einem Schüler oder Mitarbeiter des Paulus zuschreiben, meinen, dass alle drei Briefe nach dem Märtyrertod des Paulus und vor dem Ende des 1. Jh.s geschrieben worden sind.

Wenn man aber die Pastoralbriefe mit der Person des Paulus verbindet, sind diese folgendermaßen zeitlich einzuordnen: Der 2 Tim stellt aufgrund des Abschnittes 4,6–8 (sein Lebensende nähert sich) den letzten Brief des Paulus dar. Er wäre sein „Schwanengesang", der aus Rom kurz vor seinem Märtyrertod Ende des Jahres 66 oder Anfang des Jahres 67 n. Chr. geschrieben wurde. Der 1 Tim und der Tit sind in dem Zeitraum zwischen der ersten Gefangenschaft in Rom, mit der die Apostelgeschichte endet, und der zweiten Gefangenschaft, die zum Tod des Apostels führte, anzusetzen. Diese Zeit wird bei Eusebios von Kaisareia (Hist. Eccl. II,22) mit einer vierten Missionsreise des Paulus in Verbindung gebracht. Diese beiden Briefe, die vieles gemeinsam haben, sollten demnach in den Jahren 63/64 n. Chr. von einem Ort in Makedonien aus geschrieben worden sein.

## 12.7. Der Brief an die Hebräer

Der 13 Kapitel mit 303 Versen umfassende Brief an die Hebräer ist in einer hochgriechischen Sprache geschrieben und erweckt mehr den Eindruck eines Traktats. Ohne die Verse 13,19.22–25 würde man gar nicht an einen Brief denken, sondern an theologische meditative Gedanken. Der Verfasser selbst bezeichnet den Brief in Hebr 13,22 als „Mahnwort" (τοῦ λόγου τῆς παρακλήσεως). Was Hebr 7,3 von Melchisedek sagt, er sei „ohne Vater, ohne Mutter, ohne Stammbaum", könnte auch für diesen Brief gelten. Weder Absender noch Empfänger sind genannt.

Die Überschrift des Briefes „an die Hebräer" ist ziemlich später belegt. Zum ersten Mal finden wir sie um das Jahr 200 bei Pantainos, dem Bischof von Alexandrien (Eusebios, Hist. Eccl. VI, 14,4), und dann bei Klemens von Alexandrien (Eusebios, Hist. Eccl. VI, 14,1–3), im Papyrus P 46 und bei Tertullian.

Der Hebräerbrief hat als Schwerpunkte zwei zentrale Themen:

- Die Hervorhebung der Überlegenheit des Christentums gegenüber dem Judentum;
- Die Ermahnung an die christlichen Empfänger, aus den Leiden Jesu Kraft zu schöpfen.

a) ***Altkirchliche Kommentare:*** *Johannes Chrysostomos* PG 63, 9–236; PG 64, 479–492; *Theodor von Mopsuestia* PG 66, 951–968 (auszugsweise); *Kyrill von Alexandrien* PG 74 953–1006; *Theodoret von Cyrrus* PG 82, 673–786; *Johannes Damaskenos* PG 95, 929–998; *Oikumenios* PG 119, 271–452; *Theophylaktos von Bulgarien* PG 125, 185–404.

b) ***Orthodoxe Kommentare:*** *Th. Zografos*, Ἑρμηνεία εἰς τὴν πρὸς Ἑβραίους, Volos 1935; *A. Makrakis*, Ἑρμηνεία εἰς τὴν πρὸς Ἑβραίους ἐπιστολήν, Athen [2]1965; *P. Trempelas*, Ὑπόμνημα εἰς τὰς Ἐπιστολὰς τῆς Καινῆς Διαθήκης, Bd. 3, Athen [3]1982, S. 7–213; *G. Gratseas*, Πρός νέα κατάπαυση ὑπό νέο Ἀρχηγό. Κριτικό ὑπόμνημα στήν περικοπή Ἑβρ. 3,1–4,13, Athen 1984; *Ders.*, Ἡ πρὸς Ἑβραίους ἐπιστολή, (ΕΚΔ 13), Thessaloniki 1999.

### Inhaltsgliederung

| | |
|---|---|
| **1,1–4,13** | **Die Überlegenheit der Offenbarung Gottes „im Sohne" über die ältere Offenbarung** |
| 1,1–14 | Die Erhabenheit des Sohnes über die Engel |
| 2,1–4 | Mahnung, mit besonderem Ernst aufzumerken |

| | |
|---|---|
| 2,5–18 | Die Erniedrigung des Sohnes durch die Leiden |
| 3,1–6 | Die Erhabenheit des Sohnes über Mose |
| 3,7–4,13 | Mahnung, sich vor der Sünde zu schützen und der Verheißung der Ruhe Gottes nicht verlustig zu gehen |
| **4,14–10,18** | **Jesus als wahrer Hohepriester und die Überlegenheit seines Hohepriestertums** |
| 4,14–5,10 | Jesus als rechter Hohepriester |
| 5,11–6,20 | Ermahnung der Leser |
| 7,1–28 | Jesus als Hohepriester nach der Ordnung Melchisedeks |
| 8,1–13 | Jesus als himmlischer Hohepriester und Mittler eines neuen Bundes |
| 9,1–14 | Die Überlegenheit des Hohepriestertums Christi über den Kultus des alten Bundes |
| 9,15–28 | Die Bedeutung des Todes Christi |
| 10,1–18 | Die Überlegenheit des Opfers Christi über alle anderen Opfer |
| **10,19–12,29** | **Mahnungen zur Standhaftigkeit im Glauben** |
| 10,19–39 | Mahnungen und Warnungen |
| 11,1–40 | Der Glaube und seine Vorbilder in der Vergangenheit |
| 12,1–11 | Mahnung, im Kampf auszuharren |
| 12,12–29 | Letzte Warnung im Blick auf den Jüngsten Tag |
| **13,1–17** | **Einzelmahnungen** |
| **13,18–25** | **Briefschluss** |
| 13,18–22 | Mahnungen und Fürbitte |
| 13,23 | Reisepläne des Timotheus und des Verfassers |
| 13,24–25 | Gruß- und Segenswunsch |

### Profil und Adressaten des Hebräerbriefes

Die Frage nach dem Charakter und den Empfängern des Briefes könnte durch konkrete „Textspuren" beantwortet oder zumindest beleuchtet werden. Dass z.B. nach Hebr 6,1 „der Glaube an Gott" zu den Anfangsgründen des Unterrichts gehört, lässt eindeutig Heidenchristen als Adressaten erahnen. Hingegen könnte die im Brief nicht zu übersehende starke Betonung des jüdischen Kults auf judenchristlichen Hintergrund und Judenchristen hinweisen. Dementsprechend sollte man sich höchstwahrscheinlich eine gemischte Gemeinde vorstellen, wobei nicht zu vergessen ist, dass es sowohl bei den Juden- als auch den Heidenchristen mehrere Schattierungen gegeben hat. Die Judenchristen umfassen z.B. die „Falschbrüder" aus Gal 2,4, aber ebenfalls die mehr oder minder liberalen Jakobus, Petrus und Paulus wie auch die Radikalen, die den Tempelbau als Abfall ansahen (Apg 7,47–51). Das Spektrum der Heidenchristen reicht von den ehemaligen „Gottesfürchtigen", die Teile des jüdischen Gesetzes übernommen hatten, bis zu den gnostizierenden Bekämpfern des alttestamentlichen Gottes.

## Ort und Zeit der Abfassung

Da der Hebräerbrief nur über einen formellen Briefschluss verfügt, kann man hilfreiche technische Daten am Ende des Schreibens entdecken. In den Versen 13,19.22–25 wird einerseits offensichtlich von einer Haftentlassung des Timotheus, eines der bekanntesten und engsten Paulusbegleiter, berichtet, und andererseits werden „alle Heiligen" gegrüßt wie auch Grüße an die Adressaten „die aus Italien" übermittelt. Falls die Verse nicht als versteckter Hinweis auf paulinische Abfassung nachträglich eingeschoben sind, was unwahrscheinlich ist, ist der Brief also vermutlich nicht in Italien, sondern außerhalb dieses Landes geschrieben und dorthin gerichtet worden, am ehesten nach Rom. Dort ist der Hebräerbrief sowieso zuerst bezeugt, wohl schon durch den 1. Klemensbrief (96 n. Chr.) und den Hirten des Hermas.

Die Tatsachen der Schilderung des jüdischen Gottesdienstes in der Gegenwartsform und des Fehlens eines Hinweises auf die Tempelzerstörung weisen auf die Zeit vor 70 n. Chr. als Abfassungsdatum des Briefes hin. Im Hebr wird auf keinen Fall der Jerusalemer Tempel geschildert, in dem die schon im Exil verlorengegangene Bundeslade sowieso nicht mehr stand und auch kein Räucheraltar im Allerheiligsten, sondern das in Exodus 25–26 dargestellte Bundeszelt der Wüstenzeit. Auf der anderen Seite sprächen weitere innere Indizien des Textes für eine eher spätere Abfassungszeit, wie z.B. die in Hebr 2,3 zweite oder dritte vorausgesetzte Generation von Christen oder der in Hebr 13,7 angedeutete Tod der wichtigsten Wortverkünder, der schon einige Zeit zurückzuliegen scheint (vgl. auch Hebr 10,32).

## Die Frage nach dem Verfasser

Das literarische Profil des Hebräerbriefes zeugt davon, dass sein Verfasser ein eigenständiger, ausgezeichnetes Griechisch schreibender Lehrer ist, der wie Apollos (Apg 18,24) und der jüdische Philosoph Philo über alexandrinische Bildung verfügte. Paulus war es wegen des völlig anderen Stils und Inhalts sicher nicht. Klemens von Alexandrien behauptet, dass Paulus selbst den Hebr ursprünglich auf Hebräisch geschrieben und Lukas den Brief dann ins Griechisch übertragen habe (Eusebios, Hist. Eccl. VI, 14,2). Im Laufe der Forschungsentwicklung sind manche Namen als mögliche Verfasser des Briefes zur Diskussion gestellt worden, wie z.B. Philippos, einer von den sieben Diakonen (Apg 6,5), Silas, das Ehepaar Akylas und Priszilla oder Klemens von Rom. In jenen Teilen der ostkirchlichen Tradition, wo der Schwerpunkt nicht unbedingt auf Paulus gesetzt wird, tendiert man zu Apollos. Es steht im Grunde genommen kein sicherer Name als Verfasser des Hebräerbriefes fest, auch wenn man den Brief der paulinischen Tradition mittelbar zuschreiben würde. Origenes (Eusebios, Hist. Eccl. VI, 25,11–14) schreibt auf charakteristische Weise: „τίς δὲ ὁ γράψας τὴν ἐπιστολήν, τὸ μὲν ἀληθὲς Θεὸς οἶδεν".

## Der liturgische Gebrauch des Briefes in der Orthodoxie

Auf Grund seines besonderen Aufopferungs- und heroischen Glaubenscharakters ist der Hebräerbrief sehr beliebt in den orthodoxen Gottesdiensten der Großen Fastenzeit vor Ostern. Die Begriffe „Glaube", „Kampf" und „Wolke der Märtyrer", so wie sie hauptsächlich in Hebr 11,1–40 vorkommen, passen absolut zu den in dieser Zeit proklamierten Idealen der orthodoxen Botschaft. Die Leser des Briefes werden aufgerufen, vom „Führer des Glaubens", Jesus (Hebr 12,2), Mut zu schöpfen und zusammen mit den Tausenden Märtyrern als ihren Vorbildern den Kampf für den Glauben und gegen die Sünde zu Ende zu bringen. Ein großer Teil des 11. Kapitels wird am Sonntag der Orthodoxie in allen orthodoxen Gotteshäusern als die für dieses große Fest vorgesehene Epistel des Tages vorgelesen.

# TEIL XIII.
# Die katholischen Briefe

## 13.0. Allgemeines

Neben den vierzehn Paulusbriefen (inkl. den in ihrer Echtheit fraglichen und dem Hebräerbrief) gibt es im neutestamentlichen Kanon sieben weitere Briefe, die keine konkreten Empfänger angeben oder an einen großen Kreis von Gemeinden adressiert sind. Sie sind, anders als die Paulus-Briefe, die nach den Empfängern bezeichnet werden, nach ihren Verfassern betitelt: ***Jakobus, 1 Petrus, 2 Petrus, 1 Johannes, 2 Johannes, 3 Johannes, Judas***. In der offiziellen Reihenfolge des neutestamentlichen Kanons und den gedruckten Ausgaben des Neuen Testaments folgen diese sieben Briefe dem Hebräerbrief. In vielen alten Handschriften tauchen sie dennoch direkt nach der Apostelgeschichte und vor den paulinischen Briefen auf. Diese Einordnung weisen die Codizes A, B, C, die syrische Übersetzung Peschitta und Athanasios der Große in seinem 39. Osterbrief (367 n. Chr.) auf.

Die sieben Briefe werden im 3. Jh. als „katholische", d.h. „ökumenische", für die Gesamtkirche bestimmte Schreiben bezeichnet. Im Zuge der Kanonbildung in der altkirchlichen Geschichte dauerte es lange Zeit, bis alle diese sieben Briefe in der ganzen Kirche Anerkennung als heilige und inspirierte Schriften gefunden hatten. Sie sind nur schrittweise anerkannt worden, im 2. Jh. genossen nur der erste Petrus- und der erste Johannesbrief Autorität.

Von „katholischen" Briefen in der Mehrzahl und als Gruppenbezeichnung spricht zuerst der Kirchenhistoriker Eusebios von Kaisareia: vom Herrenbruder Jakobus solle „der erste der sog. katholischen Briefe" stammen (Hist. Eccl. II 23,24); auch die Schrift Jud sei, nach Eusebios, einer „von den sieben sog. katholischen Briefen". Eusebios hat demnach diese Bezeichnung schon vorgefunden. Die Bedeutung von „katholisch" (= an die gesamte Christenheit gerichtet) hat der Lateiner Rufin, der Übersetzer von Eusebios, zutreffend wiedergegeben: „epistolam ad omnes ecclesias". Selbstverständlich sind in der neutestamentlichen Wissenschaft weitere Bezeichnungen dieser Schreiben im Umlauf. In der Kommentarreihe „Das Neue Testament Deutsch" werden z.B. die katholischen Briefe als „Kirchenbriefe" bezeichnet, während sie von manchen englischen Kommentatoren „General Epistles" benannt werden. In der Regel benutzt die westliche Kirche für diese Briefe die Bezeichnung „epistolae canonicae", d.h. Briefe, die im Unterschied zu anderen Schriften (z.B. dem Barnabasbrief) zum kirchlichen Kanon gehören und deshalb Autorität beanspruchen. Den reinen Wortsinn der ökumenischen Katholizität (an alle Christen gerichtet) behält die östliche Kirche bis heute stets bei.

Die sieben katholischen Briefe behandeln Fragen, die zur Zeit ihrer Entstehung die Christenheit überhaupt oder doch größere Teile von ihr bewegten, z.B. gewisse Irrlehren (eine bestimmte Form der Gnosis in Kleinasien: 1 Joh; gnostisch-libertinistische Strömungen: Jud, 2 Petr), das Ausbleiben der Parusie (2 Petr), schwere Leiden und Verfolgungen der Christengemeinden (1 Petr). Nur 1 Petr, 2 und 3 Joh schließen mit persönlichen Mitteilungen und Grußworten, nur 1 Petr mit dem Schlusssegenswunsch, 2 Petr und Jud mit einer Doxologie, bei 1 Joh bildet 5,13 den Schluss, worauf noch ein Anhang 5,14–21 folgt, Jak besitzt keinen Briefschluss.

## 13.1. Der Jakobusbrief

### Allgemeines

Der erste unter den „katholischen Briefen" mit 5 Kapiteln und 108 Versen ist unter dem Absendernamen des Jakobus überliefert worden. Der Jakobusbrief kann allerdings nicht als wirklicher Brief mit reinen Briefformalien angesehen werden. Im Gegensatz zum Hebräerbrief, der kein Präskript, aber doch einen Briefschluss aufweist, enthält der Jak keinen brieflichen Schluss, aber ein Präskript, allerdings nicht nach dem paulinischen, sondern nach antikem Schema, wie wir es im Neuen Testament nur in Apg 15,23; 23,26 kennen.

Neben den übrigen Briefformalien (Briefeingang, Aufträge, Grußbestellungen, Schlusssegenswunsch) fehlen dem Jakobusbrief auch die konkrete Briefsituation und eventuelle persönliche Beziehungen des Verfassers zu den Adressaten. Außerdem gibt der Jak keine Auskunft über die Gründe, denen er seine Entstehung verdankt. Die nächste literarische Analogie zu Jak bilden auf der einen Seite die alttestamentlichen Weisheitsbücher (Sprüche, Sirach, Weisheit), sowie das äthiopische Henochbuch, der Aristeasbrief etc., und auf der anderen Seite im Neuen Testament die paränetischen Abschnitte der paulinischen Briefe (1 Thess 4,1–12; 5,1 ff.; Gal 5,13 ff.; 6,13 ff.; Röm 12 u. 13; Kol 3 u. 4; Hebr 13,1–21) wie auch die matthäische Bergpredigt (nicht zufällig wurde der Jakobusbrief „die Bergpredigt unter den Briefen" genannt).

Der Autor des Jak richtet an seine Leser Belehrungen, Mahnungen, Warnungen, die alle das alltägliche sittlich-religiöse Leben betreffen. Nach christologischen und soteriologischen Fragen sucht man vergebens. Dementsprechend gehört der Brief zur literarischen Gattung der Paränese und stellt eine Art Spruchbuch dar. Man kann es als paränetische Lehrschrift bezeichnen. Die älteren Kirchenväter bezeichnen Jak als „διδασκαλικὴ ἐπιστολή" (= Lehrschrift). Die erst im 4. Jh. erfolgte mühsame Aufnahme des Jakobusbriefes in den neutestamentlichen Kanon zeigte schier abenteuerliche Züge. Origenes ist der älteste Kirchenschriftsteller, der ihn ausdrücklich nennt. Er rechnet ihn zwar zu den kanonischen Schriften, bezeichnet deshalb gelegentlich den Apostel Jakobus als seinen Verfasser, erwähnt jedoch, dass der Jak nicht allgemein als kanonisch anerkannt ist. Eusebios von Kaisareia (Hist. Eccl. II 23, 25) rechnet den Jak zu den „Antilegomena", stellt aber eindeutig fest, dass er in den meisten Kirchen öffentlich vorgelesen wird. Für Kyrill von Jerusalem (um 348) gehören alle sieben Briefe zum Kanon; der Verfasser des Jak ist der Herrenbruder und Bischof von Jerusalem, Jakobus. Zur Zeit des Johannes Chrysostomos († 407) werden die drei größeren katholischen Briefe (Jak, 1 Petr, 1 Joh) als heilige Schriften anerkannt. Die westliche Kirche nimmt erst um 370–380 den Jakobusbrief in ihren Kanon auf. Der Kanon Moratori, Tertullian und Cyprian zeugen hingegen nicht von ihm.

Kennzeichnend für die protestantische Forschung der Neuzeit ist die These Luthers, der Brief sei vom Zebedaiden Jakobus geschrieben und trüge die Züge „einer recht strohernen Epistel". Letzteres Urteil, veranlasst durch den Vergleich mit den Paulus-Briefen, wird dem Brief allerdings nicht gerecht. Heutzutage wird diese Meinung von den meisten protestantischen Forschern nicht mehr vertreten.

In der Orthodoxen Kirche wird der Jakobusbrief besonders aufgrund seiner Morallehre hochgeschätzt. Von großer Bedeutung sind die Stellen des Jak über das Gebet, die Salbung der Kranken mit Öl und die Beichte der Sünden, etwas, was als eine biblische Begründung der Sakramente der Ölsalbung und der Buße angesehen wird (Jak 5,13–16).

a) ***Altkirchliche Kommentare:*** *Didymos* PG 39, 1749–1754 (auszugsweise; umstritten); *Johannes Chrysostomos* PG 64, 1039–1053; *Kyrill von Alexandrien* PG 74, 1007–1012; *Hesychios* PG 93, 1389–1390 (auszugsweise); *Oikumenios* PG 119, 451–510; *Theophylaktos von Bulgarien* PG 125, 1131–1190.
b) ***Orthodoxe Kommentare:*** *G. Vasilakis*, Ἐξήγησις τῆς καθολικῆς Ἐπιστολῆς Ἰακώβου τοῦ ἀδελφοθέου, Jerusalem 1901; *Chr. Papadopoulos*, Ὑπόμνημα εἰς τὴν Καθολικὴν Ἐπιστολὴν τοῦ Ἁγίου Ἰακώβου, Alexandrien 1913; *Th. Zografos*, Ἑρμηνεία εἰς τὰς

Καθολικὰς ᾿Επιστολάς, Volos 1932; *P. Trempelas*,῾Υπόμνημα εἰς τὰς ᾿Επιστολὰς τῆς Καινῆς Διαθήκης, Bd. 3, Athen 1956, S. 217–291; *S. Agouridis*,῾Υπόμνημα εἰς τὴν ἐπιστολὴν τοῦ Ἁγίου ᾿Ιακώβου, Athen 1956; *S. Sakkos*,῾Ερμηνεία εἰς τὴν ᾿Επιστολὴν τοῦ ᾿Ιακώβου, Thessaloniki 1975; *P. Andriopoulos*,῾Η ᾿Επιστολή τοῦ ᾿Ιακώβου, Athen 1990; *T. Kilifis*, ᾿Επιστολές πρός῾Εβραίους καί῾Επτά Καθολικές. Κείμενο-Μετάφραση-Σχόλια, Bd. 3, Athen 1999.

## Inhaltsgliederng

| | |
|---|---|
| **1,1** | **Briefeingang** |
| **1,2–5,20** | **Mahnungen zur Bewährung christlichen Lebenswandels** |
| 1,2–18 | Über den Sinn der Versuchungen |
| 1,19–27 | Vom Hören und Tun des Wortes Gottes |
| 2,1–13 | Warnung vor Parteilichkeit zugunsten der Reichen in der Gemeinde |
| 2,14–26 | Von den Werken und vom Glauben, der ohne Werke tot ist |
| 3,1–12 | Warnung vor Zungensünden und über das notwendige Zügeln der Zunge |
| 3,13–18 | Von der rechten, von oben kommenden Weisheit |
| 4,1–12 | Warnung vor dem Hängen an den weltlichen Dingen, was Feindschaft mit Gott bedeutet |
| 4,13–17 | Warnung vor leichtfertigen Plänemachen |
| 5,1–6 | Warnung an die Reichen |
| 5,7–12 | Mahnungen angesichts des Jüngsten Tages |
| 5,13–20 | Abschließende Mahnungen zu Gebet, Gesang, Ölsalbung, Beichte, Zurückführen der Sünder auf den Weg Gottes |

## Der sprachliche Charakter des Jakobusbriefes

Trotz der vielen und unterschiedlichen im Jak behandelten paränetischen Themen lässt sich eine bemerkenswerte Einheitlichkeit von Sprache und Stil feststellen. Dieser katholische Brief ist in einem guten, ohne Zweifel, gepflegten Griechisch abgefasst. Kein Buch des NT, nicht einmal der Hebr, ist in einem solch reinen Griechisch wie der Jakobusbrief geschrieben. Der Text weist einen reichen Wortschatz auf und zeigt Vorliebe für eine gehobene Wortwahl (z.B. δελεάζω 1,14; ἀποκυέω 1,15 18; τὰ ἐπιτήδεια τοῦ σώματος 2,16; κατήφεια 4,9). Es kommen 63 Hapaxlegomena vor, von denen sich 45 in der LXX und 18 nirgendwo sonst in der Heiligen Schrift finden. Darüber hinaus finden die Partizipien reichliche Verwendung, und man stößt häufig auf interessante rhetorische Elemente: Wortspiele (χαίρειν – χαρά 1,1 f.; ἀδιάκριτος – ἀνυπόκριτος 3,17; φαινομένη – ἀφανιζομένη 4,14 etc.), Alliterationen (πειρασμοῖς περιπέσητε ποικίλοις 1,2 u.ö.), Reime (ἐξελκομένοις καὶ δελεαζομένοις 1,14; 1,6), rhetorische Fragen (2,14.20; 3,11.12; 4,4.12; 5,13 f.), rhetorische Anrede (4,13; 5,1).

## Die Problematik nach dem christlichen Ursprung des Jak

Die eindrucksvolle literarische und geistige Verwandtschaft des Jakobusbriefes mit der jüdischen Paränese im Alten Testament sowie die unübersehbare Abwesenheit von christologischen und soteriologischen Ausführungen haben manche Bibelkritiker zur vagen Annahme verführt, dass der Brief ein von einem palästinensischen Juden für die jüdische Diaspora verfasstes, vielleicht aus vorchristlicher Zeit stammendes Buch sei, das durch nachträgliche Einfügung des Namens Jesus Christus an zwei Stellen (1,1; 2,1) und sonstige geringfügige Änderungen in eine christliche Schrift verwandelt worden sei. Diese Hypothese entbehrt allerdings jeglicher Grundlage, da sie sich ausschließlich im Bereich des Spekulativen bewegt. Man darf von keiner jüdischen Herkunft des Briefes sprechen. Richtig an einer solchen Hypothese ist dennoch, dass der Autor des Jak ganz in der israelitisch-jüdischen Geisteswelt wurzelt, so dass er zu den von ihm ausgesprochenen Mahnungen sehr oft Parallelen aus dem Alten Testament und der spätjüdischen Literatur zieht. Der Brief beinhaltet so viele Anklänge an Herrenworte, z.B. 5,12 (Mt 5,34–37); 2,5 (Mt 5,3–5); 2,8–11 (Mt 22,39 f.; Röm 13,8–10); 2,13 (Mt 5,7); 2,15 (Mt 6,25); 3,12 (Mt 7,16), dass die Annahme seiner eventuellen jüdischen (sogar vorchristlichen) Herkunft unhaltbar ist.

Beim Jakobusbrief handelt es sich um eine original-christliche Schrift, deren Geist und die allgemeine Haltung aufs engste verwandt sind mit dem Geiste, der Haltung und generell der Verkündigung Jesu Christi. Im Gegensatz zu der jüdischen Weisheitsliteratur, die eher Anstands- und Klugheitsregeln anbietet, fokussiert der Jakobusbrief mit Nachdruck die Ethik. Das Gleiche gilt auch für den eschatologischen Gedanken, der im Jak genauso wie in den urchristlichen Schriften überhaupt im Vordergrund steht.

## Die Frage nach dem Verfasser

Obwohl im Neuen Testament den Namen „Jakobus“ mehrere bekannte Personen tragen, kann es mit der Identifizierung des Urhebers dieses katholischen Briefes keine ernsthaften Probleme geben. Unter „Jakobus, Gottes und des Herrn Jesu Christi Knecht“ (1,1) kann nur der „Herrenbruder“ Jakobus

(Gal 1,19) verstanden werden. Der Herrenbruder hatte schon früh in der jerusalemischen Christengemeinde eine führende Stellung erlangt und nach 1 Kor 15,7 eine besondere Erscheinung des Auferstandenen gehabt. Der gleichnamige Zebedäussohn kann überhaupt nicht in Frage kommen, da er um das Jahr 42 unter Herodes hingerichtet wurde (Apg 12,2).

Paulus rechnet den Herrenbruder Jakobus zu den drei „Säulen" und nennt ihn sogar an erster Stelle vor Kephas und Johannes (Gal 2,9). Bei den Diskussionen und den harten Verhandlungen des Apostelkonzils (48/49 n. Chr.) gibt sein Votum den Ausschlag (Apg 15,13 ff.). In den lukanischen Berichten tritt er als das anerkannte Haupt der Urgemeinde in Jerusalem auf (Apg 21,18 ff.). Als treuer Befolger des Gesetzes genoss Jakobus bei den ungläubigen Juden hohes Ansehen. Flavius Josephus (Ant. XX 9,1) überliefert die Information, dass der Hohepriester Ananuns II. den Herrenbruder in der Zeit zwischen dem Tod des Prokurators Festus und dem Eintreffen seines Nachfolgers Albinus, im Jahre 62, steinigen ließ. Eine andere Variante über sein Lebensende liefert der bei Eusebios von Kaisareia (Hist. Eccl. II 23) erhaltene Bericht des judenchristlichen Schriftstellers Hegesipp (um 180). Danach sei Jakobus kurz vor Ausbruch des jüdischen Krieges, etwa im Jahre 66, von der Zinne des Tempels herabgestürzt und zu Tode gesteinigt worden.

## Die Echtheit des Jakobusbriefes

Trotz der hauptsächlich im Westen erhobenen Einwände gegen die Echtheit des Jak gibt es ernstzunehmende Gründe, die das Zeugnis der Tradition, dass nämlich der Herrenbruder Jakobus den Brief verfasst hat, eindeutig untermauern. Eine erste Beobachtung betrifft die offensichtliche Herkunft des Verfassers. Der Jakobusbrief, der höchstwahrscheinlich in Palästina entstanden ist, stammt von einem Judenchristen, wie Inhalt und Form deutlich erkennen lassen. Die Bilder von der sturmgepeitschten Woge (1,6), vom Schiff, das dem Steuer gehorcht (3,4), vom Feigenbaum und Weinstock (3,12), vom Früh- und Spätregen (5,7) passen gut zu Palästina mit seiner aus Ackerbauern und Fischern bestehenden Bevölkerung.

Eine zweite Beobachtung bezieht sich auf die schlichte Art der Selbstbezeichnung seines Verfassers: „Jakobus, Gottes und des Herrn Jesu Christi Knecht". Hätte ein unbekannter Christ die Schrift unter dem Namen des Herrenbruders pseudepigraphisch herumgehen lassen, so hätte er dem Namen Jakobus einen anspruchsvolleren Titel (z.B. „Bruder des Herrn", „Apostel Jesu Christi") beigefügt. Trotz der bescheidenen Selbstbezeichnung tritt aber der Verfasser außerdem mit unzweifelhafter Autorität auf. Er spricht scharfen Tadel (4,1–10) oder heftige Drohungen aus (5,1–6), ermutigt (1,2–12; 5,7–11), warnt (3,1 f.) und gibt wertvolle Anweisungen. Nur das Haupt der Urgemeinde besaß doch ein solches Recht, sich an die Judenchristen mit deutlichen Mahnworten zu wenden.

Die Einwände mancher westlicher Exegeten gegen die Herkunft des Jakobusbriefes vom Herrenbruder Jakobus haben mit dem Inhalt und dem literarischen Charakter der Schrift zu tun. Ein erstes Argument bezieht sich z.B. auf die Abwesenheit von christologischen oder soteriologischen Elementen: Von der Schrift eines Herrenbruders erwartet man, so die Argumentation, wesentliche Ausführungen über Jesus, seine Messianität, seine Lehre, die Heilsbedeutung seines Todes, seine heilbringende Auferstehung und Erhöhung zur himmlischen Herrlichkeit. Dabei sollte man jedoch nicht vergessen, dass – mag auch im Brief die Person Jesu nicht im Vordergrund stehen – die besondere ethische Höhenlage des Textes nur aus der starken Einwirkung der Lehre Jesu verständlich werden kann. Darüber hinaus ist festzustellen, dass der Brief von der nahe bevorstehenden Wiederkunft des Herrn und seinem Gericht spricht (Jak 4, 7 ff.). Außerdem werden die Adressaten an die innige Verbindung mit Christus erinnert (Jak 2,7), in die sie durch die Taufe versetzt worden sind. Nach Jak 5,14 geschieht die Ölsalbung der Kranken im Namen Jesu Christi, der selbstverständlich dabei gegenwärtig ist.

Ein weiteres Argument gegen die Echtheit des Jak hat literarisch-philologischen Charakter. Man argumentiert damit, dass Sprache und Stil des Briefes, die reichhaltige Verwendung der LXX, starke Spuren griechischer Rhetorik und die eindeutige Verwendung der Stilform der Diatribe sich nicht mit seiner Abfassung durch den Herrenbruder Jakobus vertragen. Darauf könnte man antworten, dass der Autor des Jak allerdings in Sprache und Satzbildung die semitische Grundlage seines Denkens nicht verbergen will. Seit der Makkabäerzeit war in Judäa allerdings auch die griechische Sprache genügend verbreitet. Von Anfang an hielt sich in der Urgemeinde eine große Anzahl von griechisch sprechenden Judenchristen auf (Apg 6,1 ff.). Deswegen wäre es auch vorstellbar, dass das Haupt der jerusalemischen Christengemeinde der griechischen Sprache mächtig sein musste. Dabei muss allerdings die Frage offen bleiben, ob er in solch gepflegtem Griechisch und unter dem Einfluss der griechischen Rhetorik ohne fremde Hilfe verfasst haben konnte. Da die Alten sich für die Abfassung ihrer Briefe gelegentlich eines Sekretärs bedienten (wie höchstwahrscheinlich auch Paulus bei der Verfassung seiner Pastoralbriefe), erweist es sich als realistischer, dass der Herrenbruder Jakobus einen der Urgemeinde angehörenden rhetorisch gebildeten Hellenisten hinzugezogen hat. Die Hypothese der Benutzung eines hellenistischen Helfers, die inzwischen von den meisten orthodoxen Exegeten vertreten wird, könnte auch die fast durchgängige Benützung der LXX leichter erklären.

## Wer sind die Empfänger des Jak?

Nach Jak 1,1 ist der Brief „an die zwölf Stämme in der Zerstreuung" (διασπορά) gerichtet. Da sich dieser katholische Brief an Christen richtet, können nicht Juden, sondern müssen Judenchristen außerhalb Palästinas gemeint sein. Der Ausdruck „zwölf Stämme" weist auf judenchristliche Leser, woraufhin der Begriff Diaspora in seinem eigentlichen Sinn zu verstehen ist. Wegen des starken jüdisch-christlichen Charakters des Briefes kann kaum generell und abstrakt an Christen (also in der metaphorischen Bedeutung des Begriffs Diaspora) gedacht worden sein.

## Über die Datierung und den Abfassungsort des Jakobusbriefes

Die Frage nach der Datierung des Jak hängt mit der Problematik über den Verfasser eng zusammen. Unter jenen Exegeten, die den Brief als das echte Werk des Herrenbruders Jakobus bezeichnen, herrscht Uneinigkeit über den Zeitpunkt seiner Abfassung. Nach Ansicht der einen ist der Text kurz vor dem Tode des Jakobus, also Anfang der sechziger Jahre, entstanden, nach Meinung der anderen ist er die älteste uns erhaltene urchristliche Schrift und stammt aus der Mitte der vierziger Jahre (d.h. verfasst in den Jahren 40–50 n. Chr., vor dem Apostelkonzil und der ersten Missionsreise des Apostels Paulus). Diese Frühdatierung wird allgemein im orthodoxen Bereich, aber auch durch viele katholische und auch einige konservativ-protestantische Exegeten vertreten.

Die meisten westlichen Bibelkritiker treten für die Spätdatierung des Jakobusbriefes ein. Manche von ihnen vertreten die Meinung, dass sich der Abschnitt Jak 2,1–26 gegen eine falsche Auslegung der paulinischen Lehre über Glaube und Werke richte. Das christologische Desinteresse des Jak habe, nach diesen Forschern, ihre genaue Parallele beim Hirten von Hermas und sei daher kein Beweis für eine frühe Abfassung. Die Bestreiter der Echtheit des Jakobusbriefes datieren den Brief konsequenterweise in die Zeit zwischen 70 und 150 n. Chr.

Für die Bestimmung des Abfassungsortes könnte der Briefeingang ziemlich hilfreich sein. Ist der Begriff „Zerstreuung/Diaspora" (Jak 1,1) nicht metaphorisch gebraucht und somit die jüdische Diaspora außerhalb Palästinas gemeint, dann ist der Brief seinerseits nicht in der Diaspora, sondern in Palästina geschrieben worden. Selbstverständlich sind die im Text beschriebenen Situationen und die in den Formulierungen gebrauchten sprachlichen Bilder und Vergleiche (z.B. Jak 1,11; 3,3 f.; 5,7) nicht nur bei einer Abfassung in

Palästina vorstellbar, können den palästinischen Ursprung jedoch auch nicht bestreiten, zumal sie weithin traditioneller Art sind.

## 13.2. Die beiden Petrusbriefe

### 13.2.1. Die Person des Apostels Petrus

Die historischen Bücher des Neuen Testaments liefern uns wertvolle Informationen bezüglich der Person des Petrus, eines der Koryphäen Apostel. Petrus hieß mit seinem eigentlichen Namen Σίμων (griechische Form) oder Συμεὼν (die semitische Form nur in Apg 15,14 und 2 Petr 1,1). Er war der Sohn eines gewissen Johannes (Joh 1,42; 21,17). Der in Mt 16,17 vorkommende Name Jona (Βαριωνὰ/Βὰρ'Ιωνᾶ) ist wohl nicht Verkürzung, sondern Auflösung der abgekürzten Schreibweise des semitischen Namens seines Vaters Johanan. Bei seiner Berufung zum Zwölferkollegium kündigte ihm Jesus die Beigabe des aramäischen (Bei-)Namens Kepha (Κηφᾶς = Fels; griech. Πέτρος) an, um seine spätere Würde anzuzeigen (Joh 1,42). Die Bedeutung des neuen Namens, den Jesus Simon wohl erst bei der sog. Apostelwahl (Mk 3,16) beigab, wurde bei Kaisareia Philippi (Mt 16,16–18) im Zusammenhang mit dem Petrusbekenntnis enthüllt. Den aramäischen Beinamen „Kephas" finden wir kaum in den Evangelien (im Gegensatz zu Paulus), die nur seine griechische, mit männlicher Endung versehene Übersetzung Πέτρος gebrauchen.

Petrus stammte aus Bethsaida am See Genezareth (Joh 1,44) und hatte noch einen Bruder mit Namen Andreas (Joh 1,40). Zur Zeit des öffentlichen Wirkens Jesu wohnte er, als Verheirateter (1 Kor 9,5; Mk 1,29 ff.), in dem benachbarten Kapharnaum, wo er ein Haus besaß (Mk 1,29) und mit seinem Bruder Andreas das Fischergewerbe ausübte (Mk 1,16 f.). Wie weitere gleichgesinnte Männer wurde Petrus von der Taufbewegung des Johannes ergriffen und von seinem Bruder Jesus zugeführt (Joh 1,40 ff.). Als Jesus sein galiläisches Wirken begann (Mk 1,14 par), berief er das Bruderpaar Petrus und Andreas vom Fischfang weg in seine Nachfolge im Rahmen seiner zwölf engen Mitarbeiter und Gefährten (Mk 1,16 ff.; Lk 5,1 ff.).

Petrus hatte im engen Kreis der zwölf Apostel, die Jesus aus einem größeren Jüngerkreis auswählte (Mk 3,14 ff.), die unbestrittene Führung; aus diesem Grund wird der Bruder des Andreas in den Apostelverzeichnissen immer an der Spitze aufgeführt. Petrus zeichnete sich durch seinen tatkräftigen und rasch entschlossenen Charakter, sowie durch sein stürmisches Temperament aus. Aber nicht nur innerhalb der Zwölf hatte Petrus einen besonderen Platz inne. Er gehörte darüber hinaus zu den drei von Jesus besonders bevorzugten

Aposteln, die innerhalb des Zwölferkollegiums einen noch engeren Dreier-Kreis bildeten. Diese drei Jünger, Petrus, Jakobus und Johannes, durften als einzige Zeugen bei besonderen Geschehnissen im irdischen Leben Jesu dabei sein, wie z.B. bei der Auferweckung des Töchterleins des Jairus (Mk 5,37), bei der Verklärung auf dem Berge (Mk 9,2 par) oder bei der Todesangst im Ölgarten (Mk 14,33; Mt 26,37). Auch in diesem Kreis geht Petrus immer den beiden Zebedäussöhnen Jakobus und Johannes voraus.

### 13.2.2. Der erste Petrusbrief

#### Allgemeines

Der erste Petrusbrief, der 5 Kapitel mit 105 Versen umfasst, trägt die Merkmale einer belehrenden, paränetischen Homilie. Sie wendet sich an Adressaten, die wahrscheinlich aufgrund ihres christlichen Namens verfolgt wurden (1 Petr 4,14). In keiner anderen Schrift des Neuen Testaments finden sich so oft die Begriffe „πάσχειν“ und „παθήματα“ wie in diesem katholischen Brief. Dieser Wortschatz spiegelt mit großer Sicherheit die Lebensumstände der Gläubigen wieder. Der eindeutig vorherrschende Zweck des Briefs ist die Paränese an die Leidenden, Christus und seine Leiden als Vorbild zu haben.

#### Die altkirchliche Bezeugung des Briefes

Die erste wichtige Bezeugung des Briefes finden wir beim apostolischen Vater Polykarp, der sich in seinem Brief an die Philipper „auf den ersten Petrusbrief“ beruft (vgl. dazu Phil 1,3 mit 1 Petr 1,8; Phil 5,3 mit 1 Petr 2,11; Phil 7,2 mit 1 Petr 4,7 etc.). Ob auch der 1. Klemensbrief diesen katholischen Brief benützt hat (vgl. 16,17; 36,2; 49,5), muss offen bleiben. Seit dem Ende des 2. Jh.s gilt der 1 Petr als unbestrittener Bestandteil des neutestamentlichen Kanons. Origenes und Eusebios von Kaisareia rechnen ihn zu den Homologumena (Hist. Eccl. III 3,1 4; 25,2; VI 25,8). Eusebios überliefert sogar die Information, dass Papias, der Bischof von Hierapolis in Phrygien, „Zeugnisse aus dem ersten Brief des Johannes und ebenso aus dem des Petrus verwendet“ (Hist. Eccl. III 39,17). Weitere Kirchenväter der Frühzeit, wie Irenäus, Kyprian, Tertullian oder Klemens von Alexandrien, zitieren Sätze aus diesem katholischen Brief als Aussprüche/Logien des Apostels Petrus. Auffällig ist sein Fehlen im Kanon Muratori (um 200 n. Chr.), das höchstwahrscheinlich auf Textverderbnis zurückzuführen ist.

a) ***Altkirchliche Kommentare:*** *Didymos* PG 39, 1749–1754 (auszugsweise); *Johannes Chrysostomos* PG 64, 1039–1053; *Kyrill von Alexandri-*

*en* PG 74, 1007–1012; *Hesychios* PG 93, 1389–1390 (auszugsweise); *Oikumenios* PG 119, 511–578; *Theophylaktos von Bulgarien* PG 125, 1189–1252.

b) ***Orthodoxe Kommentare:*** *Th. Zografos,* Ἑρμηνεία εἰς τὰς Καθολικὰς Ἐπιστολάς, Volos 1932; *P. Trempelas,* Ὑπόμνημα εἰς τὰς Ἐπιστολὰς τῆς Καινῆς Διαθήκης, Bd. 3, Athen 1956, S. 292–382; *V. Stogiannos,* „Ἐλπίς ζῶσα" (Α΄ Πέτρου) (Εσπεριναί ἑρμηνευτικαί ὁμιλίαι), Thessaloniki 1973; *Chr. Voulgaris,* Ὑπόμνημα εἰς τὴν Πρώτην Καθολικὴν Ἐπιστολὴν τοῦ Ἀποστόλου Πέτρου, Thessaloniki 1977 (ND: Athen 2002); *V. Stogiannos,* Πρώτη Ἐπιστολή Πέτρου (ΕΚΔ 15), Thessaloniki 1980.

## Inhaltsgliederung

| | |
|---|---|
| **1,1–2** | **Briefeingang** |
| **1,3–12** | **Lobpreis Gottes und Ansporn der Gläubigen zur Standhaftigkeit trotz der Versuchungen** |
| **1,13–2,10** | **Allgemeine Mahnung zu einem heiligen Lebenswandel** |
| 1,13–25 | Mahnung zum Gehorsam gegen Gott und zur Bruderliebe |
| 2,1–10 | Die Christen als lebendige Bausteine des geistigen Tempels mit dem Fundament Jesus Christus |
| **2,11–3,12** | **Besondere Ermahnungen** |
| 2,11–12 | Heiliges Leben als Antwort auf heidnische Verleumdungen |
| 2,13–17 | Mahnung zum Gehorsam gegen die Obrigkeit |
| 2,18–25 | Mahnung für die Sklaven |
| 3,1–7 | Ermahnungen für Frauen und Männer |
| 3,8–12 | Mahnungen an alle Gemeindemitglieder |
| **3,13–4,19** | **Mahnung zur Bewährung im Leiden** |
| 3,13–17 | Gute Werke als Antwort auf Verleumdung |
| 3,18–22 | Das Beispiel des ungerecht leidenden Christus |
| 4,1–6 | Neues Leben ohne die alten Gewohnheiten |
| 4,7–11 | Die Nähe des Jüngsten Tages |
| 4,12–19 | Mahnung, sich im Leiden zu bewähren |
| **5,1–11** | **Weitere besondere Ermahnungen** |
| 5,1–5 | Ermahnungen der Ältesten und der Jüngeren |
| 5,6–11 | Mahnung zur Demut und Wachsamkeit |
| **5,12–14** | **Briefschluss** |

## Leserkreis und geographische Landschaft

Laut 1 Petr 1,1 ist dieser katholische Brief an „die Beisassen der Diaspora von Pontus, Galatien, Kappadozien, Asien und Bithynien" gerichtet. Diese geographischen Namen können pauschal auf keine römischen Provinzen hinweisen, da es zum Beispiel von den aufgezählten Ortschaften keine römische Provinz namens „Pontus" und keine römische Provinz „Bithynien", sondern nur eine provincia Bithynica-Pontus gegeben hat. Es handelt sich also um die alten Landschaften, derer Bewohner und zugleich Adressaten des Briefes deutlich als Heidenchristen charakterisiert werden (siehe Anspielungen darauf in 1 Petr 1,14–18; 2,9 f.; 4,3 f.). Gleichzeitig sollte man aber auch berücksichtigen, dass im Süden der Provinz Galatien (in den Landschaften Pisidien und Lykaonien) die christlichen Gemeinden ebenfalls eine respektable Zahl von Judenchristen aufwiesen (vgl. die erste Missionsreise des Apostels Paulus: Apg 13–14).

Der erste Petrusbrief, der zwar speziell fokussierend auf die Heidenchristen ausgerichtet ist, scheint dennoch insgesamt für die christlichen Gemeinden im nördlichen und westlichen Teil von Kleinasien bestimmt zu sein. Der im Briefeingang verwendete Begriff „Diaspora" wäre hier im uneigentlichen, metaphorischen Sinne zu verstehen und bezeichnet die Christen als Glieder des wahren, neuen Gottesvolkes. Aufgrund der Tatsache, dass die Christen, die ihre wahre Heimat im Grunde im Himmel haben (vgl. Phil 3,20; Hebr 13,14; Ep. ad Diogn. 5,5; 6,8), zerstreut inmitten einer heidnischen Umgebung wohnen, fühlen sie sich auf Erden als Fremdlinge. Darum spricht der Verfasser dieses katholischen Briefes von der Zeit ihrer Fremdlingschaft (παροικία 1,17) und nennt sie „παροίκους καὶ παρεπιδήμους" (1 Petr 2,11).

## Anlass und Zweck des 1 Petr

Der Brief ist ein deutliches Mahnschreiben, in dem der Verfasser seinen Zweck ausdrücklich formuliert. Demnach will er die Adressaten in ihrem Glauben festigen (1 Petr 5,12). Selbstverständlich werden aber die Mahnungen von einer Reihe von kürzeren lehrhaften Ausführungen begleitet und begründet: z.B. 1 Petr 1,3.23 (Wiedergeburt); 1 Petr 1,3–9 (das unvergängliche Erbe); 1 Petr 1,18–21 (Zusammenfassung des urchristlichen Kerygmas); 1 Petr 2,4–10 (ekklesiologische Ausführungen); 1 Petr 3,18–22 (Christi Sterben, Hadesfahrt und -predigt, Auferstehung und Himmelfahrt; Wirkung der Taufe). Alle diese und weitere Mahnungen verfolgen letzten Endes das gemeinsame Ziel, die Leser zum standhaften und zugleich freudigen Ertragen der Leiden und Versuchungen aufzufordern. Solche Prüfungen stünden ihnen unmittelbar bevor oder seien schon über sie hereingebrochen (1 Petr 1,6 f.).

Wir haben zwar kein konkretes Bild über den Anlass des Schreibens, wir dürfen dennoch aus den einschlägigen Formulierungen des Briefes entnehmen, dass jüngst über die Leser gekommene Leiden sie in Gefahr gebracht haben, im rechten Glauben unsicher zu werden. Am Anfang des Briefes ist die Rede von „mannigfachen Prüfungen", durch welche die Christen „betrübt worden" sind (1 Petr 1,6; vgl. noch 4,12 ff.). Im Hauptkorpus lesen wir, dass sie von den Heiden als „Übeltäter" verleumdet wurden (1 Petr 2,12; 3,16), und im 4. Kapitel erfahren wir den Höhepunkt, dass sie nämlich als Christen, d.h. um ihres christlichen Namens oder Bekenntnisses willen, leiden müssen (1 Petr 4,16). Darüber hinaus spricht 1 Petr 4,15 von Anklagen, die auf Verbrechen im bürgerlichen Sinn („Mörder, Diebe, Übeltäter"), vielleicht auch auf politische Gefährlichkeit (ἀλλοτριεπίσκοπος, der sich in fremde Verhältnisse mischt) zurückgingen. Aus allen diesen Gründen werden die Adressaten dringend ermahnt, diese böswilligen Beschuldigungen durch eine tadellose Lebensführung zu entkräften (1 Petr 2,12.15; 3,2.13 ff.).

## Die Problematik über Verfasser und Echtheit

Im Brief selbst kommen mehrere innere Indizien dafür vor, dass die Selbstbezeichung des Verfassers, er sei „Petrus, Apostel Jesu Christi" (1 Petr 1,1) und „(Augen-)Zeuge der Leiden Christi" (1 Petr 5,1) nicht zufällig sein kann. Wenn der Verfasser in 1 Petr 5,13 sogar Markus als seinen (geistlichen) Sohn bezeichnet, erinnert dies sofort an die auch in der Urkirche belegten engen Verhältnisse des Koryphäen mit Markus. Daran knüpfen einerseits die Mitteilung der Apg (12,12) an, dass der auf wunderbare Weise aus dem Gefängnis befreite Petrus im Haus der Mutter des Johannes Markus in Jerusalem Zuflucht gefunden hat, und andererseits die altkirchliche Tradition, dass Markus in seinem Evangelium praktisch die Predigt des Petrus wiedergab (Eusebios, Hist. Eccl. III 39,15).

Ein Jünger Jesu Christi könnte doch wohl im Hintergrund dieses Schreibens stehen. Der erste Petrusbrief enthält beispielsweise deutliche Anklänge an synoptische Herrenworte (1 Petr 3,9.14; 4,14 mit Mt 5,10 f.; Lk 6,22; 1 Petr 1,13 mit Lk 12,35; 1 Petr 2,12 mit Mt 5,16), die auf einen Augenzeugen deuten könnten. Im Vordergrund dieses katholischen Briefes steht nicht wie bei Jak die Bergpredigt, sondern das durch Tod und Auferstehung sich vollendende Heilswerk Jesu Christi, was auf einen persönlichen Jünger Jesu wohl hinweisen könnte. Dies wird außerdem bekräftigt durch den häufigen Hinweis des Briefes auf das Vorbild des geduldig leidenden Christus (1 Petr 3,18; 4,1) und besonders durch den Bezug des Verfassers auf das Verhalten des Herrn vor seinen jüdischen und heidnischen Richtern (1 Petr 2,21–24).

Seit dem 19. Jh. bestreiten allerdings die Vertreter der kritischen Bibelforschung die Echtheit des Briefes. Ihre Einwände gegen die Urheberschaft dieses Briefes des Apostels Petrus stützen sie auf sprachliche, theologische und geschichtliche Argumente. Zum einen beziehen sich die Kritiker auf die Sprache, den Stil und die durchgängige Benützung der LXX (von den 61 Hapaxlegomena kommen 35 in der LXX vor), was sie nur mit einem über ein gutes hellenistisches Griechisch verfügenden Verfasser in Verbindung bringen können. Zum anderen argumentieren die Gegner seiner petrinischen Herkunft mit der auffälligen und starken Verwandtschaft des 1 Petr mit der paulinischen Theologie und den zahlreichen Berührungen mit Stellen der Paulus-Briefe. Nach diesen Kritikern seien die Berührungen mit Röm und Eph besonders hervorzuheben (z.B. 1 Petr 1,14 mit Röm 12,2; 1 Petr 4,1 mit Röm 6,7; 1 Petr 2,13–17 mit Röm 13,1–7; 1 Petr 3,22 mit Eph 1,20 f.; 1 Petr 5,8 mit Eph 6,10 ff.). Ein weiteres Argument gegen die Echtheit des ersten Petrusbriefes bildet der im Brief geschilderte geschichtliche Hintergrund. Nach den Kritikern passen die von 1 Petr vorausgesetzten Verhältnisse nicht in die sechziger Jahre, sondern führen in eine spätere Zeit, nämlich in die letzten Regierungsjahre Domitians (gest. 96 n. Chr.). In diesen Jahren war für die Christen eine Periode harter und systematischer Verfolgungen angebrochen.

Selbstverständlich ist der zuletzt genannte Einwand nicht berechtigt, da es auch vor den domitianischen Verfolgungen für die Christen Zeiten mit großen Leiden, Versuchungen und Glaubensprüfungen gegeben hat. Von besonderer Bedeutung scheinen allerdings die anderen Einwände über Sprache und Theologie zu sein. Sie legen auf alle Fälle offen, dass der Apostel Petrus den Brief nicht ohne fremde Hilfe verfasst haben kann, was auch im Brief selbst bezeugt wird. Der Verfasser betont am Schluss des Briefes ausdrücklich, dass er den Adressaten durch den treuen (zuverlässigen) Bruder Silvanus in Kürze geschrieben habe (1 Petr 5,12). Darunter sollten wir uns sicher nicht nur vorstellen, dass Silvanus nur als (Diktat-)Schreiber oder gar als Überbringer des Briefes tätig war. Vielmehr spricht alles dafür, dass Petrus ihn als Gehilfen (Sekretär) bei der Abfassung des Schreibens gebraucht hat. Wahrscheinlich hat der Apostel seinem Sekretär nur hinweisende Stichworte gegeben, ihm aber für die endgültige Bearbeitung des Briefes völlige Freiheit gelassen. Und genau wie Paulus hat auch Petrus dem fertigen Schreiben dann einen eigenhändigen Schluss hinzugefügt.

## Ort und Zeit der Abfassung des 1 Petr

Der erste Petrusbrief legt selbst Zeugnis von seinem Abfassungsort ab, da Petrus im Briefschluss Grüße von „der Mitauserwählten (d.h. der Gemeinde) in Babylon" bestellt (1 Petr 5,13). Für die Entkodifizierung des Namens „Babylon" sollten dabei drei in Frage kommende Orte geprüft werden. Das Militärlager Babylon im Nildelta (Strabo XVIII, 30; Flavius Josephus, Antiq. II 15,1) kann nicht in Frage kommen, auch nicht die Stadt Babylon am Euphrat, die zwar im 1. Jh. n. Chr. noch bewohnt war, aber ihre alte Größe und Bedeutung längst verloren hatte. Die Bezeichnung weist eindeutig auf Rom hin, da allgemein anerkannt ist, dass Babylon in der apokalyptischen Sprache jener Zeit sowohl bei Juden als auch bei Christen Deckname für die Hauptstadt des Römischen Reiches war.

Im ersten Petrusbrief zeigt sich keine gegen die römische Obrigkeit gerichtete feindselige Haltung. Hingegen werden die Adressaten des Briefes zum Gehorsam gegen den Kaiser und seine Statthalter ermahnt (1 Petr 2,13 f.). Darüber hinaus gibt es keine Anzeichen von blutigen Martyrien. Dies alles deutet darauf hin, dass unser katholischer Brief noch vor Ausbruch der blutigen Verfolgung der Kirche in Rom durch Nero im Spätsommer 64 n. Chr. geschrieben sein sollte, aber wohl nicht lange davor. Dafür dürfte die starke eschatologische Stimmung sprechen, die den ganzen Brief durchzieht („das Ende aller Dinge ist nahegekommen": 1 Petr 4,7).

### 13.2.3. Der zweite Petrusbrief

#### Allgemeines

Dieser kurze Brief mit 3 Kapiteln und 61 Versen weist den Charakter eines teilweisen apologetischen und zugleich paränetischen Schreibens auf. Sogar aufgrund der Stelle 2 Petr 1,3 könnte er als „ὑπόμνησις", also Erinnerung oder eine Art „Testament" des Verfassers an die Adressaten bezeichnet werden. Größtenteils bekämpft der 2 Petr häretische Pseudolehren. Sein allgemeiner Zweck ist einerseits das „Bewusstwerden" Gottes und der Person Christi (ἐπίγνωσις – 2 Petr 1,2) und andererseits das Bloßstellen der Häretiker jener Zeit. Der Brief enthält nur im Präskript den bekannten Eingangsgruß und wird mit einer Doxologie des Erlösers Jesu Christi abgeschlossen.

Der zweite unterscheidet sich vom ersten Petrusbrief enorm. Er zeigt eine sehr gepflegte griechische Sprache, die auf einen gebildeten Verfasser zurückzuführen ist. Dieser katholische Brief enthält 56 Hapaxlegomena, von denen 33 kaum woanders im Neuen Testament zu finden sind. Er zeigt keine thematische Verwandtschaft mit dem 1 Petr; das Erwähnen Jesu Christi wie auch direkte Bezugnahmen auf das Alte Testament kommen ziemlich selten vor.

## Die altkirchliche Bezeugung des 2 Petr

Die Stellung bzw. Bezeugung des Briefes in den ersten Jahrhunderten ist ziemlich umstritten, deswegen ist er beispielsweise in den zwei ersten Jahrhunderten nur spärlich benutzt worden. Origenes, der als erster Kirchenschriftsteller den 2 Petr ausdrücklich nennt, betrachtet ihn zwar als kanonisch, bemerkt aber, dass er in seiner Zeit umstritten ist (vgl. Eusebios, Hist. Eccl. VI 25,8). Wahrscheinlich besitzt ihn die alexandrinische Kirche seit 200 in ihrem Kanon. Eusebios von Kaisareia, der den 2 Petr für unecht hält, zählt ihn zu den Antilegomena (Hist. Eccl. III 3,14). In der Kirche Jerusalems und für Kyrill von Jerusalem († 386) gilt der Brief als kanonisch (Katech. IV,36). In den Kirchenprovinzen Kleinasiens, in Antiochien und Konstantinopel waren alle vier kleinen katholischen Briefe, zu denen 2 Petr gehört, bis um das Jahr 400 heftig umstritten.

Auch im Abendland ist die Stellung des zweiten Petrusbriefes sehr fragwürdig. Bemerkenswert ist die Tatsache, dass Irenäus, Tertullian, Kyprian sowie der Kanon Muratori sich diesbezüglich in Schweigen hüllen. Erst seit 370–380 gilt dieser katholische Brief in der lateinischen Kirche allgemein als echt und kanonisch. Interessanterweise berichtet Hieronymus, dass der Brief von vielen dem Petrus abgesprochen werde (Vir. ill. 1), sicherlich meint er damit die griechischen und lateinischen Kirchenschriftsteller des 3., vielleicht auch manche griechischen des 4. Jh.s.

a) ***Altkirchliche Kommentare:*** *Didymos* PG 39, 1771–1774 (auszugsweise); *Johannes Chrysostomos* PG 64, 1057–1060; *Kyrill von Alexandrien* PG 74, 1017–1022 (auszugsweise); *Oikumenios* PG 119, 579–618; *Theophylaktos von Bulgarien* PG 125, 1253–1288.
b) ***Orthodoxe Kommentare:*** *Th. Zografos*, Ἑρμηνεία εἰς τὰς Καθολικὰς Ἐπιστολάς, Volos 1932; *P. Trempelas*, Ὑπόμνημα εἰς τὰς Ἐπιστολὰς τῆς Καινῆς Διαθήκης, Bd. 3, Athen 1956, S. 383–432; *Chr. Voulgaris*, Ὑπόμνημα εἰς τὴν Δευτέραν Καθολικήν Ἐπιστολήν τοῦ Ἀποστόλου Πέτρου, Thessaloniki 1978 (ND: Athen 2002).
c) ***Weitere Literatur:*** *Ch. Atmatzidis*, Η Εσχατολογία στη Β΄ Επιστολή Πέτρου, (BB 33), Thessaloniki 2005.

### Inhaltsgliederung

| | |
|---|---|
| **1,1–2** | **Briefeingang** |
| **1,3–3,13** | **Die christliche Hoffnung und ihre Gefährdung** |
| 1,3–11 | Die Heilsgüter und ihre Bewahrung |
| 1,12–21 | Die Gewissheit der christlichen Hoffnung |

2,1–22 Warnung vor libertinistischen Irrlehrern
3,1–13 Über den Jüngsten Tag

**3,14–18 Schlussmahnungen**

## Die Frage nach dem Leserkreis

Auffällig ist es, dass sich der zweite Petrusbrief in seinem Präskript an die gesamte Christenheit richtet, genau wie der katholische Judasbrief. Noch konkreter lässt aber sein Inhalt auf heidenchristliche Adressaten schließen. Ausschließlich auf Heidenchristen passen nämlich sowohl der im Brief bekämpfte Libertinismus als auch die klare Berufung auf die Briefe des „geliebten Bruders“ Paulus und dessen Autorität (2 Petr 3,16). Außerdem lassen die Formulierungen über die Neubekehrten (2 Petr 2,18) sowie die Rückfälligen (2 Petr 2,20 – 27) eindeutig an ehemalige Heiden denken. Ist mit dem früheren Brief, den der Verfasser dieses katholischen Briefes an seine Leser gerichtet hat (2 Petr 3,1), der 1 Petr gemeint, so wird klar, dass der zweite Petrusbrief für heidenchristliche Gemeinden im nördlichen und westlichen Kleinasien bestimmt ist.

## Das verwandte Verhältnis des 2 Petr zu Jud

Zwischen den Exegeten im Osten und Westen herrscht Einigkeit darüber, dass zwischen den katholischen Briefen 2 Petr und Jud eine eindrucksvolle tiefgreifende Verwandtschaft festzustellen ist. Alle sind sich nämlich einig, dass eine literarische Abhängigkeit des einen vom anderen nicht bezweifelt werden kann. Auffälligerweise kommen von den 25 Versen des kurzen Judasbriefes 19 ganz oder teilweise auch in 2 Petr vor. Die Formulierungen bezüglich der libertinistischen Irrlehrer und der Polemik gegen sie (2 Petr 2,1–11) decken sich in Bezug auf Inhalt, Gedankengang und Wortlaut weitgehend mit den entsprechenden Ausführungen des Judasbriefes. Besteht Einigkeit über die Tatsache der literarischen Abhängigkeit, so bereitet auf der anderen Seite die Frage Kopfzerbrechen, auf welcher Seite die Abhängigkeit liegt. Heutzutage vertritt die große Mehrheit der Kritiker mit Recht die zeitliche und inhaltliche Priorität des Jud.

Mehrere Gründe sprechen dafür, dass eher der zweite Petrusbrief vom anderen katholischen Judasbrief abhängig zu sein scheint als umgekehrt. Da der kleine Jud seinen Schwerpunkt auf die Polemik gegen die libertinistischen Irrlehrer gesetzt, die Auseinandersetzungen mit den Parusiegegnern aber nicht behandelt hat, scheint die Verarbeitung dieses wesentlichen Inhalts seitens des 2 Petr zu einem Hauptabschnitt eines umfangreichen Briefes nachvollziehbarer und verständlicher. Außerdem ist es auffällig, dass in 2 Petr gegenüber Jud die Anspielung auf die Natur der Engelsünde (Jud 6 f.), der Streit Michaels mit dem Teufel (Jud 9), die Formulierung über die „Irrsterne, denen das Dunkel der Finsternis für ewig aufbewahrt ist“ (Jud 13) und der Bezug auf das Henochbuch (Jud 14 f.) nicht erwähnt werden. Es ist dabei viel leichter erklärlich die Vorstellung, dass der Verfasser des 2 Petr solche apokryphen Jud-Stellen ausgelassen oder umgestaltet hat, als die Hypothese einer angeblichen Auffüllung der undeutlichen Anspielungen des 2 Petr mit diesem fraglichen Stoff durch Judas. Darüber hinaus deutet die in Jud 5–7 vorgebrachte unrichtige geschichtliche Ordnung der Strafbeispiele 2 Petr 2, 4–7 (Bestrafung des Volkes in der Wüste, Engel, Sodoma) auf die zeitliche Priorität des Judasbriefes (vgl. hingegen 2 Petr 2,4–7: Engel, Sündflut, Sodoma).

## Die ernsthafte Problematik über die Echtheit

Nicht nur im Präskript („Symeon Petrus, Knecht und Apostel Jesu Christi“), sondern an mehreren Stellen (2 Petr 1,16–18; 3,1.15 f.) erhebt der Brief den Anspruch, vom Koryphäen Apostel Petrus verfasst worden zu sein. Trotzdem wird der Brief in der neueren und neuesten Bibelwissenschaft des Ostens und Westens fast durchweg als pseudepigraph erachtet. Jedem Exegeten wird nämlich klar, dass gegen die Verfasserschaft des Petrus schwerwiegende und berechtigte Bedenken bestehen. An erster Stelle kommen die fragliche Bezeugung des zweiten Petrusbriefes sowie die in der Alten Kirchen auftretenden Bedenken. Beispielhaft sei hier auf die in einem lateinischen Fragment überlieferte Nachricht des Didymos von Alexandrien († 398) hingewiesen, dass dieser Brief eine Fälschung sei und nicht zum Kanon gehöre (vgl. PG 39,1773 f.). Auch die allgemein anerkannte Benützung des Judasbriefes, der erst nach 70 n. Chr. entstanden ist, durch den Verfasser des zweiten Petrusbriefes spricht dafür, dass 2 Petr nicht vom Apostel Petrus verfasst sein kann.

Aber auch inhaltlich-theologische und sprachlich-literarische Auffälligeiten des Briefes machen die petrinische Verfasserschaft des 2 Petr zweifelhaft. Das Hauptanliegen des Briefes ist die Bekämpfung der Parusieleugner, die die Verheißung der zweiten Parusie des Herrn spöttisch in Frage stellen (2 Petr 3,3 f.). Da wir eine solch formulierte Leugnung der Wiederkunft Christi im Neuen Testament sonst nicht haben – solche Zweifel gibt es frühestens geschichtlich bezeugt im 1. Klemensbrief (23, 3 f.) –, kann eine solche Situation höchstwahrscheinlich nur auf die Zeit nach der Zerstörung Jerusalems im Jahr 70 hinweisen. Mit den Vätern, die entschlafen sind (2 Petr 3,4), ist sicherlich die erste christliche Generation gemeint, seit der aber inzwischen schon eine gewisse Spanne Zeit verflossen war.

Für die Frage nach dem Verfasser bzw. der Echtheit des Briefes sind weiterhin auch die starken Differenzen zwischen dem ersten und zweiten Petrusbrief in Bezug auf Wortschatz, Gedankenausführung und Verwendung des Alten Testaments von Belang. Hinzu käme noch die unübersehbare hellenistische Färbung des sprachlichen Stils des Briefes. Sprache und Begriffswelt des zweiten Petrusbriefes sind nämlich so stark durch den Hellenismus beeinflusst, dass eigentlich nur ein Judenchrist mit guter hellenistischer Bildung – genauso wie beim Judasbrief – als sein Verfasser in Betracht kommen kann. Außerdem wäre die in 2 Petr 3,15 f. vorkommende Berufung auf eine Sammlung paulinischer Briefe ein weiteres Indiz für die späte, also nicht petrinische Verfasserschaft des zweiten Petrusbriefes.

### Über Ort und Zeit der Abfassung

Die wenigen Theologen, die für die petrinische Herkunft des Briefes eintreten, vertreten Rom als seinen Entstehungsort und die Zeit kurz vor dem Tod des Apostels (vgl. 2 Petr 1,14), also die Jahre zwischen 64 und 67 n. Chr., als sein Abfassungsdatum. Wenn wir dennoch den 2 Petr als ein pseudonymes Schriftstück betrachten, so lassen sich Ort und Zeit seiner Entstehung nicht so genau feststellen. Auf jeden Fall soll dieser katholische Brief gegen Ende des 1. Jh.s, frühestens um das Jahr 80, verfasst worden sein, da das Auftreten von Zweiflern und Leugnern der Wiederkunft Jesu Christi in dem Jahrzehnt nach der Zerstörung Jerusalems und seines Tempels durchaus anzunehmen ist. Allerdings gibt es in manchen westlichen Kreisen andere extreme Stimmen, die seine Abfassung in das 2. Jh. (zwischen 120 und 180 n. Chr.) datieren mit der Begründung, dass in dieser Zeit eine paulinische Briefsammlung (vgl. 2 Petr 3,15 f.) und die Bildung des neutestamentlichen Kanons abgeschlossen waren. Wahrscheinlich scheint dennoch das Ende des 1. Jh.s als seine Abfassungszeit – und zwar nach dem Judasbrief – realistischer zu sein.

## 13.3. Die drei Johannesbriefe

In der Gruppe der drei katholischen Johannesbriefe sind alle drei Arten der Gattung „Epistel“ vertreten, so wie wir ihnen im Neuen Testament begegnen. Der 1 Joh stellt ein Rundschreiben, eine Enzyklika dar, die an viele Gemeinden gerichtet ist. Der 2 Joh wendet sich an eine konkrete Gemeinde, die symbolisch als „auserwählte Herrin“ bezeichnet wird. Der 3 Joh ist für eine einzige Person namens Gaios bestimmt, der höchstwahrscheinlich eine führende Position in der adressierten Gemeinde innehatte. Alle drei Briefe sind vom zentralen Gedanken der Liebe als einem konkreten Lebenszustand der Christen beseelt.

a) ***Altkirchliche Kommentare:*** *Klemens von Alexandrien* PG 9, 733–748 (auszugsweise); *Didymos* PG 39, 1775–1808 (auszugsweise); *Johannes Chrysostomos* PG 64, 1059–1062 (auszugsweise); *Kyrill von Alexandrien* PG 74, 1021–1024; *Oikumenios* PG 119, 617–684; *Theophylaktos von Bulgarien* PG 126, 9–84.
b) ***Orthodoxe Kommentare:*** *Th. Zografos*, Ἑρμηνεία εἰς τὰς Καθολικὰς ᾿Επιστολάς, Volos 1932; *P. Trempelas*, Ὑπόμνημα εἰς τὰς ᾿Επιστολὰς τῆς Καινῆς Διαθήκης, Bd. 3, Athen 1956, S. 433–542; *S. Agouridis*, Ὑπόμνημα εἰς τὰς Α΄, Β΄ καὶ Γ΄ ᾿Επιστολὰς τοῦ Ἀποστόλου ᾿Ιωάννου, Athen 1983.

### 13.3.1. Der erste Johannesbrief

Der erste Johannesbrief ist der längste unter den 3 Johannesbriefen mit 5 Kapiteln und insgesamt 105 Versen. Es handelt sich offensichtlich um ein theologisches Traktat, in dem das Thema der christlichen Liebe mit der Polemik gegen konkrete Häretiker verflochten ist.

#### Altkirchliche Bezeugung des ersten Johannesbriefes

Unter allen katholischen Briefen ist der 1 Joh samt dem 1 Petr der in der Alten Kirche am besten bezeugte Brief. Den Apostolischen Vätern war im Laufe des 2. Jh.s der 1 Joh schon bekannt. Polykarp von Smyrna zitiert 1 Joh 4,2–3 in seinem Philipperbrief 7, 1, während der Kirchenhistoriker Eusebios (Hist. Eccl. III 39, 17) davon berichtet, dass ihn auch Papias von Hierapolis benützt. Andeutungen dieses katholischen Briefes finden sich auch bei Justin dem Apologeten (vgl. Dialog 123, 9 mit 1 Joh 3, 1). Große kirchliche Autoren und Theologen der ersten Jahrhunderte, wie Irenäus (Haer. III 16, 5), Klemens von Alexandrien (Strom. II 15), Tertullian (Adv. Prax. 15; Adv. Marc. V 16), Origenes (bei Eusebios, Hist. Eccl. VI 25, 10) oder Dionysios von Alexandrien (bei Eusebios, Hist. Eccl. VII 25,7–8) zeigen sich von seiner direkten Herkunft von dem Apostel Johannes überzeugt. Darüber hinaus hat Klemens von Alexandrien den 1 Joh in seinem Werk „Hypotyposen“ kommentiert.

Im Großen und Ganzen findet sich der erste Johannesbrief in allen alten Kanonverzeichnissen, wobei der Kanon Muratori (um 200 n. Chr.) diesen Text unter Berücksichtigung von 1 Joh 1,1–4 ausdrücklich dem Evangelisten Johannes zuschreibt. Während Origenes (bei Eusebios, Hist. Eccl. VI 25, 10), Eusebios selbst (Hist. Eccl. III 25, 2) und Hieronymus (Vir. ill. 9) ihn zu den allgemein als kanonisch anerkannten Schriften (Homologumena) der Alten Kirche zählen, findet der 1 Joh (wie Jak, 1 Petr) bei den Syrern erst in der Peschitta Eingang.

## Inhaltsgliederung

| | |
|---|---|
| **1,1–4** | **Eingang** |
| **1,5–2,27** | **Die Gemeinschaft mit Gott und ihre Auswirkungen** |
| 1,5–2,2 | Wandel im Licht und Reinigung von den Sünden |
| 2,3–6 | Das Einhalten der Gebote |
| 2,7–17 | Von der Liebe zu den Brüdern und zur Welt |
| 2,18–27 | Von den Antichristen, den Leugnern Jesu Christi |
| **2,28–4,6** | **Die Gotteskindschaft und ihre Merkmale** |
| 2,28–3,3 | Die Kinder Gottes in Erwartung der Parusie |
| 3,4–10 | Abstand von der Sünde und Zuwendung zur Gerechtigkeit |
| 3,11–24 | Die durch Werke geoffenbarte Liebe zu den Brüdern |
| 4,1–6 | Der Geist Gottes und die Geister der Pseudopropheten |
| **4,7–5,12** | **Liebe und Glaube als Merkmal der Kinder Gottes** |
| 4,7–16 | Von der Liebe Gottes zu uns und unserer Liebe zu Ihm als Beweis der Gemeinschaft mit ihm |
| 4,17–21 | Die ehrliche Liebe befreit von der Furcht vor dem Jüngsten Gericht |
| 5,1–12 | Vom Glauben und seiner Gewissheit |
| **5,13–21** | **Abschluss. Ermahnungen zum Gebet der eigenen Sünden wegen und der seiner Brüder. Warnung vor den Sünden und dem Götzendienst** |

## Schriftstellerische Merkmale des Briefes

Unter den katholischen Briefen sticht der 1 Joh besonders dadurch hervor, dass ihm die formellen Merkmale des hellenistischen griechisch-römischen sowie urchristlichen Briefes (vgl. die Paulusbriefe) fehlen. Dieser katholische Brief verfügt also nicht über Grußzuschrift, Grußbestellungen und Schlussgruß. Dem Brief mangelt es an eindeutigen persönlichen Zügen, es werden keine konkreten Verhältnisse des Verfassers mit den Adressanten sichtbar, im ganzen Text wird kein konkreter Name genannt. Der erste Johannesbrief – da er auch keine einzelnen Fragen des Gemeindelebens behandelt – scheint eher ein theologisches oder religiöses Traktat darzustellen, der für die ganze Kirche bestimmt ist. Diese Bezeichnung des Briefes entspricht allerdings nur einem Teil – wenn auch vielleicht dem größten – der Wahrheit. Im Erzählhintergrund wird ganz deutlich eine konkrete geschichtliche Situation vorausgesetzt. Der Verfasser bekämpft konkrete Irrlehrer (1 Joh 2,18–27; 4,1–6), die im geographischen Bereich der Leser dieses Briefes ihr Unwesen treiben. Die Formulierungen des 1 Joh ergeben doch ein klares Bild der Situation: Die Adressaten sind nicht akut gefährdet, sind sich der richtigen christlichen Lehre bewusst (1 Joh 2,12.27 f.) und haben bereits gegen die Irrlehrer Stellung genommen (1 Joh 4,4). Trotz alledem hält es der Verfasser des Briefes für angebracht, ihnen die wesentlichen Punkte ihres Glaubens in Erinnerung zu bringen.

Obwohl wir dem 1 Joh keine konkreten Informationen über das Verhältnis seines Verfassers zu den Adressaten entnehmen können, wird es ersichtlich, dass er sich an sie in einem eindeutig familiären Ton richtet. Dem Schreiben fehlt mit anderen Worten der briefliche Charakter nicht ganz. Die Empfänger werden vom Verfasser als seine „Kinder" (1 Joh 2,1.18.28; 3,7.18; 4,4; 5,21) oder als „Geliebte" (1 Joh 2,7; 3,2.21; 4,1.7.11) angeredet. Er kümmert sich um sie, fühlt sich für sie verantwortlich. Daraus ergibt sich, dass der Briefschreiber doch einen konkreten Leserkreis im Auge hat, für den er seine Belehrungen, Mahnungen und Warnungen niederschreibt. Höchstwahrscheinlich handelt es sich beim Verfasser um den geistlichen Vater und Führer der Adressaten.

## Der Zweck des katholischen 1 Joh

Das im Brief zentral behandelte Thema weist zugleich auf seinen tatsächlichen historischen Hintergrund hin. Dieser katholische Brief unterstützt seine Leser bei der Bekämpfung von Irrlehren, die für ihre christlichen Gemeinden eine ernste Gefahr darstellen. Der Verfasser beschreibt zwar die falschen Lehren nicht ausführlich, dennoch dürfte heute als gesichert gelten, dass es sich um eine Variante der gnostischen Irrlehre handelt. Beim Lesen des Textes kann der Leser doch das Bild von den Vertretern, die dreimal sogar als Antichristen (1 Joh 2,18.22; 4,3) oder falsche Propheten (1 Joh 4,1) bezeichnet werden, und ihre Irrlehre rekonstruieren. Die Aussagen über diese Häretiker sind klar: Sie sind nicht von außen in die christlichen Gemeinden eingedrungen, sondern aus ihnen hervorgegangen, gehörten aber nie innerlich zu ihnen (1 Joh 2, 19) und bilden weiterhin eine ernste Gefahr (1 Joh 3,7).

Mit Hilfe der im Brief enthaltenen Angaben lässt sich folgendes Bild über die irrigen Lehren dieser „Antichristen" rekonstruieren: Diese Pseudopropheten rühmen sich ihrer Gotteserkenntnis (1 Joh 2,4; 4,8) und einer Gottesliebe (1 Joh 4,20) und Gottesgemeinschaft (1 Joh 1,6; 2,6.9), die ihrem eigenen Urteil nach derjenigen der gewöhnlichen Christen überlegen sei.

Ihre Auffassung betrifft aber darüber hinaus die christologische Lehre. Die Vertreter dieser Irrlehre leugnen, dass Jesus der Christus ist (1 Joh 2,22), der Sohn Gottes (1 Joh 4,15; 5,5), der im Fleische in die Welt gekommen ist (1 Joh 4,2). Die Irrlehrer leugnen weiterhin die Menschwerdung, die Taufe, den Kreuzestod des Gottessohnes (1 Joh 5,6), was zugleich die Erlösungskraft des Todes Jesu in Abrede stellt (1 Joh 1,7). Weitere Aussagen des Briefes lassen weiter erahnen, dass sich die Angriffe der Irrlehrer ebenso gegen die sittlichen Grundlehren der christlichen Kirche richteten.

### Die Frage nach dem Verfasser und seinem Verhältnis zum vierten Evangelium

Bereits in den ersten Jahrhunderten wurde in der Alten Kirche ganz klar die Tatsache erkannt, dass zwischen dem ersten Johannesbrief und dem Johannesevangelium eine so eindrucksvoll enge Verwandtschaft in Sprache, Stil und theologischer Gedankenwelt besteht, dass an ihrer Herkunft vom gleichen Verfasser nicht gezweifelt werden kann, wie z.B. schon Dionysios von Alexandrien (bei Eusebios, Hist. Eccl. VII 25,18 ff.) behauptet und auch von den allermeisten neueren Exegeten anerkannt wird. Auf dieser Beobachtung stützend, hat nämlich die alte Kirche die Abfassung dieses katholischen Briefes dem Apostel Johannes, dem Verfasser des vierten kanonischen Evangeliums, zugeschrieben.

Die Verwandtschaft beider Schriften ist tatsächlich eindrucksvoll. Nur im ersten Johannesbrief – und darüber hinaus auch im 2 und 3 Joh – und im Johannes-Evangelium finden sich so viele gemeinsame stilistische Eigenheiten, wie synonymer und antithetischer Parallelismus oder Aneinanderreihung der Sätze durch das Partikel καὶ oder manchmal auch ohne Verbindung. Darüber hinaus erstrecken sich die sprachlichen Gemeinsamkeiten bis hin auf einzelne Wörter, charakteristische Ausdrücke, Formeln und Wendungen, z.B. „aus Gott sein", „aus Gott geboren (gezeugt) sein", „aus der Wahrheit sein", „aus der Welt sein", „in Gott bleiben", „im Licht (in der Finsternis) wandeln", „der Paraklet", „der Heiland der Welt", „der eingeborene Sohn" etc.

Auch die theologischen Gedankenkonstruktionen zeigen sich in beiden Schriften weithin als gemeinsam oder eng verwandt: Vater und Sohn kann man nur gemeinsam haben (1 Joh 1,3; 2,22–24 mit Joh 5,23; 15,23); Gott hat seinen eingeborenen Sohn in die Welt gesandt (1 Joh 4,9 mit Joh 3,16); der ewige Gottessohn nimmt die Sünde der Welt hinweg (1 Joh 3,5 mit Joh 1,29). Aber auch die großen Gegensatzpaare, welche den Heils- und Unheilsbereich charakterisieren, durchziehen beide Schriften: Gott und Welt (1 Joh 2,15–17),

Gott und Teufel (1 Joh 3,8–10), Licht und Finsternis (1 Joh 1,5–7; 2,9–11), Leben und Tod (1 Joh 3,14), Wahrheit und Lüge (1 Joh 1,6; 4,20).

## Das sog. „Comma Johanneum"

Innerhalb des 5. Kapitels und zwischen den Versen 7 und 8 (also 1 Joh 5,7/8) wird eine Stelle angegeben, die zum ursprünglichen Text nicht zu gehören scheint. Es handelt sich dabei um ein klares trinitarisches Bekenntnis: „ὅτι τρεῖς εἰσιν οἱ μαρτυροῦντες [***ἐν τῷ οὐρανῷ, ὁ πατήρ, ὁ λόγος καὶ τὸ ἅγιον πνεῦμα, καὶ οὗτοι οἱ τρεῖς ἕν εἰσιν. καὶ τρεῖς οἱ μαρτυροῦντες ἐν τῇ γῇ***] τὸ πνεῦμα καὶ τὸ ὕδωρ καὶ τὸ αἷμα, καὶ οἱ τρεῖς εἰς τὸ ἕν εἰσιν". Der in eckigen Klammern eingeschlossene, fett-kursiv gedruckte Text stellt das sogenannte „Comma Johanneum" und zugleich einen späteren Zusatz dar. Dieser Einschub findet sich in der offiziellen Vulgata in folgendem Wortlaut: „Quoniam tres sunt, qui testimonium dant [***in caelo: Pater, Verbum et Spiritus sanctus, et hi tres unum sunt. Et tres sunt, qui testimonium dant in terra:***] Spiritus et aqua et sanguis, et hi tres unum sunt".

Das sog. „Comma Johanneum" findet sich weder in den alten griechischen Handschriften noch in den alten orientalischen Übersetzungen und alten lateinischen Handschriften. Auch hat es kein griechischer Kirchenvater und kein lateinischer Kirchenschriftsteller vor Priscillian († 380/5) zitiert, was angesichts der großen trinitarischen Streitigkeiten der damaligen Zeit zumindest merkwürdig ist. Genau seine Abwesenheit in diesem bedeutsamen dogmatisch-theologischen Zusammenhang ist ein zwingendes Argument gegen seine Echtheit. Aufgrund der Vermutung, dass neben Priscillian auch Tertullian diesen Text kannte, wird als seine wahrscheinliche Heimat Nordafrika angenommen. Die älteste belegte Zitierung des „Commas Johanneum" findet sich im Liber apologeticus IV des spanischen Theologen Instantius. Wahrscheinlich entstammt es einer allegorischen Exegese der drei Zeugen, wurde zuerst in Form einer Glosse an den Rand von lateinischen Handschriften verwendet und schlich sich dann im 5. Jh. in Spanien oder in Afrika in den Bibeltext ein, da es anfänglich vorwiegend in spanischen und afrikanischen Textzeugen vorkommt. Im griechischsprachigen Bereich ist seine Verwendung sehr spärlich. Das „Comma Johanneum" findet sich unter Einfluss mancher lateinischen nur in 4 griechischen Minuskel-Codices des 12., 15. und 16. Jh.s. In der offiziellen Ausgabe des Ökumenischen Patriarchats von Konstantinopel von 1904 ist der Comma-Text kursiv gedruckt worden, wobei im Vorwort auf die Wahrscheinlichkeit seiner Unechtheit hingewiesen wird.

### 13.3.2. Der zweite und dritte Johannesbrief

#### Allgemeines

Bei dem zweiten und dritten Johannesbrief handelt es sich um zwei kurze persönliche Briefe, die von einem „Presbyter" geschrieben worden sind und jeweils ein Kapitel umfassen. Der zweite Johannesbrief beträgt 13 und der dritte Johannesbrief 15 Verse.

Der 2 Joh stellt einen echten Brief mit den wichtigsten nötigen Formalien eines antiken Briefes (Eingang mit Verfasser- und Empfängerangaben wie auch Eingangsgruß und Schluss mit Grußwünschen) dar. Allerdings behandelt dieser katholische Brief nicht nur private und persönliche Angelegenheiten, sondern auch grundlegende Themen christlichen Glaubens und kirchlichen Lebens, wie z.B. die Liebe oder das wahre Bekenntnis zu Jesus Christus. Außerdem gibt der Text seinen Lesern Hinweise und Hilfestellungen gegen konkrete Häretiker. Der 2 Joh zeigt also einen breiteren didaktischen und paränetischen Charakter, indem er in nur 13 Versen die zwei zentralen Themen des 1 Joh übersichtlich zusammenfasst.

#### Der zweite Johannesbrief – Inhaltsgliederung

| | |
|---|---|
| 1–3 | Briefeingang |
| 4–6 | Mahnung zur Liebe und Einhaltung der Gebote |
| 7–11 | Das Verhältnis der Gemeinde zu den Irrlehrern |
| 12–13 | Briefschluss |

Der dritte Johannesbrief ist ein absolut genuin privater Brief, der persönliche Angelegenheiten anspricht. Er endet wie der 2 Joh mit einem schlichten Grußwunsch. Selbstverständlich beziehen sich die Mahnungen des Verfassers auch auf die allgemeine christliche Einstellung und insbesondere die kirchliche Rechtsordnung. Zugleich kann der 3 Joh auch als ein Empfehlungsbrief bezeichnet werden, weil er seinem Empfänger, dem Christen Gaios, konkrete Wanderprediger (V. 5–8) wie auch einen gewissen Dimitrios (V. 12) empfiehlt.

#### Der dritte Johannesbrief – Inhaltsgliederung

| | |
|---|---|
| 1 | Briefeingang |
| 2–8 | Die Bewährung des Gaios im christlichen Glauben |
| 9–12 | Die Lage in der Gemeinde des Gaios |
| 13–15 | Briefschluss |

## Die Bezeugung der beiden Briefe

Diese zwei kurzen katholischen Briefe sind in der Alten Kirche nicht einheitlich bezeugt. Unter den ersten Belegen zählt die Stellungnahme von Irenäus, der den 2 Joh zitiert, aber nicht den 3 Joh (Adv. Haer. I 16,3; III 16,8). Hingegen erwähnt Hippolyt keinen von beiden Briefen. In der alexandrinischen Kirche scheinen beide Briefe dennoch bekannt zu sein. Nach Angaben des Eusebios von Kaisareia (Hist. Eccl. VI 14,1) hat Klemens von Alexandrien in seinem Werk „Hypotyposen" alle drei Briefe des Johannes kommentiert, es sind aber leider nur zu 1 und 2 Joh Auszüge erhalten. Auch Origenes (bei Eusebios, Hist. Eccl. VI 25,10) und Dionysios von Alexandrien (bei Eusebios, Hist. Eccl. VII 25,11) schreiben den 2 und 3 Joh dem Apostel Johannes zu und halten sie für kanonisch. Eusebios selbst (Hist. Eccl. I II 25,3) rechnet beide Briefe, die „entweder dem Evangelisten oder einem andern Johannes zuzuschreiben sind", zu den umstrittenen Schriften („Antilegomena"), weil sie nicht in allen Kirchen als kanonisch anerkannt seien.

Einer der ältesten Textzeugen, der Kanon Muratori spricht generell von zwei Briefen des Johannes und zitiert 1 Joh 1,1–4, kennt also außer dem 1 Joh mindestens noch einen der beiden kürzeren Briefe. Andeutungen (wahrscheinlich von 2 Joh 7) finden sich bei Tertullian (De carne Christi c. 24). Darüber hinaus zitierte auf dem Konzil zu Karthago (256 n. Chr.) Bischof Aurelius 2 Joh 10 f. als Wort des Apostels Johannes. In der zweiten Hälfte des 4. Jh.s sind die beiden Briefe in der ganzen lateinischen und griechischen Kirche, abgesehen von den Anhängern der antiochenischen Schule, als kanonisch gewertet im Umlauf.

## Die Adressaten der beiden Briefe

Der zweite Johannesbrief ist an eine „auserwählte Herrin und ihre Kinder" gerichtet (V. 1). Darunter ist höchstwahrscheinlich nicht eine reiche Frau der christlichen Gemeinde, welche die wandernden Missionare beherbergte (V. 10), zu verstehen, sondern im übertragenden Sinn eine einzelne christliche Gemeinde. Die dabei verwendete metaphorische Sprache enthüllt sich unter anderem dadurch, dass diese „Herrin" viele Kinder hat, die von allen Christen geliebt werden (V. 1; 4), und von „den Kindern ihrer auserwählten Schwester" gegrüßt wird (V. 13).

Der rein persönliche Charakter des 3 Joh zeigt sich darin, dass dieser katholische Brief sich an einen angesehenen und wohlhabenden Christen mit Namen Gaios wendet, der wohl vom Briefschreiber, dem „Presbyter", bekehrt worden ist (V. 4) und mit einem Kreis von Freunden treu zu ihm hält (V. 15). Die christliche Gemeinde, der dieser Gaios offenbar vorsteht, wird von einem gewissen Diotrephes tyrannisiert, der einem Schreiben des „Presbyters“ und den Brüdern die Aufnahme verweigert (V. 9 f.). Dieses letzte Schreiben bleibt uns unbekannt. Damit kann auf keinen Fall der 2 Joh gemeint sein, da sein Inhalt mit dem des 3 Joh nichts gemeinsam hat.

### Anlass und Zweck der beiden Briefe

Hauptanliegen des 2 Joh ist es, die Gemeinde zum Festhalten an der Wahrheit und Liebe, insbesondere an dem überkommenen rechten Christusbekenntnis, zu ermahnen. Diese dringende Mahnung wird mit dem Auftreten von Irrlehrern begründet, welche als „Antichristen“ (V. 7) die Menschwerdung Jesu Christi leugnen und ihre neue Lehre als fortgeschrittenes Christentum ausgeben. Vor dieser soll sich die Gemeinde hüten und ihren Verkündigern keine Gastfreundschaft gewähren.

Der 3 Joh zielt darauf ab, dem Gaios für seine hochherzige Gastfreundschaft gegenüber den durchreisenden Verkündigern des Evangeliums seine große Anerkennung auszusprechen und ihn zu bitten, diese Wanderprediger, die offenbar auf der Rückreise waren, reichlich mit allem Nötigen für die Weiterreise zu versorgen. Daran fügt er eine Beschwerde über das herrschsüchtige und unangenehme Verhalten des Diotrephes innerhalb der Gemeinde und kündigt an, ihn bei seinem baldigen Besuch öffentlich rügen zu wollen.

### Die Frage nach dem Verfasser der beiden Briefe

Bereits in der Alten Kirche hat man sich mit der spannenden Frage nach dem gemeinsamen Briefschreiber von beiden Schriften auseinandergesetzt. In beiden Präskripten nennt sich der Verfasser nicht mit seinem Namen, sondern bezeichnet sich als „ὁ πρεσβύτερος“. Die Selbstbezeichnung „Der Presbyter“, die hier eindeutig als Ersatz für den Namen verwendet wird, ist in solchen Zusammenhängen ungewöhnlich und nicht als Amtstitel (vgl. Apg 11,30; 14,23; 20,17; 21,18), sondern als Identifizierung einer Autoritätsperson zu verstehen. Diese hohe Autorität, die sich offensichtlich über einen größeren Bezirk erstreckt, darf auswärtigen Gemeinden Lob und Tadel erteilen und ihnen Mahnung und Warnung ausrichten.

Bezüglich der Identität dieses „Presbyters“ hat die Alte Kirche – wenn auch nicht immer einstimmig – jedoch klar Stellung bezogen. Sie hat in dieser Person den von Jesus geliebten Apostel Johannes, den Verfasser des vierten Evangeliums und des ersten Johannesbriefes, gesehen. Die moderne Bibelforschung schreibt diese beiden kurzen Briefe samt dem 1 Joh meist dem von Papias (um 130 n. Chr.) neben Aristion genannten „Presbyter Johannes“ zu. Obschon diese Notiz von Papias recht hilfreich bei der Beantwortung der

Frage nach dem Verfasser zu sein scheint, sollte ihre Beweiskraft als relativ angesehen werden, da sie sich im Bereich der Hypothese bewegt.

Auf jeden Fall ist die moderne Bibelwissenschaft der Überzeugung, dass der 2 und 3 Joh vom gleichen Verfasser wie 1 Joh stammen. Alle drei Briefe sind nämlich in Sprache, Stil und theologischem Hintergrund auf eindrucksvolle Weise und aufs engste miteinander verwandt.

## 13.4. Der Judasbrief

### Allgemeines

Der Judasbrief stellt das letzte Schreiben innerhalb der Kategorie der sog. katholischen Briefe des Neuen Testaments dar. Sein Text ist ziemlich kurz und hat den Umfang eines einzigen Kapitels mit 25 Versen. Interessanterweise hätte der Judasbrief nach dem Geständnis des Verfassers ursprünglich einen anderen Inhalt gehabt, er sollte nämlich anfangs eine Abhandlung über „die gemeinsame Erlösung“ werden. Judas sah sich aber plötzlich gezwungen, das Auftreten und Wirken mancher Häretiker innerhalb der Kirche dringend zu bekämpfen (V. 3).

a) ***Altkirchliche Kommentare:*** *Klemens von Alexandrien* PG 9, 731–734; *Didymos* PG 39, 1811–1818; *Kyrill von Alexandrien* PG 74, 1023–1024; *Hesychios* PG 93, 1391–1392; *Oikumenios* PG 119, 703–722; *Theophylaktos von Bulgarien* PG 126, 85–104.

b) ***Orthodoxe Kommentare:*** *Ch. Papadopoulos*, Ὑπόμνημα εἰς τὴν Καθολικὴν Ἐπιστολὴν τοῦ Ἰούδα ἀδελφοῦ τοῦ Κυρίου, Alexandrien 1913; *Ch. Papaioannou*, Ὑπόμνημα εἰς τὴν Καθολικὴν Ἐπιστολὴν τοῦ Ἰούδα, Athen 1917; *Th. Zografos*, Ἑρμηνεία εἰς τὰς Καθολικὰς Ἐπιστολάς, Volos 1932; *P. Trempelas*, Ὑπόμνημα εἰς τὰς Ἐπιστολὰς τῆς Καινῆς Διαθήκης, Bd. 3, Athen 1956, S. 543–563; *S. Sakkos*, Ὑπόμνημα εἰς τὴν Ἐπιστολὴν τοῦ Ἰούδα, Thessaloniki 1970.

### Inhaltsgliederung

| | |
|---|---|
| 1–2 | Briefeingang |
| 3–19 | Warnung vor den gottlosen Häretikern |
| 20–23 | Mahnung zur Standhaftigkeit im Glauben und in der Liebe Gottes |
| 24–25 | Briefschluss |

## Altkirchliche Bezeugung des Judasbriefes

Trotz seiner Kürze scheint der Judasbrief schon früh in der Alten Kirche als kanonisch anerkannt worden zu sein. Um das Jahr 200 hat Jud einen festen Platz im römischen Kanon von Muratori, aber auch im nordafrikanischen Karthago (Tertullian) und Alexandrien (Klemens, Origenes). Kyrill von Jerusalem, Eusebios von Kaisareia und mehrere lateinische Kirchenschriftsteller rechnen ihn zu den kanonischen Schriften, obwohl zugleich davon berichetet wird (Origenes, Hieronymus, Didymos von Alexandrien, Eusebios), dass der Jud von manchen Kirchen nicht anerkannt wird. Große Zweifel hat es z.B. in der antiochenischen Kirchenprovinz gegeben, in der bis um das Jahr 400 n. Chr. die vier kleineren katholischen Briefe zu den umstrittenen („Antilegomena") gehörten. Nach Didymos wurde Jud wegen V. 9 (Michaels Kampf mit dem Teufel) und nach Hieronymus wegen V. 14f. (Zitat aus dem Henochbuch) dem gleichnamigen Herrenbruder abgesprochen.

## Veranlassung und Zweck des Briefes

Die endgültige Inhaltsform des Briefes haben manche (τινὲς V. 4) Eindringlinge veranlasst, die durch ihre falsche Lehre und ihren lasterhaften Lebenswandel für die Adressaten eine große Gefahr zu bilden scheinen. Sie sind zwar Christen, da sie an den Liebesmahlen teilnehmen (V. 12), sie verbreiten allerdings eine libertinistische Irrlehre. In der Kürze dieses katholischen Briefes lässt sich kein klares Bild über diese Lehre gewinnen. Ihnen wird der Vorwurf gemacht, dass sie die Herrscherstellung Christi leugnen (V. 4) und „den Herrlichkeiten" (δόξαι), d.h. den im Spätjudentum als Hüter der Weltordnungen geltenden Engeln die gebührende Anerkennung verweigern (V. 8). Höchstwahrscheinlich ist damit gemeint, dass die Eindringlinge sich als freie Geistesmenschen (Pneumatiker) präsentieren und sich an die ewigen Ordnungen und Gesetze der Welt nicht gebunden fühlen. Da sie Menschen ohne den Geist Gottes sind und nur die im Bereich des Natürlichen liegenden Dinge kennen (V. 10), leugnen sie konsequenterweise auch Christus selbst und lästern über die Herrlichkeitsengel.

Nach der im Jud vorliegenden Beschreibung der Eindringlinge sollte es sich eher um eine antinomistische Gnosis handeln, die als Vorläufer der gnostischen Bewegung im 2. Jh. galt. Man könnte diese Häretiker offensichtlich mit den Vertretern einer aufkeimenden Gnosis in Verbindung bringen, so wie sie in 1 Kor, Kol, den Past und in der Apk angedeutet werden. Es wäre außerdem nicht abwegig, wenn wir für die Eindringlinge des Jud in der Gruppe der Nikolaiten (vgl. Apk 2,6; 14 f.; 20 f.), denen auch Unzuchtsünden vorgeworfen wurden, eine treffende Analogie sehen würden. Eindeutig sollte also der Schwerpunkt der Irrlehre nicht auf dem Gebiet der glaubensbedingten theoretischen Spekulation, sondern der praktisch-ethischen Lebensführung liegen.

## Die Adressaten des Judasbriefes

In einem ersten Blick auf das Briefpräskript, die darin enthaltenen Empfängerbezeichnungen („an die in Gott, dem Vater, Geliebten und für Christus bewahrten Berufenen") und den unbrieflichen Schluss entsteht der Eindruck, der Brief sei an die ganze Kirche gerichtet. Allerdings wird aus seinem Inhalt zweifellos ersichtlich, dass der Jud doch für einen ganz bestimmten Leserkreis, wohl nicht nur für eine Einzelgemeinde, sondern für einen Kreis von solchen Gemeinden bestimmt ist. Fraglich ist dennoch, ob es sich bei den Adressaten um Juden- oder Heidenchristen handelt.

Auf der einen Seite wäre die den ganzen Brief durchziehende Argumentation aus dem Alten Testament und der jüdischen Apokalyptik (V. 9–14) und Legende (V. 9; 11) ein ernstzunehmender Hinweis auf die judenchristliche Identität der Adressaten. Auf der anderen Seite könnte die Bezeichnung der eingedrungenen Irrlehrer als gnostisierende Libertinisten ein Indiz für ihre heidenchristliche Herkunft sein. Die paulinischen Briefe (vgl. Gal 5,13; 1 Kor 6,12 ff.) zeigen nämlich, dass ein solcher Libertinismus hauptsächlich mit Heidenchristen in Verbindung steht. Wenn wir diese zwei Ansichten kombinieren, könnten wir höchstwahrscheinlich auf ein heterodoxes Diasporajudentum heidnischer Denk- und Lebensweise kommen. Selbstverständlich kann man sich unter den Adressaten auch hellenistische Judenchristen vorstellen. Möchte man dann nach dem geographischen Ort der Leser suchen, kämen vielleicht kleinere Gemeinden in Syrien in Frage.

## Die Frage nach dem Verfasser und der Echtheit des Briefes

Die Echtheit des Judasbriefes ist in der modernen neutestamentlichen Forschung im Osten und Westen umstritten. Auf der einen Seite gibt es die inneren Zeugnisse des Textes, die entsprechend bewertet werden sollten und als Verfasser des Briefes „Judas … den Bruder des Jakobus" benennen (Jud 1). Die Echtheit des Briefes und damit sein Verfasser werden auf der anderen Seite in Frage gestellt, indem man sich auf konkrete Inhalte des Textes beruft. Die Kritik besagt, dass sich der Judasbrief gegen gnostische Irrlehren richte und deshalb viel später und nicht von Judas abgefasst sein dürfte.

Nehmen wir die Angaben des Briefeingangs ernst, kann mit dem darin erwähnten Jakobus nur der in der Jerusalemer Urgemeinde und der Urchristenheit überhaupt hochangesehene „Herrenbruder“ (Gal 1,19; 2,9; 1 Kor 15,7; Jak 1,1) gemeint sein. Dementsprechend dürfte Judas der in Mk 6,3 par an dritter oder vierter Stelle genannte „Bruder“ Jesu gleichen Namens sein. Er gehörte außerdem nicht zum Apostelkollegium Jesu Christi (vgl. Jud 1; 17). Die altkirchlichen Informationen über seine Person sind spärlich. Hegesipp (bei Eusebios, Hist. Eccl. III 20,1 ff.) überliefert allerdings die Nachricht, dass zwei seiner Enkel gegen Ende der Regierung Domitians (81–96) als Davididen verdächtigt und vom Kaiser verhört, aber als ungefährlich wieder in Freiheit entlassen wurden. Laut außerneutestamentlichen Berichten seien sie beide Vorsteher christlicher Gemeinden (offenbar in Palästina) gewesen und hätten bis in die Zeit Trajans (98–117) gelebt. Die Antwort auf die Frage nach der Verfasserschaft des Judasbriefes sollte deswegen offen bleiben. Für die Annahme, dass dieser Brief von dem Herrenbruder Judas geschrieben wurde, spricht die bescheidene Selbstbezeichnung des Verfassers als „Knecht Jesu Christi, dazu Bruder des Jakobus“. Aber ein späterer anonymer Judenchrist käme ebenfalls in Frage.

### Über Zeit der Abfassung des Jud

Eine Reihe von im Brief verwendeten Ausdrücken, wie „euer allerheiligster Glaube“ (V. 20), „der ein für allemal den Heiligen überlieferte Glaube“ (V. 3) weist auf eine spätere Zeit hin und zwar nicht vor Mitte der sechziger Jahre. Zur Klärung der Zeitfrage könnte allerdings das Verhältnis des Judasbriefes zum zweiten Petrusbrief beitragen. Wenn der 2 Petr, in dem der Jud benützt ist, echt ist, so wäre seine Abfassung in der Zeit kurz vor dem Tod des Petrus (64 oder 67 n. Chr.) zu suchen. Wenn aber der 2 Petr pseudepigraph ist, dann sollte Jud frühestens zwischen 70 und 80 n. Chr. abgefasst worden sein. Theoretisch könnte in diesem Jahrzehnt Judas noch gelebt haben. Nichts deutet zwingend darauf, dass Jud in einer späteren Zeit entstanden ist.

# TEIL XIV.
# Die prophetische Literatur des Neuen Testaments

## 14.1. Die Johannes-Apokalypse

### Allgemeines

Das letzte Buch im Neuen Testament wird einer breiten literarischen Strömung der jüdischen Welt zugeordnet, der sog. apokalyptischen Literatur, die sich in den beiden letzten Jahrhunderten v. Chr. und in den beiden ersten Jahrhunderten n. Chr. entfaltet hat. Die aus 22 Kapiteln mit insgesamt 405 Versen bestehende prophetische Schrift des neutestamentlichen Kanons bezeichnet sich als „Apokalypse Jesu Christi" (Apk 1,1) oder „prophetisches Wort" (Apk 1,3) oder auch „Prophetie" (Apk 22,7.10.18.19). Dieses prophetische Buch beschreibt und legt auch diejenigen Geschehnisse aus, die sich jetzt ereignen (ἃ εἰσίν: Apk 1,19) oder sich ereignen werden (ἃ μέλλει γενέσθαι μετὰ ταῦτα: Apk 1,19; 4,1; ἐν τάχει: Apk 1,1; 22,6). Dabei werden mehrere Bilder oder Visionen entworfen, die mal deutlich, mal durch symbolische Ikonen, Szenen, Gesichter oder auch Zahlen angedeutet werden. Es handelt sich nämlich um die einzige prophetische Schrift des NTs, die die Ereignisse von der Auferstehung des Herrn bis zu seiner zweiten Parusie prophetisch beschreibt (vgl. Apk 10,11).

### Altkirchliche Bezeugung und kanonische Geltung

Obwohl die Johannes-Apokalypse ziemlich früh, d.h. bereits um das Jahr 200 n. Chr. in der ganzen Kirche (mit Ausnahme der syrischen Kirche in und um Edessa) weit verbreitet und großflächig als kanonisch anerkannt war, nahm sie nicht ohne ernste Hindernisse einen endgültigen Platz im offiziellen neutestamentlichen Kanon (ausgerechnet im Osten) ein. Im christlichen Abendland ist diese prophetische Schrift seit ihrem Bekanntwerden fortwährend und ohne besondere Turbulenzen ein unbestrittener Bestandteil des Kanons geblieben. Irenäus von Lyon hat die Apokalypse hochgeschätzt, und Hippolyt von Rom hat laut eines Zeugnisses von Hieronymus einen (verlorenen) Kommentar über sie verfasst. Im lateinischen Westen haben sich mehrere kirchliche Autoren theologisch-exegetisch mit dieser Schrift auseinandergesetzt, wobei der erste in lateinischer Sprache geschriebene Kommentar von dem Märtyrer Viktorian von Pettau in der Steiermark († 304) verfasst wurde. Eine große Anzahl von literarischen Zeugnissen spricht also für das hohe Ansehen des Buches in der westlichen Kirche.

Die meisten und ältesten altkirchlichen Zeugnisse, die zugunsten der Johannes-Apokalypse sind, stammen aus Kleinasien, wo die Schrift entstanden ist. Der kleinasiatische Bischof Meliton von Sardes (um 150–180) verfasste eine verlorengegangene Schrift über die Apokalypse (laut Eusebios, Hist. Eccl. IV 26,2) und der Kleinasiate Apollonios (vielleicht Bischof von Ephesos) verwendete um 197 n. Chr. Zeugnisse aus der Apokalypse (vgl. Eusebios, Hist. Eccl. V 18,14). Zu den wichtigsten kleinasiatischen Zeugen zählen auch Justin der Märtyrer und Apologet, der um 130 bis 135 n. Chr. in Ephesos weilte, und der aus dieser Stadt stammende Irenäus, späterer Bischof vom westlichen Lyon. Von Andreas von Kaisareia, einem der ältesten Kommentatoren der Apokalypse, erfahren wir, dass auch Papias vom kleinasiatischen Hierapolis dieses prophetisch-apokalyptische Buch gekannt und hochgeschätzt hat. Aber auch in der antiochenischen Kirche war Ende des 2. Jh.s die Apokalypse bekannt und zitierwürdig, da der Bischof Theophilos von Antiochien (169–177 n. Chr.) in einer Streitschrift gegen den Häretiker Hermogenes Beweisstellen aus dieser Schrift verwendete (vgl. Eusebios, Hist. Eccl. IV 24). Darüber hinaus beziehen in der frühen ägyptischen Kirche Klemens v. Alexandrien († 215) und Origenes († 255) eindeutig Stellung für die kanonische Gültigkeit der Johannes-Apokalypse.

Die großen Bedenken und Streitigkeiten über die Kanonizität der Schrift beginnen ab der Mitte des 3. Jh.s im ägyptischen Raum, als der damalige Bischof Dionysios von Alexandrien (248–264 n. Chr.) in seiner apologetischen Streitschrift gegen den Bischof Nepos von Arsinoe im Fajjum die Apokalypse dem Apostel Johannes absprach und ihre kanonische Stellung vehement anzweifelte. Diese Stellungnahme des alexandrinischen Bischofs und die Berufung der Bewegung der Chiliasten auf die Apokalypse haben in der ostkirchlichen Kirche schlimme Folgen für das Buch gehabt. Trotz der Tatsache, dass große Schriftsteller und Kirchenväter, wie Athanasios der Große (in seinem im Jahr 367 festgelegten Kanon), Didymos der Blinde († um 398) und Kyrill v. Alexandrien († 444), weiterhin an der Apokalypse festhielten, traf ihre kanonische Stellung hauptsächlich außerhalb Ägyptens bis etwa 500 n. Chr. auf starken Widerstand. Selbst Eusebios von Kaisareia († 340) schwankt, ob er sie zu den allgemein anerkannten („ὁμολογούμενα“) oder als unecht verworfenen („νόθα“) Schriften rechnen soll. Erst seit Anfang des 6. Jh.s findet sich die Apokalypse wieder im Kanon der weit verbreiteten griechischsprachigen Kirche. Die syrische Kirche hat die Schrift überhaupt nicht in ihren Kanon aufgenommen, während die Armenier die Johannes-Apokalypse erst gegen Ende des 12. Jh.s als kanonisch anerkannten.

a) ***Altkirchliche Kommentare:*** Die ersten altkirchlichen Schriftsteller, die nach Informationen anderer Väter Kommentare zu der Offenbarung des Johannes geschrieben haben, waren Justin der Märtyrer, Meliton von Sardes, Klemens von Alexandrien und Hippolyt; deren Kommentare sind jedoch nicht erhalten. *Origenes*, Kommentare zur Apokalypse BEP 17, 134–160; *Andreas von Kaisareia* PG 106, 207–458; *Arethas von Kaisareia* PG 106, 486–786; *Oikumenios* PG 119, 721–726.

b) ***Orthodoxe Kommentare:*** *A. Makrakis*, Ἑρμηνεία τῆς Ἀποκαλύψεως ᾿Ιωάννου τοῦ Θεολόγου, Athen 1882, 21982; *Ioel Giannakopoulos*, Ἑρμηνεία τῆς Ἀποκαλύψεως, Athen 1950, 21991; *P. Bratsiotis*, Ἡ ἀποκάλυψις τοῦ Ἀποστόλου ᾿Ιωάννου, Athen 1950, 21992; *N. Anagnostis*, Ἡ ἀποκάλυψις, Mitylini 121971; *Zach. Gerganos*, ᾿Εξήγησις εἰς τὴν τοῦ ᾿Ιωάννου τοῦ Ὑψηλοτάτου Θεολόγου Ἀποκάλυψιν, Athen 1991; *S. Agouridis*, Ἡ ἀποκάλυψη τοῦ ᾿Ιωάννη, Thessaloniki 1994; *Chr. Garnavos*, Η Ἀποκάλυψη τοῦ ᾿Ιωάννου. Εἰσαγωγή Κείμενο-Μετάφραση, Athen 2001. *Sot. S. Despotis*, Η Αποκάλυψη του Ιωάννη. Το βιβλίο της προφητείας. Λειτουργική και συγχρονιστική ερμηνευτική προσέγγιση, Bd. 1: Athen 2005 (ND: 2008); Bd. 2: Athen 2007; *I. Skiadaresis*, Ἡ Ἀποκάλυψη τοῦ ᾿Ιωάννη. Ἑρμηνευτικὰ καὶ Θεολογικὰ Μελετήματα, Bd. 1, (BB 35), Thessaloniki 2005; *Ders.*, Ιωάννεια Γραμματεία, Teil 1: Κατά Ιωάννην Ευαγγέλιο; Teil 2: Αποκάλυψη του Ιωάννη, Thessaloniki 2013; *Ders.*, Ἡ Ἀποκάλυψη τοῦ ᾿Ιωάννη. Τὰ πρῶτα καὶ τὰ ἔσχατα σὲ διάλογο, Thessaloniki 2013.

## Inhaltsgliederung

| | |
|---|---|
| **1,1–3** | **Vorwort** |
| **1,4–8** | **Eingangsangaben der 7 Sendschreiben** |
| **1,9–20** | **Die Berufungsvision des Johannes auf Patmos** |
| **2,1–3,22** | **Die 7 Sendschreiben** |
| 2,1–7 | Das Sendschreiben an die Gemeinde in Ephesos |
| 2,8–11 | Das Sendschreiben an die Gemeinde in Smyrna |
| 2,12–17 | Das Sendschreiben an die Gemeinde in Pergamon |
| 2,18–29 | Das Sendschreiben an die Gemeinde in Thyatira |

| | |
|---|---|
| 3,1–6 | Das Sendschreiben an die Gemeinde in Sardes |
| 3,7–13 | Das Sendschreiben an die Gemeinde in Philadelphia |
| 3,14–22 | Das Sendschreiben an die Gemeinde in Laodicea |
| **4,1–8,1** | **Die Sieben-Siegel-Vision** |
| 4,1–11 | Gott gepriesen im himmlischen Thronsaal |
| 5,1–5 | Das Buch mit den 7 Siegeln |
| 5,6–14 | Das Lamm und seine Anbetung |
| 6,1–17 | Die Öffnung der ersten 6 Siegel durch das Lamm |
| 7,1–17 | Vor der Öffnung des 7. Siegels: Anbetung der 144.000 |
| 8,1 | Die Öffnung des 7. Siegels |
| **8,2–11,19** | **Die Sieben-Posaunen-Vision** |
| 8,2–6 | Die 7 Engel mit den 7 Posaunen |
| 8,7–13 | Die 4 ersten Posaunen |
| 9,1–12 | Die 5. Posaune |
| 9,13–21 | Die 6. Posaune |
| 10,1–11 | Der Engel mit dem geöffneten Büchlein |
| 11,1–14 | Die Ausmessung des Tempels und die 2 Zeugen Gottes |
| 11,15–19 | Die 7. Posaune |
| **12,1–14,20** | **Der Kampf im Himmel und sein Nachspiel auf Erden** |
| 12,1–6 | Die Geburt des Kindes von der Frau und der Drache |
| 12,7–17 | Kampf mit dem Drachen – Flucht der Frau in die Wüste |
| 12,18–13,18 | Die beiden Ungeheuer (666) |
| 14,1–5 | Das Lamm samt seinen Auserwählten auf dem Berg Zion |
| 14,6–20 | Ankündigung der Nähe des Gerichts |
| **15,1–16,21** | **Die Sieben-Schalen-Vision** |
| **17,1–20,6** | **Der Fall Babylons – der Sieg des Messias über den Teufel** |
| 17,1–18 | Das unzüchtige Weib auf dem Tier |
| 18,1–24 | Das Gericht über Babylon |
| 19,1–10 | Doxologien nach dem Fall Babylons |
| 19,11–21 | Die Niederlage des Ungeheuers und des Pseudopropheten |
| 20,1–6 | Das Einsperren des Satans im Hades für 1000 Jahre |
| **20,7–22,5** | **Das Ende und die Vollendung** |
| 20,7–10 | Der endgültige Sieg über den Teufel |
| 20,11–15 | Die Auferstehung der Toten und das Jüngste Gericht |

| | |
|---|---|
| 21,1–8 | Das Himmlische Jerusalem: neuer Himmel und neue Erde |
| 21,9–22,5 | Die neue Welt: die Braut des Lammes |
| **22,6–21** | **Epilog: Verkündigung der Apokalypse – Zeugnis des Herrn** |

## Über den literarisch-prophetischen Charakter einer Apokalypse

Die Schrift „Offenbarung des Johannes", die den Ausdruck „ἀποκάλυψις" als ihre Überschrift trägt, setzt die große Reihe der spätjüdischen apokalyptischen Bücher fort. Durch das Verb „ἀποκαλύπτειν" und das gleichstämmige Substantiv „ἀποκάλυψις", die erst in der LXX religiöse Bedeutung erlangten, wird die Enthüllung verborgener und nur Gott bekannter Dinge an die Menschen kundgetan. Alle Schriften, die als Apokalypsen zu bezeichnen wären, haben den Ausgang der Menschheitsgeschichte, das Ende dieser Welt und die zukünftige (oder jenseitige) Welt-Zeit zum Thema. Solche Beschreibungen stützen sich auf göttliche Enthüllungen und Offenbarungen. In diesem Sinne stellt das alttestamentliche Buch Daniel (Kap. 7–12), das in der LXX unter den Propheten steht, eine der ältesten Apokalypsen dar. Selbstverständlich findet man aber darüber hinaus auch in den älteren prophetischen Schriften des Alten Testaments Abschnitte, die einen eindeutigen apokalyptischen Charakter tragen, wie z.B. Jes 24–27; Zach 9–10 oder auffällige Auszüge aus Ez (37,1–14 von den Totengebeinen; 40,1 ff. vom neuen Tempel).

Dementsprechend ist die Apokalypse des Johannes die letzte Schrift und zugleich das einzige prophetische Buch des neutestamentlichen Kanons. Sie stellt damit den apokalyptischen Höhepunkt des ganzen Neuen Testaments dar, indem sie die in den übrigen Büchern angedeutete Prozedur von Enthüllungen vervollständigt. Der Sohn offenbart den „Unweisen" den Vater (Mt 11,27; Lk 10,22); Gott offenbart dem Apostel Paulus seinen Sohn (Gal 1,16). Jesus Christus, der Menschensohn, wird sich am Ende dieser Weltzeit offenbaren (Lk 17,30), aber vorher wird der Antichrist, der Mensch der Gesetzlosigkeit, der Welt sich zeigen (2 Thess 2,3.6.8). Bei der zweiten Parusie Christi wird noch dazu den Geretteten die verborgene göttliche Herrlichkeit (δόξα) offenbar werden (Röm 8,18). Die Johannes-Apokalypse richtet ihr Augenmerk abschließend auf die von Gott durch Christus vollzogene Offenbarung oder Enthüllung von zukünftigen, näherhin eschatologischen Ereignissen. Ihre literarisch-stilistische Besonderheit besteht darin, dass die zukünftigen Ereignisse nicht mit deutlichen und einwandfrei verständlichen Worten, sondern in verhüllter Form, nämlich in Allegorien, Bildern oder Symbolen beschrieben werden. Dabei werden Zahlen, Farben, Gestirne oder Tiere verwendet, die eine tiefere Bedeutung haben.

## Der christliche Charakter der Johannes-Apokalypse

Trotz ihrer literarischen und gattungsmäßigen Ähnlichkeit mit den jüdischen Apokalypsen trägt die Johannes-Offenbarung einen klaren christlichen Charakter. Sie reiht sich unter den anderen Büchern des Neuen Testaments ein, da sie nicht weniger als diese Jesus Christus verkündet, den Gekreuzigten, den ewigen Gottessohn und Retter der Menschheit, der jetzt zur Rechten Gottes thront und am Eschaton als Richter auftreten wird. Die Endereignisse bilden für die Johannes-Apokalypse die deutliche Auswirkung und Vollendung des Hauptgeschehens, das mit der Erscheinung Christi begonnen hat (Apk 12,1 ff.).

Einen großen Unterschied zu den jüdischen Apokalypsen stellt jedoch die Gestalt des Messias dar, der in diesem neutestamentlichen Buch eine ganz andere Rolle als in den jüdischen apokalyptischen Texten spielt. In diesen Schriften des Spätjudentums wird die Heilszeit durch Gott herbeigeführt, wobei hier der Messias, wenn er überhaupt erwähnt wird, keine aktive Rolle übernimmt. In der christlichen Apokalypse des Johannes ist hingegen Jesus Christus der Protagonist der Geschehnisse. Der Sohn Gottes bringt z.B. durch die Öffnung der Siegel des Buches nach dem göttlichen Heilsplan den Ablauf der eschatologischen Ereignisse in Gang. Es ist Jesus Christus, der sich im Himmel als Gottes Throngenosse (Apk 3,21; 7,17; 22,1.3) aufhält und als der verklärte Herr den Gläubigen Ermunterung und Trost spendet, aber auch Bestrafung verkündet. Im neuen Jerusalem ist Jesus Christus zusammen mit Gott die Quelle ewigen Lebens für die Auserwählten (Apk 21,22 f.; 22,1 ff.), nachdem er sich am Jüngsten Tag als der Richter und Herrscher der Welt geoffenbart hat (Apk 12,5; 19,15).

## Die Frage nach dem Verfasser des Buches

Bezüglich der Person des Verfassers dieser Apokalypse gibt es interessante innere Indizien der Schrift selbst, wie z. B. die vier Stellen des Buches (1,1.4.9; 22,8), in denen er sich Johannes nennt. Darüber hinaus bezeichnet er sich in Apk 1,9 als Bruder der Adressaten und Mitteilhaber an ihrer Bedrängnis. An keiner Stelle der Schrift erhebt dieser Johannes zwar den Anspruch, zum engen Kreis der zwölf Jünger Jesu Christi zu gehören, wohl aber die Forderung, als Prophet anerkannt und gehört zu werden (Apk 1,1–3; 22,6); eine Funktion, die er höchstwahrscheinlich bei seiner Berufung erhalten hat. Zum Zweck der Abfassung seines prophetischen Buches ist Johannes auf die Insel Patmos gekommen (Apk 1, 9). Auf Grund der Tatsache, dass dieser Johannes in den in der Apokalypse erwähnten Briefen an die westkleinasiatischen Gemeinden genaue Kenntnis von der dort herrschenden Situation hat, ist ohne Bedenken zu schlussfolgern, dass der Verfasser der Apokalypse in Kleinasien längere Zeit gelebt und gewirkt hat. Dabei proklamiert er seine hohe Autorität, indem er es wagt, die in diesen Gemeinden bestehenden Schäden und Missstände mutig aufzudecken und mit harten Worten zu brandmarken.

In Beantwortung der Frage nach dem Verfasser der Apokalypse nimmt die altkirchliche Überlieferung fast einstimmig auf den Apostel Johannes, den Sohn des Zebedäus und Bruder des Jakobus, Bezug. In seinem in den Jahren 151–155 n. Chr. verfassten Dialog mit dem Juden Tryphon betont Justin der Märtyrer und Apologet Folgendes: „Ein Mann von den Unsrigen namens Johannes, einer der Apostel Christi, hat in einer ihm zuteilgewordenen Offenbarung geweissagt, dass diejenigen, die an unseren Christus gläubig geworden sind, in Jerusalem tausend Jahre wohnen werden und dass nacher die allgemeine und, kurz gesagt, ewige Auferstehung aller Menschen zugleich und das Gericht stattfinden" (Dial. 81,4). Weitere wichtige Zeugen der Alten Kirche, wie z.B. Origenes (Joh-Kommentar II 5), der antimarkionitische Prolog zu Lk (um 160–180), Irenäus von Lyon (Haer. IV 30,4; V 26,1), Tertullian (Adv. Marc. III, 14; V, 5), Klemens von Alexandrien (Paed. II 119,1) oder Hippolyt von Rom (Antichrist 36; 50) vertreten die Gleichsetzung des Verfassers der Apokalypse mit dem Apostel Johannes, dem auch das vierte kanonische Evangelium zuzuschreiben wäre.

Ab dem 3. Jh. hat es aber auch gegenteilige Stimmen gegeben, wie z.B. der römische Presbyter Gaius und die sog. Aloger (Bestreiter des Montanismus), die wegen angeblichem Chiliasmus die Apokalypse als eine Fälschung des Gnostikers Kerinth bezeichnet haben (vgl. Eusebios, Hist. Eccl. III 28,2; Epiphanios, Haer. 51). Der bedeutendste Bestreiter der Autorität und des apostolischen Ursprungs der Johannes-Offenbarung überhaupt war Bischof Dionysios von Alexandrien († 264), der diese Schrift dem Apostel und Evangelisten Johannes ausdrücklich absprach. Nach Dionysios stammte diese Schrift wohl von einem heiligen und gotterleuchteten Mann, könnte aber nicht vom Apostel Johannes verfasst worden sein, da sie bezüglich Sprache, Stil und theologische Gedankenwelt zu stark vom vierten Evangelium und dem ersten katholischen Johannesbrief (die er dem Apostel Johannes zuschrieb) abweiche. Dionysios berief sich auf das bekannte Zitat von Papias von Hierapolis und brachte die Apokalypse mit einem nicht mit dem Apostel identischen ephesinischen Presbyter Johannes in Verbindung (Eusebios, Hist. Eccl. IV 39; VII

25,16). Auch der Kirchenhistoriker Eusebios zeigt sich nicht sicher, welchem der beiden Männer er die Apokalypse zuerkennen solle (Hist. Eccl. III 25).

## Abfassungszeit und -ort der Johannes-Apokalypse

Im Rahmen der altkirchlichen Überlieferung ist Irenäus von Lyon der älteste Zeuge, der zur Frage nach der Abfassungszeit dieser prophetischen Schrift Stellung nimmt. Laut seinem Zeugnis ist die Apokalypse „nicht schon vor langer Zeit, sondern beinahe in unserer Generation, nämlich am Ende der Regierung des Kaisers Domitian, geschaut worden" (Haer. V 30,3; vgl. II 22, 5; III 3, 4). In der Regel sind sich fast alle altkirchlichen Autoren darüber einig, dass Johannes die Apokalypse auf der Insel Patmos in der Zeit des Kaisers Domitian (81–96 n. Chr.), also etwa 94 oder 95 n. Chr. verfasst hat. Der älteste lateinische Kommentator der Apk, Viktorin von Pettau, bereichert sogar diese altkirchliche Überlieferung mit der Nachricht, dass der Apostel Johannes von Domitian auf die Insel Patmos verbannt worden ist (Komm. zu Apk 11,11; 17,10). Dem schließt sich der Kirchenhistoriker Eusebios an, der auch unter Berufung auf Irenäus überliefert (Hist. Eccl. III 18,1), dass gegen Ende der Herrschaft Domitians „der Apostel und Evangelist Johannes wegen seines Eintretens für das göttliche Wort auf die Insel Patmos verbannt worden sei". Dieser Bericht wird in der Folgezeit auch von den späteren östlichen und westlichen Autoren übernommen (vgl. Hieronymus, De vir. ill. 9).

Allerdings vertreten vereinzelte Zeugen des Altertums die Ansicht, dass auch eine frühere Abfassung des Buches, z.B. während der Christenverfolgung unter Claudius oder Nero, möglich ist. Am wahrscheinlichsten scheint die Entstehung der Apokalypse unter Nero oder kurz nach seinem im Jahr 68 n. Chr. erfolgten Tod zu sein. Da dieser Kaiser im Jahr 64 n. Chr. als erster die Christen systematisch verfolgt hat, wäre eine Verbannung des Johannes in dieser Zeit vorstellbar. Gerade die Abfassung unter Nero bezeugt eher der Kanon Muratori, indem man dort liest, dass der Apostel Paulus „der Regel seines Vorgängers folgend" nur an sieben Gemeinden schrieb (Z. 48–50). Weitere moderne Exegeten stützen sich auf innere Gründe des Textes und plädieren für die Entstehung der Apokalypse in der Zeit zwischen Neros Tod (8. Juni 68 n. Chr.) und Vespasians Regierungsantritt (1. Juli 69 n. Chr.) oder am Anfang der Regierung Vespasians (69–79 n. Chr.).

## Die Komplexität der Deutung und orthodoxe Vorbehalte

Die sprachlichen, inhaltlichen und theologischen Besonderheiten der Johannes-Apokalypse haben im Laufe der Jahrhunderte die mannigfaltigsten und ineinander widersprechendsten Deutungen dieses prophetischen Textes zugelassen. Sogar bei den altkirchlichen Autoren und Schriftstellern, die sich um das Verständnis des Buches bemüht haben, findet sich keine einheitliche Deutung. Seit dem Mittelalter bis tief ins 19. Jh. hinein herrschte dann eine bestimmte Deutung vor, die welt- oder kirchengeschichtliche Merkmale hatte. Nach dieser Deutung prophezeit der Text der Apokalypse nicht Teile, sondern den gesamten Geschichtsverlauf bis zum Ende aller Tage. Interessanterweise zeichneten sich alle Vertreter dieser Deutung durch den gemeinsamen Glauben aus, dass das Ende der Welt nicht mehr lange auf sich warten ließe. Da aber die Berechnungen über das erwartete Weltende von Jahrhundert zu Jahrhundert geändert werden mussten, trat in der Neuzeit die Unhaltbarkeit dieser Deutung am klarsten zu Tage.

Die heutige wissenschaftliche Exegese plädiert für verschiedene Formen der Deutung. Außer der bereits behandelten endgeschichtlichen spricht man von der zeitgeschichtlichen oder synchronistischen Deutung (unter Berücksichtigung der zeitgenössischen Ereignisse in der Zeit des Verfassers), von der traditions- oder religionsgeschichtlichen Deutung (unter Berücksichtigung anderer Volkstraditionen) oder der mystischen oder pneumatischen Deutung (reines allegorisches Verständnis der Geschehnisse). Da es allerdings der jahrhundertealten Forschung bisher nicht gelungen ist, alle Rätsel dieses Buches zu entschlüsseln, kann keine von den erwähnten Deutungen für sich allein dieser prophetischen Schrift gerecht werden. Wahrscheinlich wäre eine Kombination dieser Deutungen der beste Beitrag zu einer zufriedenstellenden Erklärung der Johannes-Apokalypse. Sogar auf die Frage, wer unter den Tieren von Kap. 13 und unter Babylon Kap. 17 zu verstehen ist, kann von der modernen Exegese keine einheitliche Antwort gegeben werden.

Das Buch der Johannes-Apokalypse war in der Geschichte der Orthodoxen Kirche nie Bestandteil des liturgischen Lektionars, d.h. des Buches mit den für das Kirchenjahr bestimmten Lesungen aus dem Alten und Neuen Testament. Im Laufe der ostkirchlichen Liturgiegeschichte haben sich nämlich mehrere Missverständnisse bzw. einseitige oder engstirnige Vorstellungen und unbegründete Befürchtungen gegenüber der Johannes-Apokalypse ergeben, sodass dieses neutestamentliche Buch von der liturgischen Praxis der Ostkirche ausgeschlossen wurde. Allerdings stellt dieser Ausschluss keine verbindliche Entscheidung irgendeines Ökumenischen Konzils oder eines anderen Lokalkonzils, sondern eine pastorale Vorbeugungsmaßnahme der Kirche dar. Laut dieser bis heute geltenden Tradition findet sich unter den für alle Tage des orthodoxen Kirchenjahres im „Apostel-Buch" vorgesehenen Perikopen kein einziger Abschnitt aus der Apokalypse, der im orthodoxen Gotteshaus öffentlich zum Vorlesen bestimmt wäre.

Trotz der manchmal starken Vorbehalte großer Persönlichkeiten des Ostens gegen die Kanonizität des Buches, Vorbehalte, die sogar bis zum 10. Jahrhundert bestanden, geriet die Apokalypse in keinem einzigen Moment aus dem geistig durstigen Blickfeld der Intellektuellen, Autoren und Väter des Ostens. Aber auch nach ihrer offiziellen Aufnahme in den neutestamentlichen Kanon wurde keine Perikope aus diesem prophetischen Buch als ständiger Teil eines der zahlreichen orthodoxen Gottesdienste in Betracht gezogen. Der Grund dafür lag in der Bezeichnung „prophetisch", da für diesen konkreten Text die Gefahr bestand und weiterhin besteht, dass er theologisch in vielerlei Hinsicht falsch interpretiert wird.

# TEIL XV.
# Exkurs: Die orthodoxe Hermeneutik in ihrem Selbstverständnis und die historisch-kritische Methode

## 15.0. Einführendes

Wir alle sind uns sicher der Wichtigkeit und der ungemein großen Bedeutung der christlichen Schriftauslegung für das Christentum überhaupt bewusst, nichtsdestoweniger weil das Bemühen um das Verständnis des Alten und Neuen Testaments ein ernstzunehmendes Anliegen der Alten Kirche bereits seit der urchristlichen Zeit gewesen ist.

Die Christen sehen in der Bibel die Grundlage ihres Glaubens. Selbstverständlich gilt sie, wie schon bekannt, bei manchen westlichen Christen als die ausschließliche Quelle des Christentums schlechthin, bei uns Orthodoxen dagegen als eine der wichtigsten Quellen. Trotzdem nimmt die Bibel im Osten und Westen einen hervorragenden Platz im Glaubensprozess durch die Jahrhunderte hindurch ein. Sie ist Ausgangspunkt und Richtschnur für den einzelnen Gläubigen, für die Glaubensverkündigung der Kirche wie für das Bemühen der Theologie. In den vielgestaltigen Schriften des Alten und Neuen Testaments offenbart sich Gott im Wort, das von Menschen niedergeschrieben worden ist. In der geschriebenen Bibel begegnet das Göttliche dem Menschlichen. Unter den Bedingungen von Raum und Zeit entstanden, bedarf die Heilige Schrift immer neu der Auslegung im Lichte des sich wandelnden Welt- und Menschenverständnisses, damit sie die jeweils nachwachsende Generation erreichen und dauernd der modernen Welt entsprechen kann.

In den ersten christlichen Jahrhunderten, insbesondere bei den Kirchenvätern, war die allegorische Auslegung der Heiligen Schrift vorherrschend. Zu Beginn der Neuzeit wurde – vor allem durch die Reformatoren – das Interesse am Wortsinn und am Urtext geweckt. Seit der Aufklärung entwickelte sich mit der Ausbildung des modernen historischen Bewusstseins die im Laufe des 20. Jahrhunderts herauskristallisierten historisch-kritische Methode, die den nun mehr deutlich notwendigen Versuch unternimmt, die biblischen Texte im Zusammenhang ihrer Entstehungs- und Überlieferungsgeschichte zu erschließen. Es ist keineswegs abwegig, sondern vielmehr angebracht, anlässlich gelegentlicher Begegnungen der verschiedenen christlichen Konfessionen, sei es auf kirchenamtlicher, liturgischer oder akademischer Ebene, sich auf die im Jahre 1054 offiziell vollzogene Trennung zwischen der West- und der Ostkirche zu besinnen. Tatsächlich sind seit dem Schisma, dem in den letzten Jahrzehnten unseres Jahrhunderts gottlob die ökumenischen Bemühungen zur vertrauensvollen Annäherung entgegengesetzt werden, unsere Kirchen ihre eigenen Wege gegangen. Dieses Auseinandergehen prägt bis heute noch alle Gebiete des kirchlichen Lebens und der theologischen Wissenschaft stark, unter anderen auch die Biblische Theologie.

Somit haben sich im Bereich der Auslegung der Heiligen Schrift zwei voneinander abweichende Wissenschaftsverständnisse entwickelt, wie oben bereits angedeutet. In der westlichen Kirche hat sich die strenge geschichtliche Betrachtung mit passendem exegetischem Handwerkzeug, der historisch-kritischen Methode, durchgesetzt. Im Osten wird hingegen dem Handeln Gottes in der Geschichte ein weiter Raum gegeben, so dass die traditionelle patristische Hermeneutik der Orthodoxie das Mysterium von der rationalen Erforschung nicht gern getrennt sieht.

Es handelt sich um zwei verschiedene Betrachtungs- und Forschungsweisen. *Stellen aber diese exegetischen Richtungen vielleicht zwei Größen dar, die nicht mehr vereinbar sind?* Ich glaube, dass die Konvergenz der westlichen und östlichen Exegese nicht nur doch möglich, sondern für ein globaleres Verständnis der Heiligen Schriften sogar unentbehrlich ist, zumal heutzutage „Ökumene ohne Heilige Schrift als Basis undenkbar ist“[69]. Der Westen sollte etwas „traditioneller“, der Osten „moderner“ werden. Nur auf diese Weise kann eine ökumenische Annäherung auch auf akademischer Ebene erfolgen.

Heutzutage sind auch für die orthodoxe Hermeneutik die Verdienste der historisch-kritischen Exegese um die Aufschlüsselung der biblischen Texte unbestreitbar. Doch wird immer häufiger der Vorwurf laut, die historisch-kritische Schriftauslegung allein, mit ihren Hypothesen und akribischen Methoden, führe den Leser zur Verunsicherung darüber, was von den Aussagen der Bibel letztlich noch als zu glaubende Wahrheit, die der göttlichen Offenbarung zuzuordnen wäre, übrig bleibe. Zudem drohe dabei die vielfach in Bildern und Symbolen gefasste Botschaft der Bibel aus dem Blick zu geraten. Vor diesem Hintergrund werden vermehrt wieder traditionelle Wege der Bibelauslegung wie auch neue Zugänge ins Spiel gebracht.

---

69. Wie in der trefflichen Formulierung von *F. G. Untergassmair*, Ökumene und Kirche. Bibelauslegung als Promotor der Ökumene, *Trierer Theologische Zeitschrift* 114 (2005) 188.

## 15.1. Der unterschiedliche Wissenschaftsbegriff im Zusammenhang der Theologie

Es ist wahr, dass sich die westliche und östliche Theologie im Laufe der Jahrhunderte nie völlig miteinander verbunden haben. Der Hauptgrund dafür ist der im Westen und Osten unterschiedlich entwickelte Wissenschaftsbegriff, der seinerseits durch das zwieträchtige Paar „Geschichte" – „Offenbarung" geprägt wurde. Im Westen hat die wissenschaftliche Theologie das Gewicht mehr auf die Ergründung der Geschichtlichkeit des Christentums[70] gelegt, während der Osten den Aspekt des heiligen Mysteriums von der rationalen Erforschung nicht hat trennen lassen. Es handelt sich dabei um zwei voneinander abweichende Wissenschaftsverständnisse, die jeweils starke und schwache Punkte aufweisen und konsequenterweise keinen Anspruch auf Verfügung über eine absolute Wahrheit erheben können, weil diese zwei Seiten (historisch-menschliche und übernatürlich-göttliche) besitzt.

Während das Verharren der östlichen Theologie auf den Offenbarungsfaktor konkrete historische Begebenheiten ignorieren oder übersehen kann, besteht im Westen die Gefahr, dass die ausschließliche Gewichtung auf die Historizität den Horizont einer notwendigen Vergegenwärtigung des damals Geschehenen verschwinden lassen kann[71].

Alle wichtigen Faktoren, welche die Entfaltung der wissenschaftlichen Theologie im Westen beeinflusst haben, wie z.B. die verschiedenen geistesgeschichtlichen Strömungen der Neuzeit (Humanismus, Renaissance, Reformation, Aufklärung) und das Aufkommen der philologischen, historischen oder archäologischen Wissenschaft, haben zur Bildung jenes Wissenschaftsbegriffs beigetragen, der den menschlichen Errungenschaften die Oberhand gibt und dem Eingang des Göttlichen in die reale Geschichte wenig Raum lässt. Demgegenüber wird die theologische Wissenschaft im orthodoxen

70. Charakteristisch dafür ist folgende Bemerkung von *W. G. Kümmel*, Das Neue Testament. Geschichte der Erforschung seiner Probleme (Sammlung Orbis), Freiburg-München [2]1970, S. 266: „[…] feststeht, dass auch das Christentum als geschichtliche Erscheinung nach derselben Methode wie alle andere Geschichte zu erforschen, dass insbesondere auch schon sein Anfang als eine gesetzmäßige Entwicklung aus den mannigfachen Faktoren des religiösen und sittlichen Völkerlebens jener Zeit zu verstehen sei."

71. Etwas ähnlich formuliert *K. Papapetrou*, Πρὸς μίαν νέαν Ἑρμηνευτικὴν πέρα τοῦ Ἱστορισμοῦ καὶ τοῦ Ὑπαρξισμοῦ, in: *Ders.*, Προσβάσεις. Ζητήματα Ἀπολογητικῆς Θεολογίας καὶ φιλοσοφικῆς κριτικῆς τοῦ καιροῦ μας, Athen 1979, S. 150, Anm. 5: „Ἡ ἱστορικοφιλολογικὴ μέθοδος, περιοριζομένη καὶ ἐξαντλουμένη εἰς τὴν γνῶσιν τοῦ παλαιοῦ, ἀποκλείει οὕτω κατ᾽ ἀρχὴν – τοὐλάχιστον εἰς τὴν περιοχὴν τῆς ἐφαρμογῆς της – τὴν δημιουργίαν τοῦ νέου."

Bereich anders beurteilt und ausgeübt. Dabei wird das Übernatürliche, das Wunder, vom täglichen Leben nicht ausgeschlossen. Der Grund dafür liegt darin, dass die orthodoxe Theologie der Heilsgeschichte einen Einmaligkeits- und Unwiederholbarkeitscharakter innerhalb der Geschichte zuerkennt[72]. Das Handeln Gottes in der Geschichte in seinen Energien (Wirkungen) stellt allerdings eine feste Überzeugung des orthodoxen Glaubens dar. Somit ist im Osten eine unterschiedliche theologische Tradition entstanden, deren Uneinigkeit mit der des Westens bis heute deutlich spürbar ist.

Will man schließlich den unterschiedlichen Wissenschaftsbegriff im Westen und Osten grob kennzeichnen, kann man dies folgendermaßen tun: Die westliche historisch-kritische Forschung arbeitet im Großen und Ganzen ***analytisch***, während die östliche Schriftauslegung mehr einen ***synthetischen*** Charakter besitzt.

## 15.2. Grundmerkmale der orthodoxen Auslegung

Eines der grundlegenden Prinzipien und eine der unentbehrlichen Voraussetzungen der orthodoxen Hermeneutik ist ihr **ekklesialer Rahmen**. Die Auslegung als Versuch, in die Tiefe des Textsinnes einzudringen, um ihn vollkommener zu erfassen, ist eine Funktion, ein Dienst und eine Gabe in der Kirche. Die Kirche stellt also den geistigen Schoß dar, aus dem alle Entfaltungen des christlichen Lebens, d.h. auch die Bibel, hervorgegangen sind.

Die **pneumatische Besonderheit** der Hl. Schrift, welche die geheimnisvolle Weisheit Gottes zum Ausdruck bringt, lässt einer subjektiven und nur spekulativ-theoretischen Auslegung keinen Spielraum. Im orthodoxen Verständnis unterstreicht die vom Hl. Geist erfolgte Inspiration der Schrift ihren gott-menschlichen Charakter, denn Inspiration ist nur im Bereich des gedanklichen Inhalts und nicht im genauen Wortlaut und in der sprachlichen Gestaltung des Textes zu verstehen. Dass wir mit einer etwaigen trockenen philologisch-intellektuellen Auslegungsmethode zu keiner richtigen Schriftdeutung gelangen, wird auch aus einer paulinischen Stelle (1 Kor 2,7) deutlich. Paulus' Worten zufolge stellt die auszulegende Botschaft der Heiligen Schrift „θεοῦ σοφίαν ἐν μυστηρίῳ τὴν ἀποκεκρυμμένην, ἣν προώρισεν ὁ θεὸς πρὸ τῶν αἰώνων εἰς δόξαν ἡμῶν" dar; (die Worte der Schrift sind also „die im Geheimnis verborgene Weisheit Gottes, die Gott vor allen Zeiten vorausbestimmt hat zu unserer Verherrlichung").

72. Vgl. zu diesem Punkt die Ausführungen von *G. Galitis*, Ἑρμηνευτικά τῆς Καινῆς Διαθήκης, Thessaloniki [6]1984, S. 149 f.

Authentische Hermeneutik bedeutet keine bloße Beschäftigung des Theologen mit dem einzelnen (trockenen) Buchstaben des jeweiligen Textes, die als solche nicht verurteilt wird, jedoch nur als Teil und Mittel zum hauptsächlichen Zweck der Exegese verstanden wird. Hierbei spielt **die persönliche Einstellung des Exegeten** zum Leib der Kirche Christi eine entscheidende Rolle. Sehr treffend beschreibt der berühmte alexandrinische Theologe und Bischof, Athanasios der Große (* 295, † 373), die nötige Einstellung des Exegeten zum Heiligen: „Aber zum Studium und wahren Verständnis der Schriften bedarf es noch eines guten Lebenswandels, eines reinen Herzens und der Tugend in Christo, damit der Geist auf diesem Weg erlangen und erfassen kann, wonach er strebt, soweit überhaupt der Menschennatur ein Wissen über Gott den Logos erreichbar ist. Denn ohne reinen Sinn und Nachahmung des Lebens der Heiligen kann wohl niemand die Sprache der Heiligen verstehen.“[73] Mit anderen Worten geht es „um die Asketik der biblischen Hermeneutik, die ihre existentielle Voraussetzung ist“[74].

Eine rechte Auslegung fordert zuerst die charismatische Vervollkommnung des Menschen im sakramentalen Leben der Kirche, d.h. in der Liturgie. Mit anderen Worten: „die Offenbarung des Geheimnisses des göttlichen Logos, d.h. die Auslegung, ist ein liturgischer Akt der Kirche“[75]. Ausschließlich die Kirche, welche die göttliche Wahrheit hauptsächlich in der Liturgie bewahrt und sie gleichzeitig für die Erlösung des Menschen und zum Lobe Gottes auslegt (liturgische Auslegung), kann die Gültigkeit der Auslegung des von ihrem Geist geführten Exegeten gewährleisten. Die Kirche wird in diesem Zusammenhang als eine Art Gefäß, in dem die Wahrheit aufbewahrt wird, dargestellt.

## 15.3. Der exegetische Beitrag der Kirchenväter

Die ununterbrochene Tradition, so wie sie uns von den Kirchenvätern überliefert wurde, stellt gleichfalls ein sehr wichtiges Prinzip und eine Voraussetzung der orthodoxen Hermeneutik dar. Die Bibelwissenschaft innerhalb der

73. *Athanasios der Große*, De Incarnatione Verbi 57: *Bibliothek der griechischen Väter (BEP)* 30, 121.

74. *Joh. Panagopoulos*, Ἡ ἑρμηνεία τῆς Ἁγίας Γραφῆς στήν Ἐκκλησία τῶν Πατέρων. Οἱ τρεῖς πρῶτοι αἰῶνες καί ἡ ἀλεξανδρινή ἐξηγητική παράδοση ὥς τόν πέμπτο αἰώνα, Bd. 1, Athen 1991, S. 50.

75. *Joh. Panagopoulos*, Τὸ θεολογικὸν πρόβλημα τῆς ὀρθοδόξου Ἑρμηνευτικῆς, (Sonderdruck aus den Akten des 1. orthodoxen hermeneutischen Kongresses), Athen 1973, S. 9 f.

Orthodoxie weist deshalb von der Alten Kirche her bis zur heutigen kirchlichen Erfahrung und Universitätstheologie[76] eine lückenlose Kontinuität auf. Die orthodoxe Bibelauslegung gewinnt daher ihren **traditionellen** Charakter dadurch, dass sie die gelebte Tradition, als Überlieferung des kirchlichen Lebens, in enger Verbindung mit der Heiligen Schrift für einen unentbehrlichen hermeneutischen Faktor hält. Gerade an dieser Stelle muss man die enorm wichtige Rolle der Kirchenväter, „die als lebendige Zeugen der apostolischen Überlieferung gelten"[77], betonen.

Ein erster Punkt, der die Bedeutung und Wichtigkeit der patristischen Schriftauslegung verdeutlicht, ist, dass sich die Kirchenväter selbst als Fortsetzer, als Teile der überlieferten kirchlichen Tradition ansahen. Eben davon zeugen ihre hermeneutische Intention und das allgemeine „Bewusstsein" ihrer Werke, aus denen die Bewahrung, Erklärung und Weitertradierung des Textmaterials der Heiligen Schrift hervorgehen.[78] Die Kirchenväter haben „nie gedacht, dass ihre Schriften die Evangelien und die Briefe des Neuen Testaments ersetzen könnten! Für sie war die Schrift stets nicht nur das Kriterium ihrer Ansichten, sondern auch eine unausgeschöpfte Schatzkammer für Inspiration und geistiges Leben"[79], wie Savvas Agouridis so klar und deutlich betont.

Die Kirchenväter als Exegeten der Schrift haben bei der Behandlung der heiligen Texte dauernd die Förderung des echten und unverfälschten Glaubens der Kirche vor Augen. Aus der Tatsache, dass die Heilige Schrift nicht über der Kirche, sondern „der authentische Ausdruck des Glaubens und des Lebens der Kirche ist, der in organischer Beziehung zum Glauben und Leben der gesamten Kirche durch die Jahrhunderte steht"[80], erweisen sich die patristischen Werke als das lebendige Band zwischen Schrift und Tradition und als Träger des christlichen Glaubens und Lebens[81].

---

76. Mehr dazu in: *Joh. Panagopoulos,* Ἡ ἐν Ἑλλάδι βιβλικὴ ἐπιστήμη χθὲς καὶ σήμερον, *Gregorios Palamas* 57 (1974) 22–41.
77. *E. Antoniadis*, Die orthodoxen hermeneutischen Grundprinzipien und Methoden der Auslegung des Neuen Testaments und ihre theologischen Voraussetzungen, in: Procès-Verbaux du premier Congrès de Théologie Orthodoxe, Athen 1939, S. 171.
78. Siehe dazu *Joh. Panagopoulos,* Ἡ ἐν Ἑλλάδι βιβλικὴ ἐπιστήμη χθὲς καὶ σήμερον, *Gregorios Palamas* 57 (1974) 28.
79. *S. Agouridis,* Ἑρμηνευτικὴ τῶν ἱερῶν κειμένων, Athen 1982, S. 52.
80. Ebd.
81. Über diese einheitliche Thematik und ihre Bedeutung für den christlichen Glauben vgl. auch *K. Backhaus – F. G. Untergaßmair (Hgg.)*, Schrift und Tradition. Festschrift für *Josef Ernst* zum 70. Geburtstag, Paderborn 1996.

Die Rezeption der patristischen Schriftauslegung erfährt bis heute von der orthodoxen Hermeneutik eine respektvolle Beachtung. Dabei sollte man eigentlich nicht an eine Art Kopie oder trockene nachahmende Wiederholung der Texte der Kirchenväter denken. Es geht dabei nicht um die Übereinstimmung der heutigen Theologen mit der Meinung eines Kirchenvaters in einer grammatischen oder geschichtlichen Auseinandersetzung mit dem biblischen Text. Vielmehr ist damit die Übereinstimmung des überlieferten Glaubens mit den patristischen Texten gemeint. Georgios Galitis führt diesbezüglich an: „Diese Texte soll die Exegese nicht als Zaun, auch nicht als verpflichtende Sätze, die das selbständige Denken ersetzen, verstehen, sondern als Prüfstein, damit sie daran erkennt, ob und inwieweit sie sich innerhalb des Geistes der Kirche befindet."[82] Die Achtung vor dem Beitrag der Kirchenväter sollte uns nicht zu der extremen Schlussfolgerung führen, dass sich mit diesen patristischen Texten die orthodoxe Schriftauslegung erschöpft hat! Die moderne orthodoxe Auslegung bemüht sich darum, nicht so sehr die isolierten Auslegungsvorschläge konkreter biblischer Stellen, sondern allgemein den genuinen hermeneutischen Geist der Kirchenväter zu verstehen und sich zu eigen zu machen.

Diese großen altkirchlichen Ausleger der Heiligen Schrift zeichnen sich in erster Linie nicht durch ihre philologischen Interpretationen „dem Buchstaben nach", sondern durch ihr ständiges Bemühen aus, den richtigen Glauben von der Häresie abzugrenzen. Den Schwerpunkt ihrer Hermeneutik bildet immer die Wahrheit der Schrift, die unverfälschte Wahrheit des christlichen Glaubens. Für die Kirchenväter und allgemein für die orthodoxe Hermeneutik stellt die Heilige Schrift kein philologisches Buch dar, das uns in erster Linie historische Informationen übermittelt. Die Heilige Schrift ist eine Sammlung religiöser Schriften, die Zeugnis über die glaubende frühchristliche Gemeinde ablegt. Speziell das Neue Testament bildet die schriftliche Botschaft des Christentums, das Kerygma des christlichen Glaubens. Es ist das Wort Gottes, das die Erlösung der Menschen bezweckt. In dieser Hinsicht wird von den Kirchenvätern nicht nur eine „Wort-für-Wort"-Auslegung, sondern auch die allegorisch-typologische oder anagogische Auslegung betrieben.

Zweifellos sind die Kirchenväter darum bemüht, Antworten auf die hermeneutischen Fragen ihrer Zeit zu geben. Selbstverständlich besitzen wir heute bessere und zuverlässigere historische und philologische Informationen über die urchristliche Abfassungszeit der neutestamentlichen Schriften. Viele pa-

82. *G. Galitis*, Historisch-kritische Bibelwissenschaft und orthodoxe Theologie, *Études theólogiques de Chambésy* 4 (1984) 116.

tristische „mystische" oder allegorische Auslegungen von konkreten Stellen scheinen heute undenkbar, zumal die verschiedenen philologischen, historischen, archäologischen oder religionsgeschichtlichen Kenntnisse der modernen Bibelwissenschaft enorm zugenommen haben. Aber die Kirchenväter behaupteten nie, die eine oder andere Auslegung von Ihnen sei die endgültige und verbindliche für die christliche Exegese; was seitens des Westens manchmal als Vorwurf gegen den Osten erklingt. Gregor von Nyssa (* 335, † 394) sagt sehr deutlich dazu: „Wir machen das Gesagte nicht zum Dogma, damit wir den Verleumdern keinen Anlass geben; wir geben dennoch zu, dass wir durch die vorliegenden Gedanken nur unseren eigenen Geist einüben, ohne eine exegetische Lehre den zukünftigen (Exegeten) hinterlassen zu wollen."[83]

## 15.4. Gegenüberstellung der westlichen und östlichen Methodik

Es ist für den Vergleich beider Auslegungsrichtungen sehr bezeichnend, dass sich im Westen die moderne Kritik direkt mit dem Text der Hl. Schrift analytisch auseinandersetzt, ohne sich vorher ein Bild bezüglich des darin zum Ausdruck kommenden „Mysteriums" zu machen. Die östliche Exegese dagegen beginnt und geht vom „Mysterium" aus, das durch die heiligen Texte bezeugt wird. Beide Positionen können nur zum Teil gelungene Auslegungsergebnisse haben, denn beiden drohen einschlägige Gefahren. Die westliche analytische Kritik lenkt manchmal ihre Aufmerksamkeit ausschließlich auf die philologischen und historischen Elemente des Textes und bleibt dabei stehen. Die analytische Erforschung der vielen Textformen kann aber nur auf die konkreten Abschnitte eingeschränkte Ergebnisse haben, die jedoch der Vervollständigung des gesamten Textsinnes nicht dienen. Das Bemühen der orthodoxen-patristischen Auslegung schöpft sich dagegen im Mysteriums Verständnis der Texte aus. Somit werden aber bedeutsame philologische und historische Gegebenheiten zugunsten der pneumatischen Ebene vernachlässigt.

Die biblischen Texte sind zwar historische Produkte (westlicher Schwerpunkt), die aber zugleich das Geheimnis der göttlichen Wahrheit ausdrükken wollen (östlicher Schwerpunkt). Diese Texte unterliegen durchaus den Prinzipien der Geschichtsschreibung, wurden aber nicht dazu verfasst, die

83. *Gregor von Nyssa*, Ad Petrum fratrem de hexaemeron 6: *BEP* 65, 528–529: „οὐ γὰρ δόγμα τὸν λόγον ποιούμεθα, ὥστε ἀφορμὴν δοῦναι τοῖς διαβάλλουσιν· ἀλλὰ ὁμολογοῦμεν ἐγγυμνάζειν μόνον ἑαυτῶν τὴν διάνοιαν τοῖς προκειμένοις νοήμασιν, οὐ διδασκαλίαν ἐξηγητικὴν τοῖς ἐφεξῆς ἀποτίθεσθαι."

geschichtliche Wirklichkeit einer konkreten Zeit zu beschreiben, sondern dienen dazu, dieser Wirklichkeit einen anderen, tieferen Sinn zu verleihen. Die Vertrautheit mit diesem tieferen, soteriologischen Sinn könnte von den Christen aller Zeiten ohne die vollständige Bewertung der historischen Abhängigkeiten erreicht werden. Für die orthodoxe Theologie gilt daher die eucharistische Gemeinschaft als die Gewährleistung der lebendigen Fortsetzung der Vergangenheit. Das bedeutet aber keine Garantie gegen einen eventuellen philologischen oder historischen Irrtum. Daher wird die historisch-kritische Methode für eine wichtige zusätzliche methodische Hilfe zur patristisch-geistlichen Auslegung gehalten. Das Christentum, so wichtig seine Mysteriums Botschaft sein mag, darf seines weltlichen, kirchlichen und biblisch-historischen Charakters nicht entblößt werden. Genau an diesem Punkt knüpft die Bedeutung der modernen historischen Kritik an, die den Buchstaben und die Geschichte ernstnimmt.

Die historisch-kritische Methode wird von der orthodoxen Bibelwissenschaft zwar berücksichtigt, aber nicht als das allein geltende Kriterium der Bibelauslegung angesehen. Dabei bemüht man sich, die aus den modernen Auslegungsmethoden gewonnenen Ergebnisse in den Dienst der östlich-patristischen Exegese zu stellen.

Sowohl die Kirchenväter als auch die allgemeine orthodoxe Schriftauslegung haben niemals den Wert einer wissenschaftlichen Untersuchung der Heiligen Schrift in Zweifel gezogen. Auf die Frage, inwieweit die orthodoxe Hermeneutik wissenschaftlichen Charakter besitzt, gibt Nikos Nissiotis folgende Antwort: „Die Ostkirche hat die theologische Kritik praktisch seit Beginn des christlichen Zeitalters in allen Bereichen der biblischen Wissenschaft und kirchlichen Tradition akzeptiert. Viele Fragen, die die kritische Bibelwissenschaft im Westen aufgeworfen hat, sind schon von den Kirchenvätern des Ostens erörtert worden. Der Unterschied jedoch liegt deutlich in der Art und Weise, wie die kritische Theologie im Osten und Westen – zumindest in manchen Kreisen – angewandt wird, und den Gründen, die dazu geführt haben."[84]

84. *Nikos A. Nissiotis*, Die Theologie der Ostkirche im Ökumenischen Dialog. Kirche und Welt in orthodoxer Sicht, Stuttgart 1968, S. 237. Siehe auch die interessanten Ausführungen im Aufsatz *Ders.*, Die Einheit von Schrift und Tradition – von einem östlich-orthodoxen Standpunkt aus, *Ökumenische Rundschau* 14 (1965) 291: „Es ist wohl bekannt, daß die (sc. die kritische biblische Theologie) im Osten schon seit dem 2. Jahrhundert bestand und daß besonders die griechischsprachigen Väter diejenigen waren, die den biblischen Text in vielen Fällen zu kritisch betrachteten und die verschiedensten Exegesen vorschlugen."

„Die Anwendung der sogenannten historisch-kritischen Methode bei der Auslegung der Heiligen Schriften im Westen, insbesondere der religionswissenschaftlichen, der formgeschichtlichen und der philologischen, hat zu mehreren positiven Ergebnissen geführt, die das Verständnis der heiligen Texte mit Sicherheit weiter vorangebracht haben."[85] Trotzdem wird diese Methode in den Augen der orthodoxen Theologen nicht als völlig ausreichend betrachtet, weil sie im Grunde genommen die zugespitzte Tendenz der analytischen Untersuchung von Detailfragen der Texte aufzeigt, so dass der Exeget dauernd Gefahr läuft, sich in einzelnen Textproblemen zu verlieren und die gesamte Botschaft der Texteinheit zu verfehlen[86]. Zu diesem Irrweg der modernen Auslegungsmethoden tragen verschiedene, diesen Methoden manchmal zugrundeliegende Voraussetzungen bei, wie z. B. ganz persönliche Überzeugung des Exegeten, ideologische, soziologische, psychologische oder philosophische Gegebenheiten, die als moderne Kriterien der Interpretationsmethoden eingesetzt werden. Solche Voraussetzungen, die in der westlichen Hermeneutik des Öfteren eine primäre Rolle einnehmen, könnten wahrscheinlich zu einseitigen und somit nicht hundertprozentig richtigen Deutungen führen. Nikos Nissiotis führt diesbezüglich folgendes an: „Die Orthodoxen vermerken in der heutigen wissenschaftlichen biblischen Theologie eine weitgehende Einseitigkeit, die entweder einen biblizistischen Historismus oder einen individualistischen Existentialismus betont."[87] Diese Feststellung, die im Jahre 1965 veröffentlicht wurde, ist relativ im Blick auf die heutigen Verhältnisse im Westen. Sie stellt keine allgemein gültige Bewertung der heutigen westlichen Exegese dar.

Wenn man die tausenden exegetischen Seiten der kirchenväterlichen Texte sorgfältig studiert, kann man feststellen, wie traditionell und gleichzeitig wie „modern" diese Persönlichkeiten der Alten Kirche gewesen sind. Es ist hierbei bezeichnend, dass „die größten Väter Hermeneuten waren"[88]. Was

---

85. *Joh. Panagopoulos*, Ἡ ἐν Ἑλλάδι βιβλικὴ ἐπιστήμη χθὲς καὶ σήμερον, *Gregorios Palamas* 57 (1974) 31.

86. Dabei sollte der ***Grundsatz*** der christlichen Hermeneutik erwähnt werden: „[...] aus dem Einzelnen den Geist des Ganzen zu finden und durch das Ganze das Einzelne zu begreifen". So bei *E. Antoniadis*, Die orthodoxen hermeneutischen Grundprinzipien und Methoden der Auslegung des Neuen Testaments und ihre theologischen Voraussetzungen, in: Procès-Verbaux du premier Congrès de Théologie Orthodoxe, Athen 1939, S. 169.

87. *Nikos A. Nissiotis*, Die Einheit von Schrift und Tradition – von einem östlich-orthodoxen Standpunkt aus, *Ökumenische Rundschau* 14 (1965) 291.

88. Vgl. *G. Galitis*, Historisch-kritische Bibelwissenschaft und orthodoxe Theologie, *Études théologiques de Chambésy* 4 (1984) 117.

man an ihnen vor allem anerkennen sollte, ist, dass sie sich einerseits mit den grammatischen Details, andererseits aber auch mit dem tiefgreifenden Sinn der Schrifttexte befasst haben. Ihnen gelang es, die „analytische“ Methode der modernen Wissenschaft mit der traditionellen „synthetischen“ Methode erfolgreich zu kombinieren.[89] Ohne die analytische biblische Kritik zu übersehen, sind sie bei ihrer Schriftauslegung vom Sinn des Schrifttextes selbst ausgegangen; sie haben also die theologischen Dimensionen des eigenen biblischen Textes in Betracht gezogen.[90]

Die Meinung, die Kirchenväter hätten mit den wissenschaftlichen Methoden bei der Interpretation der Heiligen Schrift nichts zu tun gehabt, ist demnach nicht zu begründen und damit unzulässig. Im Gegenteil: Sie haben die biblischen Texte eingehend und vielfältig untersucht und kommentiert und alle in ihrer Zeit zur Verfügung stehenden wissenschaftlichen Mittel, Informationen und Arbeitsmethoden verwendet. Es sei sogar angemerkt, dass fast jede inhaltliche Auslegung, welche die zeitgenössischen Interpreten vorschlagen, bei den Kirchenvätern mittelbar oder unmittelbar bereits ansatzweise vorhanden ist[91]. Daher handelt es sich bei der patristischen Hermeneutik um keine veraltete Bibelwissenschaft, die dem heutigen Menschen nichts zu sagen hätte. Das, was den Hauptunterschied zwischen der patristischen und der modernen westlichen Exegese ausmacht, ist, dass die Kirchenväter den verabsolutierten, streng „wissenschaftlichen“ und „akademischen“ Charakter der Bibelwissenschaft, der sie eine mehr eschatologisch-soteriologische Rolle zuschreiben, nicht bejahen. Die rein akademische Bibelwissenschaft ist für die Väter der Kirche eine „contradictio in adjecto“[92] im Rahmen der Theologie als ganzer.

Obwohl die Kirchenväter die Schrifttexte anders als die moderne Bibelwissenschaft auslegen, steht ihre Exegese in keinem unüberbrückbaren Widerspruch zur zeitgenössischen Hermeneutik. Ein typisches Beispiel für die Nähe, aber auch für die unterschiedliche Art und Weise des Denkens von patristischer und moderner Schriftinterpretation zeigt sich bei der Auslegung

---

89. Vgl. diesbezüglich *S. Agouridis*, Ἑρμηνευτικὴ τῶν ἱερῶν κειμένων, Athen 1982, S. 55.
90. Vgl. dazu *P. Andriopoulos*, Τὸ κείμενο τῆς Καινῆς Διαθήκης ὡς ἑρμηνευτικὴ ἀρχὴ στὸ ἐξηγητικὸ ἔργο Ἰωάννου τοῦ Χρυσοστόμου, Sonderdruck aus: Θεολογία Bd. 60, Athen 1989, S. 74: „Μιὰ ἑρμηνευτικὴ ποὺ ἔχει ὡς ἀρχὴ τὸ ἴδιο τὸ κείμενο τῆς Κ.Δ., [...] ὄχι μόνο ἐπιτρέπει, ἀλλὰ καὶ ἀπαιτεῖ τὴν ἱστορικοκριτικὴ μέθοδο, ἡ ὁποία συνοδεύοντας τὴ θεολογικὴ ἑρμηνεία καθιστᾶ διαφανὲς τὸ κείμενο [...]“
91. Vgl. zu diesem Punkt *G. Galitis*, Historisch-kritische Bibelwissenschaft und orthodoxe Theologie, *Études theólogiques de Chambésy* 4 (1984) 117.
92. Siehe *Joh. Panagopoulos*, Ἡ ἐν Ἑλλάδι βιβλικὴ ἐπιστήμη χθὲς καὶ σήμερον, *Gregorios Palamas* 57 (1974) 34.

der sogenannten „mythischen Sprache“ der Bibel (gemäß der Terminologie von Rudolf Bultmann und der Religionspsychologie). Es handelt sich um solche Ausdrücke und Wörter wie „Thron Gottes“[93], „sitzen“[94] oder „Gott sehen“, deren wörtliches und buchstäbliches Verstehen der Gottesvorstellung sicherlich mythische Elemente beifügt.

Was in unserem Jahrhundert Rudolf Bultmann gestört und ihn zur Forderung der „Entmythologisierung“ bewogen hat, war bereits in der Zeit der Kirchenväter aktuell und ernster Gegenstand ihrer theologisch-exegetischen Überlegungen. Letztere unterschieden sich jedoch von den modernen Exegeten, indem sie bei ihrer Interpretation der Texte manche in der orthodoxen Theologie fest tradierte Denkkategorien berücksichtigten, unter denen die grundlegenden Merkmale des „Apophatismus“ bzw. der apophatischen Theologie und die Unterscheidung zwischen Wesen und Energien Gottes hervorzuheben sind. Es war also für die Kirchenväter von Anfang an ein theologisches Axiom, dass den Menschen jede Aussage über das Wesen Gottes, also über Gott selbst unmöglich ist. Die Väter-Exegeten der Alten Kirchen reden nicht von einer mythischen Sprache der Bibel, sondern verweisen auf die anthropomorphischen und anthropopathischen Ausdrücke des endlichen Menschen, der dies nur aus Mangel an anderen zufriedenstellenden Mitteln tun muss.

Im Rahmen der oben erwähnten Ausdrücke und in Bezug auf den neutestamentlichen Ausdruck „ἐκ δεξιῶν τοῦ θεοῦ“ (zur Rechten Gottes) schreibt Klemens von Alexandrien († vor 215): „Eine Gestalt aber und eine Bewegung oder einen Standplatz oder Thron oder Ort oder rechts oder links ist überhaupt nicht vorzustellen über den Vater von allem, obwohl auch dies (in der Schrift) geschrieben ist.“[95] „Das ‚zur Rechten des Vaters‘ ist nach Bultmann eine unannehmbare Vorstellung für den Menschen mit dem heutigen Weltbild, sie ist Mythos. Wir sehen aber, dass sie auch für den Menschen des 2. und 3. Jahrhunderts unannehmbar war, trotz ihres mythischen Weltbildes, und das aus rein theologischen Gründen.“[96] Indem Klemens auf die anthropomorphischen Ausdrücke und Vorstellungen der Heiligen Schrift hinweist, betont er schlussfolgernd: „Also ist der erste Grund nicht an einem

93. Vgl. beispielsweise Mt 5,34; Hebr 4,16; Apk 1,4; 3,21; 4,2; 12,5 etc.
94. Vgl. beispielsweise Mt 22,44; 23,22; Mk 14,62; Lk 22,69 etc.
95. *Klemens von Alexandrien*, Stromateis 5: *PG* 9,109 A.
96. *G. Galitis*, Historisch-kritische Bibelwissenschaft und orthodoxe Theologie, *Études theólogiques de Chambésy* 4 (1984) 120.

Ort, sondern über jedem Ort und jeder Zeit und jedem Namen und jedem Begreifen."[97]

Der Apophatismus der Kirchenväter, der die theologische Methode der Aphärese (ἀφαίρεσις), d.h. der Abstraktion anwendet, unterstreicht bei der Auslegung solcher anthropomorphischen Ausdrücke ständig die Unzugänglichkeit Gottes. Damit ist ein aus der altkirchlichen Zeit überlieferter und in der Alten und darüber hinaus in der Orthodoxen Kirche herkömmlicher theologischer Topos gemeint, der zwischen dem Wesen und den Energien Gottes unterscheidet. Diese Unterscheidung, die auch als **δόγμα θεολογίας** und **μυστήριον οἰκονομίας**[98] bekannt ist, betont die Unzugänglichkeit des Wesens Gottes dem menschlichen Verstand gegenüber einerseits und das erfahrbare Handeln Gottes in der menschlichen Geschichte andererseits.

## 15.5. Orthodoxe Forderungen an manche westliche Exegesen – Die Auferstehung Jesu Christi als Beispiel

Wie unterschiedlich der theologisch-exegetische Blickwinkel des Ostens von dem des Westens ist, zeigt uns ein neutestamentliches Beispiel, das sich auf die brennende Frage nach der Historizität der Auferstehung Jesu Christi bezieht. Die als „aktueller Streit" bekannt gewordene Frage nach der buchstäblich in Raum und Zeit zu verstehenden Historizität der Auferstehung Jesu breitete sich in den letzten Jahrzehnten des 20. Jh.s ausschließlich auf dem theologischen Boden des Westens aus.[99] Dieser zweifelhaften Fragestellung, die nicht

97. *Klemens von Alexandrien*, Stromateis 5: *PG* 9,121 AB.

98. Vgl. die klare Unterscheidung zwischen „Theologia" und „Oikonomia" bei *Theodoros Studites*, Epistula II, 158: PG 99, 1493 Df.: „Κατὰ μὲν τὸ τῆς θεολογίας δόγμα πιστεύειν εἰς Πατέρα, καὶ Υἱόν, καὶ ἅγιον Πνεῦμα [...] κατὰ δὲ τὸ τῆς οἰκονομίας, πάλιν πιστεύειν, ὅτι ὁ Λόγος σὰρξ ἐγένετο· ἤγουν ὁ εἷς τῆς ἁγίας Τριάδος ἐγεννήθη ἐκ τῆς παναχράντου παρθένου Μαρίας." Darüber hinaus vgl. weitere patristische Belege: *Gregor der Theologe*, Oratio 38,8: *BEP* 60, 67; *Besileios der Große*, Adversus Eunomium 2,3: *BEP* 52, 188.

99. Ausreichend und bezeichnend ist hierfür die Erwähnung der sogenannten „*Drewermann-*" und „*Lüdemann*-Phänomene". Unter den vielen „fortschrittlichen" Thesen des Ersteren, der in seinen zahlreichen Publikationen eine Art „bultmann'sche Entmythologisierung" der christlichen Glaubensinhalte vornimmt, findet sich auch der wortwörtliche Zweifel an der tatsächlich stattgefundenen Auferstehung Jesu von den Toten. Dazu vgl. *E. Drewermann - E. Biser*, Welches Credo?, hg. von *M. Albus*, Freiburg-Basel-Wien 1993, S. 224. Interessant ist in diesem Zusammenhang die Rezension des obengenannten Buches von *E. D. Theodorou,* in: *Theologia* 64 (1993) 852-855, der E. Drewermann nachdrücklich widerspricht. Am Schluss sei hier das für das orthodoxe Empfinden provokative Buch von *Gerd Lüdemann*, Die Auferste-

nur den Kern der christlichen Theologie trifft, sondern auch die Perspektiven der eschatologischen Erlösung aller Menschen bedrohlich erschüttern lässt, kann und darf die Orthodoxe Kirche nicht mit bloßer Theorie und subjektiver Spekulation entgegentreten. Daher wollen wir uns in den folgenden Ausführungen in eine frontale Auseinandersetzung mit den westlichen Behauptungen und den intelektuellen Ergebnissen der westlichen Wissenschaft einlassen.

Die tatsächlich und nicht bloß in der Visions- und Phantasiewelt[100] der gläubigen christlichen Kirche stattgefundene Auferstehung des von Gott gesandten Erlösers kennzeichnet seit jeher den Glauben und das Leben der Orthodoxen Kirche. In der Theologie der Ostkirche spielt immer der transzendente Gott im Laufe der kosmischen Historie die grundlegend(st)e Rolle, wobei der göttliche Heilsplan die Menschheit in allen ihren Dimensionen umrahmt.

Bei der Frage der Geschichtlichkeit der Auferstehung Jesu stehen - grob gesagt - zwei Faktoren gegenüber: auf der einen Seite die schon seit den ersten Tagen nach dem Tod Jesu überlieferte Überzeugung der Jünger und der anderen Gläubigen sowie darüber hinaus der kontinuierliche Glaube der Kirche durch die Jahrhunderte bis zum heutigen Tag und auf der anderen Seite die sich in den letzten Jahrzehnten entwickelnde und systematisierte moderne, historische Methode, die sich mittels angeblich neuer historischer „Entdekkungen" zu behaupten vermag.

Das eigentliche Ereignis, nämlich das ***Wie*** der Auferstehung Jesu wurde nicht zu einem beschreibbaren Gegenstand des Neuen Testaments. Trotzdem gehört es ohne Weiteres dem gesamten Heilsplan der göttlichen Oikonomia an und bildet damit eine denkbare Fortsetzung - sicherlich mit breiteren Dimensionen - der Menschwerdung, Tätigkeit und Passion Jesu Christi. Mit

hung Jesu - Historie, Erfahrung, Theologie, Göttingen 1994, angeführt, in dem die Geschichtlichkeit der Auferstehung Jesu einfach über Bord geworfen wird. Dazu siehe den kommentierenden Beitrag von *U. Ruh*, Umstrittene Auferstehung, *Herder Korrespondenz* 48 (1994) 217-219.

100. Diese These (sc. der Visions- und Phantasiewelt) vertritt der Begründer der Formgeschichte, *M. Dibelius*, Jesus, Berlin 1939, S. 122: „Offenbar haben zuerst Petrus, dann die anderen Jünger, dann auch weitere Anhänger Jesu, auch sein bisher ungläubiger Bruder Jakobus in ***Visionen*** den von ihnen geschiedenen Meister ***lebend*** und in himmlischer Glorie geschaut". In diesem Zusammenhang vgl. *F. Wetter*, Erkennen des Auferstandenen, in: *ders.*, Teilhabe am Schicksal Christi, München 1992, S. 15-22: „Diese Begegnungen waren nicht ihre eigene Erfindung (sc. der Apostel), nicht die Projektion ihrer Sehnsucht, nicht Produkt ihrer Phantasie, vielmehr ist der Auferstandene auf sie zugekommen" (hier S. 15).

anderen Worten: das Eindringen der zweiten Person der Heiligen Dreifaltigkeit in die menschliche Geschichte hört nicht mit seinem leiblichen Tod auf. Deshalb kann und darf der Sohn Gottes vom historischen Jesus nicht getrennt gesehen werden. Die Orthodoxie spricht nicht streng getrennt von einem vor-österlichen und einem nach-österlichen Jesus im Sinne der westlichen Theologie. Christus als der präexistierende, der menschgewordene, der getötete und in Herrlichkeit zur Rechten des Vaters thronende Sohn Gottes erweist eine geschichtliche Kontinuität im Heilsplan Gottes.

Die orthodoxe Exegese betrachtet die Auferstehung Jesu nicht für sich, sondern stets im Kontext der gesamten Christologie, des gesamten Heilsplans Gottes. Die Wirkung und die Parusie Jesu auf der Erde bilden eine unzertrennliche Einheit; eine Tatsache, die gleichfalls die Frage nach der Historizität der Auferstehung des Menschensohnes berührt und beeinflußt. Ignatios, Bischof von Antiochien, der wahrscheinlich im Jahre 117 den Märtyrertod erlitten hat, schreibt charakteristisch in seinem Brief an die Epheser bezüglich der göttichen Heilsereignisse: „Besser ist schweigen und sein…“[101] Man kann die Heilsgeschichte nicht nur einfach mit der bloßen Vernunft, mit wissenschaftlichen Experimenten oder historischer Forschung in den Griff nehmen, sondern man sollte mit frommem Schweigen und tiefem, existentiellem Glauben darauf antworten.

Vom neutestamentlichen Zusammenhang der Auferstehung Jesu sind uns nur zwei Tatsachen bekannt geworden: Erstens, dass das Grab Christi leer aufgefunden wurde; zweitens, dass der verherrlichte auferstandene Herr nicht nur Einem, sondern Vielen erschienen ist. Das leere Grab ist der Hinweis auf die Auferstehung, der Anstoß, der Ermutigungsanlaß für die ersten Auferstehungsverkünder, die Myron tragenden Frauen und die Jünger. Der eigentliche Beweis der Auferstehung ist aber der aus dem Tod herauskommende „lebendige Herr“, der vielen der verzweifelten, ängstlichen und hoffnungslosen Gläubigen erschienen ist. Der Apostel Paulus[102] hat uns eine Liste, einen Text über die Erscheinungen Jesu überliefert, der die Tradition und den Glauben der Alten Kirche der ersten christlichen Jahrzehnte belegt und wahrscheinlich als ein schon formuliertes Dokument dem paulinischen Stoff gedient hatte[103].

---

101. *Ignatios*, An die Epheser 15,1: Die Apostolischen Väter, hrsg. von *J. A. Fischer*, Darmstadt [9]1986, S. 155: „Ἄμεινόν ἐστιν σιωπᾶν καὶ εἶναι…“ (Griech. auf S. 154).

102. 1 Kor 15,3-8. Vgl. weiter Lk 24,15.34.36; Joh 21,14; Mk 16,9.12.14.

103. *B. Stogiannos*, Ἡ ἀνάσταση τῶν νεκρῶν, in: Ἑρμηνευτικά Μελετήματα, Thessaloniki 1988, S. 500. *G. Galitis*, Ἑρμηνευτικά τῆς Καινῆς Διαθήκης, Thessaloniki [3]1980, S. 350, wo diese Liste als „ἀρχαιότατον σύμβολον“ bezeichnet wird. *M. Dibelius*, Jesus, Berlin 1939, S. 122: „Paulus hat bereits … die Überlieferung erhalten, daß Christus ‚erweckt

Diesen ständigen Glauben der frühen Kirche, der bereits in den neutestamentlichen Zeugnissen Fuß gefasst und seinen unmissverständlichen Ausdruck gefunden hat, nimmt die orthodoxe Hermeneutik bei ihren Auslegungsmethoden stets wahr. Auch wenn das leere Grab für die nur mit der reinen Vernunft denkenden Menschen nicht viel zu sagen hätte, räumen die realen und geschichtlichen Erscheinungen des Auferstandenen[104] keinen Platz für Spekulationen und Bedenken ein. An diesem Punkt blieb die Alte Kirche konstant und standhaft: Das ist unser Glaube, der Glaube der Apostel, der Glaube aller Väter und Mütter: die Sicherheit und Gewißheit der Auferstehung. Aufgrund dieser Gewißheit gingen Tausende von Märtyrern mit Freude und Selbstverleugnung in den grauenvollen und entsetzlichen Tod. Ohne wirkliche Auferstehung könnte das Neue Testament nicht aufrecht bleiben und ohne sie wäre auch die Entstehung des Christentums eine „Seifenblase" ohne Sinn und soteriologische Dimensionen[105].

Bezweifelt man die Geschichtlichkeit der Auferstehung, leugnet man dementsprechend quasi die wahre Gottheit des historischen Menschen Jesus. Die Letztere aber ist nach dem orthodoxen Glauben die Basis der Inkarnation und die Garantie des verheißenen Heils. Der zentrale Punkt der paulinischen Theologie, so wie sie in den Briefen des Apostels niedergeschrieben wird, ist zweifellos die starke Betonung der Gottheit des gesandten Logos Gottes, mit Ausdrücken wie „der über allem Gott" oder „das Mysterium Gottes, des Christus"[106] u.ä.

Das 15. Kapitel des 1. Korintherbriefes des Apostels Paulus bleibt immerzu einer der hervorragendsten Belege des altkirchlichen Glaubens und zugleich eine der theologisch schwerwiegendsten Lobpreisungen der Auferstehung

---

ward am dritten Tage nach der Schrift, und erschien dem Kephas, danach den Zwölf (1. Kor 15,4.5)'".

104. Eine unmißverständliche Stelle hat uns *Nikolaos Kabasilas*, Sacrae Liturgiae interpretatio 3: *PG* 150, 377 B, hinterlassen: „Wie haben mit ihm zusammen gegessen und getrunken, sagten nach der Auferstehung die Apostel über Christus, damit sie belegen, dass sie ihn lebendig sahen". Siehe noch die einschlägige Argumentation im Beitrag von *Fr. Wetter*, Erkennen des Auferstandenen, in: *ders.*, Teilhabe am Schicksal Christi, München 1992, S. 15-21.

105. *G. Galitis*, Ἑρμηνευτικά τῆς Καινῆς Διαθήκης, Thessaloniki [3]1980, S. 352. Vgl. weiter *D. Kalezić*, Der Mensch in der Sicht der Auferstehung Christi, in: Orthodoxe Orientierung. Zehn Jahre Orthodoxe Fraternität in Deutschland, Köln 1989, S. 48-56: „Die Auferstehung ist eine wichtige Grundlage christlichen Glaubens, gleich Lebens. Ohne die Auferstehung als Grundlage gäbe es weder Christentum noch das Neue Testament" (hier S. 53).

106. Röm 9,5; Kol 2,2. Vgl. auch Eph 4,5; 2 Thess 1,12; Tit 2,13; Phil 2,5-11.

Jesu. Man kann ohne Bedenken behaupten, dass die gesamte paulinische Theologie im folgenden Vers formuliert wird: „Ist aber Christus nicht auferstanden, dann ist unsere Verkündigung leer und euer Glaube sinnlos" (1 Kor 15,14; siehe auch 15,17). Das Christentum mit seinen eschatologischen Dimensionen, wie es von der Orthodoxie verstanden und erlebt wird, wurde auf der Auferstehung Christi gebaut. Wenn also der heutige Mensch, sogar der Christ, indem er seine begrenzte Vernunft verabsolutiert und sie zum Maßstab von allem macht, das grundlegendste Ereignis der Heilsgeschichte in Zweifel zieht, stellt er damit das Christentum und darüber hinaus seine Identität in Frage. Niemand kann eigentlich die Tatsache verneinen, dass, wenn man den Grundstein eines Baues herausnimmt, das ganze Gebäude zum Einsturz verurteilt ist.

Die Verkündigung unseres Glaubens, der sich ganz besonders auf die Auferstehung Jesu Christi stützt, ist ausschließlich unsere Erlösung. Deshalb berührt die Frage nach der Geschichtlichkeit der Auferstehung Jesu hauptsächlich unsere Identität als rettbare oder unrettbare Menschen und nicht das Thema, ob Jesus mit seinem leiblichen Körper erstanden ist, oder ob er in Wirklichkeit oder nur symbolisch im Himmel thront u.ä. Die Orthodoxe Kirche glaubt an der Geschichtlichkeit der Auferstehung Jesu, denn nur so sind auch die Bedingungen für die tatsächliche Rettung des trotz allem in der Sünde schwachen Menschen geschaffen und gesichert.

Man könnte auch heute die altkirchlichen Worte aus dem 1. Klemensbrief benutzen, um christologisch unsere „aktuelle" Frage zu beantworten: „Dies ist der Weg, Geliebte, auf dem wir unser Heil fanden, Jesus Christus, den Hohenpriester unserer Opfergaben, den Beschützer und Helfer unserer Schwachheit. Durch diesen blicken wir auf zu den Höhen der Himmel, durch diesen schauen wir in einem Spiegel sein untadeliges und allerhöchstes Antlitz, durch diesen wurden die Augen unseres Herzens geöffnet, durch diesen wächst unser unverständiger und verdunkelter Sinn ins Licht empor, durch diesen wollte der Herr uns kosten lassen von der unsterblichen Erkenntnis"[107].

## 15.6. Die beiden Hermeneutiken in einer synthetischen Perspektive

Aus dem bisher Gesagten und den bereits angegebenen Textbeispielen lässt sich zweifellos schlussfolgern, dass die Kirchenväter der Alten ungetrenn-

107. 1. Klemensbrief 36, 1-2: Die Apostolischen Väter, hrsg. von *J. A. Fischer*, Darmstadt [9]1986, S. 70/71.

ten Kirche für die moderne Hermeneutik keine überholten Schriftexegeten sein sollten. Sie stimmen mit den hermeneutischen Ansichten vieler heutiger Theologen überein, obwohl man in der Art und Weise der Schriftinterpretation beider Gruppen Unterschiede feststellen kann. Auch wenn die patristische Tradition und die (moderne) historisch-kritische Wissenschaft zwei unterschiedliche Bilder von den Schrifttexten entwerfen, sollte die akademische Theologie die Fähigkeit besitzen, die unter diesen beiden Bildern verborgene Einheit aufzuspüren.[108] Im Auslegungsverständnis der Orthodoxie und in Anbetracht des ernstzunehmenden inneren Sinnes der biblischen Texte sind die Kirchenväter heute noch ganz aktuell. Ihre hermeneutischen Prinzipien[109] also, die dem Geist der Alten ungeteilten „katholischen" Kirche entsprechen, könnten von den westlichen Exegeten, aber auch allgemein von allen Theologen der anderen Konfessionen mehr in Betracht gezogen und ernster genommen werden. Für die orthodoxe Theologie stellt dies eine unverzichtbare Voraussetzung für den weiteren Erfolg der ökumenischen Annäherungsversuche auf der theologischen Ebene dar. Aber auch umgekehrt ist das Festhalten der orthodoxen Hermeneutik an der im Westen sich entwickelnden historisch-kritischen Methode in Hinsicht auf den interkonfessionellen Dialog[110] sehr notwendig. Die Bibelauslegung kann in der gesamtchristlichen Ökumene tatsächlich eine Vorreiterrolle spielen.[111]

Die synthetische Exegese der Kirchenväter, so wie sie bis heute in der orthodoxen Theologie anerkannt und praktiziert wird, kann und darf die moderne analytische historisch-kritische Methode nicht ausschließen. Für

108. Vgl. die weiteren entsprechenden Ausführungen von *S. Agouridis*, Οἱ Πατέρες τῆς Ἐκκλησίας ὡς ἑρμηνευταὶ τῶν Ἁγίων Γραφῶν, in: Εἰσηγήσεις Α΄ Ὀρθοδόξου Ἑρμηνευτικοῦ Συνεδρίου, Athen 1973, S. 94 f.

109. Über die patristische Hermeneutik und ihre Prinzipien vgl. *S. Agouridis*, Ἑρμηνευτικὴ τῶν ἱερῶν κειμένων, Athen 1982, S. 113 f. und 328 ff. und darüber hinaus *M. Basarab*, Der heilige Basilius als Ausleger der Schrift, *Orthodoxes Forum* 1 (1987) 19–32, wie auch *G. Galitis*, Schrift und Tradition beim hl. Basilius, in: Basilius, Heiliger der Einen Kirche, hrsg. von *A. Rauch* und *P. Imhof*, München 1981, S. 147 f. Vgl. zusätzlich *Th. Nikolaou*, Die Bedeutung der patristischen Tradition für die Theologie heute, *Orthodoxes Forum* 1 (1987) 14 f. (und erweitert in: *Katholische Nachrichten Agentur – ÖKI* 52 (18.12.1991) 9 ff.).

110. Diesen Zusammenhang betont zutreffend *P. Vassiliadis*, Ερμηνεία των Ευαγγελίων (Θεολογικές και ιστορικο-φιλολογικές προϋποθέσεις καθώς και ερμηνευτικές προσεγγίσεις στα τέσσερα Ευαγγέλια), Thessaloniki 1990, S. 81.

111. Vgl. die interessanten Ausführungen von *F. G. Untergassmair*, Ökumene und Kirche. Bibelauslegung als Promotor der Ökumene, *Trierer Theologische Zeitschrift* 114 (2005) 188–201, die sich jedoch hauptsächlich auf die katholisch-protestanrische Ökumene beziehen.

die Orthodoxen muss die Präferenz der sich auf den inneren Sinn der Texte beziehenden patristischen Auslegungsweise nicht die Verwerfung der neuen wissenschaftlichen Methode der Westkirche heißen. Die Orthodoxie ist also dazu aufgerufen, vom Westen eine konkrete Auslegungslehre erteilt zu bekommen. Und die westliche Christenheit sollte sich neben den im Laufe der sturmvollen Jahrhunderte bewährten wissenschaftlichen exegetischen Methoden auch die bedeutsamen Aspekte und Prinzipien der östlichen Hermeneutik zueigen machen. Somit könnte der Zirkel wechselseitigen Verstehens und Lernens in beiden Richtungen vorangetrieben werden.[112]

Durch die harmonische Synthese beider Hermeneutiken könnten Übertreibungen und extreme exegetische Positionen vermieden und überwunden werden. Solche schwache Punkte sind östlicherseits die bekannten Übertreibungen der allegorischen oder der sogenannten „mystischen" Auslegung und die nicht ausreichende Berücksichtigung der philologischen und historischen Gegebenheiten, und es ist westlicherseits der manchmal durch die analytische Isolierung der behandelten Textformen verursachte Verlust des Überblicks über das Gesamtbild der Texte. Nur mittels einer konvergierenden Anwendung beider Hermeneutiken können sich die vertikale Linie des mystischen Offenbarungscharakters und die horizontale Linie der Geschichte und des Buchstabens harmonisch kreuzen und somit kann der Ausgleich beider Größen bewahrt werden.

Bezüglich des Selbstverständnisses der orthodoxen Hermeneutik sei abschließend ein aufschlussreiches und für unseren Fall zutreffendes Zitat des heiligen Basileios des Großen (ca. *329, † 379), eines der wichtigsten Exegeten und Theologen schlechthin der Alten, ungetrennten Kirche, angeführt. Es handelt sich um ein wertvolles patristisches Zeugnis, das der wahren Auslegungskunst der christlichen Theologie ihren objektiven Rahmen und ihre richtigen Perspektiven aufweist, indem es die tatsächlich notwendige kritische, wissenschaftliche Hermeneutik mit den geistlichen, eschatologischen Dimensionen der Erkenntnis Gottes verknüpft:

„Τὸ γὰρ μὴ παρέργως ἀκούειν τῶν θεολογικῶν φωνῶν, ἀλλὰ πειρᾶσθαι τὸν ἐν ἑκάστῃ λέξει καὶ ἐν ἑκάστῃ συλλαβῇ κεκρυμμένον νοῦν ἐξιχνεύειν, οὐκ ἀργῶν εἰς εὐσέβειαν, ἀλλὰ γνωριζόντων τὸν σκοπὸν τῆς κλήσεως ἡμῶν· ὅτι

112. Vgl. dazu die eindrucksvolle Stellungnahme von *K. Papapetrou*, Ἡ „᾿Ανατολή", ἡ „Δύσις" καὶ τὸ μέλλον τῆς ᾿Ορθοδοξίας, in: *Ders.*, Προσβάσεις. Ζητήματα ᾿Απολογητικῆς Θεολογίας καὶ φιλοσοφικῆς κριτικῆς τοῦ καιροῦ μας, Athen 1979, S. 122: „Ἡ ᾿Ορθοδοξία καλεῖται ὄχι μόνον νὰ διδαχθῇ ἐκ τῆς Δύσεως, ἀλλὰ καὶ νὰ τὴν διδάξῃ." (=Die Orthodoxie ist aufgerufen, sich nicht nur vom Westen belehren zu lassen, sondern auch ihn zu belehren).

πρόκειται ἡμῖν ὁμοιωθῆναι Θεῷ, κατὰ τὸ δυνατὸν ἀνθρώπου φύσει. Ὁμοίωσις δέ, οὐκ ἄνευ γνώσεως· ἡ δὲ γνῶσις, ἐκ διδαγμάτων. Λόγος δέ, διδασκαλίας ἀρχή· λόγου δὲ μέρη, συλλαβαὶ καὶ λέξεις. Ὥστε οὐκ ἔξω σκοποῦ γέγονε τῶν συλλαβῶν ἡ ἐξέτασις.

Οὐ μὴν ὅτι μικρά, ὡς ἄν τῳ δόξαι, τὰ ἐρωτήματα, διὰ τοῦτο καὶ παροφθῆναι ἄξια· ἀλλ' ἐπειδὴ δυσθήρατος ἡ ἀλήθεια, πανταχόθεν ἡμῖν ἐξιχνευτέα [...] ὡς εἴ τις τῶν πρώτων στοιχείων ὡς σμικρῶν ὑπερίδοι, οὐδέποτε τῶν τελείων τῆς σοφίας ἐφάψεται."[113]

113. *Basileios der Große*, De spiritu sancto I,2: *PG* 32, 69: „Denn nicht das oberflächliche Hinhören auf die theologischen Worte, sondern der Versuch, den in jedem Wort und in jeder Silbe verborgenen Sinn auszuspüren: das ist nicht die Sache derer, die in ihrer Frömmigkeit träge sind, sondern derer, die das Ziel unserer Berufung erkennen. Das nämlich ist uns verheißen: Gott ähnlich zu werden gemäß der Möglichkeit der menschlichen Natur. Verähnlichung geschieht aber nicht ohne Erkenntnis, Erkenntnis erfolgt aus der Lehre. Die Sprache ist aber der Anfang der Lehre, Teile der Sprache sind die Silben und Wörter. Also liegt eine Untersuchung der Silben nicht außerhalb unseres Zieles. Auch wenn jemandem diese Fragen unwichtig zu sein scheinen, haben sie es deshalb noch nicht verdient, vernachlässigt zu werden; vielmehr muss die Wahrheit, weil sie schwer zu erjagen ist, von uns überall ausgespürt werden [...,] da jemand, der die angeblich kleinen Anfangsgründe vernachlässigt, nie die letzten Gründe der Weisheit erreichen wird." (Deutsche Übersetzung aus: *Basilius von Cäsarea*, Über den Heiligen Geist, eing. u. übers. v. *Manfred Blum*, Sophia. Quellen Östlicher Theologie 8, Freiburg i.Br. 1967, S. 19 f.).